Arthur D. Little International · Management des geordneten Wandels

Arthur D. Little International
(Herausgeber)

Management
des geordneten Wandels

SPRINGER FACHMEDIEN WIESBADEN GMBH

CIP-Titelaufnahme der Deutschen Bibliothek

Management des geordneten Wandels / Arthur D. Little
Internat. (Hrsg.).
  ISBN 978-3-663-10706-4   ISBN 978-3-663-10705-7 (eBook)
  DOI 10.1007/978-3-663-10705-7
NE: Arthur D. Little International Inc. ‹Wiesbaden›

© Springer Fachmedien Wiesbaden 1988
Ursprünglich erschienen bei Betriebswirtschaftlicher Verlag Dr. Th. Gabler GmbH, Wiesbaden 1988

Lektorat: Ulrike M. Vetter

Umschlaggestaltung: Schrimpf und Partner, Wiesbaden
Satz: Satzstudio RESchulz, Dreieich-Buchschlag

ISBN 978-3-663-10706-4

Geleitwort

Der große österreichische Nationalökonom Joseph Alois Schumpeter gehört zweifellos weltweit zu den bedeutendsten Vertretern dieser Wissenschaft. Vor allem wurde mit der Prägung des Schumpeterschen Unternehmerbegriffes ein Aspekt in die sozial- und wirtschaftswissenschaftliche Diskussion eingeführt, der gerade heute wieder zunehmend Anhänger findet.

Dabei wird allerdings manchmal übersehen, daß der Charakter des gesellschaftlichen Produktionsprozesses in den vergangenen Jahrzehnten einem tiefgreifenden Wandel unterworfen war. Angesichts der Komplexität des unternehmerischen Umfeldes ist es auch dem Schumpeterschen Einzelkämpfer oftmals nicht mehr möglich, jenen Prozeß der innovatorischen Erneuerung in Gang zu halten, der einzig und allein eine rechtzeitige und kontinuierliche Anpassung an sich verändernde Wettbewerbsbedingungen gewährleistet.

Erfolgreiche Innovationen beruhen auf der systematischen und koordinierten Suche nach Chancen, die sich aus den wirtschaftlichen, technologischen und gesellschaftlichen Veränderungen ergeben. Aufgabe der öffentlichen Hand ist es dabei, jene Rahmenbedingungen zu setzen, die es den Unternehmungen ermöglichen, die vorhandenen Leistungspotentiale bestmöglich zu entfalten.

Die Schumpetersche Renaissance und das Vordringen neokonservativer wirtschaftstheoretischer Strömungen hat in den vergangenen Jahren dazu geführt, daß der Staat seine Rolle einer eingehenden Prüfung unterziehen mußte. Auch in Österreich wurden althergebrachte Denkmuster überprüft und Handlungsmuster an neue Gegebenheiten angepaßt. Im Zuge einer grundlegenden Neuorientierung haben ideologisch motivierte Sichtweisen pragmatischen und zukunftsorientierten Überlegungen Platz gemacht.

Die Forderung, der Staat hätte sich aus sämtlichen Bereichen der Wirtschaft zurückzuziehen, ist jedoch aus dem Gedankengebäude Schumpeters nicht ableitbar.

Gleichsam vernachlässigt wird das Faktum, daß die Einbindung sozialer und ökologischer Aspekte in die stürmische Entwicklung technologischer Neuerungen der koordinierenden Hand des Gemeinwesens bedarf. Der Stellenwert staatlicher Aktivitäten ist möglicherweise heute ein anderer als noch vor wenigen Jahren. Mit einem „entweder – oder" ist jedoch niemandem geholfen.

Öffentliche Impulse und private Gewinnorientierung stehen somit nicht im Gegensatz zueinander, sondern ergänzen einander.

Der Wert des wissenschaftlichen Werks von Joseph Alois Schumpeter liegt in seiner klaren Herausarbeitung des wirtschaftlichen und gesellschaftlichen Wandels als sich stets wiederholendes, geschichtliches Phänomen. Mit dem vorliegenden Buch wird die Herausforderung angenommen, aufbauend auf diese Gedanken Wege aufzuzeigen, wie unternehmerische Tätigkeit in einer veränderten Umwelt geordnet und erfolgreich gestaltet werden kann.

Wien, im November 1988
Dr. Franz Vranitzky
Bundeskanzler

Vorwort

Viermal im Jahr treffen sich seit 1983 Spitzenkräfte der deutschen und österreichischen Wirtschaft zu einem Wiesbadener Unternehmergespräch im noblen Nassauer Hof der hessischen Landeshauptstadt, um über aktuelle Führungsthemen zu diskutieren – vierundzwanzig Stunden lang mit Abstand von den Zwängen des Tagesgeschäfts, dafür aber um so intensiver involviert in die Reflexion über neue unternehmerische Orientierungen.

Die jeweiligen Themen dieser Wiesbadener Unternehmergespräche finden ihren Niederschlag in einer Buchreihe des Wiesbadener Gabler-Verlags. 1985 erschien „Management im Zeitalter der strategischen Führung", in dem der Schritt von der strategischen Analyse und Konzeption zur praktischen strategischen Führung aufgezeigt wird, inklusive Führungsstruktur, Budgetierung, Berichtswesen, Leistungsmessung und Führungskräfte-Entwicklung. Viele Vorstände und Geschäftsführer sagten nach der Lektüre dieses Buches „Jetzt können wir endlich in der Praxis mit Strategie umgehen!"

1986 erschien „Management der Geschäfte von morgen" – inzwischen eines der Standardbücher zum Thema Innovationsmanagement, basierend auf umfangreichen Untersuchungen, Fallstudien und auf Projekterfahrung bei innovativen Unternehmen in den USA, in Japan und in Europa. Auch dieses Buch zeichnet sich dadurch aus, daß es keine Philosophie enthält, sondern konkrete Maßnahmen im F&E-Management, im Marketing, in der Logistik und in der Unternehmensführung.

Während diese Bücher ihrer dritten Auflage entgegensehen, haben sich die Schwerpunkte der Unternehmensproblematik in der deutschen Wirtschaft verschoben: Strategische Führung und Erschließung von neuen, innovativen Geschäftspotentialen sind zwar weiterhin hochwichtige Aufgaben, denen sich das Management so systematisch wie möglich stellen muß (und hier gibt es noch viel zu tun!), aber die Hauptsorge gilt heute der Erhaltung bestehender Geschäfte und Märkte, die einem immer intensiveren, zunehmend globalen Wettbewerb ausgesetzt sind. „Management des geordneten Wandels" zeigt auf, wie die Unternehmensführung eines bestehenden, erfolgreichen Unternehmens verhindern kann, daß Schumpetersche Umbrüche zur Verdrängung durch andere, innovativere Marktteilnehmer führen. Im Sinne Darwins bedeutet dies, daß erfolgreiche Unternehmen nicht zu unangepaßten Spezies werden, die dem Wandel im Umfeld nicht gewachsen sind.

Der Wandel spielt sich in dramatischer Weise bei den Technologien, beim Hervorbringen neuer Produkte und Leistungen, im Marketing, in der Produktion, bei den Informationssystemen, in der Wertschöpfungskette und in der Unternehmenskultur ab. Entscheidend ist, daß die Funktionsbereiche des Unternehmens in einer bisher nur selten erreichten Form zusammenwirken müssen, um das Unternehmen zu dynamisieren und die Dynamik erfolgreich zu meistern.

Arthur D. Little International ist als Management- und Technologieberater bei einer großen Zahl führender Unternehmen in den USA, in Europa und in Japan tätig. In der Bundesrepublik Deutschland haben Projektteams von Arthur D. Little International in den letzten Jahren eine Reihe von Unternehmen beim geordneten, zum Teil gerade noch geordneten Wandel unterstützt. Diese Erfahrung prägt dieses Buch. Es ist, wie üblich bei Arthur D. Little International, in Gruppenarbeit entstanden – und Gruppenmentalität sieht Arthur D. Little International denn auch als die wichtigste Fähigkeit für den geordneten Wandel an. Das Autorenteam ist in den Kapiteln genannt. Nicht genannt, aber ebenso wichtig für das Gelingen des Buches ist Frau Karin Pfeiffer, die die redaktionellen Fäden in der Hand hielt.

Wiesbaden, im November 1988   Dr. Tom Sommerlatte
                                               Vice President
                                               Arthur D. Little, Inc.

Inhalt

Jenseits von Darwin und Schumpeter

Dr. Tom Sommerlatte

„Meine Aufgabe", erkannte kürzlich der neue Aufsichtsratsvorsitzende eines großen deutschen Werkzeugmaschinen-Herstellers, „ist eine völlig andere, als ich es aus meiner Zeit als Mitglied des Vorstands gewöhnt war: ich muß viel stärker in Dimensionen von zehn, zwanzig Jahren denken!"

Gut für ihn, daß er die Erkenntnis hatte! Denn zu häufig werden Vorstand und Aufsichtsrat der Unternehmen von den Problemen des laufenden Jahres, von der unmittelbaren Geschäftspolitik absorbiert, nehmen Diskussionen über Fünfzigtausendmark-Entscheidungen mehr Raum ein als die Auseinandersetzung über die generelle Marschrichtung.

Daß eine Folge von kurzfristig immer wieder „richtigen" Entscheidungen doch in die absolut falsche Richtung führen kann, haben nicht nur die viel zitierten amerikanischen Eisenbahngesellschaften erfahren müssen, sondern ist zum Schicksal ehemals blühender Unternehmen der Stahlindustrie, des Schiffbaus, des Anlagenbaus, des Werkzeugmaschinenbaus, der Elektrotechnik, des Landmaschinenbaus, der Erdölindustrie und der Petrochemie geworden.

Sie sind mit dem Wandel ihres Umfelds nicht fertig geworden, weil sie sich wie der Wanderer im Dunkeln verhielten, der mit der Laterne immer nur das Gelände vor seinen Füßen absuchte und nicht merkte, daß er auf dem falschen Weg war.

Es wäre zwar vermessen anzunehmen, daß sich heute ein stärkerer wirtschaftlicher und technologischer Wandel vollziehe als vor zwanzig, dreißig, fünfzig oder hundert Jahren. Aber ebenso vermessen wäre es zu glauben, daß wir mit dem Wandel in Zukunft besser fertig würden als in der Vergangenheit und daß sich die Art des Wandels nicht wandele, daß es also auch nicht schlimmer kommen werde als in der Vergangenheit.

Daß nämlich die heute erfolgreichen Unternehmen Erfolg hatten, stand bei genauerem Hinsehen öfter, als sie es gern zugeben, auf des Messers Schneide und war das weitgehend unverdiente Ergebnis eines zu ihren Gunsten verlaufenden Ausleseprozesses – sie „lagen richtig", und andere, die im Grunde ihre Sache nicht schlechter machten, „lagen falsch". Daß die einen „richtig lagen", wurde häufig

erst im nachhinein zu weitsichtigem unternehmerischen Verhalten hochstilisiert.

Wenn wir die Umbrüche, die der Wandel in der Wirtschaftsgeschichte und in der Geschichte vieler Unternehmen hervorrief, einfach nur extrapolieren – ohne eine Beschleunigung zu unterstellen (die wir aber de facto zu beobachten glauben) –, so können wir die enorme Herausforderung abschätzen, die in Zukunft auf die Unternehmen zukommt.

Innerhalb von zwei bis drei Generationen entstanden aus dem Nichts weltbeherrschende Industrien, ohne die wir uns heute Wirtschaftsleben und Zivilisation nicht mehr vorstellen können und die die zuvor bestimmenden Unternehmen nahezu durch die Bank weg zur Bedeutungslosigkeit degradierten:

– die Automobilindustrie (seit der Erfindung des ersten mit Benzinmotor angetriebenen Kraftfahrzeugs durch Carl Benz im Jahr 1886) mit der durch sie emporgezüchteten Mineralölindustrie, mit dem allgegenwärtigen Straßen- und Tankstellennetz, mit Ampelanlagen und vielfältigsten Zulieferindustrien,

– die elektrotechnische Industrie (seit der Installation des ersten permanenten Stromnetzes in Berlin im Jahr 1884) mit der Massenproduktion von Glühbirnen, Elektrokabeln, elektrischen Motoren und Maschinen, Fahrstühlen, elektrischen Haushaltsgeräten, Elektrowerkzeugen und mit einer kaum übersehbaren Zahl von Folgeindustrien,

– die Telekommunikationsindustrie (seit der Erfindung des Telefons durch Alexander Graham Bell im Jahr 1876) mit dem weltumspannenden, feinverästelten Telekommunikationsnetz und einem schillernden Spektrum von Endgeräten für die Sprach-, Text-, Daten- und Bildübertragung,

– die Bürogeräteindustrie (seit der Erfindung der Schreibmaschine durch P. Mitterhofer im Jahr 1866) mit einer Kaskade neuer Produktbereiche wie elektrostatischen Kopiergeräten (ausgelöst durch die Erfindung der Xerographie im Jahr 1938), Textverarbeitungsmaschinen und Druckgeräten,

– die Computerindustrie (seit dem Bau der ersten elektronischen Rechenmaschinen durch Konrad

Zuse im Jahr 1941 und Eckert/Mauchly im Jahr 1946) mit der durch sie forcierten Mikroelektronikindustrie und einer rapide wachsenden Vielzahl von Mainframes, Minicomputern, Microcomputern, Spezialprozessoren und PC-Platinen,

– die Konsumelektronikindustrie (seit der Erfindung des Grammophons durch E. Berliner im Jahr 1887 und der Erfindung des Radios durch Marconi im Jahr 1897) mit der dazugehörigen Unterhaltungsindustrie, der Verbindung mit dem Bild durch die photographische Technik (Erfindung der Photographie durch Daguerre im Jahr 1839 und Erfindung der Cinematographie durch die Gebrüder Lumière im Jahr 1895) und mit der Entwicklung der elektromagnetischen Videotechnik seit der Erfindung des Fernsehens (durch Karolus/Telefunken im Jahr 1929) und des Videobandgerätes (durch Ampex im Jahr 1954),

– die Flugzeugindustrie (seit dem ersten motorisierten Flug der Gebrüder Wright im Jahr 1903) mit dem weltweiten Netz von Flughäfen und Fluglinien,

– die Kunststoff-, Düngemittel-, Pflanzenschutz-, Kunstfaser- und Farbenindustrie (seit der ersten Kunststoffproduktion im Jahr 1907 durch Baekeland, der ersten Düngemittelsynthese durch Haber/Bosch im Jahr 1913, der ersten Anwendung des synthetischen Pflanzenschutzmittels DDT im Jahr 1942, der ersten Produktion von Synthesefasern durch Chardonnet im Jahr 1889 und der ersten Farbsynthese durch W. H. Perkin im Jahr 1856), mit Legionen von Folge- und Verarbeitungsindustrien, Maschinenbauern für die Weiterverarbeitung und umwälzenden Konsequenzen für die Landwirtschaft, die Textilindustrie und andere wichtige Wirtschaftssektoren,

– die pharmazeutische Industrie (seit den ersten Erfolgen der Behandlung von Virenkrankheiten durch Pasteur im Jahr 1881 und dann, in einer zweiten Welle, seit der Erfindung des Penicillins durch Alexander Fleming im Jahr 1929) mit ihren Auswirkungen auf Bevölkerungswachstum und -struktur, auf das gesamte Gesundheitswesen und auf die Lebensqualität,

– die medizintechnische Industrie (seit der Erfindung des Roentgengerätes durch Wilhelm Roentgen im Jahr 1895), die heute mit automatischen Analysetechniken, mit Elektrokardiogrammen, Ultraschall, Computertomographie, Nieren- und Gallensteinzertrümmerern, künstlichen Nieren, Lungen und Herzen, künstlichen Knochen, Adern und Gelenken ein ganzes Panoptikum der Lebenssicherung und -verlängerung zur Verfügung stellt,

– die Automatisationsindustrie (seit der Erfindung des Fließbandes durch Henry Ford im Jahr 1913 in seinem Werk in Willow Run) mit einem immer ausgefeilteren Angebot von computergesteuerten Werkzeugmaschinen, Bearbeitungszentren, Robotern und automatischen Logistiksystemen,

– die Sanitär- und Installationsindustrie (seit der Einführung des fließenden Wassers in London in der ersten Hälfte des 19. Jahrhunderts und der Wasserspülklosetts – WC – zum Ende des 19. Jahrhunderts) mit der Entwicklung von thermostatierten Zentralheizungs- und Klimaanlagen sowie Feuermelde- und Sicherheitssystemen,

– die Sportartikelindustrie (seit der Popularisierung des Fußballs ab 1862, des Skisports ab 1870, des Tennis ab Mitte des neunzehnten Jahrhunderts), die heute von einer sprudelnden Vielfalt an Sportkleidung und Sportgeräten geprägt ist und infolge ihrer hochindustrialisierten Produktionstechniken nahezu alle Bevölkerungsschichten erreicht,

– schließlich die Militärindustrie, die erst seit der Erfindung des Maschinengewehrs (im Jahr 1883), der U-Boote (im Jahr 1898), des Panzers (im Jahr 1911), der Kampfflugzeuge (im 1. Weltkrieg) und des Radars (im Jahr 1943) zu einer permanenten, hochtourigen, spezialisierten Industrie geworden ist, die ständig wesentliche Auswirkungen auf andere Industrien und auf die gesamte Volkswirtschaft hat und einen allgegenwärtigen Bedrohungszustand erzeugt, den sie wiederum zur eigenen Rechtfertigung benötigt.

Die bedeutendsten Wirtschaftszweige der Bundesrepublik Deutschland sind nicht mehr – wie noch

Die Entwicklung der Wirtschaftszweige in der Bundesrepublik Deutschland

Wirtschaftszweig	Anteil am Bruttosozialprodukt	
	1970	1985
o Stahlindustrie	2,88 %	1,94 %
o Maschinenbau	4,64 %	3,63 %
o Automobilindustrie	3,27 %	3,65 %
o Chemische Industrie	2,59 %	2,98 %
o Informationstechnische Industrie*	2,33 %	4,67 %
o Dienstleistungssektor	19,00 %	25,00 %
o Anteil am Bruttoinlandsprodukt	34,71 %	41,87 %
o Bruttoinlandsprodukt (Mio DM)	1.132.820	1.568.010

* EDV-Hersteller, Telekommunikationshersteller, Bürogerätehersteller, Deutsche Bundespost, Software- und Systemhäuser, Hersteller von Systemen der Fertigungsautomation, Elektronikunternehmen, Datenbankbetreiber, Militärelektronik, Unterhaltungselektronik

Quelle: Statistisches Jahrbuch 1988, Seiten 544-545, Berechnungen von Market Information Services, Arthur D. Little International

Abb. 1

1970 – die Stahlindustrie, der Maschinenbau und die Automobilindustrie, sie weisen nur noch marginale Wachstumsraten auf oder stagnieren, sondern die informationstechnische Industrie und der Dienstleistungssektor (siehe Abbildung 1).

Der Wandlungsprozeß geht weiter. Wenn wir zwei bis drei Generationen in die Zukunft extrapolieren und einen ähnlich dramatischen Umschichtungsprozeß annehmen, wie wir ihn für die letzten zwei bis drei Generationen vor Augen haben, dann kann man sich in die Lage des neuen Aufsichtsratsvorsitzenden aus der Werkzeugmaschinen-Industrie versetzen und sein Problemverständnis nachvollziehen: Die Wahrscheinlichkeit ist groß, daß sein Unternehmen zumindest in der heutigen Form in zwanzig Jahren gar nicht mehr existiert, daß seine Kunden in der Automobilindustrie, im Maschinenbau, in der elektrotechnischen und kunststoffverarbeitenden Industrie keine Werkzeugmaschinen mehr brauchen oder selber nicht mehr existieren.

Joseph Schumpeter hat diesen dynamischen Prozeß der ständigen Umschichtung schon 1911 beschrieben und die Substitution des Bestehenden als die Triebkraft des Wirtschaftslebens erkannt. Sich den Wandel nicht vorstellen zu können, das Bestehende zu verteidigen, Positionen absichern und halten zu wollen, sind nach Schumpeter die Verhaltensweisen des Anti-Unternehmers, der seinen eigenen Untergang vorprogrammiert, weil er die neuen wirtschaftlichen und technologischen Initiativen außerhalb des eigenen Einflußbereichs und Wollens entstehen läßt[1].

Daß dieser Umschichtungsprozeß im Gang ist, zeigen die Zahlen:

— bei einem Gesamtbestand von rund 350.000 Kapitalgesellschaften in der Bundesrepublik Deutschland gingen seit 1976 rund 20.000 in Konkurs oder fusionierten und wurden 300.000 neu gegründet; da 1976 etwa 150.000 Kapitalgesellschaften bestanden, müssen seitdem etwa 100.000 Kapitalgesellschaften auf andere Weise als durch Konkurse oder Fusionen verschwunden sein: durch Stillegung, Umwandlung oder Übernahme[2],

1 Vgl. JOSEPH SCHUMPETER: Theorie der wirtschaftlichen Entwicklung; 1911
2 Vgl. STATISTISCHES BUNDESAMT: Statistische Jahrbücher; 1977–1986

5

– von den hundert größten deutschen Unternehmen aus dem Jahr 1970 gehören heute noch 67 zu dieser Liste, 15 rutschten auf niedrigere Positionen ab, 18 verloren ihre Selbständigkeit oder existieren nicht mehr,

– bei einem Wachstum des Bruttosozialproduktes von 1.134 Milliarden DM im Jahr 1970 auf 1.645,6 Milliarden DM (d. h. um 45 %) im Jahr 1987 stieg die Beschäftigungszahl nur von 22,2 Millionen auf 22,7 Millionen, so daß bei einem Anstieg der arbeitsfähigen Bevölkerung um 9,6 % die Arbeitslosenzahl von rund 150.000 auf über 2,2 Millionen anschwoll; dabei sind die Arbeitslosen zum größten Teil Opfer des Strukturwandels, d. h. Menschen, die ihre Beschäftigung verloren, während neu hinzugekommene Beschäftigungssuchende in der Mehrzahl in Wachstumsbranchen eine Anstellung fanden.

Darwin selber hat seine Theorie von der Entstehung der Arten[3] nicht auf die Welt der Unternehmen angewandt. Aber sein Interpretationsmodell vom Überlebenskampf der Arten in einer sich verändernden Umwelt, bei dem die den neuen Bedingungen am wenigsten angepaßten Arten eliminiert werden und immer wieder neue, aus Evolutionssprüngen hervorgegangene Arten die Herrschaft antreten, ist auf vielfältige Weise zur Beschreibung des Wettbewerbskampfs der Unternehmen herangezogen worden. So beschreibt Brian S. Moskal in seinem Beitrag „Strategy: Adapt and Survive/Auto Suppliers: Fearing Darwin was right"[4], wie die amerikanischen KFZ-Zulieferer mit dem Vordringen japanischer Autohersteller in den USA einem radikalen Ausleseprozeß unterworfen sein werden. Auch Professor James Abeggalen vergleicht den Siegeszug der Japaner in einer Reihe von Industrien (insbesondere in der Motorradindustrie) mit „Economic Darwinism"[5]. Lawrence W. Foster grenzt in seinem Beitrag „From Darwin to Now: The Evolution of Organisational Strategies"[6] ab, wo reiner Darwinismus als Beschreibungsmodell zuzutreffen scheint, wie aber Unternehmen durch bewußte Evolutionssprünge bei Technologien, bei ihrer Finanzkonfiguration und bei Anreizsystemen für ihre Mitarbeiter dem darwinistischen Schicksal entgehen können. Die Versuche, das Darwinsche Modell auf Unternehmensschicksale zu übertragen, unterscheiden sich durch die Faktoren, die als für den unternehmerischen Existenzkampf ausschlaggebend angesehen werden. Amerikanische Autoren tendieren dazu, Kosten, Marktanteile und „competitive toughness" als Hauptfaktoren anzusehen[4,5,7].

Joseph Schumpeter dagegen stellte die Innovationsfähigkeit des Unternehmers in den Vordergrund, mit der dieser Fähigkeiten, Ressourcen und Betriebsmittel in immer neuen, erfinderischen Kombinationen einsetzt, um das Bestehende niederzukonkurrenzieren und neue Marktpotentiale zu erschließen. Schumpeter setzt dabei voraus, daß

– ein wesentlicher Zug vieler etablierter Unternehmen das Beharren auf erreichten Positionen und die Abwehr von Neuerungen ist und daß

– einzelne kühne Unternehmertypen durch ihren innovativen Drang und ihr unnachgiebiges Unternehmertum immer wieder in der Lage sind, Kräfte für das Verdrängen des Bestehenden zu mobilisieren.

Nach Schumpeter erfolgt Wirtschaftsentwicklung daher immer wieder durch Umbrüche und Diskontinuitäten.

Zweifellos hat die Wirtschaftsentwicklung der letzten Jahrzehnte darwinistische und schumpeteristische Züge gehabt. Das Aufkommen neuer Industrien hat zum Niedergang bestehender Industrien geführt – und damit waren in der Regel der Aufstieg neuer Unternehmen und der Abstieg etablierter Unternehmen verbunden.

---

3 Vgl. CHARLES DARWIN: The Origin of Species; 1859
4 Vgl. BRIAN S. MOSKAL: Strategy: Adapt and Survive/Auto Suppliers: Fearing Darwin was right; Industry Week, June 1987
5 Vgl. SUBRATA N. CHAKRAVARTY: Economic Darwinism; Forbes, 1986
6 Vgl. LAWRENCE W. FOSTER: From Darwin to Now: The Evolution of Organizational Strategies; Journal of Business Strategy, 1985
7 Vgl. BRUCE D. HENDERSON: Competitors, the Forgotten Factor in Marketing; Canadian Business Review, Summer 1984

Krisen, Verfall bestehender Aktiva und hoffnungsloses Durchhalten oder Aufbäumen sind die Phänomene, die wir heute in der Stahl- und Schiffbauindustrie beobachten, im Kraftwerksbau, im Bergbau, in vielen Branchen, in denen sich ein Übergang von elektromechanischer zu elektronischer Technik und zur Software abspielt. Andere Branchen steuern wahrscheinlich auf diese Phase erst noch zu – die Automobilindustrie, die Bauindustrie, die Druckindustrie beispielsweise.

Während einerseits der Wandel mit mindestens der gleichen Dynamik wie in der Vergangenheit fortschreitet, wandelt sich aber auch der Wandel selber in seinem Wesen.

Es wird immer problematischer, auf die Regenerationsfähigkeit der Natur und der Wirtschaft zu vertrauen, die dem Darwinschen Modell entsprechend immer wieder den Untergang von bisher wichtigen und prosperierenden Arten wohl oder übel verkrafteten und eine neue lebensfähigere, weil umfeldgerechtere Fauna und Flora hervorbrachten.

Während es nach 1886 für die Kutschen-, Droschken- und Karossenindustrie, für die Sattel- und Peitschenindustrie und für Pferdezucht und -handel zwar eine gravierende Beeinträchigung darstellte, als das benzinmotorgetriebene Kraftfahrzeug aufkam, so waren die Auswirkungen auf das Wirtschaftsleben zunächst eher punktuell und lokal. Die betroffenen Betriebe waren weitgehend handwerklich strukturiert und schichteten sich in einem allmählichen substitutiven Übergang um.

Die entstehende Automobilindustrie hatte zunächst auch handwerkliche Züge, bevor sie – getragen von einer unaufhaltsamen Nachfrage und technischer Progression – zur prägenden Großindustrie wurde. Wenn heute die Automobilindustrie in Schwierigkeiten geriete – aus welchen Gründen auch immer –, so wären die wirtschaftlichen Verflechtungen und die gesamtwirtschaftlichen Konsequenzen so umfassend, daß nicht nur die Automobilhersteller, sondern eine ganze Zulieferindustrie, eine ganze Ausrüstungsindustrie und in der Folge deren Zulieferer sowie auf der anderen Seite eine ganze Infrastruktur von Handelsunternehmen, Serviceunternehmen und den mit Ausbau, Wartung und Betrieb des Straßen- und Versorgungsnetzes befaßten Unternehmen und Organisationen betroffen wären.

Charakteristisch für unsere Wirtschaft und die sie bestimmenden Technologien ist nämlich eine immer höhere Komplexität und Vernetzung. Das gilt nicht nur für die Automobilindustrie, sondern für nahezu alle unsere Industrien. Dadurch nehmen die Anfälligkeit und Abhängigkeit einzelner Wirtschaftszweige und jedes einzelnen Unternehmens zu.

Wie in jeder Situation, in der die Komplexität der Zusammenhänge steigt, die Dynamik der Veränderungen wächst, sind auch in dem zur Zeit sich abspielenden und noch vor uns liegenden Wandel des wirtschaftlichen Umfelds die Anforderungen an die Steuerungsfähigkeit der Unternehmen größer geworden.

Wenn das Darwinsche Modell anwendbar bliebe, dann müßten die Unternehmen, die die erhöhte Steuerungsfähigkeit nicht aufweisen, scheitern, müßte die Zahl der Unternehmen, die in Schwierigkeiten geraten, zunehmen, müßten sichtbar Unternehmen die Oberhand gewinnen, die neue Managementtechniken anwenden und neue unternehmerische Richtungen verfolgen.

Ob das insgesamt der Fall ist, läßt sich bisher schwer ausmachen. Es gibt neben der aktenkundigen – hohen – Zahl von Konkursen und Übernahmen (die sich aber vorwiegend aus mittelständischen und kleinen Unternehmen rekrutiert, viele davon mit ohnehin sehr kurzer Lebensdauer) eine weniger gut bekannte – aber auch hohe – Zahl von Unternehmen, die mit stagnierenden Märkten, Preis- und Ertragsdruck, zu hohen Kosten, immer stärker werdendem ausländischem Wettbewerb und Problemen der Umstellung auf neue Technologien in der Fertigung und bei ihren Produkten kämpfen.

Das aggregierte Wachstum der deutschen Unternehmen ist niedrig; der Wachstumsdurchschnitt zwischen erfolgreichen und weniger erfolgreichen Unternehmen sinkt (siehe Abbildung 2); im internationalen Vergleich schneiden die deutschen Unternehmen trotz ihrer traditionell hohen Exportquote und trotz des häufig etwas zu deutschtümlerisch zur Schau gestellten Selbstbewußtseins dürftig ab: Seit 1977 sind die Kurse deutscher Unternehmen an den internationalen Aktienbörsen nur um 110% gestie-

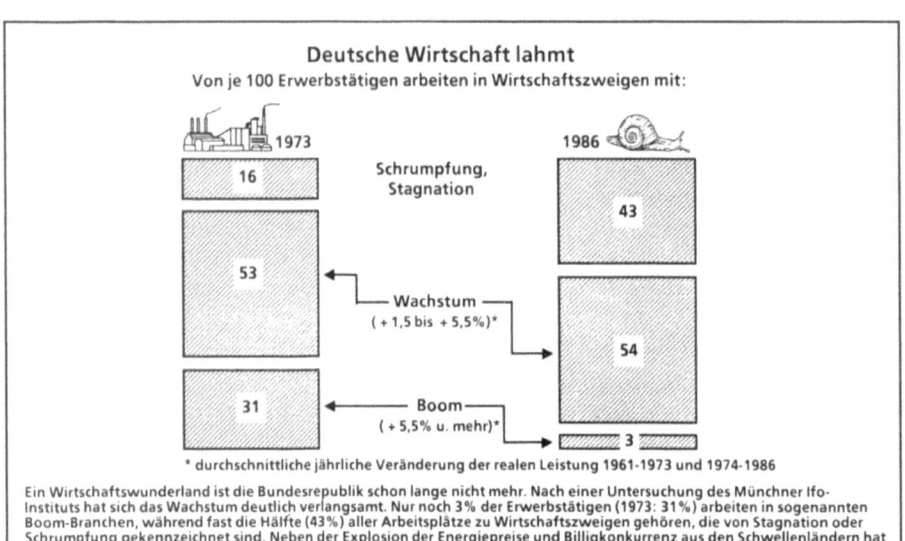

Deutsche Wirtschaft lahmt

Von je 100 Erwerbstätigen arbeiten in Wirtschaftszweigen mit:

1973   1986

Schrumpfung, Stagnation

16   43

53   54

Wachstum (+ 1,5 bis + 5,5%)*

31   3

Boom (+ 5,5% u. mehr)*

* durchschnittliche jährliche Veränderung der realen Leistung 1961-1973 und 1974-1986

Ein Wirtschaftswunderland ist die Bundesrepublik schon lange nicht mehr. Nach einer Untersuchung des Münchner Ifo-Instituts hat sich das Wachstum deutlich verlangsamt. Nur noch 3% der Erwerbstätigen (1973: 31%) arbeiten in sogenannten Boom-Branchen, während fast die Hälfte (43%) aller Arbeitsplätze zu Wirtschaftszweigen gehören, die von Stagnation oder Schrumpfung gekennzeichnet sind. Neben der Explosion der Energiepreise und Billigkonkurrenz aus den Schwellenländern hat die deutsche Wirtschaft die Fähigkeit verloren, sich rasch an veränderte wirtschaftliche Gegebenheiten anzupassen, beklagt das Wirtschaftsforschungsinstitut.

Quelle: Globus-Kartendienst GmbH, Nr. 7012, Ifo-Institut, München

Abb. 2

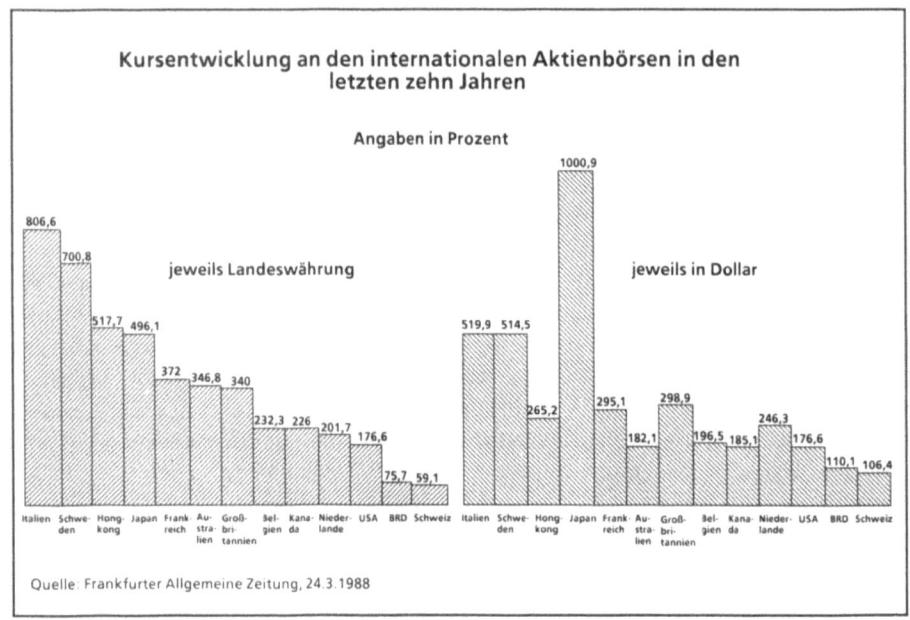

Kursentwicklung an den internationalen Aktienbörsen in den letzten zehn Jahren

Angaben in Prozent

jeweils Landeswährung   jeweils in Dollar

806,6   700,8   517,7   496,1   372   346,8   340   232,3   226   201,7   176,6   75,7   59,1

519,9   514,5   265,2   1000,9   295,1   182,1   298,9   196,5   185,1   246,3   176,6   110,1   106,4

Italien Schweden Hongkong Japan Frankreich Australien Großbritannien Belgien Kanada Niederlande USA BRD Schweiz | Italien Schweden Hongkong Japan Frankreich Australien Großbritannien Belgien Kanada Niederlande USA BRD Schweiz

Quelle: Frankfurter Allgemeine Zeitung, 24.3.1988

Abb. 3

gen, während US-Unternehmen um fast 180%, die der britischen und französischen Unternehmen um nahezu 300% und die der italienischen und schwedischen um über 500% gestiegen sind (siehe Abbildung 3).

So scheinen zwei Dinge in der deutschen Wirtschaft nicht zu klappen: Einerseits stehen den Darwinschen Versagern (die stagnieren, keine substanzerhaltende Rendite erwirtschaften und/oder die Anpassung an neue Märkte und Technologien nicht

8

vollzogen haben) nicht in ausreichendem Maß umfeldangepaßte Spezies gegenüber – das Siechtum angeschlagener Unternehmen zieht sich also mangels überlegener Unternehmen länger als modellgerecht dahin, andererseits scheinen in einer ganzen (und wachsenden?) Reihe von Branchen die Darwinschen Sieger außerhalb der Bundesrepublik Deutschland angesiedelt zu sein.

Angesichts der Verflechtungen und vielfältigen Abhängigkeiten zwischen Branchen und Unternehmen wäre ein solcher Befund für die deutsche Wirtschaft insgesamt alarmierend.

Wir können es uns nicht leisten, den Darwinschen Prozeß, wenn er denn im Gang ist, einfach wie gehabt abrollen zu lassen. Der volkswirtschaftliche Schaden wäre zu groß, die Zwangsläufigkeit auch aus der Sicht der einzelnen betroffenen Unternehmen zu gering, als daß es sich nicht lohnte, Gegenmaßnahmen zu ergreifen.

Gegenmaßnahmen – aber welche?

Schumpeter führt den Erfolg emporstrebender Unternehmen nicht auf den ausgefuchsten Kostenmanager, nicht auf den gewieften Finanztaktiker zurück, sondern auf den innovationsgetriebenen Unternehmer.

Die Unternehmerpersönlichkeit, die etablierte Produktlösungen, Fertigungsverfahren, Vertriebswege, Verhaltensweisen im Wettbewerb, Geschäftsfeldabgrenzungen und Formen der Ressourcenverwendung immer wieder attackiert, auf der Suche nach bedarfsgerechten, überlegenen Lösungen, ist nach Schumpeter der Garant für die dynamische wirtschaftliche Weiterentwicklung, für die Elimination von Ineffizienzen, von Stagnation und für die Überwindung der Beharrungskräfte selbstgefällig gewordener Organisationen.

Die Evolutionssprünge, durch die nach dem Darwinschen Modell überlegene, besser umfeldangepaßte Spezies entstehen, bedürfen, so Schumpeter, des innovativen Unternehmers.

Warum haben wir also offensichtlich nicht genügend innovative Unternehmer in der Bundesrepublik Deutschland?

Wenn es uns an solchen mangelt, so wäre dieser Befund um so erstaunlicher, als kaum anzunehmen ist, daß die Zahl der erfolgsgewillten Unternehmer bei uns geringer ist als anderswo und daß es nicht einen ausreichenden Teil davon gibt, der bereit ist, sich mit Leib und Seele für Innovationen einzusetzen. Das Problem muß also woanders liegen. Liegt es auch!

Ebenso wie nämlich das Darwinsche Modell der natürlichen Auslese, der Evolution durch Aussterben der Nichtangepaßten und Vordringen der auf den Wandel Eingestellten nicht mehr ohne weiteres auf die heutigen Unternehmen angewendet werden kann, weil die Verflechtungen zu folgenschwer sind; ebenso kann der Unternehmer heute allein nicht mehr Innovationen in Bewegung setzen und durchsetzen, weil die Zusammenhänge für die Realisierung von Innovationen meistens zu komplex geworden sind, als daß er sie durchschauen könnte.

Den Schumpeterschen Unternehmertyp kann es heute kaum noch geben, oder er stünde ziemlich machtlos vor der Organisation, dem Apparat, dem vielschichtigen Interessenverband seines Unternehmens, von dem er abhängt und den er motivieren muß.

Was wir heute benötigen, ist die Fähigkeit, bestehende Unternehmen durch einen Prozeß des geordneten Wandels anpassungsfähiger zu machen für neue Produktlösungen, Fertigungsverfahren, Vertriebswege, Verhaltensweisen im Wettbewerb, für neue Geschäftsfeldabgrenzungen und Ressourcenkombinationen. Diese Fähigkeit setzt Steuerungsmechanismen und Führungspersönlichkeiten voraus, die ihr Hauptziel in der effizienten und engagierten Selbstentfaltung der ihnen anvertrauten Menschen sehen.

Ist das so schwer zu erkennen? Offensichtlich ja, denn in der Wirtschaftspresse, in der Unternehmensliteratur werden massiv die falschen Unternehmertypen, die von gestern, glorifiziert, die in den Unternehmen „den Ton angeben", die „radikal durchgreifen", die „dem Unternehmen ihren Stempel aufdrücken", die „bestimmen, wo's lang geht". Ihre Namen werden gehandelt, als bestimmten sie allein das Schicksal der Unternehmen, denen sie vorstehen, als liefe nichts ohne sie. Sie heimsen, zumindest in der Berichterstattung, alle Erfolge oder aber auch alle Mißerfolge ein. Diese Sicht der Journalisten erinnert an die Kriegsberichterstattung, nach der die Generäle die Schlachten schlagen, die Feldzüge ausführen, die Siege erringen.

9

Das Kaderdenken, Ausfluß der Untertanenmentalität, steht dem geordneten Wandel entgegen, weil Kader Anweisungen ausführen oder sogar im vorauseilenden Gehorsam antizipativ erfüllen, aber nicht weiter denken als der Boss.

Der geordnete, kontinuierliche Wandel der Unternehmen, den wir sichern müssen, wenn wir in einem immer komplexeren, anfälligeren Wirtschafts- und Technologiesystem Krisen vermeiden, Geschaffenes weiterentwickeln und international wettbewerbsfähig bleiben (oder zum Teil erst wieder werden) wollen, erfordert ein neues Führungskonzept, bestehend aus einer neuen Mentalität und einem besser durchdachten Steuerungssystem.

Die neue Mentalität muß eine Gruppenmentalität sein. In komplexen Systemen, in denen Forschung, Entwicklung, Produktion, Marketing und Vertrieb, die Wechselbeziehungen mit Komponenten- und Anlagenlieferanten, mit Kooperationspartnern und mit ihrerseits systemabhängigen Kunden auf eine gemeinsame, immer wieder überlegene Lösung abzustimmen sind, muß das Unternehmen viele „Inputs" aufnehmen und berücksichtigen, an vielen Hebeln ziehen, viele Aktivitäten zusammenwirken lassen – und das funktioniert am besten, wenn alle Mitwirkenden den Überblick haben, für ein gemeinsames Ziel motiviert sind und ihren Beitrag an vorderster Front zwar mit Eigeninitiative, aber auch im Bewußtsein des Gesamtzusammenhangs erbringen. Einer allein kann da nichts mehr bewirken, selbst wenn er formal die Macht hat. Im Gegenteil, er kann, wenn er sich allzu sichtbar, allzu hervorgekehrt als den starken Mann feiern läßt, die Haltung provozieren: „Dann soll er auch die Verantwortung übernehmen, daß es klappt!" Auch wenn er noch so entschlossen und konsequent Innovationen durchboxen will – à la Schumpeterschem Unternehmer –, solange die Gruppe nicht mitzieht, nicht selber die Quelle der Initiativen ist, sind die latenten Widersprüche, das ziellose Fehlverhalten zu groß, als daß das Gesamtsystem funktionieren könnte.

So schreibt der Spiegel[8], daß es der Siemens AG bei dem Versuch, in technologischen Schlüsselbereichen aufzuholen, zum Erstaunen des Vorstandsvorsitzenden Kaske offensichtlich an Veränderungsbereitschaft mangelt. „Das Althergebrachte wird auf vielen Etagen des Hauses immer noch hochgeschätzt", aber „Karlheinz Kaske ist, allen Enttäuschungen zum Trotz, fest von der Qualität seiner Truppe überzeugt; man müsse nur einiges mehr aus ihr herausholen". Die Frage ist wie. Die Erkenntnis und der Wille des Vorstandsvorsitzenden reichen eben nicht aus; auch ein durchorganisiertes Kadersystem ist wie Wäscheleinen, durch die jemand Strom schicken will: damit geht es nicht! Daß zur Veränderungsbereitschaft eine Gruppenmentalität nötig ist und daß diese Gruppenmentalität an der Spitze beginnen muß, hat auch der Siemens-Vorstand erkannt: der Konzern ist in schlagkräftigere Gruppen umstrukturiert worden.

Aber die Gruppenmentalität ist nur der eine Teil des neuen Führungskonzepts – sie muß gepaart sein mit einem leistungsfähigen Steuerungssystem.

Denn in komplexen Systemen können alle Agierenden noch so motiviert, noch so kooperativ, noch so initiativ sein; wenn sie nicht gezielt ihren speziellen Beitrag zum Gesamtvorhaben leisten, sind sie wie die Ruderer im Zwölfer, die allesamt so kräftig losrudern, wie sie können, aber den Gesamtschwung nicht hinkriegen.

Den Zusammenhang zwischen Gruppenmentalität und Steuerungssystem aufzuzeigen und damit einen Weg zu eröffnen, um aus dem Darwinschen Modell auszubrechen, ist das Ziel dieses Buches. „Jenseits von Darwin und Schumpeter" ist so zu verstehen:

- den in unserer vernetzten Wirtschaft so kostspieligen und schädlichen Prozeß der Auslese zu vermeiden, bei dem Evolution in erster Linie durch Elimination des Bestehenden erfolgt, weil es den Wandel nicht mitmacht oder nicht verkraftet,
- die in unseren komplexen, arbeitsteiligen Unternehmen so dringend erforderliche Fähigkeit und Bereitschaft zum geordneten, kontinuierlichen Wandel zu steigern, um krisenhafte Gewaltakte oder gar wertevernichtende Zusammenbrüche zu vermeiden – und zwar nicht etwa dadurch,

---

8 Vgl. „Siemens: Viel Geld und viele Pannen"; Der Spiegel, Nr. 12, 1988

daß wir auf die alles überragenden und alles in ihre resolute Hand nehmenden Schumpeterschen Unternehmerpersönlichkeiten warten, sondern dadurch, daß wir die Mentalität und die Steuerungssysteme entwickeln, mit denen der geordnete Wandel zu einem normalen unternehmerischen Vorgang werden kann.

Welche Dimensionen wird der Wandel haben? Es gibt eine nahezu unbegrenzte Fülle von Vorhersagen, Spekulationen, aber auch klaren Trends in Teilbereichen, aus der wir in Kapitel 1 „Visionen des Wandels" diejenigen herausgegriffen und zusammengestellt haben, die für die Unternehmen eine unmittelbare und grundsätzliche Relevanz aufweisen:

– die Entstehung eines weitgehend offenen Heimmarktes Europa in den 90er Jahren als neuer Basis für die Unternehmen in Europa (um nicht zu sagen: „die europäischen Unternehmen") im globalen Wettbewerb und
– die technologische Erneuerung vieler Produkt- und Leistungsbereiche im Zuge einer immer internationaler werdenden Innovationsdynamik.

Wir wollen damit nicht sagen: So wird es kommen, sondern wir wollen das heute Denkbare umreißen, mehr im Sinn von Szenarien. Wenn wir in der Lage sind, den heute denkbaren Wandel zu meistern und die dazu erforderliche Flexibilität zu wahren, dann haben wir gute Chancen, auch den dann tatsächlich eintretenden Wandel zu unseren Gunsten zu nutzen.

. Wie unterschiedlich Unternehmen auf Wandel reagieren, beleuchten wir im Sinne einer Einstimmung in Kapitel 2 „Unternehmerverhalten: Den Wandel verstehen oder nicht". Wir glauben, hier vier Typen von Unternehmern ausgewählt und charakterisiert zu haben, die das Spektrum von gruppenorientiert bis monomanisch und von bewahrend-defensiv bis initiativ-wandelorientiert abdecken:

– Heinz Nixdorf, der Unternehmer, der sein Unternehmen in einer hochdynamischen Industrie durch eine kluge Nischenstrategie aufbaute und dann in den Hintergrund trat, um einer Füh-

rungsmannschaft zu erlauben, das Unternehmen auf neue Herausforderungen auszurichten,
– Max Grundig, der Unternehmer, der sein Unternehmen in einer Phase enormen Marktwachstums und sich immer wieder eröffnender Produktopportunitäten mit Entschlossenheit und Geschick aufbaute, der dann aber die Zügel allein in der Hand behalten wollte und vom Wandel überrannt wurde,
– Bodo Liebe, Vorstandsvorsitzender der Klöckner-Humboldt-Deutz AG, der das überreife Dieselmotoren- und Landmaschinengeschäft zu sichern suchte, indem er sich durch Firmenzukäufe vollkommen auf diese beiden Geschäftsfelder versteifte,
– Dieter von Sanden, Vorstandsmitglied und Unternehmensbereichsleiter der Siemens AG, der – als Technologien und Anwendungen der Telekommunikations- und Computerindustrie sich immer stärker zu überlappen begannen – seinen Machtbereich zur Disposition stellte, um eine zukunftsgerichtete Neustrukturierung der Siemens AG auszulösen.

Alle vier Unternehmertypen befanden sich in Situationen, in denen der Wandel in den frühen Phasen eine kontinuierliche und geordnete Anpassung erforderte, mangelnde Wandlungsfähigkeit und Verharren auf Positionen dagegen zur Krise führen mußte. Zwei von ihnen haben sehr früh oder zumindest früh genug reagiert und eröffneten ihren Unternehmen dadurch neue Perspektiven. Wir haben beide in vielen offenen Gesprächen erlebt, denn sie suchten das Gespräch und die Reflexion, sie waren hellhörig für die Anforderungen des geordneten Wandels.

Wir glauben, daß die etablierten Unternehmen in der Tat in die Lage versetzt werden können, ihre Wandlungsfähigkeit so zu erhöhen, daß sie mehr oder weniger kontinuierlich und geordnet die Anpassungen an den Wandel des Umfelds vollziehen oder ihn sogar zu ihrem Vorteil vorwegnehmen.

Das ist allerdings keine leichte Aufgabe. Sie zu bewältigen, erfordert

– Einsicht in die Notwendigkeit erhöhter Wandlungsfähigkeit,

– Bereitschaft, besondere Anstrengungen zu unternehmen, um bestehende Praktiken, bestehendes Know-how, bestehende Strukturen immer wieder in Frage zu stellen, und
– die Fähigkeit, Wandlungsprozesse in allen Funktionsbereichen des Unternehmens auszulösen, zu steuern und in neue, angemessenere Verhaltensweisen einmünden zu lassen.

Wie weit – oder besser wie wenig weit – es mit Einsicht und Bereitschaft bestellt ist, wird bei den meisten Unternehmen erst deutlich, wenn die Anforderungen erhöhter Wandlungsfähigkeit auf dem Tisch liegen.

Das fängt mit der Entwicklung neuer Produkte und Leistungen an, dem Unternehmensbereich, in dem das Neue sozusagen hauptberuflich hervorgebracht werden soll. Hier geben die Unternehmen zwar einen steigenden Anteil ihrer Umsätze aus (im Werkzeugmaschinenbau in der Bundesrepublik Deutschland beispielsweise um die 5–6 %, in der Telekommunikations- und Datenverarbeitungsindustrie bis zu 10 %, in der pharmazeutischen Industrie gar bis zu 20 %), aber hier stecken häufig auch die meisten uneingestandenen Ineffizienzen, wenn sie auch infolge mangelnden Return-on-Investment-Denkens nicht sichtbar werden.

Denn solange nicht grundlegende Konsequenzen daraus gezogen werden, daß der Entwicklungsaufwand pro Produktgeneration steigt, die Differenzierung gegenüber den Wettbewerbern immer schwieriger wird und die rentable Lebenszeit der Produkte im Markt schrumpft, solange wird der unternehmerische Nutzen der Entwicklungsaufwendungen zurückgehen.

Wir wollen in diesem Buch aufzeigen, wo die Blockade gegen die Erneuerungskraft in vielen großen Unternehmen liegt, die oft das Zehn- und Hundertfache an F&E-Mittel ausgeben, trotzdem aber von Neulingen im Hervorbringen innovativer Produkte und Leistungen immer wieder überrundet werden.

Hoher Aufwand für Forschung und Entwicklung ist keine Garantie für hohe Wandlungsfähigkeit. Große F&E-Abteilungen können selber zu einem Establishment werden, das seiner ureigensten Funktion im Weg steht – wenn nämlich

– an F&E-Themen weitergearbeitet wird, die zwar in der Vergangenheit Erfolge gezeigt haben, deren Differenzierungspotential inzwischen aber ausgewrungen ist,
– die Mittelzuordnung nach Ansprüchen verdienter Mitarbeiter oder etablierter F&E-Gebiete erfolgt, nicht nach Gesichtspunkten strategischer Fokussierung,
– die Produktspezifikationen im Bewußtsein der eigenen Kompetenz und Erfahrung festgelegt werden, nicht im ständigen Abgleich mit den Kunden, und wenn
– die Organisation des Projektdurchlaufs durch die einzelnen F&E-Stufen durch viele Zuständigkeitsbereiche und Übergabeprozeduren charakterisiert ist.

Projektteams von Arthur D. Little International haben vielen Unternehmen, auch vielen deutschen Unternehmen, geholfen, die Blockaden in ihren Forschungs- und Entwicklungsaktivitäten zu überwinden und Kräfte des Wandels freizusetzen. Aus dieser Erfahrung leitet sich das Kapitel 3 ab: „Die Basis unternehmerischer Initiative: Systematisch neue Produkte und Leistungen entwickeln".

Das Schicksal großer Unternehmen wie KHD, Blohm & Voss, Preussag, Grundig, aber auch die Bemühungen von Porsche, Philips, Berthold, Friedr. Krupp und wichtiger Unternehmensbereiche der Siemens AG, der Hoechst AG oder der Degussa zeigen, daß unzureichende Innovationsleistung auf Dauer nicht durch starke Marktpositionen, funktionierendes Management im Tagesgeschäft oder gewissenhafte Kostenkontrolle wettgemacht werden kann.

Wahrscheinlich befanden sich noch nie oder selten in der Wirtschaftsgeschichte so viele Branchen in der Reifephase, in der Umsatzwachstum durch weitere Marktpenetration kaum noch möglich ist, da alle potentiellen Kunden für die angebotenen Produkte und Leistungen bereits erschlossen sind. Im Fall von Investitionsgütern wird das Marktvolumen reifer Branchen vorwiegend durch konjunkturelle Schwankungen und Ersatzbeschaffungen bestimmt, die nur beschleunigt vorgenommen werden, wenn neue Produktgenerationen ein deutlich günstigeres Preis-Leistungs-Verhältnis bieten, das eine vorzeitige Abschreibung der vorhandenen Ausrüstungen rechtfertigt. Solche Marktverjüngungseffekte werden durch Innnovationen bewirkt, wobei diejenigen Unternehmen am stärksten von den Wachstumsschüben profitieren, die sich am kundengerechtesten von ihren Wettbewerbern differenzieren, die die Innovationen am stärksten auf den Bedarf und die Aufnahmefähigkeit der Kunden ausrichten und die selber das Innovationstempo bestimmen. Im Fall von Konsumgütern tritt häufig — aber nicht immer — anstelle des Preis-Leistungs-Verhältnisses ein subjektives Preis-Nutzen-Verhältnis, bei dem innovative Unternehmen immer wieder enorme Marktpotentiale erschließen.

Warum gelingt es bestimmten Unternehmen, durch Innovation ihre Märkte vor Stagnation zu bewahren und Innovation selbst zum Wettbewerbsinstrument zu machen, während andere Unternehmen mit Innovationsansätzen auf Skepsis oder gar Verweigerung stoßen oder von vornherein in der Defensive verharren? Unserer Erfahrung nach liegt es an der fehlenden Einsicht, daß Innovation nicht nur eine Frage der Forschung und Entwicklung ist, eines einzelnen Unternehmensbereichs, der das Neue sozusagen hauptberuflich hervorbringen soll, sondern daß alle Bereiche des Unternehmens am gleichen Innovationsstrang ziehen müssen, und zwar in abgestimmter Weise.

In diesem Buch stellen wir dar, wie das gesamte Unternehmen auf Innovationswettbewerb eingeschworen werden kann. In Kapitel 4 „Innovationswettbewerb: Der Hase und der Igel in den Märkten von morgen" wird deutlich, wie die Bereitschaft und die strategische Zielsetzung, durch innovatives Verhalten Wachstumspotentiale zu erschließen und Wettbewerbsvorteile zu erlangen, in ein geordnetes, abgewogenes und umfassendes Vorgehen umgesetzt werden können. Wesentlich hierfür ist, daß alle Verantwortlichen im Unternehmen daran mitwirken, die Innovationsdynamik ihrer Branche durch das eigene positive Innovationsklima zu bestimmen oder zumindest mitzubestimmen, indem sie

– Aufgeschlossenheit gegenüber neuen Gestaltungs- und Leistungsmöglichkeiten in allen Bereichen und Stufen der Wertschöpfung beweisen,

– Mega-Trends der Technologieentwicklung, der Bedarfsentwicklung und der Innovationsdynamik erkennen und vor Augen haben und
– auf dieser Basis schneller in der Durchsetzung von Innovationsvorhaben werden.

Marketing gewinnt bei diesem Ansatz eine zusätzliche Bedeutung. Denn die Innovationsgeschwindigkeit der Anbieter ist nur die eine Seite der Medaille. Wir alle sind, wo immer wir als Käufer angesprochen werden, zunächst einmal gegenüber Neuem skeptisch geworden. Denn der Innovationswettbewerb der Anbieter scheint zu häufig allein deren Geschäftsinteressen zu dienen, während von uns als Käufer immer wieder neue Umstellungen, Lernprozesse und Investitionen verlangt werden, im Privatleben als Konsumenten ebenso wie im Geschäftsleben als Entscheider und Nutzer.

Aus der eigenen Erfahrung können wir auf die Marktbedingungen insgesamt schließen. Warum sollten sich die Kunden schlechthin anders verhalten?

Bei jeder Neuerung müssen sie davon überzeugt werden, daß sich der Aufwand lohnt, die Umstellung zu vollziehen, muß sichergestellt werden, daß das neue Produkt oder die neue Leistung in ihr gesamtes operatives System paßt, muß ihnen die Zeit gelassen werden, sich so zu organisieren oder umzugewöhnen, daß sie den Nutzen der Neuerung voll ausschöpfen können. Und das im Wirbel vielfältiger Angebote und Veränderungen, die alle Aufmerksamkeit erfordern und zwischen denen Prioritäten gesetzt werden müssen.

Marketing muß in dieser Situation die Rolle übernehmen, die potentiellen Kunden weit vor der Bereitstellung der neuen Produkte oder Leistungen mit dem Wandel vertraut zu machen, ihnen die Nutzeninnovation schmackhaft zu machen und in diesem Überzeugungsprozeß aus ihrer Reaktion die entscheidenden Hinweise für die Realisierung der neuen Produkte oder Leistungen abzuleiten.

Je stärker der Wandel ist, um so stärker muß die Fähigkeit der Unternehmen ausgeprägt sein, „hart am Kunden zu segeln".

In Kapitel 5 „Neue Spielregeln des Marketing: Wie aktivieren wir die Märkte für die nächste Produktgeneration?" zeigen wir auf, wie Unternehmen nicht nur das interne Verhalten auf die Dynamik des Wandels einstellen, sondern wie sie die Verbindung zum Markt neu organisieren müssen, um die Kunden in den Gestaltungsprozeß einzubeziehen und die Auseinandersetzung mit der Kausalkette Bedürfnis – Problem – Nachfrage als Orientierungshilfe bei der Innovationssuche zu nutzen. Selten hat die Kausalkette Bedürfnis – Problem – Nachfrage so durchgreifende Veränderungen erfahren wie heute, da die Frustration der Teilnahme am Massenkonsum zu immer neuen Segmenten der Selbstverwirklichungssuche, des „Life Style", führt. Wir zeigen auf, wie die Unternehmen der Konsumgüterbranchen und des Dienstleistungssektors durch erhöhte Marketingflexibilität dieser Dynamik gerecht werden können und welche Konsequenzen daraus auch für die Investitionsgüterindustrie entspringen.

Um Flexibilität und Kosteneffizienz miteinander zu vereinbaren, müssen die Wertschöpfungsstrukturen neu durchdacht werden. Nur wo das Unternehmen selber durch besonderes Know-how oder durch Kostenvorteile einen Wertschöpfungsvorsprung sichern kann, sollte es seine eigenen Ressourcen einsetzen.

Das Denken in Wertschöpfungsvorsprüngen stellt eine Abkehr von dem traditionellen Ansatz dar, Fertigungstiefe als Maß des Ertragspotentials anzusehen. Dieser Ansatz führte dazu, daß viele Unternehmen hohe Investitionen in Fertigungsstufen und in Bereichen ihres Logistiksystems banden, in denen sie nicht der kostengünstigste Anbieter waren und in denen sie sich eine Einschränkung ihrer Flexibilität aufzwangen. Zur Zeit der elektromechanischen Steuerungen kauften Hersteller von Bürogeräten oder Telekommunikationsgeräten Kupferstäbe, zogen daraus selber Draht, wickelten Spulen, stanzten Teile, montierten Elektromotoren und Schaltungen, bevor sie die selbstgefertigten Bauteile zu Geräten zusammenfügten.

Heute erzielen Systemhäuser die größten Ertragsmargen und Wachstumsraten, die Standardgeräte beziehen und kundengerecht zu Systemen konfigurieren, ohne selber mehr zu „fertigen" als anwendungsspezifische Schnittstellen- oder Auswertungssoftware. Die Wertschöpfung liegt im „Gewußt wie", in der effizienten Anwendungslösung.

Umgekehrt unterscheidet sich IKEA vom traditionellen Möbelhändler dadurch, daß das Unternehmen selber die Designfunktion übernahm und Fertigungsaufträge an Lohnhersteller vergibt, während die Montage und die Auslieferung an den Kunden „delegiert" wurden.

In Kapitel 6 „Innovative Wertschöpfungsstrategien" vertiefen wir, wie Unternehmen ihre Wertschöpfungskette zerlegen und kritisch danach untersuchen können, welche Stufen sie nach außen verlagern sollten, um ihre Kostenstruktur zu verbessern und an Flexibilität zu gewinnen, um das gebundene Kapital zu reduzieren oder zumindest gezielter dort einzusetzen, wo sie ihre Stärken und Innovationsfähigkeit ausbauen wollen. Zu dieser Betrachtung gehören auch die Wertschöpfungsstufen, die der eigenen Wertschöpfungskette vor- und nachgelagert sind, denn es bieten sich immer wieder Möglichkeiten, auf diese Einfluß zu nehmen, um den gesamten Leistungsverbund zu stärken. Das geschieht zur Zeit in der Automobilindustrie, in der die Automobilhersteller einen Logistikverbund mit den Zulieferern eingehen und ein computergesteuertes „Just-in-time"-System der Teileanlieferung einrichten, während einzelne Zulieferer immer stärker ganze Funktionsbereiche des Autos, z. B. den Kraftübertragungsstrang zwischen Motor und Rad oder die Elektronik, entwickeln und als System bereitstellen.

Wo müssen die Unternehmen die Wertschöpfungsbereiche sehen und behaupten, die ihre eigene Identität ausmachen? Diese Frage stellt sich immer wieder, wenn wir zusammen mit unseren Klienten Wertschöpfungsstrategien entwickeln. Sie zu beantworten, erfordert eine neue strategische Systematik und eine neue Art, das eigene Unternehmen zu betrachten. Häufig ist die Bereitschaft dazu begrenzt, weil Zuständigkeitsbereiche und damit Positionen angetastet werden. Aber die Unternehmen, die fähig sind, hier über ihren Schatten zu springen, können sich immer wieder neu formieren und unerwartete Vorteile erringen.

Die neue Systematik, die wir in Kapitel 7 „Wettbewerbsvorteile in der Produktion durch strategische Leistungszentren" vorstellen, geht von in sich geschlossenen Funktionsabläufen im Unternehmen aus, die jeweils einen vollständigen und von anderen

14

Funktionsabläufen unabhängigen Leistungsbereich darstellen. Beispiele sind die Bereitstellung neuer marktgerechter Produkte, die preislich und terminlich wettbewerbsgerechte Lieferung der Produkte bzw. Ausführung der Leistungen, die Erzeugung eines Bekanntheitsgrades und Images des Unternehmens im Markt oder die Logistik der Rechungsstellung und des Kundeninformationssystems. Typisch an diesen Leistungsbereichen ist, daß sie nicht einzelnen Organisationseinheiten des Unternehmens zugeordnet sind, sondern daß die existierenden Organisationseinheiten diese Leistungsbereiche geradezu zerstückeln. Wer seinen Interessenschwerpunkt auftragsgemäß darin sieht, anspruchsvolle Forschungsaufgaben zu bearbeiten, der stört mit großer Wahrscheinlichkeit den Leistungsbereich der Bereitstellung neuer marktgerechter Produkte, insbesondere wenn er seine Abhängigkeit von anderen Organisationseinheiten nicht wahrhaben oder minimieren will, die ihm eigentlich die Zielvorgaben für die Forschungsbemühungen formulieren müßten — oder ihm zumindest dabei sehr helfen könnten.

Wer seinen Interessenschwerpunkt darin sieht, ein gut funktionierendes Distributionssystem zu betreiben, der beeinträchtigt unter Umständen den Leistungsbereich der preislich und terminlich wettbewerbsgerechten Lieferung der Produkte. Denn er stellt nicht mehr die Frage, ob eine unternehmenseigene Distribution überhaupt noch die richtige Lösung ist oder ob die Anforderungen seines Distributionssystems nicht zu unnötigen Mehrkosten in der Lagerwirschaft und in der Fertigung führen.

Wesentlich ist aber nicht nur, die entscheidenden Leistungsbereiche des Unternehmens als aggregierte Funktionsabläufe quer durch die beteiligten Organisationseinheiten zu verstehen und zu optimieren, sondern zu prüfen, ob und wie das Unternehmen sich in diesen Leistungsbereichen kundenrelevant von den Wettbewerbern unterscheiden kann. Diese Differenzierungspotentiale gilt es, mit allen Mitteln gezielt auszunutzen, denn hier stecken in den meisten Fällen die Ansatzpunkte für den Wandel. Daher das Konzept der „Aggregierten, differenzierungsfähigen Leistungszentren", der ADL-Zentren, mit dem wir eine Richtschnur für das Management des geordneten Wandels zur Verfügung stellen.

In der praktischen Umsetzung resultieren daraus neue Anforderungen an die Steuerung der Leistungsbereiche. Im Unternehmenssystem mit seinem vielfältigen Kommunikations- und Abstimmungsbedarf und sich wandelnden Leistungsstrukturen erwächst daraus eine formidable Aufgabe des Informationsmanagements. Das Unternehmen muß sich ständig seiner wettbewerbskritischen Erfolgsfaktoren bewußt sein und muß antizipieren, wie sich diese Erfolgsfaktoren verändern werden. Es muß ferner wissen, mit welchen ADL-Zentren und Ressourcen es seine Leistungsfähigkeit bezogen auf jeden einzelnen Erfolgsfaktor beeinflußt.

In Kapitel 8 „Information strategisch nutzen" behandeln wir einen neuen Ansatz des Informationsmanagements, bei dem der strategische Wert von Informationen bezogen auf die Entscheidungsebenen der Unternehmensplanung und -analyse, der Kontrolle und Steuerung und der operativen Durchführung sowie auf die einzelnen funktionalen Bereiche des Unternehmens bestimmt wird. Entsprechend diesem strategischen Wert von Informationen können die Rolle und der Beitrag einzelner Teilbereiche der Informations- und Kommunikationssysteme im Unternehmen bewertet und Hinweise für den weiteren Ausbau dieser Systeme abgeleitet werden.

Durch diesen Ansatz wird ein direkter Bezug zwischen den Leistungsanforderungen an das Unternehmen im Markt und dem Einsatz der Informations- und Kommunikationstechnik hergestellt. Aus unserer Beratungserfahrung können wir sagen, daß dieser Bezug den meisten Unternehmen heute noch weitgehend unbekannt ist und daß daher eine zunehmende Diskrepanz zwischen der tatsächlichen Nutzung moderner Informations- und Kommunikationssysteme und dem strategischen Potential dieser Systeme besteht.

Diskrepanzen dieser Art gehen im Endeffekt auf Führungsprobleme zurück. Geprägt von vielen Jahrzehnten der autoritären Führung sind viele Unternehmen heute nur widerstrebend bereit, Knowhow zu nutzen, dessen Bedeutung die Führungsspitze nicht selber nachvollziehen kann. Die schleppende Nutzung der Informationstechnik ist dafür nur ein Beispiel. Viele Integrationsaufgaben im Unternehmen, die verstärkte Abstimmung und Motivation von Spezialisten erfordern, leiden darunter, daß Abstimmungsprozesse und unternehmerische Motivation von den Unternehmern nicht gefördert werden, die sich als einsame Entscheider verstehen, als „Master mind" an der Unternehmensspitze. Denn, so unsere Grundaussage, die heutigen Unternehmen funktionieren auf der Basis so vielfältiger Beiträge und müssen auf so vielfältige externe Faktoren reagieren, daß die Unternehmensführung überfordert wäre, wenn sie alle Zusammenhänge allein im Griff haben wollte.

Sie muß daher die Fähigkeit ausbauen, eine partizipative Führung zu etablieren, an der alle Verantwortungsträger beteiligt sind.

Der Einwand gegen diesen Ansatz ist in der Regel, daß Entscheidungen von Komitees nichts wert sind, weil Verantwortungen nicht eindeutig zugeordnet werden können. Das ist Schwarzweißmalerei, denn es geht nicht darum, daß einzelne Entscheidungen von mehreren Verantwortungsträgern gefällt werden, sondern darum, daß ganze Bündel von zusammenhängenden Entscheidungen zur gleichen Zeit und im Bewußtsein der wechselseitigen Abhängigkeiten gefällt werden müssen.

In Kapitel 9 „Die Rolle der Führung" beschreiben wir, wie dieser Prozeß der gekoppelten Entscheidungsfindung organisiert werden kann und wie er die Aufgaben der Unternehmensführung verändert. Aus der Praxis von Unternehmen, die diesen Weg zu gehen begonnen haben, zeigen wir die Vorteile dieses Führungsstils. Besonders wenn die Entscheidung einen Wandel herbeiführen soll, der mehrere Organisationseinheiten im Unternehmen betrifft, erweist es sich als ein sofort spürbarer Fortschritt, wenn alle an einem ADL-Bereich beteiligten Verantwortungsträger

– ihre Kompetenz in die Entscheidungsfindung einbringen,
– die sie betreffenden funktionalen Konsequenzen der Entscheidung und ihrer Zielrichtung voll einsehen und
– explizit und abgestimmt die für ihre Organisationseinheit abgeleiteten Entscheidungen fällen und den anderen gegenüber verantworten.

Die Entwicklung eines neuen Produkts ist in vielen der von uns bearbeiteten Fälle das frappierendste Beispiel gewesen: Durch keine Verhaltensänderung konnte die Unternehmensführung den gesamten Entwicklungsprozeß und die Markteinführung stärker beschleunigen als durch den Übergang zur gekoppelten Entscheidungsfindung, und zwar jeweils in der Runde aller betroffenen Verantwortungsträger.

Das erfordert auch im Rollenverständnis des Unternehmers einen neuen Schwerpunkt: nämlich die an der Entscheidungsfindung und Umsetzung Beteiligten zu kennen – mit anderen Worten: die ADL-Zentren des Unternehmens richtig definiert zu haben – und sie in einer möglichst objektiven, herausfordernden Auseinandersetzung zu Kreativität und unternehmerischem Einsatz zu „führen".

Uns ist klar, daß hierzu in den meisten Unternehmen ein Wandel der etablierten und oft erstarrten Unternehmenskultur notwendig ist.

Im Kapitel 10 „Veränderungen der Unternehmenskultur" charakterisieren wir die unterschiedlichen Unternehmenskulturen und zeigen auf, welche davon bei einer gegebenen Dauer zwischen der Entscheidung und dem Eintreten des Ergebnisses der Entscheidung die erfolgversprechendste ist. Die Ausprägung „Alle für eine gemeinsame Sache" hat sich besonders bei F&E-intensiven Unternehmen als diejenige erwiesen, die den Anforderungen schnellen Wandels am ehesten gerecht wird. Welches die Merkmale dieser Unternehmenskultur sind und welche Verhaltensweisen der Unternehmensführung diese Kultur entstehen lassen, verdeutlichen wir anhand von steuerbaren und meßbaren Kriterien.

Ausschlaggebend für die praktische Auseinandersetzung mit dem Thema Unternehmenskultur sind in der Tat die im täglichen Unternehmensgeschehen beobachtbaren und beeinflußbaren Handlungs- und Verhaltensweisen, die in ihrer Summe eine Führungsphilosophie und Überzeugung signalisieren.

Wenn der Zusammenhang zwischen Einsicht, Bereitschaft und Fähigkeit zum Wandel deutlich wird, dann bei der Veränderung der Unternehmenskultur. Hier wirken Verhaltenserwartungen fort, die eine lange Tradition haben: auf der einen Seite die der Führungsspitze, daß die restliche Organisation in Einzelinteressen, Passivität und Ineffizienz verfällt, wenn nicht einer immer wieder Disziplin und Raison verficht, auf der anderen Seite die der „Ausführenden", die glauben, daß man ihnen den Gesamtzusammenhang vorenthält, und die daher in ihrem überschaubaren Enflußbereich suboptimieren. Gegen diese Grundtendenz haben viele Unternehmen ein System von Regeln, Vorschriften und Kontrollen errichtet, das die Haltungen sozusagen festschreibt, ihr Schadenspotential jedoch zumindest im Tagesgeschäft eindämmt. Dabei wird viel Energie für ständige interne Spannungen und Selbstbehauptungen verbraucht, während die Wandlungsfähigkeit leidet. Schumpeter und Darwin gehen von diesem Dilemma bestehender Organisationen bzw. Spezies aus.

Wir sehen dagegen eine Chance, durch einen sich wandelnden Führungsansatz auch die traditionellen Unternehmenskulturen zu verändern und dadurch Bereitschaft und Fähigkeit zum Wandel zu erhöhen.

Was das einzelne Unternehmen nicht oder nur in sehr begrenztem Maß beeinflussen kann, ist das gesellschaftspolitische Umfeld, sind Entwicklungen im Einflußbereich des Staates. Hier wimmelt es vor Fehlentwicklungen, Inkompetenzen, hier ist die mangelnde Fähigkeit, einen geordneten Wandel zu gestalten, besonders auffällig.

Der Apparat staatlicher Steuerung ist nach den Maßstäben modernen Managements erschreckend ineffizient. Die wichtigste Schlußfolgerung daraus sollte sein, so wenig Anlaß wie möglich für staatliche Eingriffe zu geben. Subventionsverweigerung anstelle von Subventionsheischerei wäre der richtige unternehmerische Weg.

Andererseits gibt es große staatliche Aufgaben wie die Infrastruktur- und die Stadtentwicklung, durch die der Rahmen für unternehmerische Entfaltungsmöglichkeiten gesteckt wird, sowie Forschungs- und Entwicklungsbereiche, die ohne staatliche Programme nicht vorankämen, wie der Umweltschutz, die Luft- und Weltraumfahrt, die Meereserschließung und die Telekommunikation.

In Kapitel 11 „Der gesellschaftspolitische Rahmen: Die Rolle des Staates" beschreiben wir, wie und wo die öffentliche Hand gefordert werden muß, in ihren eigenen Aufgabenbereichen und in besonders riskanten Innovationsfeldern zum geordneten Wandel beizutragen.

Das Management des geordneten Wandels stufen wir auf der Basis vieljähriger Beratungstätigkeit als eine der größten Herausforderungen an die Unternehmen ein, gerade an die heute erfolgreichen, und an die Volkswirtschaft insgesamt. Das Schadenspotential abzusehender Umbrüche ist enorm, Krisen einzelner großer Unternehmen oder ganzer Branchen (wie der Schiffsbau- und Stahlindustrie), wie wir sie immer wieder erlebt haben, sind nur ein leichter Vorgeschmack der potentiellen Wandlungskrisen der heute wirtschaftsbestimmenden Unternehmen und Industriezweige.

Diese Wandlungskrisen müssen aber nicht sein!

Jeder unternehmerisch Verantwortliche sollte sich die Frage stellen, ob er die Offenheit gegenüber dem Wandel beweist, um mit einiger Sicherheit sagen zu können, daß er ihm nicht selber im Wege steht. Ob er in einem Umfeld von veränderungsbereiter Gruppenmentalität agiert und diese Gruppenmentalität selber vorlebt. Ob er über das Steuerungsinstrumentarium verfügt, um den vielfältigen Anforderungen des Wandels gerecht zu werden.

Dieses Buch kann dabei als Maßstab und „Sounding board" dienen. Wir betrachten Wandel als eine Disziplin, der wir uns aus Überzeugung und aus Faszination verschrieben haben.

Unser Ansatz ist interdisziplinär – ebenso wie die Aufgabe interdisziplinär ist.

Wir hoffen, daß unsere Behandlung des Themas Management von Wandel Denk- und Verhaltensanstöße gibt, die in der Unternehmenspraxis weiterwirken.

Erstes Kapitel

Visionen des Wandels

Dr. Tom Sommerlatte

Wir alle haben uns daran gewöhnt, in einem pausenlosen Hagel von Meldungen über neue Technologien, neue Produkte, neue Leistungen zu leben, wir sind uns bewußt, daß der „Struggle" um Wachstum, Differenzierung und Rentabilität immer größere Anstrengungen erfordert, die zu einer ebenso pausenlosen Folge von Anpassungsmaßnahmen in den Unternehmen führen.

Wir haben als Grundtenor das Gefühl, daß wir den Anforderungen immer hinterhereilen, daß wir uns in einer ständigen Aufholjagd befinden. An „Fortschritt" im befriedigungsspendenden Sinn glauben wir kaum noch; es ist vielmehr eine Behauptungshektik, die den Leistungsdruck aufrechterhält.

Wenn wir wieder mehr „Linie" in die Entwicklung unserer Unternehmen bringen wollen, wenn wir voraus sein wollen anstatt hinterherzueilen, so brauchen wir eine Vision des Wandels. Dieser Vision entsprechend können wir die Fähigkeiten im Unternehmen trainieren, ehe der Zwang auf uns zukommt. So kann aus der Hektik von Einzelmaßnahmen ein aktives zusammenhängendes Programm werden.

Es ist nicht wichtig, ob wir von Anfang an mit der Vision hundertprozentig richtig liegen, solange zu unserem Training die Vorbereitung darauf gehört, daß der Wandel schnell und ständig ist, daß wir uns immer wieder anpassen und abstimmen müssen.

Die Veränderungen der Wettbewerbs- und Erfolgsbedingungen werden bis zum Ende des Jahrtausends von drei dominanten Einflüssen bestimmt:

– von der Entwicklung eines gemeinsamen europäischen Heimmarktes als neuer unternehmerischer Basis für die Unternehmen in Europa – die zukünftigen „europäischen" Unternehmen,
– von der Erweiterung der Wettbewerbsarena für die meisten Produkt- und Leistungsbereiche auf dem Globus insgesamt, nicht weil Wettbewerber es so wollen, sondern weil die ökonomische Dynamik globale Märkte erzwingt, und
– von der zunehmenden Innovationsdynamik als wichtigster Triebkraft von Wachstum – qualitativem Wachstum – in einem Umfeld, in dem expansives Wachstum (etwa durch geographische Expansion oder Erschließen neuer Käuferschichten) kaum noch möglich ist, es sei denn, die Wirtschaftsbeziehungen zum Ostblock und zu China ändern sich eines Tages signifikant.

Welche Dimensionen wird der Wandel haben? Es gibt eine nahezu unbegrenzte Fülle von Vorhersagen und Spekulationen, aber auch klaren Trends in Teilbereichen, aus der wir im folgenden diejenigen herausgegriffen und zusammengestellt haben, die für die Unternehmen eine unmittelbare und grundsätzliche Relevanz aufweisen.

Wir wollen damit nicht sagen: So wird es kommen, sondern wir wollen das heute Denkbare umreißen, mehr im Sinn von Szenarien.

Wenn wir in der Lage sind, den heute denkbaren Wandel zu meistern und die dazu erforderliche Flexibilität zu wahren, haben wir gute Chancen, auch den dann tatsächlich eintretenden Wandel zu unseren Gunsten zu nutzen.

1.1 Heimmarkt Europa – die neue Basis

Die treibende Kraft, die zur Einheitlichen Europäischen Akte von 1986 führte, war nicht die Einsicht, daß Nationalismus in Europa mehr Schaden als Nutzen stiftet – sondern die offensichtliche Gefahr, die Japan und die südostasiatischen Schwellenländer für jedes einzelne europäische Land, für jede nationale Industrie bedeuten. So verpflichteten sich die EG-Länder, bis 1992 „... einen Raum ohne Binnengrenzen, in dem der freie Verkehr von Waren, Personen, Dienstleistungen und Kapital ... gewährleistet ist", zu verwirklichen. Zur Realisierung des Binnenmarktes hat die EG-Kommission 1985 ein Weißbuch mit einem Maßnahmenkatalog vorgelegt, der von der Normenangleichung über die Harmonisierung der indirekten Steuern bis zur Schaffung eines europäischen Gesellschaftsrechts reicht. Bei den Handelsschranken, die beseitigt werden sollen, werden

– materielle Schranken wie Kontrollen und Verwaltungsformalitäten an den EG-Binnengrenzen,
– technische Schranken wie unterschiedliche nationale Produktnormen und technische Vorschriften sowie die Abschottung des öffentlichen Auftragswesens und
– steuerliche Schranken wie unterschiedliche Mehrwertsteuersätze und spezielle Verbrauchssteuern

ins Visier genommen.

Ziel ist es, ein „günstigeres Umfeld für die Förderung der Unternehmen, des Wettbewerbs und des Handels" zu schaffen und neue Wachstumskräfte freizusetzen.

Die Auswirkungen des EG-Binnenmarktes, wie sie die Cecchini-Studie abschätzt, sind enorm: Das europäische Bruttoinlandsprodukt kann um bis zu 5,7 % pro Jahr ansteigen (siehe Abbildung 1-1). Dabei werden folgende Veränderungen eine maßgebliche Rolle spielen[1]:

– die Abschaffung der Grenzformalitäten (ein Plus von 0,4 % des BIP),

---

1 Vgl. P. CECCHINI: Europa '92: Der Vorteil des Binnenmarktes; Baden-Baden 1988

Auswirkungen des EG- Binnenmarktes

	Abschaffung der Grenzformalitäten	Liberalisierung des öffentlichen Beschaffungswesens	Liberalisierung der Finanzdienstleistungen	Größenvorteile für die Industrie und verschärfter Wettbewerb	Insgesamt Durchschnitt	Insgesamt Bandbreite
Anstieg des BIP (in %)	0,4	0,5	1,5	2,1	4,5	3,2 bis 5,7
Rückgang der Verbraucherpreise (in %)	- 1,0	- 1,4	- 1,4	- 2,3	- 6,1	- 4,5 bis - 7,7
Zusätzliche Arbeitsplätze (in 1.000)	200,0	350,0	400,0	850,0	1.800,0	1.300 bis 2.300
Entlastung der öffentlichen Haushalte (in % des BIP)	0,2	0,3	1,1	0,6	2,2	1,5 bis 3,0
Verbesserung der Handelsbilanzen (in % des BIP)	0,2	0,1	0,3	0,4	1,0	0,7 bis 1,3

Quelle: Cecchini Bericht der EG Kommission

Abb. 1-1

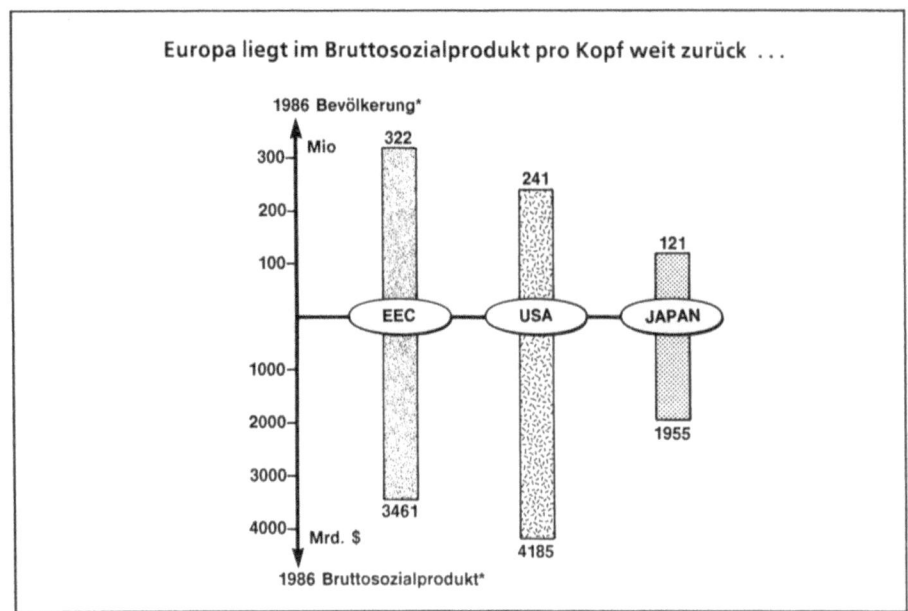

Abb. 1-2

Europa liegt im Bruttosozialprodukt pro Kopf weit zurück ...

- die Liberalisierung des öffentlichen Beschaffungswesens (ein Plus von 0,5 % des BIP),
- die Liberalisierung der Finanzdienstleistungen (ein Plus von 1,5 % des BIP),
- Größenvorteile für die Industrie und verschärfter Wettbewerb (ein Plus von 2,1 % des BIP).

Die Chancen, daß das alles passiert, sind gegenüber den bisherigen Bemühungen der EG gestiegen: Anstelle des Einstimmigkeitsprinzips für Entscheidungen des EG-Ministerrats ist in vielen Maßnahmenbereichen nunmehr die qualifizierte Mehrheit ausreichend. Und anstelle einer europäischen Harmonisierung soll in weiten Bereichen die gegenseitige Anerkennung von Normen und Vorschriften ausreichen.

Arthur D. Little International wirkte an den Vorbereitungen des Weißbuches der EG-Kommission mit[2].

Wir zeigten auf, daß für viele der europäischen Schlüsselindustrien die Märkte in der Tat immer mehr einen globalen Charakter annehmen und daß diejenigen Wettbewerber entscheidende Vorteile erringen, die eine größere Heimmarktbasis besitzen, als sie jedes einzelne europäische Land (auch die Bundesrepublik Deutschland) bieten kann, und die ausgehend von dieser Heimmarktbasis schnell den Weltmarkt in Angriff nehmen.

Der europäische Markt mit seinen rund 320 Millionen Einwohnern wies 1986 mit etwa 3.500 Milliarden Dollar Bruttosozialprodukt eine ganz offensichtliche Schwäche gegenüber dem US-Markt mit rund 4.200 Milliarden DM Bruttosozialprodukt bei nur 240 Millionen Einwohnern und Japan mit rund 2.000 Milliarden Dollar Bruttosozialprodukt bei 120 Millionen Einwohnern auf (siehe Abbildung 1-2).

Noch konsternierender ist das Bild, wenn wir uns innerhalb Europas das Verhältnis von Einwohnern und Kaufkraft ansehen (siehe Abbildung 1-3): Von einheitlichen Marktbedingungen sind wir noch meilenweit entfernt. Wenn das allgemeine Kaufkraft-Niveau auch nur um einige Prozentpunkte angehoben werden kann, so bedeutet das ein massives Marktwachstum in Europa.

Marktöffnung ist ein Ansatz, um diesen Effekt auzulösen. Allerdings ist der Handel innerhalb der

2 Vgl. ARTHUR D. LITTLE INTERNATIONAL: The EEC as an Expanded Home Market for Industry, Report to the Commission of the European Communities; 1982

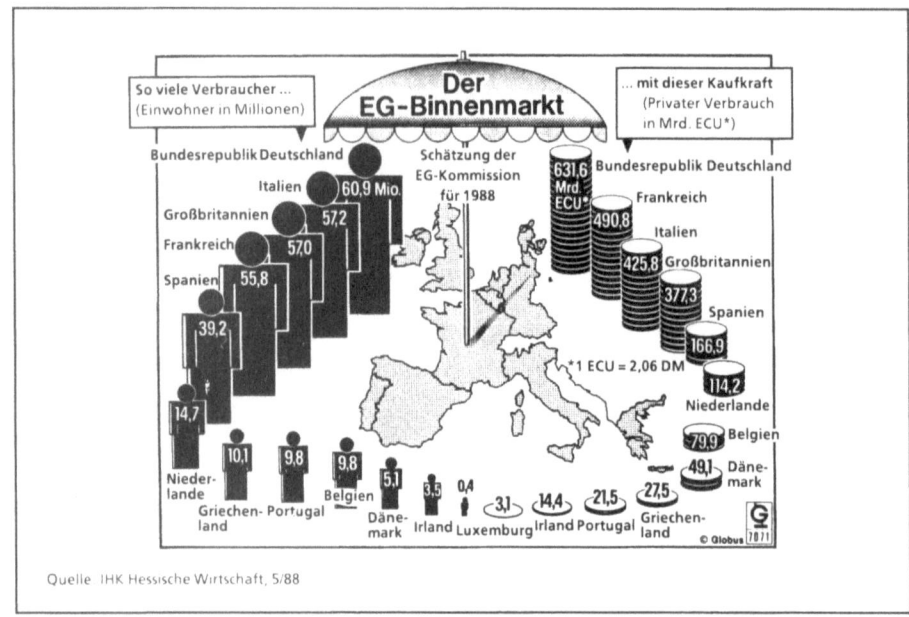

Quelle: IHK Hessische Wirtschaft, 5/88

Abb. 1-3

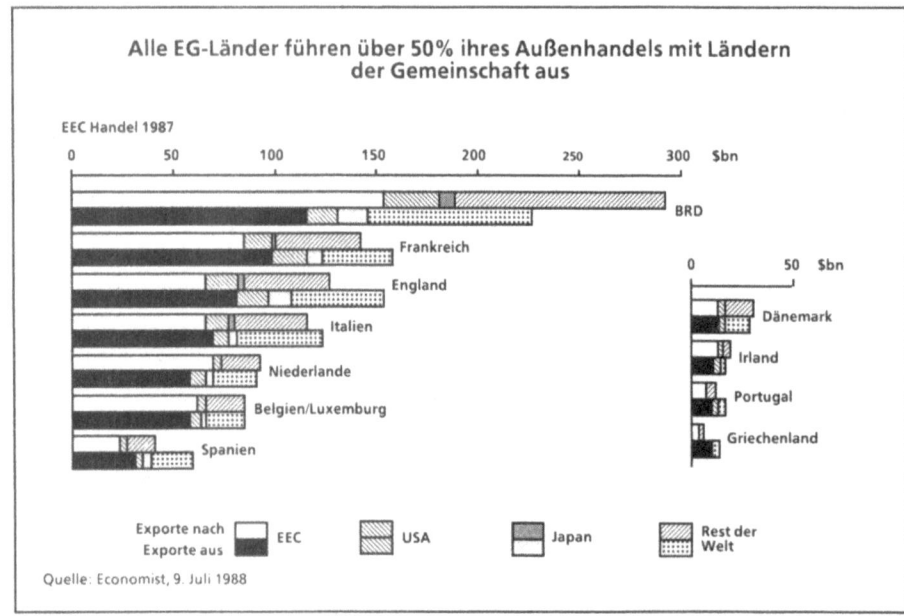

Quelle: Economist, 9. Juli 1988

Abb. 1-4

EG schon vergleichbar mit dem zwischen einzelnen US-Staaten oder einzelnen Provinzen in Japan: Die Bundesrepublik Deutschland, deren Exportvolumen mehr als einem Drittel ihres Bruttosozialprodukts entspricht, exportiert etwa die Hälfte davon in die EG. Und auch mehr als die Hälfte ihrer Importe kommen aus der EG (siehe Abbildung 1-4). Mehr Handel in der EG kann für die Bundesrepublik Deutschland daher nur sinnvoll sein, wenn sich Strukturen verändern.

Die chemische Industrie, der Maschinenbau, die Automobilindustrie, die in den letzten Jahrzehnten

24

schon starke internationale Positionen aufbauten, taten es in erster Linie unter Kostendegressionsdruck auf der Fertigungsseite: Um bei den Fertigungskosten wettbewerbsfähig zu sein, mußten sie ihre Produktionsvolumina erhöhen und dazu ein größeres Marktgebiet erschließen. Bis hin zum Weltmarkt. Es war daher vorwiegend eine Exportstrategie, die hieraus resultierte – „Made in Germany".

Inzwischen stehen Unternehmen aber aus einem ganz anderen Grund als der Nutzung der Kostendegression in der Fertigung unter dem Druck, ihr Marktgebiet und damit ihr Umsatzvolumen auszuweiten, und zwar über die optimalen Fertigungslosgrößen hinaus und damit unter Umständen durch Schaffung mehrerer Fertigungsstandorte. Es geht immer weniger um Produktivitätsgewinne in der Fertigung – die Fertigungskosten verlieren vielmehr in der Gesamtkostenstruktur an Bedeutung.

Betroffen von diesem neuen Zwang sind zum Beispiel die Telekommunikationsindustrie, die Büroautomationsindustrie, die Konsumelektronik, die pharmazeutische Industrie, die Hersteller von Spezialchemikalien, Werkzeugmaschinen und von Meß- und Regeltechnik [3].

Welches sind sie, die treibenden Kräfte dieses Wandels, und was muß das Management deutscher Unternehmen tun, um ihnen gerecht zu werden?

Wir sehen zwei Veränderungen:

– Da die meisten Produktmärkte in den industrialisierten Ländern typische Sättigungserscheinungen zeigen und weitgehend erschlossen sind, wird der Aufwand, um Wachstum zu sichern oder wieder zu erreichen, immer größer.
– Um ihr Geschäftsvolumen aufrecht zu erhalten oder zu steigern (und damit die Fertigungs- und Gemeinkostenkapazitäten auszulasten), müssen Unternehmen innovieren, d. h. die Substitution bestehender durch neue, bessere Produkte im Markt beschleunigen.

Wettbewerbsfähigkeit hängt in diesem Umfeld nicht mehr allein oder nicht in erster Linie von Kostenvorteilen bei der Herstellung der Produkte ab, sondern zunehmend von der Fähigkeit zu innovieren. Der Aufwand für Forschung und Entwicklung (F&E) nimmt überproportional zum Umsatzwachstum im angestammten Markt zu, und die „Payback"-Periode für die F&E-Aufwendungen schrumpft.

Die Unternehmen müssen daher für ihre neuen Produkte und Leistungen größere Umsatzvolumina schneller erreichen – sie müssen dazu in größeren Märkten operieren.

Folglich geht es im internationalen Wettbewerb zunehmend darum, bei gesteigerter Innovationsdynamik ein vernünftiges Verhältnis von F&E-Aufwendungen zu Umsatz zu sichern. Das ist eine strategische Herausforderung, die viele Unternehmen in dieser Deutlichkeit bisher nicht kannten. Bis auf die Datenverarbeitungsbranche, in der dieser Zusammenhang seit vielen Produktgenerationen das A und O des Wettbewerbs ist – meisterhaft vorexerziert von IBM.

Zu viele deutsche Unternehmen konzentrieren ihr strategisches Denken dagegen noch – oder sogar immer stärker – auf die Herstellungskosten und machen zu ausschließlich Lohn- und andere Faktorkosten für Wettbewerbsnachteile gegenüber den Japanern und anderen Wettbewerbern aus Südostasien verantwortlich. Bei genauerem Hinsehen sind die traditionellen Faktorkostenvorteile der japanischen Unternehmen aber gar nicht mehr wirksam. Schon der Yen mit seinen 55 % Aufwertung gegenüber der DM in den letzten 5 Jahren macht sie zunichte.

Vielmehr zeigen Analysen immer wieder, daß der entscheidende Volumenvorteil der Japaner, besonders in F&E-intensiven Branchen, heute darin liegt, daß sie ihre Investition in die Entwicklung neuer Produkte schneller und sicherer amortisieren und daß sie pro Produktgeneration einen größeren F&E-Aufwand betreiben können.

Das trifft beispielsweise auf elektronische Produkte und Systeme zu, bei denen die Japaner die restliche Welt vor allem durch ihr Innovationstempo austricksen.

Auf der Basis ihres Innovationsvorsprungs können sie auch ihre Produktionssysteme in schnelle-

3 Vgl. TOM SOMMERLATTE: Leading European Companies into Global Markets, Yearbook of the Management Center Europe; 1988

rem Tempo modernisieren und höhere Qualität, höhere Flexibilität und größere Produktivität in der Fertigung erreichen. Nicht umgekehrt.

Das Management der von den Japanern und anderen Wettbewerbern bedrängten deutschen Unternehmen muß erkennen, daß der Trend zu globalen Märkten und die Ökonomie des Innovationswettbewerbs den bisherigen Schutz nationaler Märkte zunichte machen.

Eintrittsbarrieren gegen ausländische Konkurrenz verlieren ihre Wirkung – selbst wenn sie nicht durch Harmonisierungsmaßnahmen abgebaut werden würden. Im Innovationswettbewerb lohnt es sich nämlich, sie zu überspringen. Der Druck, größere Marktgebiete zu bearbeiten, um das Innovationstempo finanzieren zu können, motiviert und stärkt die wirklich internationalen Wettbewerber.

So werden Unternehmen, die bisher in mehreren europäischen Ländern mit jeweils national operierenden Gesellschaften tätig waren und unterschiedliche Wettbewerbspositionen innehatten, zunehmend feststellen, daß ihre bisherigen Stärken in einzelnen Ländern bedeutungslos werden und daß sie im europäischen Binnenmarkt aus einer neuen Wettbewerbsposition heraus operieren, eher geschwächt da, wo sie bisher im Schutz von Zugangs-

barrieren Vorteile genießen konnten, aber auch eher gestärkt in Märkten, in denen sie bisher keine günstige nationale Position aufbauen konnten (siehe Abbildung 1-5). Warum?

Weil Wettbewerber zunehmend eine einheitliche europäische Strategie einschlagen können, mit der sie gezielt ihre Kosten- und Standortvorteile nutzen, um auch verstärkt in bisher „geschützte" Marktgebiete vorzudringen.

Beispielsweise in der Telekommunikationsindustrie. Europa stellt hier insgesamt einen Markt von der Größenordnung des US-Marktes dar und ist größer als der japanische Telekommunikationsmarkt. Aber die Struktur der europäischen Telekommunikationsindustrie war bisher fragmentiert: Nationale Telekommunikationshersteller konzentrierten sich auf ihren nationalen Heimmarkt, von dem aus sie einen schweren Stand im Weltmarkt (außerhalb Europas) hatten. In Europa dienten national orientierte Normen, Zulassungsverfahren und Beschaffungspraktiken dazu, die Märkte abzuschotten (siehe Abbildung 1-6).

Dieselben Telekommunikationssysteme wurden von der europäischen Telekommunikationsindustrie im Durchschnitt dreimal häufiger als in den USA und viermal häufiger als in Japan entwickelt.

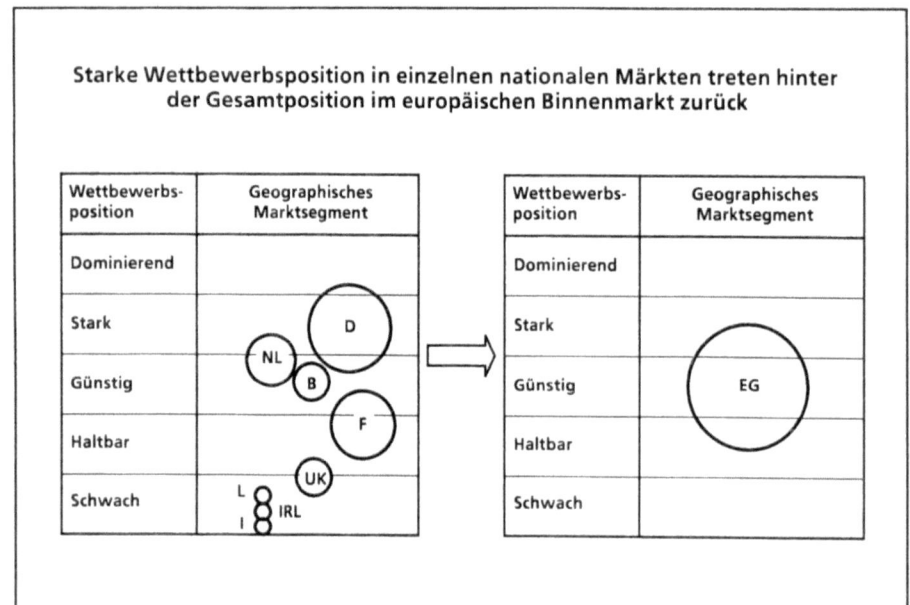

Abb. 1-5

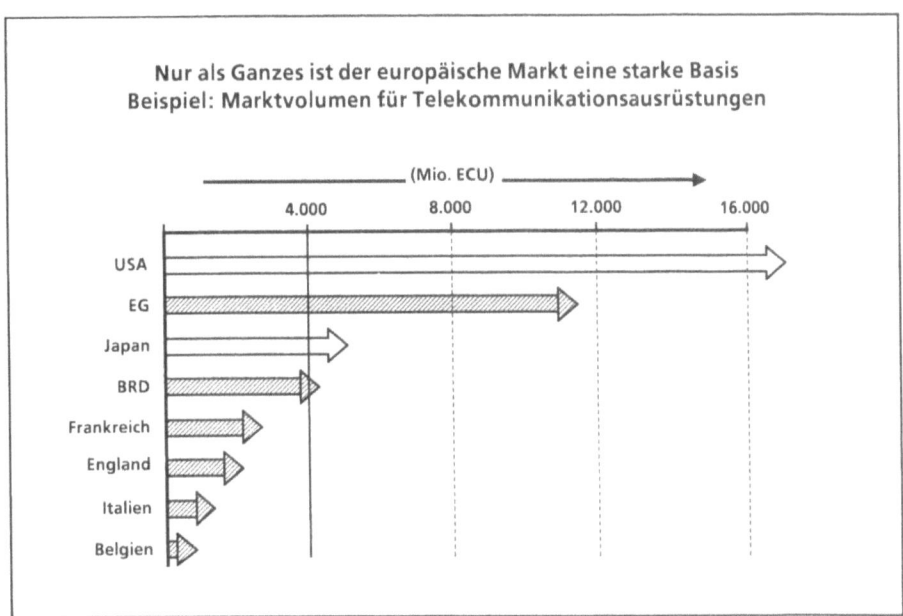

Nur als Ganzes ist der europäische Markt eine starke Basis
Beispiel: Marktvolumen für Telekommunikationsausrüstungen

(Mio. ECU)

Abb. 1-6

Der drei- oder viermal so hohe Entwicklungsaufwand konnte aber nicht in einem entsprechenden großen Markt wieder hereingefahren werden – was litt, war die Innovationsfähigkeit der Unternehmen im internationalen Vergleich.

Inzwischen hat der weltweite Wettbewerbsdruck die europäischen Telekommunikationshersteller, aber auch einige nationale Telekommunikationsverwaltungen veranlaßt, einen Restrukturierungsprozeß einzuleiten. Fusionen, Kooperationen, Übernahmen über nationale Grenzen hinweg sind die Folge (siehe Abbildung 1-7). Die Liberalisierung der Märkte ist im Gang, einige der Telekommunikationsverwaltungen wurden in nach Wirtschaftlichkeitsprinzipien operierende Unternehmen umgewandelt, die keine Hoheitsaufgaben mehr ausüben, sondern im Wettbewerb stehen. British Telecom hat diesen Wandel schon vor Jahren vollzogen, die Deutsche Bundespost steht jetzt mittendrin. Obwohl allgemein anerkannt wird, daß die Restrukturierung notwendig ist, wird noch heftig taktiert. Denn die Länder mit einer eigenen Telekommunikationsindustrie versuchen, „ihre" Unternehmen günstig zu positionieren und zu verhindern, daß andere „nationale" Unternehmen einzelne Marktsegmente

dominieren. Die Europäisierung unter dem Vorzeichen befürchteter nationaler Vorherrschaften verzögert aber die erhoffte Positionsstärkung der europäischen Telekommunikationsindustrie im Weltmarkt.

In der europäischen Automobilindustrie teilen sich zur Zeit noch sechs Hersteller 70 % des europäischen Marktes, während in den USA schon drei Unternehmen diesen Marktanteil erreichen (siehe Abbildung 1-8).

Die Frage ist, ob die europäischen Automobilhersteller in der Lage sein werden, weiterhin die Vielzahl von miteinander im Wettbewerb stehenden Modellen zu entwickeln und pro Produktgeneration genügend in Forschung und Entwicklung zu investieren, wenn jeder von ihnen mit den begrenzten Umsatzvolumina auskommen muß, die aus der fragmentierten Struktur der Automobilindustrie resultieren und die angesichts des zunehmenden Kosten- und Innovationswettbewerbs der Japaner und neuer südostasiatischer Hersteller kaum ausgeweitet werden können.

Das Management der Unternehmen in diesen und anderen Industrien muß sich zwischen drei Grundstrategien entscheiden:

27

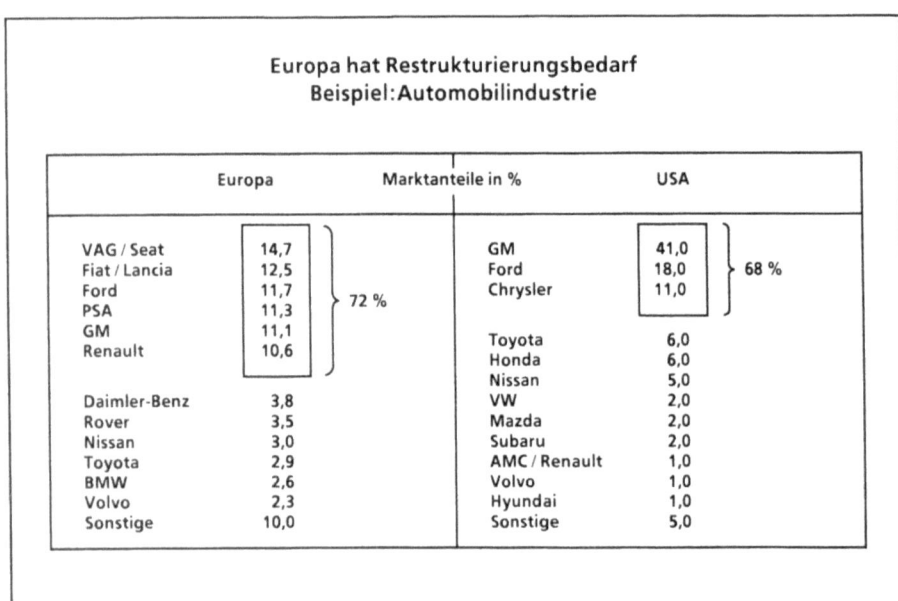

Industriestrukturen passen sich an
Beispiel: Zusammenschlüsse in der Telekommunikationsindustrie

➤ CGE-Alcatel / Thomson / ITT Telecommunications

➤ Philips / ATT

➤ Siemens / GTE

➤ Olivetti / ATT / TA

➤ Hasler / Autophon

➤ Ericsson / CGCT

➤ IBM / Rolm / MCI

➤ Italtel / Telettra

➤ Fujitsu / GTE

Abb. 1-7

Europa hat Restrukturierungsbedarf
Beispiel:Automobilindustrie

Europa		Marktanteile in %	USA		
VAG / Seat	14,7		GM	41,0	
Fiat / Lancia	12,5		Ford	18,0	68 %
Ford	11,7		Chrysler	11,0	
PSA	11,3	72 %			
GM	11,1		Toyota	6,0	
Renault	10,6		Honda	6,0	
			Nissan	5,0	
Daimler-Benz	3,8		VW	2,0	
Rover	3,5		Mazda	2,0	
Nissan	3,0		Subaru	2,0	
Toyota	2,9		AMC / Renault	1,0	
BMW	2,6		Volvo	1,0	
Volvo	2,3		Hyundai	1,0	
Sonstige	10,0		Sonstige	5,0	

Abb. 1-8

- Aufrechterhaltung einer breiten Produktpalette und Verfolgung einer aggressiven globalen Marktstrategie,
- Spezialisierung auf Weltmarkt- oder geographische Nischen oder
- Eingehen in eine stärkere Gruppierung.

Welche der Grundstrategien ein Unternehmen durchhalten kann, ist abhängig von den Faktoren, die seine Wettbewerbsbedingungen beeinflussen werden (siehe Abbildung 1–9): von Kostendegressionseffekten und von der Homogenisierung der Märkte.

28

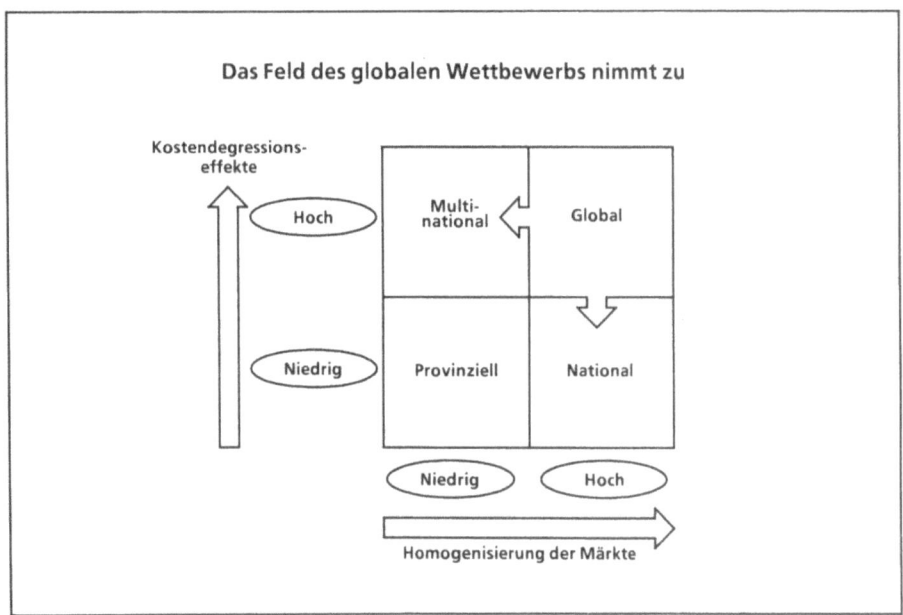

Abb. 1-9

Wenn Kostendegressionseffekte hoch sind und die Homogenisierung der Märkte schnell verläuft, dann wird eine globale Marktstrategie erforderlich. Wo immer zunehmender Innovationswettbewerb dazu führt, daß steigende F&E-Aufwendungen über größere Umsatzvolumina amortisiert werden müssen, da nimmt der Druck in Richtung globalen Wettbewerbs zu.

Gleichzeitig bewirken Leistungsanforderungen und Technologieentwicklungen, die sich international rapide annähern, daß die Käufer in vielen Branchen immer ähnlichere Kaufkriterien anlegen. So sind beispielsweise die Märkte für Werkzeugmaschinen und Kunststoffverarbeitungsmaschinen heute weltweit nahezu vollkommen homogen: Denn die damit hergestellten Produkte müssen wiederum uneingeschränkt exportfähig sein.

Dieser Trend wird durch die Entwicklung internationaler Standards unterstützt. Wo die offiziellen Standardisierungsprozesse zu langsam verlaufen, da entstehen De-facto-Standards wie zum Beispiel in der Datenverarbeitung oder in der Konsumelektronik.

Die wachsende Mobilität der Menschen (durch Tourismus und steigende Bewegungsfreiheit von Arbeitskräften in der EG) sowie immer leistungsfä-

higere internationale Distributionssysteme verstärken den Homogenisierungstrend und den Abbau von Marktbarrieren. Neue Produkte erlangen in atemberaubender Geschwindigkeit einen internationalen Bekanntheitsgrad und sind weltweit verfügbar. So brachten amerikanische und europäische Touristen den Walkman in Tausenden von Exemplaren aus Japan mit, ehe Sony überhaupt Distributionsabkommen mit Handelspartnern in den USA und in Europa abschließen konnte.

Informations- und Telekommunikationssysteme und die Medien tragen dazu bei, daß die Welt „zu einem einzigen Dorf" wird, so daß auch im Bewußtsein der Menschen der internationale Wettbewerb zunimmt. Unter diesen Umständen ist die Schaffung einer starken europäischen Heimmarktbasis und die Verfolgung einer entsprechend einheitlichen Marktstrategie für immer mehr Unternehmen unausweichlich.

Damit ist nicht gesagt, daß alle Funktionsbereiche der Unternehmen in gleicher Weise zentral gesteuert oder gar zusammengefaßt werden müssen. In dem Maß, in dem die Unternehmen von einer Exportstrategie zu einer Binnenmarktstrategie in Europa übergehen, müssen sie nach Funktionsbereichen ausbalancieren, wie sie sich organisieren soll-

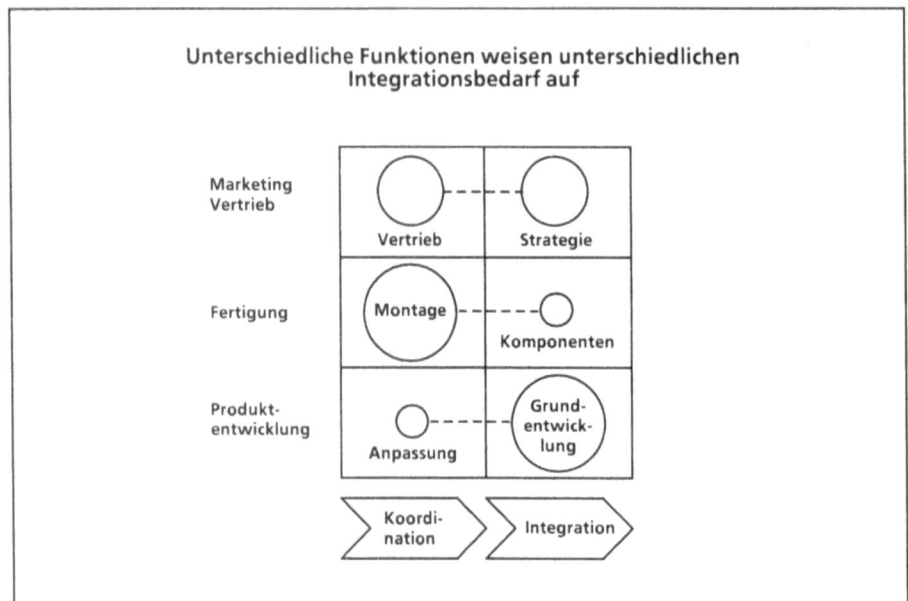

Abb. 1-10

ten. Hierbei können unterschiedliche Ansätze in der Produktentwicklung, in der Fertigung und in Marketing/Vertrieb sinnvoll sein (siehe Abbildung 1-10).

Es kann beispielsweise erforderlich werden, Komponenten an einem einzigen Standort zu fertigen und sie dann an dezentrale Montagestandorte zu transportieren, wo die Endprodukte entsprechend den lokalen Anforderungen zusammengebaut werden. In der pharmazeutischen Industrie können entsprechend die Wirkstoffe zentral hergestellt werden, während die „Konfektionierung" in einzelnen Marktgebieten vorgenommen werden kann, um die Medikamente den lokalen klimatischen und kulturellen Gegebenheiten oder Vorschriften anzupassen.

Auch die Marketing- und Vertriebsstrategien müssen in Zukunft verstärkt einheitlich entwickelt, entschieden und für das gesamte europäische Marktgebiet gesteuert werden. Die operativen Marketing- und Vertriebsprogramme müssen dagegen in der Regel weiterhin vor Ort gestaltet und umgesetzt werden, um spezifisch auf lokale Gegebenheiten und Taktiken reagieren zu können. Hieraus resultieren erhöhte Anforderungen an Koordination, Planung und Steuerung, die eine für viele Un-

ternehmen neuartige Unternehmenskultur voraussetzen.

Wir glauben, daß diesen Anforderungen kaum noch entsprochen werden kann, wenn die Führungsgruppe der Unternehmen jeweils nur aus Managern des Landes besteht, in dem die Unternehmen ihren Hauptsitz haben. Um eine kompetente Binnenmarktstrategie in Europa verfolgen zu können, müssen die für die Organisationseinheiten in den verschiedenen nationalen Märkten Verantwortlichen in die unternehmensstrategischen Entscheidungen verstärkt einbezogen werden oder sogar überhaupt die Führungsgruppe eines Unternehmens ausmachen.

Denn wichtige Entscheidungen müssen in Zukunft immer stärker unter Berücksichtigung der Gegebenheiten im gesamten europäischen Markt gefällt werden. Preis- und markenpolitische Entscheidungen in einem Segment des europäischen Binnenmarktes werden immer schneller auch die Preis- und Wettbewerbssituation im restlichen Marktgebiet tangieren. Schon heute häufen sich die Fälle, wo französische Käufer in die Bundesrepublik Deutschland reisen, um französische Produkte zu kaufen, die hier billiger angeboten werden – und umgekehrt.

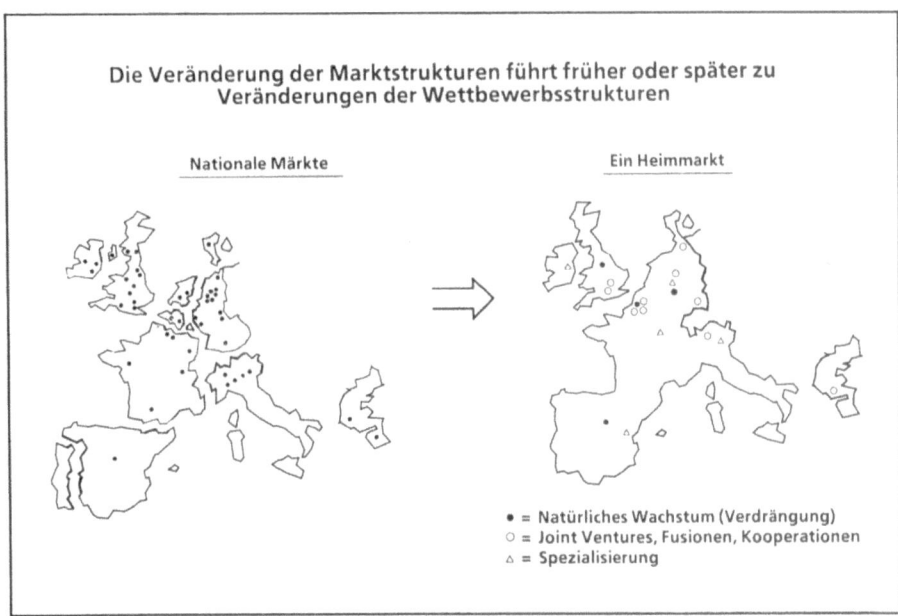

Abb. 1-11

Wir wissen von Distributoren, die nicht direkt bei den Herstellern beziehen, sondern bei anderen regionalen Distributoren, und die dadurch regionale Preistaktiken der Hersteller unterlaufen.

Auch Wettbewerbstaktiken müssen zunehmend auf europäischer Basis verfolgt werden. Entscheidend ist dabei die Frage, in welchen Marktgebieten ein Unternehmen auf dieselben Wettbewerber stößt, so daß deren europaweite oder gar weltweite Produkt- und Vertriebstaktiken erkannt und berücksichtigt werden müssen.

Entscheidungen über Standorte, Beschaffungsquellen, Partnerschaften und Logistikstrukturen müssen im neuen Kontext des europäischen Binnenmarktes so weit wie möglich unabhängig vom Standort der Unternehmensleitung getroffen werden, wenngleich Währungsschwankungen und Veränderungen der Faktorkosten es auch in Zukunft erschweren dürften, langfristige geographische Optimierungen anzustreben.

Auf der Basis des größeren Binnenmarktes Europa müssen die europäischen Unternehmen schließlich ihre Anstrengungen erhöhen, die südostasiatischen Märkte zu penetrieren, auch wenn dazu beträchtliche Änderungen der Produktpolitik und eine hohe Investitionsbereitschaft erforderlich

sind. Aber wenn sie diese Märkte weitgehend den japanischen Wettbewerbern überlassen, dann lassen sie zu, daß japanische Unternehmen heute in Südostasien Positionen aufbauen, von denen aus sie morgen den europäischen Markt um so vigoröser angreifen werden. Globale Strategien erfordern es, auch in den Marktgebieten präsent zu sein, in denen die internationalen Wettbewerber stark sind, um deren Strategien und Taktiken frühzeitig zu erkennen und ihnen rechtzeitig zu begegnen.

Die Verfolgung einer breit angelegten globalen Strategie setzt eine starke Ausgangsposition im europäischen Binnenmarkt voraus. Unternehmen, die diese Ausgangsposition nicht besitzen und es sich nicht zutrauen, eine solche Ausgangsposition auszubauen, sollten Spezialisierungs- oder Partnerschaftsstrategien ins Auge fassen. In vielen Branchen sind die europäischen Industriestrukturen immer noch so fragmentiert, daß kaum ein Unternehmen im heutigen Stadium die Bedingungen erfüllt, um ein starker globaler Wettbewerber zu werden (siehe Abbildung 1-11). Einige können sich durch einen entschlossenen Vorstoß behaupten, wenn sie sich schnell auf eine offensive Binnenmarktstrategie umstellen, wenn sie die entsprechende Unterneh-

31

menskultur entfalten und wenn sie den Wandel vorausnehmen, anstatt ihm defensiv zu folgen.

Andere können ihre Zukunft nur durch Joint Ventures, Kooperationen oder Fusionen sichern, vorausgesetzt sie agieren, ehe die möglichen Partner vergeben sind. Es ist unserer Einschätzung nach für viele deutsche Unternehmen bereits hohe Zeit zu handeln, denn die internationalen Wettbewerber sind aktiv dabei, Positionen zu besetzen.

Wie so häufig in strategisch kritischen Situationen, ist es besser, die Initiative selber zu ergreifen, als der Initiative anderer folgen zu müssen.

Was ist zu tun?

Nach der Erfahrung von Arthur D.Little International gibt es vier Bereiche, in denen bei der Ausrichtung auf den europäischen Binnenmarkt eine Umstellung im Denken notwendig ist, und vier, in denen die Abwicklung des operativen Geschäfts betroffen ist.

Ob sich ein Unternehmen ausreichend auf die Nutzung des europäischen Heimmarkts und damit die Verfolgung effizienter globaler Strategien eingestellt hat, zeigt sich in seiner Produktentwicklung, seiner Mitarbeiterpolitik, seiner Organisationsentwicklung und seiner Corporate Identity (siehe Abbildung 1-12).

Unternehmen mit dem „richtigen" Ansatz entwickeln von vornherein Produkte mit dem größtmöglichen gemeinsamen Nenner, beziehen internationale Kräfte in die Führungsmannschaft mit ein und delegieren die Managementverantwortung vor Ort an Führungskräfte aus dem jeweiligen Land. Sie grenzen die Führungsverantwortung in der Zentrale nicht nach Ländern ab, sondern europaweit nach Produkt- und Kundengruppen. Sie verändern bewußt die Corporate Identity, indem sie nicht mehr die nationale Herkunft in den Vordergrund rücken, sondern ihren internationalen Charakter und ihre gleichgewichtige Präsenz in den Ländern des europäischen Binnenmarktes. Sie helfen damit zu vermeiden, daß in Europa die Psychose entsteht, deutsche oder französische oder englische Unternehmen würden die jeweils anderen nationalen Märkte „erobern" oder ihren eigenen nationalen Markt „verteidigen".

Ob ein Unternehmen bei der Nutzung der ökonomischen und operativen Vorteile des vergrößerten Heimmarktes Europa „richtig" handelt, zeigt sich in erster Linie an dem Grad der Marktpenetration, an der Vertriebsorganisation, der Produktionsstruktur und der Beschaffungspolitik (siehe Abbildung 1–13).

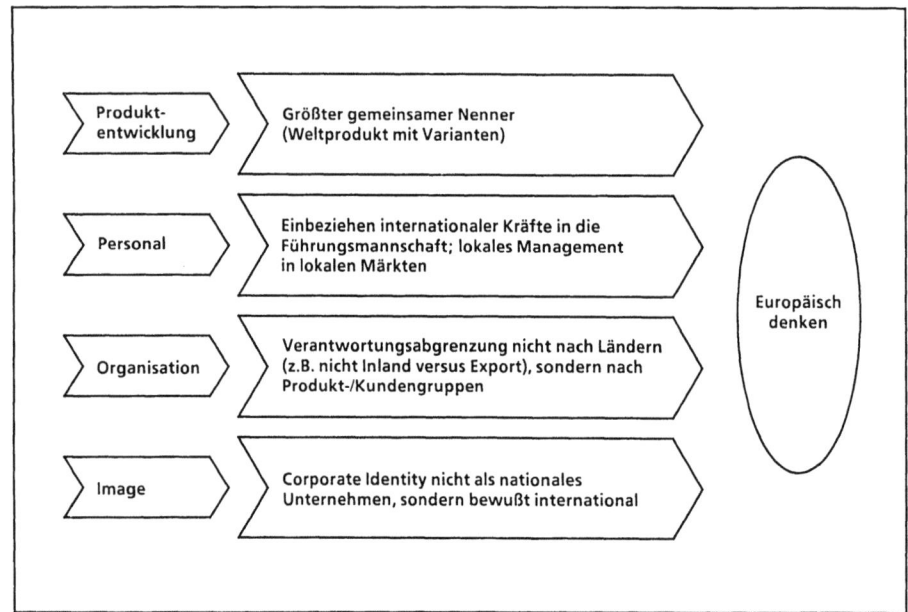

Abb. 1-12

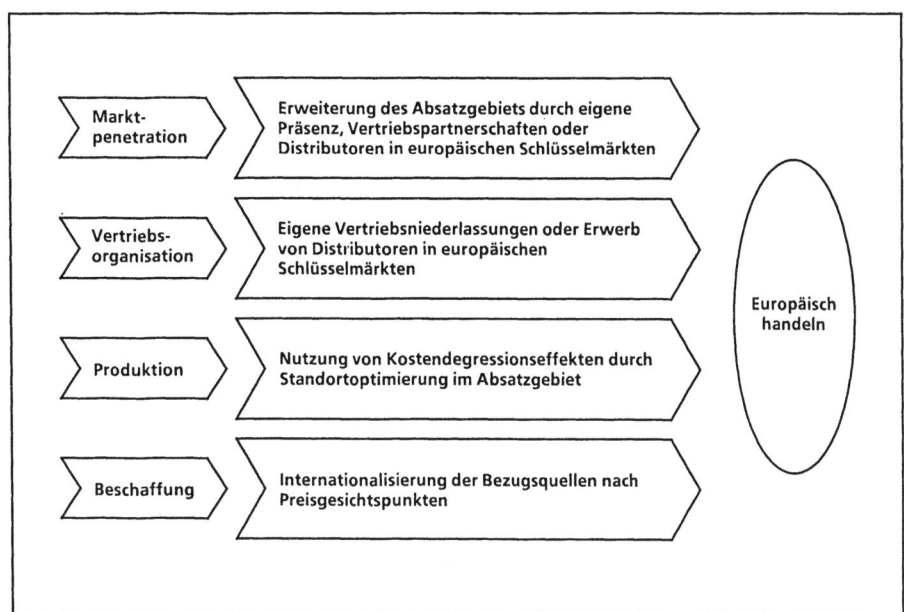

Abb. 1-13

Unternehmen mit einer wirkungsvollen Binnenmarktstrategie haben ihr Absatzgebiet durch eigene Präsenz in den wichtigsten Regionen des europäischen Marktes erweitert und arbeiten aktiv mit Vertriebspartnern oder Distributoren in den restlichen Regionen zusammen. Sie haben eine eigene Vertriebsorganisation in den europäischen Schlüsselmärkten aufgebaut oder Distributoren akquiriert. Sie haben ihre Produktionsstandorte so plaziert, daß sie Kostendegressionseffekte ausschöpfen und Logistikvorteile für ihre wichtigsten Absatzregionen besitzen.

Und schließlich nutzen sie internationale Bezugsquellen, um systematisch Beschaffungsvorteile wahrzunehmen.

Wenn wir diese Maßstäbe anlegen, dann gibt es bisher nur wenige Unternehmen in der Bundesrepublik Deutschland, die in ausreichendem Maß auf den europäischen Binnenmarkt vorbereitet sind.

Die Aufmerksamkeit ist zur Zeit auf die bis 1992 abzubauenden materiellen, technischen und steuerlichen Schranken gerichtet, als ob nach ihrer Überwindung ein gewaltiger Umschwung in Richtung auf die im Cecchini-Bericht dargestellten Vorteile geschähe.

In unseren Untersuchungen für die EG-Kommission wiesen wir bei einer Stichprobe von Unternehmen in den einzelnen europäischen Ländern durch Analysen ihres derzeitigen strategischen und operativen Verhaltens nach, daß Verhaltensweisen und Fähigkeiten des Managements schon heute der vollen Nutzung des EG-Marktes stärker entgegenstehen als tarifäre und nicht-tarifäre Handelshemmnisse.

Wenn wir die Wirkung nicht-tarifärer Handelshemmnisse (wie unterschiedliche Normen und Steuern, Verwaltungsformalitäten an den Grenzen und Beschaffungspraktiken der öffentlichen Hand) mit den Verhaltensweisen und Vorurteilen, mit der Haltung und der Anpassungsfähigkeit des Managements der Unternehmer vergleichen, dann zeigt sich in aller Deutlichkeit, daß es der Mangel an kosmopolitischem Denken der Führungskräfte ist, der die größere Barriere gegen eine europäische Heimmarktstrategie darstellt als die Existenz von Handels- und Restrukturierungshindernissen (siehe Abbildung 1-14).

Produkte werden hierzulande in der Regel immer noch zunächst für den deutschen Markt und entsprechend den deutschen Traditionen entwickelt und dann in Variationen den ausländischen Märk-

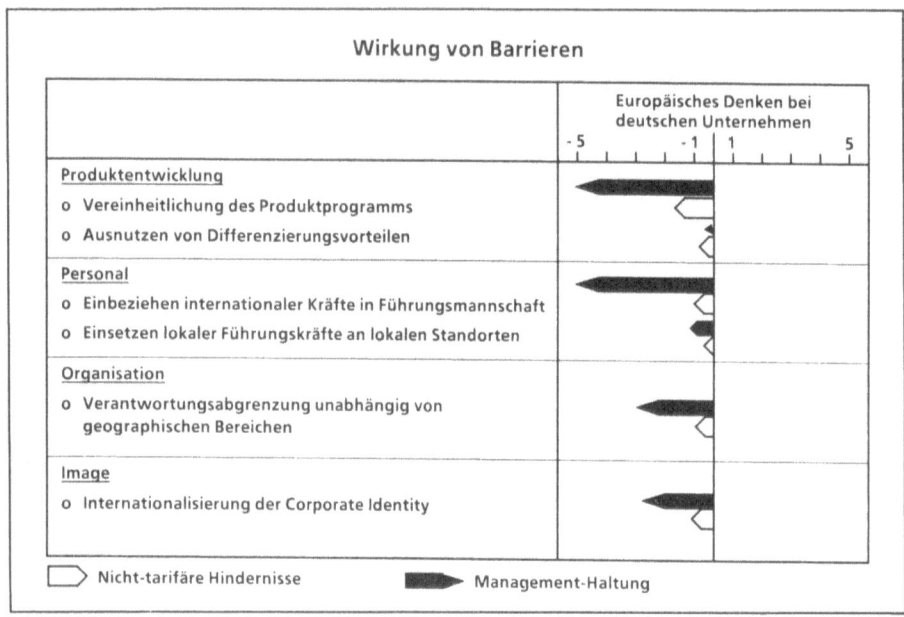

Abb. 1-14

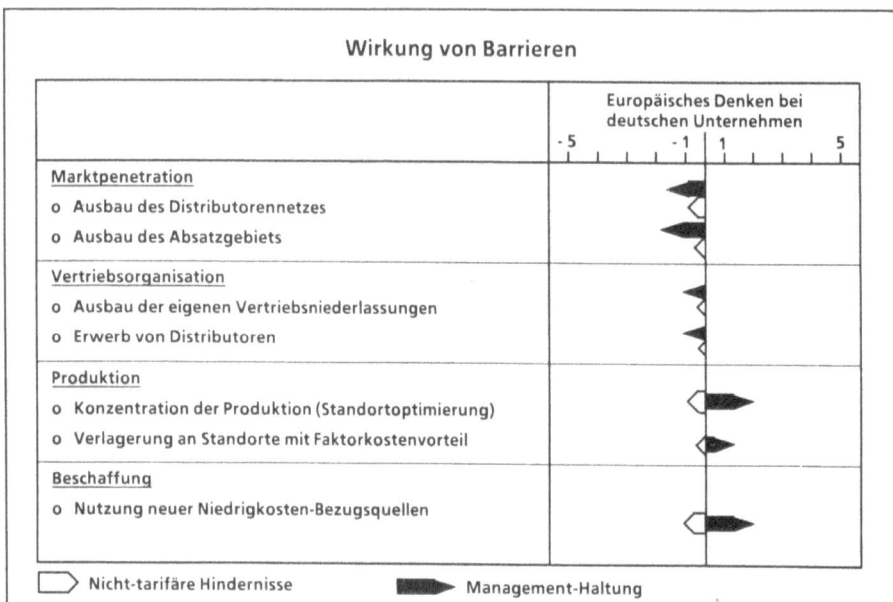

Abb. 1-15

ten angeboten. Sie profitierten dort bisher vom Image „deutscher" Qualität. Während dieses Image in vielen Technologie- und Produktbereichen an Bedeutung verliert, steht die Entwicklungsmentalität häufig einer Europäisierung des Produktprogramms entgegen.

Die Führungsmannschaft der deutschen Unternehmen ist immer noch zu 99 % deutsch besetzt, der Führungsstil und die Fähigkeiten des Managements in anderen europäischen Ländern werden eher beargwöhnt. Deutsche Niederlassungen in anderen europäischen Ländern werden zum großen Teil von

Deutschen geführt. Auch die Organisationsstrukturen in der Zentrale unterscheiden in den meisten Fällen nach den Aktivitäten in Deutschland und nach dem Auslandsgeschäft. Kein Wunder, daß bisher kaum ein Wandel der Corporate Identity und der Unternehmenskultur hin zu denen eines europäischen Unternehmens stattfinden konnte.

Das Bild sieht etwas anders aus, wenn wir uns das rein operative Verhalten deutscher Unternehmen ansehen (siehe Abbildung 1-15).

Hier haben rationale Überlegungen und die Tradition technisch-kaufmännischer Optimierung offensichtlich trotz bestehender Hindernisse längst dazu geführt, daß Produktionsstandorte in Regionen mit Faktorkostenvorteilen verlagert und Bezugsquellen mit den günstigsten Einkaufskonditionen erschlossen wurden. Es zeigt sich daran, daß die Entschlossenheit des Managements auch schon unter den derzeitigen Gegebenheiten in der Europäischen Gemeinschaft den Schranken entgegenwirken konnte. Allerdings wurde die Marktpenetration in schwierigen nationalen Märkten in Europa nicht energisch vorangetrieben und der Ausbau eigener Vertriebsorganisationen bisher eher zurückhaltend in Angriff genommen. Die operative Herausforderung an viele deutsche Unternehmen besteht daher in der möglichst gleichmäßigen vertriebsmäßigen Durchdringung der einzelnen Regionen des europäischen Marktes.

Was der schnellen Entwicklung eines gemeinsamen europäischen Heimmarkts entgegensteht, sind diesen Analysen nach nicht in erster Linie die Handelsschranken, sondern die Verhaltensweisen der Führungskräfte in den Unternehmen und die Unternehmenskulturen.

Erst durch das nicht mehr zu übersehene Junktim zwischen Wettbewerbsfähigkeit in globalen Märkten und Stärke der Heimmarktposition besteht nun zunehmend der Druck, Europa ernst zu nehmen. Der Heimmarkt Europa muß die neue Basis der Unternehmen in Europa werden, von der aus sie sich im internationalen Innovationswettbewerb behaupten. Der Wandel „zu Hause" muß gewollt sein, um dem Wandel „draußen" gewachsen zu sein.

Die spezifische Situation und die aktuellen Herausforderungen sind je nach Branche unterschiedlich. Wir haben sechs für die deutsche Wirtschaft wichtige Branchen herausgegriffen und für sie eine Skizze der wesentlichen Entwicklungstrends angelegt.

1.1.1 Die chemische und pharmazeutische Industrie: Sich mit Innovationsfähigkeit im globalen Wettbewerb behaupten

Michael Braun und Dr. Claus Tiby

„Unser Unternehmen auf das neue Umfeld im europäischen Binnenmarkt zuzuschneiden, ist uns zu wenig. Unser Ziel ist es vielmehr, eine Organisation zu schaffen, die sich auf jede Veränderung optimal einstellen kann!" meinte kürzlich ein Vorstandsmitglied eines der großen deutschen Chemieunternehmen. Für ihn bedeutet die Entstehung des europäischen Binnenmarktes nur einen weiteren Schritt in der stetigen Veränderung der Rahmenbedingungen, auf die sich sein Unternehmen ebenso stetig einstellen muß. Mit den Veränderungen Schritt zu halten, stellt allerdings seiner Ansicht nach die größte Herausforderung an sein Unternehmen dar, für die er es ständig „fit" halten muß.

Die treibende Kraft des Wandels in der chemischen und pharmazeutischen Industrie ist die Globalisierung des Wettbewerbs. Das Geschäft mit Kunststoffen oder Elektronik-Chemikalien ist heute in seiner Natur ein ebenso weltweites wie das mit Antibiotika oder Impfstoffen. Unternehmen wie Boehringer Ingelheim, die nur noch etwa ein Fünftel ihres Umsatzes in der Bundesrepublik Deutschland tätigen, sind ein gutes Beispiel dafür, wie erfolgreiche deutsche Firmen sich auf diese Globalisierung eingestellt haben. Unternehmen wie BASF, Bayer, Hoechst und Schering, die gleichzeitig im Chemie- und Pharmabereich engagiert sind, zielen darauf ab, eine starke Position in allen wichtigen Weltmärkten aufzubauen. Ebenso wie japanische und amerikanische Unternehmen brauchen sie dabei aber einen starken Rückhalt in ihrem Heimmarkt. Dieser Heimmarkt kann nicht mehr nur die Bundesrepublik Deutschland sein, sondern muß Europa heißen. Erst die Europäische Gemeinschaft mit einem Bruttosozialprodukt von nahezu 6.000 Milliarden DM bietet Unternehmen das erforderliche Wachstums- und Ertragspotential.

Parallel zur Globalisierung bewirken andere unabhängige Einflußfaktoren einen rapiden Wandel des Umfeldes. Für die pharmazeutische Industrie sind es:

– das Vordringen biotechnologischer Produkte,
– der zunehmende Druck von Nachahmerprodukten und
– die Reformmaßnahmen im Gesundheitswesen in der Bundesrepublik Deutschland, die zu einer durch Festpreise aufgezwungenen Senkung des Preisniveaus führen.

Das alles bedeutet, daß die deutsche pharmazeutische Industrie, die erhebliche Mittel benötigt, um mit dem Forschungs- und Entwicklungstempo Schritt zu halten, große Anstrengungen unternehmen muß, um diese Mittel überhaupt zu generieren.

Die Märkte der Europäischen Gemeinschaft für pharmazeutische Produkte sind heute noch sehr unterschiedlich:

– In einigen Ländern wie der Bundesrepublik Deutschland und den Niederlanden haben preiswerte Nachahmerprodukte (Generika) bereits einen erheblichen Marktanteil errungen.
– Die Bundesrepublik Deutschland gehört bisher zu den wenigen europäischen Ländern, in denen noch keine Preiskontrollen existieren.
– Preisunterschiede von einigen hundert Prozent für das gleiche Medikament sind heute keine Seltenheit.

Die Europäische Kommission strebt allerdings keine Einheitspreise an, sondern sie will durch die Öffnung der Grenzen die Rahmenbedingungen schaffen, die für einen Ausgleich allzu großer Preisunterschiede sorgen werden. Unterschiedliche Sozialversicherungs- und Kostenerstattungssysteme sowie staatliche Eingriffe in die Preisbildung werden jedoch einen völligen Ausgleich der vorhandenen Preisgefälle verhindern.

In anderen Bereichen hingegen konnte sich die EG-weite Harmonisierung durchsetzen:

– Das Mehrstaatenverfahren zur Zulassung neuer Medikamente und ein EG-weites Verfahren zur Zulassung hochtechnologischer neuer Produkte sind entscheidende Schritte auf dem Weg zu einem europaweit einheitlichen Zulassungsrecht.

– Das europäische Patentabkommen bringt eine Angleichung des bisher unterschiedlichen Patentschutzes für pharmazeutische Produkte in den EG-Mitgliedsländern.

Für die Unternehmen der pharmazeutischen Industrie sind also die wesentlichen Veränderungen durch den europäischen Binnenmarkt bereits erkennbar. Sie können daher beginnen, sich darauf einzustellen. Ihre Strategien müssen darauf ausgerichtet sein, eine starke Wettbewerbsposition in allen Schlüsselmärkten der Europäischen Gemeinschaft aufzubauen. Es gilt, „weiße Flecken auf der Landkarte" durch Akquisition, Kooperation oder andere Maßnahmen zu beseitigen. Bei der Gestaltung von Produktstrategien müssen die Vorteile von „Europrodukten" sorgfältig gegen die Vorteile einer regionalen Differenzierung abgewogen werden, die auf unterschiedliche Verbrauchergewohnheiten und unterschiedliche medizinische Schulen Rücksicht nimmt.

Die Finanzierung von Forschung und Entwicklung wird in Zukunft zunehmend vom Heimmarkt Europa getragen werden müssen und nicht mehr in erster Linie vom deutschen Markt.

Im Bereich der Organisation lautet die Hauptfrage: Zentralisierung oder Dezentralisierung? Die Antwort auf diese Frage hängt zwar von den Voraussetzungen des einzelnen Unternehmens ab, aber einige Aussagen sind trotzdem möglich:

– Die Harmonisierung favorisiert die Zentralisierung bei Produktion und Zulassung/Registrierung.
– Um auch weiterhin nationale Märkte mit ihren Besonderheiten erfolgreich zu bearbeiten, muß Marketing und Vertrieb dezentralisiert bleiben, aber
– ein länderübergreifendes zentrales Produktmanagement sollte die regionalen Marketing- und Vertriebsorganisationen unterstützen.

Vorteile im operativen Bereich können durch die konsequente Einstellung auf die neuen europäischen Zulassungsverfahren errungen werden. Nach einer Untersuchung von Arthur D. Little entstehen zur Zeit die größten Zeitverluste bei der Einführung

neuer Produkte durch ein sequentielles Vorgehen bei der Markteinführung. Anstelle der bisher häufig anzutreffenden, sich über Jahre hinstreckenden Einführung neuer Medikamente in den europäischen Ländern ist nunmehr eine gleichzeitige Zulassung in der gesamten europäischen Gemeinschaft anzustreben.

Auch das Umfeld der deutschen chemischen Industrie ist im Wandel begriffen:

– Chemische Spezialitäten verzeichnen Zuwachsraten, die fast doppelt so hoch sind wie die der traditionellen Massen- und Zwischenprodukte. Zudem bietet das Spezialitätengeschäft höhere Wertschöpfung und die Vermeidung eines reinen Preiswettbewerbs.
– Die Reorientierung von Commodities zu Spezialitäten erfordert eine Umstellung der strategischen Schwerpunkte: Nicht mehr Low-cost-Strategien sind allein entscheidend, sondern zunehmend Qualität und Kundennähe.
– Die Diskussion um den Standort Bundesrepublik Deutschland gewinnt wieder an Bedeutung. Denn die chemische Industrie in der Bundesrepublik Deutschland hat im internationalen Wettbewerb eine Reihe von Handicaps zu bewältigen:
  – höhere Energiekosten als in den anderen europäischen Ländern,
  – Umweltschutzauflagen, die weit über dem Standard anderer europäischer Länder liegen,
  – überdurchschnittlich hohe Lohn- und Lohnnebenkosten sowie
  – steuerliche Nachteile (z. B. die geplante Erdgassteuer).

Einige Unternehmen haben bereits Konsequenzen gezogen. So kündigte etwa die BASF die Verlegung eines erheblichen Teils ihrer Düngemittelproduktion ins Ausland an.

Zwar geht heute schon etwa die Hälfte aller Exporte der deutschen chemischen Industrie in die anderen EG-Länder, aber erst nach dem Fall aller Handelshemmnisse in der Europäischen Gemeinschaft wird sie in der Lage sein, das Potential dieses erweiterten Heimmarktes voll auszuschöpfen.

Dazu werden die Unternehmen der chemischen Industrie aber auf die direkte oder indirekte Abschottung ihres nationalen Marktes (z. B. durch unterschiedliche Produktspezifikationen und Genehmigungsauflagen) verzichten müssen. Denn der Abbau von Wettbewerbsverzerrungen durch unterschiedliche gesetzliche Auflagen ist unbedingt erforderlich. Der europäische Binnenmarkt wird jedoch nicht schlagartig im Jahr 1992 „da sein", sondern sich schrittweise entfalten – für besonders schwer zu lösende Harmonisierungsprobleme kann sich die Entwicklung bis ins nächste Jahrtausend hinziehen.

Insbesondere Fortschritte bei der Harmonisierung von Stoff- und Sicherheitsrichtlinien und im Umweltschutz werden nur mühselig erzielt werden können.

Am Beispiel Umweltschutz wird nämlich deutlich, wie schwer es ist, europäische Richtlinien nicht nur zu erarbeiten, sondern ihnen auch Geltung zu verschaffen. Zwar wurden Fortschritte in Teilbereichen wie Umwelthaftung und Gefahrenstoffrichtlinien erzielt, aber wichtige Bereiche wie die Beseitigung gefährlicher Abfälle und die Reinhaltung von Luft und Gewässern sind immer noch ohne Aussicht auf baldige Harmonisierung. Selbst bei bestehenden Richtlinien führen nationale Egoismen oft zu unterschiedlicher Auslegung und Handhabung. Da keine zentrale Kontrollbehörde mit Kompetenz zur Durchsetzung von EG-Richtlinien existiert, bleibt bei deren Mißachtung nur der langwierige und mühsame Weg zum Europäischen Gerichtshof.

Unterschiedliche Kosten für den Umweltschutz sind neben unterschiedlichen Energiekosten und Lohn- und Lohnnebenkosten treibende Kräfte für die Verlagerung von Produktionsstandorten. Dieser Verlagerungsdruck wirkt auf Bulk-Produkte ebenso wie auf den Raffineriebereich. Aber auch bei Spezialitäten können Standorte in Frage gestellt werden, wenn komplizierte und aufwendige Genehmigungsverfahren die Einführung neuer Produkte oder Herstellungsprozesse in der Bundesrepublik Deutschland verzögern.

Die chemische Industrie wird auch stark von Veränderungen der Rahmenbedingungen in den Bereichen Besteuerung, Energie und Transport betroffen werden. Energieträger und Basischemikalien wie Erdöl, Erdgas und Alkohol werden heute noch sehr unterschiedlich besteuert. Solange die Steuern nicht vereinheitlicht sind, können beträchtliche Standortvor- und -nachteile wirksam werden. Solche Unterschiede bestehen besonders bei den Energiekosten, die in den Ländern der Gemeinschaft bis zu 50% voneinander abweichen.

Von großer Bedeutung für die heute schon international operierende chemische Industrie werden die Veränderungen im Transportwesen sein. Durch den Wegfall von Zöllen und Einfuhrbeschränkungen und die Verringerung des damit verbundenen Aufwandes werden erhebliche Kosteneinsparungen und Effizienzsteigerungen ermöglicht. Die Öffnung des deutschen Transportmarktes für ausländische Spediteure wird hier eine deutliche Kostensenkung mit sich bringen.

Infolge der Verlagerung von Bulk-Produktionen in Schwellenländer und des Vordringens der ölexportierenden Staaten in höhere Wertschöpfungsstufen der petrochemischen Industrie wird der Wettbewerbsdruck auf die Chemie-Unternehmen in der Europäischen Gemeinschaft steigen.

Darauf müssen die Unternehmen im strategischen und operativen Bereich schnell und konsequent reagieren. Durch die Erschließung der Markt- und Wachstumspotentiale des neuen Heimmarktes Europa muß die Ausgangsbasis für den globalen Wettbewerb deutlich verbessert werden.

Der Schlüssel zum Erfolg liegt für die deutsche chemische und pharmazeutische Industrie in ihrer Innovationsfähigkeit. Die Bundesrepublik Deutschland muß als attraktiver Forschungs- und Entwicklungsstandort erhalten bleiben. Dazu ist es erforderlich,

- die Effizienz von Forschung und Entwicklung zu steigern,
- Forschung und Entwicklung stärker in die Unternehmensstrategien zu integrieren und
- die Kunden- und Anwendungsorientierung zu verstärken.

Denn nur mit innovativen Produkten können die Unternehmen der deutschen chemischen und pharmazeutischen Industrie auch in Zukunft ihre führende Position im Weltmarkt behaupten.

1.1.2 Die Automobil- und Zulieferindustrie: Die fünfte Welle kommt bestimmt

Dr. Holger Karsten

Von den 11,2 Millionen Kraftwagen, die 1987 in den EG-Staaten für den Gemeinsamen Markt produziert wurden, wurde nur knapp die Hälfte im jeweiligen Herstellerland verkauft. Mehr als 5 Millionen Wagen passierten EG-Grenzen, ehe sie Abnehmer fanden.

Die Automobilindustrie ist schon seit Jahren durch zunehmende Globalisierung der Märkte und internationale Beschaffung von Zukaufteilen geprägt. Wird der europäische Binnenmarkt da noch viel zusätzliche Änderung bringen?

Unserer Beobachtung nach werden diejenigen europäischen Automobilhersteller und Zulieferer-Unternehmen vom entstehenden europäischen Binnenmarkt am meisten profitieren, die ihn selber herbeizuführen helfen. Warum und wie?

Veränderungsprozesse, wie sie Europa 1992 bringen wird, gab es schon viermal in der 100jährigen Geschichte der Automobilindustrie (siehe Abbildung 1-16), und jede Veränderung führte zu einer dramatischen Umstrukturierung des Wettbewerbs. Die Unternehmen, die die Innovationen anführten, gewannen Marktanteile, die anderen verloren deutlich an Wettbewerbsfähigkeit.

Die „vierte" Welle der Veränderungen, die wir zur Zeit erleben, stellt eine Antwort auf die japanische Herausforderung im Wettbewerb dar, aber sie ist auch „market-driven": Die Kunden verlangen heute größere Produktvielfalt, höhere Qualität bei niedrigeren Kosten und perfekteren Service.

Diese Welle von Veränderungen, die in den 80er Jahren begann und sich mit aller Wahrscheinlichkeit noch bis zum Ende des Jahrhunderts hinziehen wird, ist durch drei große Trends gekennzeichnet:

- Internationalisierung der Herstellerindustrie und Globalisierung des Produkt- und Leistungsangebots,
- veränderte Beziehungen zwischen den OEMs (Automobilherstellern), Zulieferern, Händlern und Finanzierungs- und Versicherungsunternehmen,
- weitgehende „Computerisierung" bis hin zu völlig integrierten Systemen (siehe Abbildung 1-17).

Die vollständige Öffnung der Grenzen in Europa wird weitere Änderungen nach sich ziehen, denn die

	Veränderungsprozesse in der Automobilindustrie	
Zeit	Innovationsstoßrichtung	Initiative aus der Region
1900 - 1920	Massenproduktion per Fließband von stark standardisierten Produkten	Nord-Amerika
1950 - 1960	Produktionsdifferenzierung, Betonung der Produkttechnologie	Europa
1960 - 1980	Neue Systeme der Produktions-Organisation	Japan
seit 1980	Globalisierung, neue Strukturen, Joint Ventures	aus allen 3 Regionen

Abb. 1-16

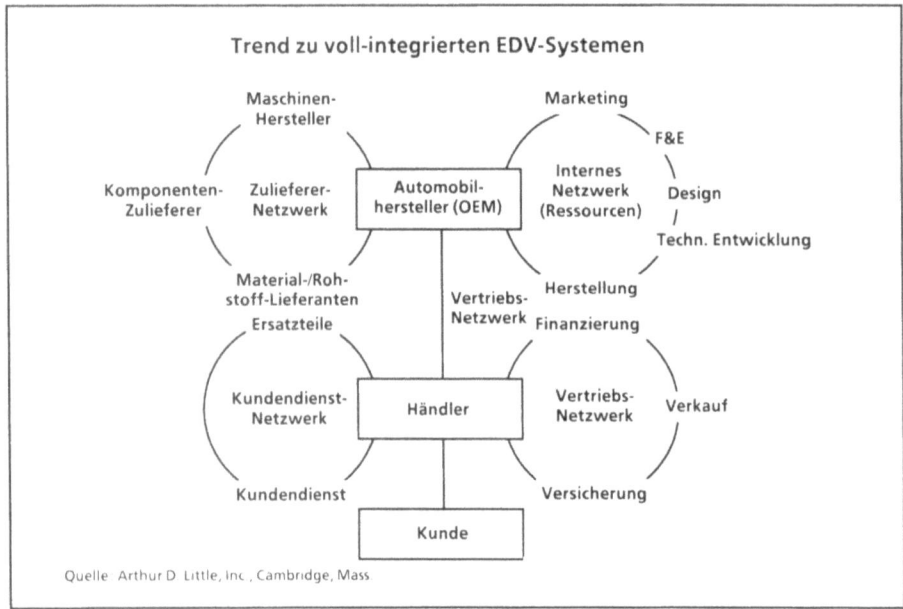

Abb. 1-17

wirkungen auf die weltweite Wettbewerbsfähigkeit der europäischen Hersteller:

Grenzen stellen heute noch spürbare physische, fiskalische, technische und kulturelle Barrieren dar:

– zeitraubende Grenzkontrollen mit hohem Verwaltungsaufwand,
– unterschiedliche Steuerpolitik mit z. T. nachfragehemmenden Verbrauchssteuern für KFZ in einzelnen europäischen Ländern,
– Wechselkurs-Schwankungen,
– unterschiedliches Gesellschaftsrecht für die europäischen Standorte der Automobilhersteller und Zulieferer,
– fragmentierte Zulassungsverfahren,
– unterschiedliche technische Vorschriften.

Wenn beispielsweise ein KFZ-Zulieferer seine Teile aus Mittelitalien in ein Herstellerwerk in Holland transportieren will, erreicht der LKW wegen der vielen Grenzkontrollen nur eine Durchschnittsgeschwindigkeit von ca. 20 km/h, sein Wettbewerber aus New York, der in den mittleren Westen fahren läßt, erreicht dagegen die dreifache Durchschnittsgeschwindigkeit.

Die Fragmentierung des europäischen Marktes für Automobile hat immer noch gravierende Aus-

– Die Grenzkontrollen, die vielfältigen nationalen Zulassungsbestimmungen und die nicht planbaren schwankenden Währungen führen zu spürbaren Kostenbelastungen.
– Da es keine „europaweiten" Stückzahlen gibt und die Produktionsprozesse auf die unterschiedlichsten technischen Standards ausgelegt sein müssen, werden Mengendegressionseffekte zunichte gemacht.
– Durch unterschiedliche Wettbewerbsbedingungen in den einzelnen Märkten (z. B. Preiskontrollen, Marktzugang, Steuerpolitik) wird der Wettbewerb verzerrt.

Diese Nachteile werden im europäischen Binnenmarkt verschwinden. Wir müssen uns jedoch darüber im klaren sein, daß der einheitliche Markt neben der Beseitigung von Hindernissen auch eine weitere Intensivierung des Wettbewerbs bedeutet. Denn auch die amerikanischen und japanischen Unternehmen rechnen sich große Chancen auf diesem Markt aus, weil ja mit dem Abbau der internen Grenzkontrollen auch die Eintrittsschwelle in die-

40

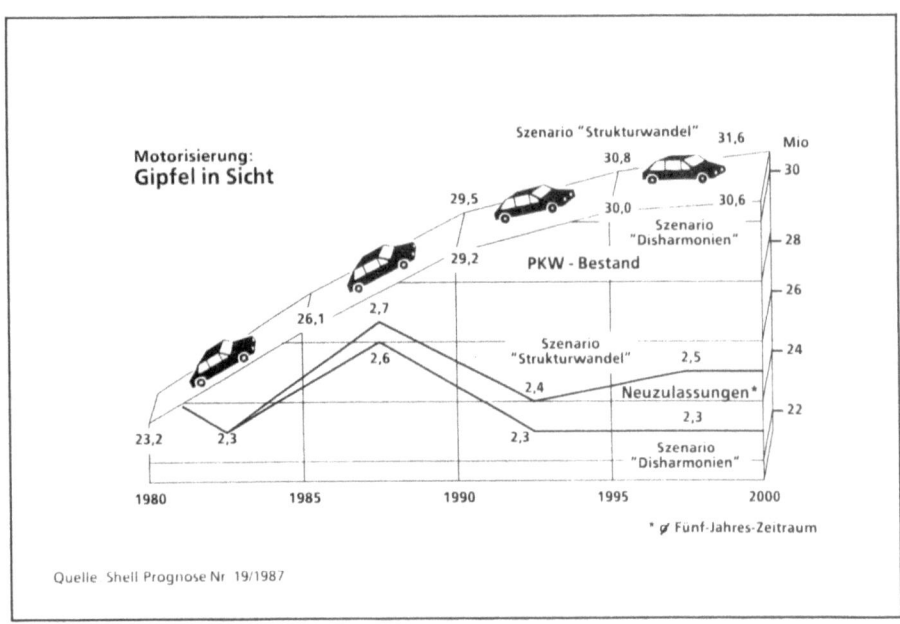

Motorisierung:
Gipfel in Sicht

Szenario "Strukturwandel" 31,6   Mio
30,8
29,5   30,0   30,6   — 30
29,2   PKW - Bestand   Szenario
26,1   2,7   "Disharmonien" — 28
                                                     — 26
        2,6   Szenario
                     "Strukturwandel"   2,5   — 24
                              2,4   Neuzulassungen*
23,2 2,3   2,3   — 22
                            2,3   Szenario
                                      "Disharmonien"

1980   1985   1990   1995   2000

* ∅ Fünf-Jahres-Zeitraum

Quelle Shell Prognose Nr 19/1987

Abb. 1-18

sen Markt sinkt. Auch protektionistische Maßnahmen einzelner EG-Länder müssen abgebaut werden.

Zur Zeit bestehen in einigen Ländern der EG noch sehr rigide Marktbeschränkungen, so sind z. B. die japanischen Importe in Frankreich auf 3 %, in England auf 11 % des Marktvolumens und in Italien sogar auf nur 2200 Fahrzeuge pro Jahr beschränkt. Bisher sind nur wenige konkrete Ansätze zu erkennen, diese Zugangsbeschränkungen aufzuheben. Gerade für die exportorientierte deutsche Automobilindustrie wäre aber eine Fortsetzung dieses Protektionismus auf europäischer Ebene nicht wünschenswert, da Gegenmaßnahmen in anderen Teilen der Welt nicht auszuschließen wären.

Daß die Beseitigung national unterschiedlicher Normen und Vorschriften absolut notwendig ist, wird in dem EUREKA-Projekt „Prometheus" deutlich, in dem 14 europäische Automobilhersteller untersuchen, wie sie den Individualverkehr in Europa durch den Einsatz neuer Technologien wie der Mikroelektronik und der Sensortechnik sicherer und umweltfreundlicher gestalten können. Ein solches Projekt kann wegen der auftretenden Schnittstellenprobleme und der notwendigen Infrastruktur nur europaweit angegangen werden.

Bei der Strategieentwicklung europäischer Unternehmen der Automobilindustrie muß unserer Einschätzung nach von folgendem Szenario der 90er Jahre ausgegangen werden:

– Sich weiter verlangsamendes Marktwachstum, das durch erhöhten Wettbewerb aus Südostasien und weitere Verluste von Marktanteilen in Exportmärkten neutralisiert wird. Für die europäischen Hersteller wird es daher kein Wachstum mehr geben (siehe Abbildung 1-18).
– Hohe Investitionen für die weitere Senkung der Kosten durch Automation.
– Schneller Wandel der Produkttechnologien (neue Werkstoffe, integrierte Elektronik-Systeme usw.). Dadurch können zwar neue Möglichkeiten der Produktgestaltung und Leistungssteigerung erschlossen werden, aber die Entwicklungsaufwendungen, um wettbewerbsfähig zu bleiben, werden beträchtlich zunehmen.
– Weitere Differenzierung und Steigerung der Kundenanforderungen. Die immer spezifischeren Ansprüche an Auswahl, Leistung, Qualität und Zuverlässigkeit werden neue Konzepte der Modellgestaltung und des Service erfordern.

41

Aus diesem Szenario lassen sich wichtige strategische Stoßrichtungen ableiten, mit denen die Automobilhersteller und Zulieferer ihre Ertragskraft verteidigen und steigern müssen:

- veränderte Formen der Zusammenarbeit zwischen Automobilherstellern und Zulieferern: verstärktes „Outsourcing" und Aufbau strategischer Partnerschaften,
- Einführung von flexibleren Organisationsformen,
- massiver Einsatz der Informations- und Kommunikationstechnik.

Speziell für die Zulieferer sehen wir ein ganzes Bündel von Herausforderungen, wenn sie im Zusammenspiel mit den Automobilherstellern ihre unternehmerische Bewegungsfreiheit wahren wollen:

- Aufbau einer stärkeren eigenen Entwicklungs- und Konstruktionsleistung,
- Führerschaft im Know-how über die verschiedenen Fahrzeug-Subsysteme,
- Aufbau moderner Telekommunikations-Verbindungen mit den OEMs,
- Entwicklung einer starken Kompetenz beim Einsatz von Computer-Systemen im Sinne von Computer Integrated Manufacturing (CIM),
- Aufbau von Partnerschaften mit OEMs und anderen Zulieferern,
- Ausrichtung der Fertigungssteuerung auf „Just-in-Time"-Belieferung der OEMs.

Der Strukturwandel durch die Öffnung des europäischen Marktes wird, wenn er ökonomisch einen Sinn haben soll, sicherlich ein weiteres „Shake-out" bei den Automobilherstellern und Zulieferern mit sich bringen. Diejenigen Unternehmen, die die Erfolgsfaktoren der Zukunft wie rationelle Fertigung, Bearbeitung globaler Märkte, kostengünstige Be-schaffung, Innovation, Marketingdifferenzierung und Finanzierung von immer umfassenderen Entwicklungsprogrammen nicht mehr erfüllen können, werden ausscheiden, sei es durch Verschmelzung mit anderen oder durch Aufgabe des Unternehmens.

Gerade deutsche Unternehmen der Zulieferindustrie haben aber in Europa durch engere Kooperation mit den Automobilherstellern bei Entwicklung und Konstruktion, durch „Just-in-time"-Belieferung und durch gleichbleibend hohe Qualität große Chancen, längerfristige Wettbewerbsvorteile zu erringen. Diesen Wandel „planvoll" zu gestalten, stellt hohe Anforderungen an das Management.

Wieweit der einheitliche europäische Binnenmarkt zu Vorteilen für die europäische Automobil- und Zuliefererindustrie im Weltmarkt führt, hängt davon ab, ob die Unternehmen ihn wirklich wollen oder ob sie aufgrund nationaler Egoismen die Vorteile denjenigen überlassen, die Europa aus Eigeninteresse soweit wie überhaupt möglich als eine Region behandeln: den Japanern.

Die deutschen Automobilhersteller bestreiten in Europa fast zwei Drittel des PKW-Marktes ab 2 Liter Hubraum, der seinerseits aber nur 15% des PKW-Gesamtabsatzes ausmacht. Steuerinduzierte Impulse in den Nachbarländern könnten dieses Marktsegment begünstigen. Die EG-Kommission schlägt jedoch vor, daß die Mineralölsteuer für Benzin erheblich erhöht werden sollte, so daß gesteigerte Anstrengungen der Energieeinsparung und Umweltverträglichkeit für die deutschen Automobilhersteller entscheidend für die Absatzsicherung sind.

Die deutsche Automobil- und Zulieferindustrie hat aufgrund ihres großen Inlandmarktes und ihrer schon heute starken Position in den EG-Ländern klar die Chance, durch technischen Vorsprung eine Leitfunktion auch im kommenden einheitlichen europäischen Binnenmarkt einzunehmen.

1.1.3 Informationstechnische Industrie: Konsolidierung und Konzentration

Dr. Werner Knetsch und
Dr. Eberhard Wedekind

Die Erfassung, Verarbeitung und Verteilung von Informationen prägt in zunehmendem Maß alle Lebens- und Wirtschaftsbereiche. Vom Point of Sales im Supermarkt über die computergerechte Volkszählung bis zum Computer-Trading auf den Finanzmärkten: die Informations- und Kommunikationstechnik ist unaufhaltsam auf dem Vormarsch. Die Wettbewerbs- und Leistungsfähigkeit ganzer Wirtschaftsbereiche hängt von ihrer Technologieposition und von ihrem Anwendungsstand in der Informations- und Kommunikationstechnik ab.

Der Weltmarkt der informationstechnischen Industrie hat eine Größenordnung von 800 Millionen DM erreicht. Er verspricht auch für die Zukunft überdurchschnittliches Wachstum.

Im Juni 1987 legte die Kommission der Europäischen Gemeinschaft ein Grünbuch vor, das den Weg zu einem Gemeinsamen Markt für Telekommunikationsdienstleistungen und Telekommunikationsgeräte beschreibt.

Diese Initiative beruht auf der Einsicht, daß die Wohlfahrt der Europäischen Gemeinschaft von der vollen Nutzung sich bietender Marktchancen für die Informations- und Telekommunikationstechnik in Europa abhängt und daß es keine bessere Stimulanz hierfür gibt als den Wettbewerb.

Die Empfehlungen der Kommission zielen denn auch ab auf:

- Die Liberalisierung der öffentlichen Beschaffung, die allein in der Bundesrepublik Deutschland ein Volumen von ca. 15 Milliarden DM pro Jahr ausmacht,
- die Liberalisierung der Märkte für Kommunikationsdienstleistungen durch Trennung der hoheitlichen von den unternehmerischen Aufgaben der Trägergesellschaften und Zulassung privater Anbieter von Telekommunikationsdien-

sten im Wettbewerb mit den staatlichen Fernmeldeverwaltungen,
- die vollständige Öffnung des Endgerätemarktes für den Wettbewerb.

Die dadurch zu erwartenden Veränderungen in der informationstechnischen Industrie in Europa sollen dazu beitragen, daß leistungsstarke und weltweit wettbewerbsfähige Unternehmen entstehen.

Die Liberalisierung des öffentlichen Beschaffungswesens, der Telekommunikations-Dienstleistungen und -Endgeräte schafft zwar die Voraussetzung für eine Restrukturierung der europäischen Telekommunikationsindustrie. Es bleibt jedoch die Frage, wie konsequent sie von liebgewonnenen, aber nicht mehr zeitgemäßen Marktverhältnissen Abschied nehmen und Boden gegenüber den USA und Japan gut machen kann.

Das „Europa der Zwölf" hatte 1987 auf dem Telekommunikationsweltmarkt einen Anteil von 21 %, weit hinter den USA mit 40 %, aber vor Japan mit etwa 8 %. Im Vergleich zu jedem einzelnen EG-Mitgliedsstaat hat Japan jedoch einen deutlichen Marktvorsprung (siehe Abbildung 1-19).

Die in Wirklichkeit relativ schwache Wettbewerbsposition der Telekommunikationsunternehmen in Europa kommt im Import-Exportverhältnis mit den USA und Japan zum Ausdruck. Gegenüber beiden Wirtschaftsregionen besteht ein großes Handelsdefizit:

- Japan liefert 18,5mal so viel Telekommunikationsgerät in die EG, als es von dieser importiert. Allein das Außenhandelsdefizit der Bundesrepublik Deutschland gegenüber Japan in der Warengruppe der Informations- und Kommunikationstechnik belief sich nach Angaben des Instituts der deutschen Wirtschaft für 1987 auf über 3 Milliarden DM.
- Gegenüber den USA ist das Verhältnis Import zu Export 3:1. Das Handelsdefizit der Bundesrepublik gegenüber den USA in der betrachteten Warengruppe betrug 1987 über 2,5 Milliarden DM.

Die Handelsbilanz der EG bei Telekommunikationsgeräten ist insgesamt nur deshalb positiv, weil im Verhältnis zum Rest der Welt ein Handelsüber-

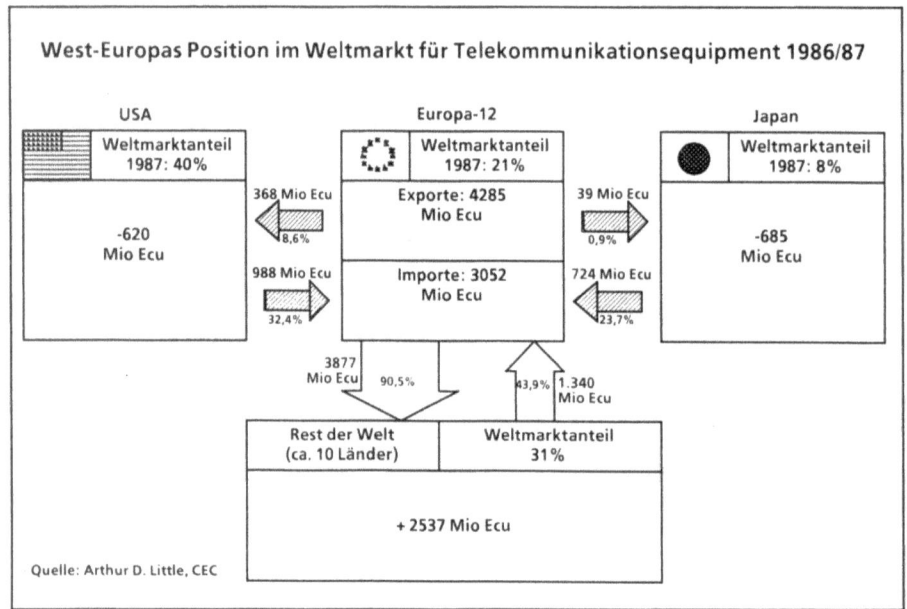

West-Europas Position im Weltmarkt für Telekommunikationsequipment 1986/87

USA	Europa-12	Japan
Weltmarktanteil 1987: 40%	Weltmarktanteil 1987: 21%	Weltmarktanteil 1987: 8%

368 Mio Ecu — 8,6% — Exporte: 4285 Mio Ecu — 39 Mio Ecu — 0,9%

988 Mio Ecu — 32,4% — Importe: 3052 Mio Ecu — 724 Mio Ecu — 23,7%

-620 Mio Ecu

-685 Mio Ecu

3877 Mio Ecu — 90,5% — 43,9% — 1.340 Mio Ecu

Rest der Welt (ca. 10 Länder) — Weltmarktanteil 31%

+ 2537 Mio Ecu

Quelle: Arthur D. Little, CEC

Abb. 1-19

schuß in der Größenordnung von 2,5 Milliarden ECU erzielt wird.

Die entscheidenden Wettbewerber in der Telekommunikationsindustrie sitzen in den USA und in Japan. Die europäische informationstechnische Industrie wird es daher in Zukunft verstärkt mit amerikanischen und japanischen Wettbewerbern wie AT&T und NEC zu tun haben. Diese werden ihre Präsenz nicht nur in den nicht-europäischen Exportländern verstärken, sondern der europäische Binnenmarkt wird auch bei ihnen zu neuen Strategien und offensiveren Penetrationszielen für diesen Markt führen. Dabei werden sie ihre Kostenvorteile nutzen und ihre enorme Marketingschlagkraft ins Feld führen. Der Druck auf die europäische Telekommunikationsindustrie wird daher beträchtlich wachsen.

Der europäische Binnenmarkt ist deswegen eine doppelte Herausforderung an die europäischen Unternehmen, die neue Organisationsformen sowie die Einführung neuer Produkte und neuer Produktionsmethoden erfordern wird.

Zu den weltweit führenden Unternehmen der Informationsverarbeitung und der Telekommunikation gehören nur wenige europäische (siehe Abbildung 1-20).

Erst an zehnter Stelle in der Informationsverarbeitung taucht ein europäisches Unternehmen auf: Olivetti. Siemens und Nixdorf Computer AG rangieren erst auf den Plätzen 13 und 14. Zu den zehn größten Telekommunikationsunternehmen gehören mit Alcatel, Siemens, Ericsson, Philips und GEC immerhin fünf europäische Anbieter. Ihre Position basiert jedoch vor allem auf ihrer Stärke in bisher weitgehend abgeschotteten Märkten: Sie darf nicht zu Fehlschlüssen über die Position der europäischen Telekommunikationsindustrie im globalen Wettbewerb führen.

Die Entwicklung des Marktes für Informations- und Kommunikationssysteme wird in Zukunft durch die immer weiterschreitende Integration von Informationsverarbeitung und Telekommunikation charakterisiert sein, die durch die Digitalisierung der Fernmeldenetze beschleunigt werden wird. Auch die Anwender werden einen zunehmenden Bedarf an integrierten Anwendungslösungen anmelden.

Während in der Vergangenheit die nationalen Fernmeldeverwaltungen die wichtigsten Kunden der Telekommunikationsindustrie waren, werden in Zukunft Industrie und private Nutzer die Marktseg-

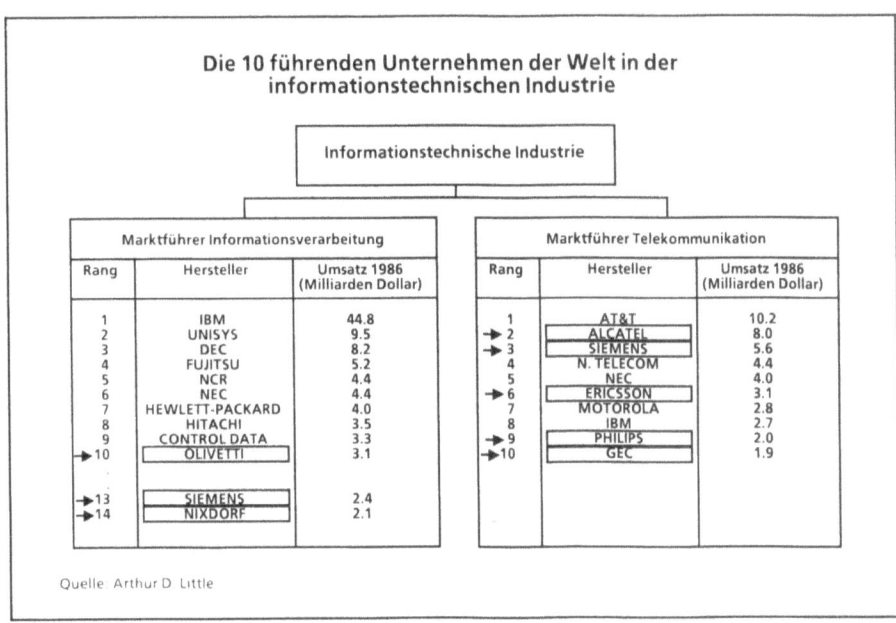

Die 10 führenden Unternehmen der Welt in der informationstechnischen Industrie

Informationstechnische Industrie

Marktführer Informationsverarbeitung				Marktführer Telekommunikation		
Rang	Hersteller	Umsatz 1986 (Milliarden Dollar)		Rang	Hersteller	Umsatz 1986 (Milliarden Dollar)
1	IBM	44.8		1	AT&T	10.2
2	UNISYS	9.5		2	ALCATEL	8.0
3	DEC	8.2		3	SIEMENS	5.6
4	FUJITSU	5.2		4	N. TELECOM	4.4
5	NCR	4.4		5	NEC	4.0
6	NEC	4.4		6	ERICSSON	3.1
7	HEWLETT-PACKARD	4.0		7	MOTOROLA	2.8
8	HITACHI	3.5		8	IBM	2.7
9	CONTROL DATA	3.3		9	PHILIPS	2.0
10	OLIVETTI	3.1		10	GEC	1.9
13	SIEMENS	2.4				
14	NIXDORF	2.1				

Quelle: Arthur D. Little

Abb. 1-20

mente sein, von denen die größten Wachstumsimpulse ausgehen.

Die Informationsverarbeitungsindustrie war seit jeher in viel größerem Maß den Kräften des Marktes und des Wettbewerbs ausgesetzt als die Telekommunikationsindustrie. Die Anbieter von Informationsverarbeitungssystemen arbeiten näher am Kunden und kennen dessen Bedürfnisse besser.

Die Telekommunikationshersteller und Betreiber öffentlicher Netze sind daher anfällig für die sich verändernden Wettbewerbsbedingungen: Sie sind es nicht gewohnt, den Kunden komplette Anwendungslösungen zu bieten.

Die Liberalisierung des öffentlichen Beschaffungswesens in der Telekommunikation wird ferner einige deutsche Herstellerunternehmen in ihrer „Hoflieferanten"-Rolle beeinträchtigen. Ausländische Wettbewerber werden gezielt ihre Chancen suchen und nutzen. Unternehmen, die mehr als 25 % ihres Umsatzes mit der Deutschen Bundespost machen, müssen sich fragen, wie sie diese gefährliche Abhängigkeit abbauen können. Das gilt insbesondere für mittelständische Unternehmen.

Unternehmen der Informationsverarbeitungs- und der Telekommunikationsindustrie müssen sich angesichts des bevorstehenden Wandels zwei Fragen stellen:

– Welche besonderen Stärken und Schwächen kennzeichnen meine Position im internationalen Wettbewerb?
– Wie lautete meine Strategie für den europäischen Binnenmarkt, und wie sieht meine „Vision 2000" aus?

Für die europäische Telekommunikationsindustrie werden Konsolidierung und Kooperationen bestimmende Faktoren sein. Im Bereich öffentlicher Vermittlungssysteme sehen wir für das Jahr 2000 maximal 5 große Herstellerfirmen in Europa. Derzeit teilen sich noch etwa 10 Unternehmen diesen Markt. Für dieses „Shake-out" sind nicht zuletzt die hohen Forschungs- und Entwicklungskosten verantwortlich, die die jeweils nächste Produktgeneration erfordert.

Kosten und neue Marktanforderungen legen strategische Allianzen und Partnerschaften zwischen Telekommunikationsherstellern und Computerfirmen, Mikroelektronikherstellern, Softwarefirmen und Anbietern von Telekommunikationsdiensten nahe.

45

Internationale Allianzen und Partnerschaften in der Informationstechnischen Industrie (Beispiele 1987/88)

Partner	Art der strategischen Allianz	Gegenstand/Branche
Telenorma/Jeumont-Schneider	Wünscht 35 %-Beteiligung später 80 %	Nebenstellenanlagen
Société Nationale Industrielle Aerospatiole AEG ANT1) Thomson ERA	Beteiligung an der Eurosatellite Gesellschaft	Direktsendende Rundfunksatelliten
Bosch/ANT	81,6 % Beteiligung	Übertragungstechnik
Nokia AG/SEL AG	Übernahme	Geschäftsbereich Unterhaltungselektronik
Bosch/Telettra Bosch/Ascom	Kooperation	Private Kommunikationstechnik
Bosch/ANT/PKI	Herstellerkartell	Digitaler Mobilfunk
AEG/Alcatel/Nokia	Herstellerkartell	
Siemens/Ericsson	Herstellerkartell	
Deutsche Bundespost/ Transpac	Gründung CSC (Infotel)	Mehrwert-Diensteanbieter

1) Telenorma und ANT wiederum gehören mehrheitlich zur Bosch-Gruppe

Abb. 1-21

Besonders aktiv ist in dieser Hinsicht die britische informationstechnische Industrie. Allein im Zeitraum Januar bis Juli 1988 führte sie 82 Akquisitionen durch, wobei es sich in 29 Fällen um den Kauf ausländischer Unternehmen handelte. 1987 waren es nur 48 Akquisitionen und davon lediglich 9 im Ausland.

Das Geflecht von Unternehmensbeteiligungen und -verbindungen in Form von Akquisitionen, Mergers und Joint Ventures nimmt rapide zu und wird durch die Verwirklichung des europäischen Binnenmarktes ohne Zweifel noch enger werden (siehe Abbildung 1–21).

Die Motive der Unternehmen, die zu diesem Geflecht führen werden, liegen klar auf der Hand:

- Risikoverteilung und Ergänzung von Ressourcen im F&E-Bereich,
- Zugewinn von Marktanteilen bzw. Zugang zu neuen Märkten, dadurch Erhöhung des Geschäftsvolumens, um die hohen Entwicklungskosten abzudecken,
- Verbreiterung der Produkt- und Technologiebasis.

Die Entwicklung des europäischen Binnenmarktes wird den Konsolidierungs- und Konzentrationsprozeß weiter beschleunigen. Ausreichend ist er jedoch nicht, der Wettbewerb im weltweiten Maßstab wird durch Innovationsvermögen und Nähe zum Kunden entschieden.

Die Unternehmen sind immer mehr gezwungen, sich auf ihr Kerngeschäft zu besinnen. Hier müssen sie ihre bisher unterentwickelte europäische Marketing- und Vertriebskompetenz erhöhen und gezielte Produktentwicklung betreiben, die am Weltmarkt orientiert ist.

1.1.4 Die Konsumgüter-Industrie: Euphorie und Ängste

Michael Mollenhauer

Die Vision eines europäischen Binnenmarktes mit über 320 Millionen Konsumenten und 120 Millionen Privathaushalten versetzt das Management der Konsumgüter-Unternehmen abwechselnd in Euphorie und Ängste. Das Auf und Ab in der Stimmungslage wird durch die Chancen und Bedrohungen hervorgerufen, die die Konsumgüter-Hersteller und der Handel im Wandel der Wettbewerbsbedingungen erkennen.

In den meisten Konsumgüter-Branchen herrscht heute noch – anders als in der Automobilindustrie oder in der Chemie – eine stark nationale Ausrichtung vor, die durch regionale Lebens- und Konsumgewohnheiten der Zielgruppen bestimmt ist.

Ob der europäische Binnenmarkt in erster Linie eine Chance oder eine Bedrohung darstellt, hängt davon ab, wie sich die Unternehmen auf den Wettlauf um die besten Positionen in diesem neuen Umfeld vorbereiten. Der Run auf die günstigsten Ausgangspositionen hat jedenfalls schon längst begonnen. Ereignisse wie die Übernahme von Rowntree Mackintosh durch den Lebensmittelkonzern Nestlé werden die Wettbewerbsszene in der 90er Jahren deutlich beeinflussen.

Dabei polarisiert sich das Verhalten der Marktpartner immer stärker:

– die Konsumenten der verschiedenen europäischen Länder werden in den 90er Jahren einander ähnlichere Bedürfnisse aufweisen als heute, aber sie werden sich im Life Style immer ausgeprägter unterscheiden – dann aber über die nationalen Grenzen hinweg,

– der Handel wird mit wesentlich höherer Geschwindigkeit europäische Strukturen annehmen als die Konsumgüter-Hersteller – trotzdem gilt für ihn weiterhin das Motto: „All business is local",

– die Zahl der Unternehmen der Konsumgüter-Industrie wird sich durch Akquisitionen und Fusionen verringern – trotzdem werden kleinere

Unternehmen mit Nischen-Strategien erfolgreiche Marktpositionen behaupten können.

Durch welche Veränderungen im Umfeld werden diese Umstrukturierungen bewirkt?

Der Konsument wird mündiger. Heute ist der Gesetzgeber noch in vieler Hinsicht sein Vormund: Technische Vorschriften (wie Produktdefinitionen und -spezifikationen, Industrienormen, Prüfvorschriften bei elektrischen Geräten) behindern immer noch den freien Austausch von Konsumgütern in der Europäischen Gemeinschaft.

Aber eine Reihe von Barrieren wurde in jüngster Zeit bereits abgebaut:

– Das 450 Jahre alte Reinheitsgebot für Bier in Deutschland verbot den Vertrieb von Bier, das andere Inhaltsstoffe als Hopfen, Malz, Gerste und Wasser aufwies. Dieses Gesetz verlor 1987 seine Gültigkeit.

– Das Süßmittel Aspartame durfte bis März 1988 in Frankreich nicht in der Nahrungsmittelindustrie eingesetzt werden. Dieses Verbot schloß z. B. die Produktion und den Import von Diät-Softdrinks aus, die innerhalb der Europäischen Gemeinschaft annähernd 15 % des gesamten Softdrink-Marktes ausmachen.

Nationale Produktdefinitionen und -spezifikationen müssen neuerdings von allen Mitgliedsstaaten anerkannt werden, und bei Entscheidungen des Ministerrates über die Harmonisierung von Normen und Vorschriften reicht die einfache Stimmenmehrheit aus.

Gemeinsamkeiten in den Konsumgewohnheiten werden immer offensichtlicher. Antoine Riboud von BSN meinte kürzlich in „International Management": „Der Lebensraum meines Großvaters war regional begrenzt, für meinen Vater waren nationale Grenzen wichtig, und ich denke heute europäisch. Die Europäisierung des Geschmacks – sei es in bezug auf Nahrungsmittel, Kleidung oder was auch immer – erfolgt so schnell, so daß Unternehmer nicht länger glauben dürfen, daß sie sich lokal begrenzen können und dabei überleben werden."

Es ist in der Tat offensichtlich, daß die Europäisierung der Konsumgewohnheiten in vollem Gange ist:

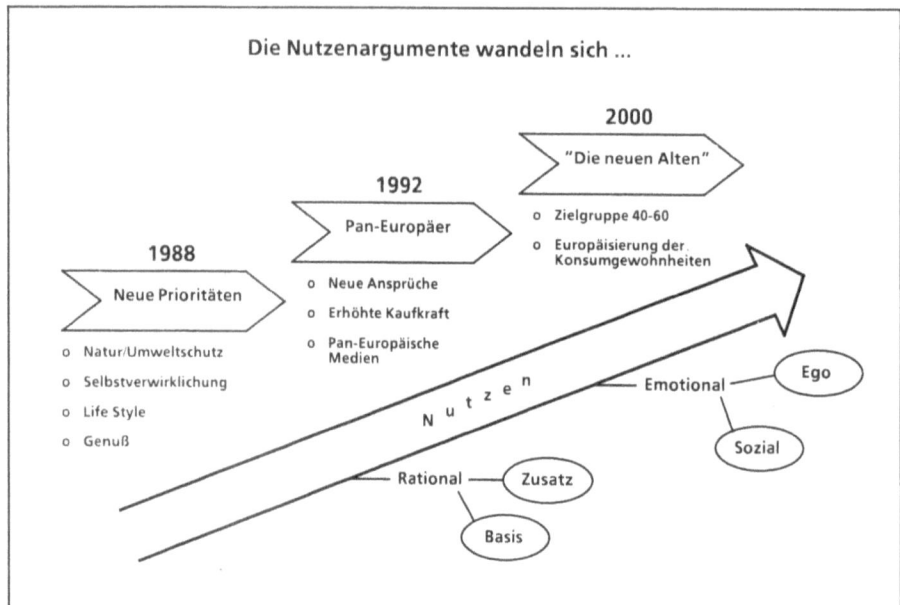

Abb. 1-22

- Neue Produkte und Dienstleistungen zielen auf die Bedürfnisse in spezifischen Konsum- und Lebenssituationen und weniger auf nationale Zielgruppen ab.

Zwei Beispiele für viele:

- Fast-Food-Ketten finden eine rapide grenzüberschreitende Verbreitung (McDonald's ist mittlerweile überall),
- der wachsende Anteil berufstätiger Frauen und das zunehmende Phänomen der Dinkies (Double income, no kids) haben den Bedarf nach Convenience-Produkten weiter erhöht. Überall in Europa erleben Fertiggerichtprodukte einen neuen Boom. Die Produkte, wie z. B. italienische Nudelgerichte, sind in allen europäischen Ländern identisch.

- Die Offenheit der europäischen Verbraucher für andersartige Lebens- und Konsumgewohnheiten nimmt zu:

  - die Ausgaben für Reisen und Bildung steigen,
  - der Arbeitsmarkt wird international,
  - die Medienlandschaft wird europäisch.

Trotzdem wird es nicht „den" europäischen Verbraucher geben. National und regional geprägte Gewohnheiten werden noch auf lange Zeit Bestand haben. Auch die Bedürfnisse werden aufgrund unterschiedlicher soziodemographischer Strukturen weiterhin regional differenziert bleiben. Die Konsumenten werden je nach nationaler Zugehörigkeit rationale und emotionale Nutzenargumente unterschiedlich aufnehmen und empfinden (siehe Abbildung 1-22).

Der Handel wird die neuen Möglichkeiten des europäischen Binnenmarktes sehr schnell nutzen können. Bisher zielten Handelsstrategien in erster Linie auf die Erhöhung von Marktanteilen in angestammten Gebieten ab. Expansion fand in erster Linie durch die Optimierung von Standorten statt.

Zwar operierten auch bisher schon einige Handelsunternehmen international: Aldi, Carrefour und Tengelmann sind Beispiele. Aldi hat mit seiner Strategie des begrenzten Sortiments auch in Belgien, Dänemark und einigen anderen Ländern Erfolg. Carrefour ist auch in Spanien aktiv, Tengelmann in den Niederlanden. Die meisten Handelsunternehmen verfolgten aber bisher eine rein nationale Strategie. Viele der Großunternehmen haben sogar nur regionale Bedeutung (siehe Abbildung 1-23).

48

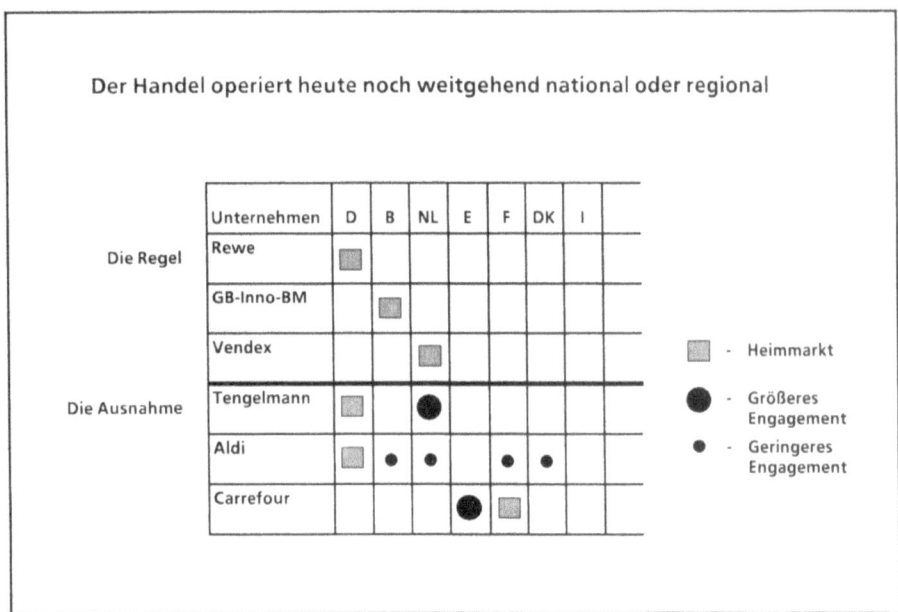

Abb. 1-23

Besonders interessant ist, daß viele der großen Handelsunternehmen – Tengelmann ist vielleicht das älteste und bekannteste Beispiel – ihr Wachstum bisher eher in den USA gesucht haben als im europäischen Ausland.

Bei der zunehmenden Europäisierung wird der Handel jedoch neue Verhaltensweisen erlernen müssen:

- Zwischen den großen Handelsketten wird ein systematischer Informationsaustausch über Produktverfügbarkeit, Preise und Konditionen stattfinden,
- „Parallelimporte" werden durch mehr Gemeinsamkeiten in der Produktgestaltung und Rezeptur, bei den Verpackungsvarianten und der Etikettierung erleichtert werden:
  - schon heute bilden sich Einkaufskontore und ein intensiverer Kontakt zwischen Einkäufern und ausländischen Großhändlern,
  - neue Technologien der Informationsverarbeitung (Scanning als Beispiel) eröffnen für den Handel völlig neue Formen der Wettbewerbsdifferenzierung,
- grenzübergreifende Fusionen und Akquisitionen im Handel beginnen: Niederländer kaufen Unternehmen in Großbritannien, französische Unternehmen expandieren nach Italien und Spanien, wo sie bereits nahezu die Hälfte der Großformen des Handels kontrollieren.

Und wie verhalten sich die Konsumgüter-Hersteller?

Auch sie befinden sich im Run auf die besten Plätze im europäischen Binnenmarkt: Europa-Strategien werden entwickelt und allerorts werden Akquisitions- und Kooperationspartner in anderen europäischen Ländern gesucht.

Damit verbunden ist ein Umdenken bezüglich der organisatorischen Strukturen. Bisher hatten selbst multinationale Unternehmen ihre Organisationseinheiten weitgehend national gegliedert.

Das gilt selbst für amerikanische Unternehmen: Coca-Cola zum Beispiel ist in Europa in vier Divisionen gegliedert, die an die weit entlegene Zentrale in Atlanta/USA berichten. Jeder dieser Divisionen unterstehen mehrere nationale Gesellschaften, die mit eigener Ergebnisverantwortung Marketing- und Vertriebsstrategien entwickeln und sie unabhängig von der Zentrale umsetzen.

CPC ist ähnlich organisiert: Die meisten Unternehmensaktivitäten sind nach Ländern struktu-

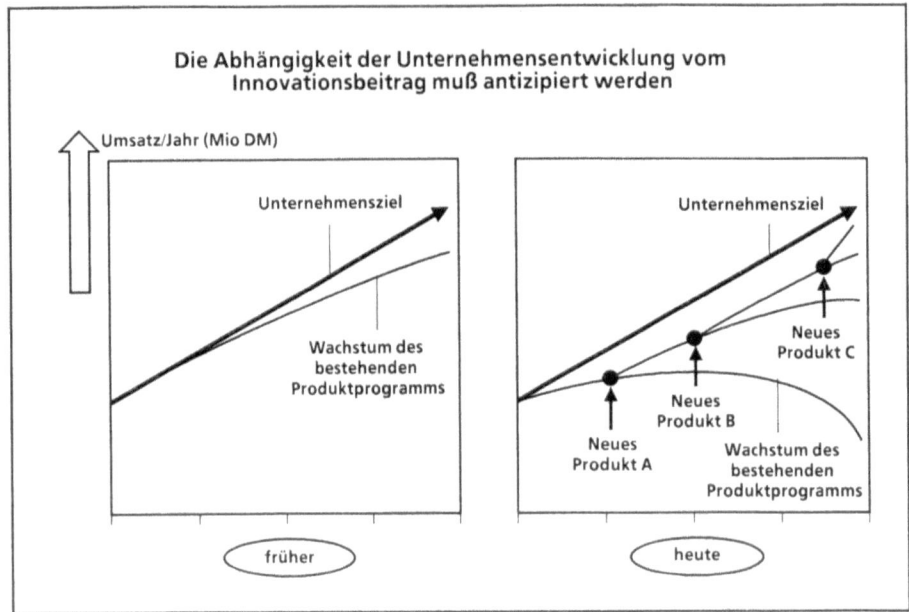

Die Abhängigkeit der Unternehmensentwicklung vom Innovationsbeitrag muß antizipiert werden

Umsatz/Jahr (Mio DM)

Unternehmensziel

Wachstum des bestehenden Produktprogramms

früher

Unternehmensziel

Neues Produkt C

Neues Produkt B

Neues Produkt A

Wachstum des bestehenden Produktprogramms

heute

Abb. 1-24

riert. Unilever und Nestlé, die zwei größten wirklich multinationalen Nahrungsmittel-Unternehmen in Europa, operieren ebenfalls auf der Basis nationaler Einheiten. Sogenannte „European Brand Managers" haben zwar einen gewissen Einfluß auf die nationalen Produktmanager, aber das nationale Management hat die Linienverantwortung.

Bisher sind daher auch „Multis" häufig Konglomerate von kleineren und mittleren nationalen Unternehmen. Andere Konsumgüter-Unternehmen haben trotz ihrer teilweise beachtlichen Größe im Heimmarkt oft nur geringe Bedeutung im Ausland. Von den 50 größten Konsumgüter-Unternehmen in der Europäischen Gemeinschaft sind nur etwa die Hälfte in mehr als einem Land präsent. Bei dieser Struktur überrascht es nicht, daß es z. B. in der Nahrungsmittel-Industrie nur sehr wenige wirklich europäische Produkte mit einer gemeinsamen Rezeptur, Verpackung und Marktpositionierung gibt.

Der europäische Binnenmarkt fordert die Konsumgüter-Industrie in vierfacher Weise heraus: (siehe Abbildung 1-24).

— Der Markt bietet mit der Kaufkraft von 320 Millionen Konsumenten große Wachstumschancen. Der Wettbewerb wird jedoch zunehmen – nicht

nur zwischen den europäischen Konsumgüter-Unternehmen, sondern auch mit amerikanischen und den japanischen Unternehmen, die von diesem Markt verstärkt profitieren wollen. Der Handel wird hierdurch seine Verhandlungsposition weiter stärken.

— Auf der Kostenseite entstehen durch Produkt- und Markenharmonisierung erhebliche Chancen zur Nutzung von Economies of Scale. Diese Skaleneffekte können durch Optimierung der Wertschöpfungsstufen in der Produktion, im Sourcing, in der Logistik und Distribution und im Marketing, aber auch im Design und in der Produktentwicklung erreicht werden. Zunehmender Preiswettbewerb wird die Unternehmen zwingen, diese Skaleneffekte schnellstens auszuschöpfen.

— Neue Technologien werden dazu beitragen, die nationalen Unterschiede zu verwischen:

— Neue Verpackungstechnologien und neue Methoden der Haltbarmachung haben die Mindesthaltbarkeitsdauer von vielen Produkten erhöht. Sodima-Yoplait, Frankreichs zweitgrößte Molkerei, hat aufgrund neuer Verpackungstechnologien ihre Lizenzpolitik gegenüber ausländischen Unternehmen neu formuliert: Bisher wurden Lizenzen für die lokale Produktion vor Ort vergeben; infolge der erhöhten Mindesthaltbarkeit kann nun zentral produziert werden, und die Fertigprodukte können in die europäischen Märkte exportiert werden.

– Hochleistungstransportsysteme und On-line-Auftragsverarbeitung ermöglichen die Distribution auch über weite Distanzen.

– Die Mitarbeiter müssen auf die Anforderungen des europäischen Binnenmarktes rechtzeitig vorbereitet werden. Um die Marktchancen zu nutzen, müssen sich die Unternehmen mehr Wissen über Konsum- und Lebensgewohnheiten anderer Nationen, über die einzelnen Märkte und über die verschiedenen Medienlandschaften aneignen und sich aufgeschlossen auf diese Gegebenheiten einstellen.

Kleinere Konsumgüter-Unternehmen müssen ihre Sortiments- und Vertriebsstrategien neu ausrichten:

– Sie müssen ihre Sortimente auf solche Konsummärkte fokussieren, in denen Skaleneffekte unbedeutend sind. Sie müssen Nischenstrategien für Märkte einschlagen, in denen die Produkte stark auf den lokalen Geschmack oder auf besondere Lebensgewohnheiten ausgerichtet sind. Häufig kann eine solche Nischenstrategie mit einer Premium-Markenpolitik abgesichert werden.

– Sie müssen sich durch einen besseren Service differenzieren. Beispiele hierfür sind die Hauslieferung, der Direktversand oder das Catering.

Deutsche Unternehmen der Konsumgüter-Industrie halten aufgrund ihres hohen Qualitätsstandards und der bereits beachtlichen Exportquote gute Plätze im Wettlauf um Anteile am europäischen Binnenmarkt.

Aber der Wettlauf ist noch nicht gewonnen, und dem Wandel im Markt muß in den meisten Unternehmen noch durch einen Wandel der Strukturen und Verhaltensweisen entsprochen werden.

1.1.5 Maschinenbau: Konzentration und Aktivierung der Leistungsreserven

Martin Swoboda

Der deutsche Maschinenbau ist traditionell eine international ausgerichtete Branche. Die rund eine Million Beschäftigte dieses Wirtschaftszweigs setzten im Jahr 1987 160 Milliarden DM um, von denen 60 % im Ausland erwirtschaftet wurden.

Die hohe Exportquote zeigt, daß die deutschen Maschinenbauunternehmen zu den exportstärksten der Welt zählen. Das gilt besonders für die Hersteller von Druckmaschinen, Textilmaschinen, Kunststoffmaschinen, Werkzeugmaschinen und Verpackungsanlagen.

Am Beispiel der Werkzeugmaschinenindustrie wird die intensive wirtschaftliche Verflechtung in der Europäischen Gemeinschaft und weltweit deutlich: Von den 13,3 Milliarden DM Produktionsvolumen in Deutschland wurden 18 % in die EG exportiert, 40 % der Produktion entfiel auf die übrige Welt und 42 % auf den Inlandsmarkt. Kann es angesichts der starken internationalen Orientierung noch Impulse durch den europäischen Binnenmarkt nach 1992 geben?

Die Unternehmen selber meinen, daß sich der europäische Binnenmarkt auf ihre Branche weniger stark auswirken wird als auf andere Branchen, denn die staatliche Einflußnahme ist vergleichsweise gering: Es existieren weniger Zulassungsbarrieren, Vorschriften, Importkontigente und ähnliches als in anderen Wirtschaftszweigen.

So haben bisher erst 27 % aller deutschen Maschinenbauunternehmen den erweiterten Binnenmarkt in der Planung berücksichtigt. Kosteneinsparungen durch günstige Transportbedingungen, reduzierte Grenzformalitäten und angeglichene gesetzliche Bestimmungen und Normen werden ihrer Ansicht nach zwar zu einer Vereinfachung des Warenaustauschs innerhalb der EG führen. Die Konsequenz für den Maschinenbau wird aber, meinen sie, in erster Linie eine weitere Intensivierung des Wettbewerbs sein, von der insbesondere kleinere Unternehmen betroffen sein werden. Wir meinen dage-

gen, daß die Auswirkungen des europäischen Binnenmarktes im Zusammenhang mit der weltweiten Marktentwicklung gesehen werden müssen. Denn nachdem die letzten Jahre eine kräftige Belebung für den Maschinenbau gebracht haben, werden sich die Unternehmen nunmehr auf ein geringeres Wachstum einrichten müssen.

Im Inland wird die Investitionsneigung der traditionellen Abnehmerbranchen weiterhin zurückhaltend sein. Investitionen in Erweiterung und Rationalisierung gehen prozentual zugunsten der Qualitätsverbesserung, der Forschung und Entwicklung und des Umweltschutzes zurück. Auch die Auslandsnachfrage nach deutschen Maschinen wird voraussichtlich auf absehbare Zeit aus Wechselkursgründen gedämpft sein.

Das Produktionsvolumen der Maschinenbauindustrie lag denn auch 1987 um 2 % niedriger als im Jahr 1986. Insbesondere die Werkzeugmaschinenindustrie hatte 1987 einen Auftragseinbruch um 24 % zu verschmerzen.

In vielen Teilbranchen des Maschinenbaus ist dadurch mit einer weiteren Konzentration der Wettbewerbsstruktur zu rechnen. Firmenaufkäufe und Produktionseinstellungen werden angesichts des verstärkten Wettbewerbsdrucks und zunehmender Schwierigkeiten bei der Durchsetzung der Preise zur Tagesordnung gehören. In der Werkzeugmaschinenindustrie ist damit zu rechnen, daß Anbieter von Systemen der Industrieautomation zu den Gewinnern zählen werden. Viele Unternehmen des Maschinenbaus werden mit Softwarehäusern, Engineeringanbietern oder Unternehmen mit verwandter Produktpalette strategische Allianzen eingehen und sich auf einen immer internationaleren Wettbewerb einstellen.

Durch den zunehmenden Wettbewerbsdruck werden besonders Unternehmen gefährdet sein, die

- noch einen hohen Anteil traditioneller Produkte im Angebot führen, z. B. Anlagen zur Rohstoffaufbereitung, Verbrennungsmotoren und Ausrüstungen für die Grundstoffindustrie,
- angesichts wachsender Umsätze in den vergangenen Jahren versäumt haben, ihr Kostenniveau zu senken,

52

– erheblich kleiner sind als ihre internationalen Wettbewerber (der Umsatz pro Unternehmen beträgt in der deutschen Werkzeugmaschinenindustrie durchschnittlich 33 Millionen DM pro Jahr; japanische Unternehmen sind im Durchschnitt vier- bis fünfmal größer),
– eine so knappe Eigenkapitaldecke besitzen, daß notwendige Innovationen nicht mehr finanzierbar sind,
– sich durch viele Varianten und ständige kundenspezifische Anpassungen verzettelt haben und ihr Know-how nicht zur technischen Differenzierung der Produkte gegenüber dem Wettbewerb einsetzen.

Neue Technologien werden der Erfolgsfaktor Nr. 1 sein. Obwohl der deutsche Maschinenbau zur Weltspitze zählt, bestehen in einigen Bereichen noch Probleme beim Ausbau der Technologieposition:

– Noch heute kämpfen einige Unternehmen mit der Integration der Steuerungstechnik und der mechanischen Konstruktion.
– Die Einbindung der Maschinen in übergeordnete Materialflußsysteme überfordert viele Unternehmen.
– Schrittmachertechnologien wie Lasertechnik, keramische Werkstoffe, Verfahren zur Oberflächenveredelung und zur Beschichtung und die Sensorik werden in ihrer Bedeutung für die zukünftige Wettbewerbsposition häufig unterschätzt.

Die strategische Stoßrichtung im sich zur Zeit vollziehenden Strukturwandel muß die Aktivierung der Leistungsreserven in allen betrieblichen Funktionen sein:

– Größere Kundennähe und Leistungssteigerung von Vertrieb und Service.
– Spezialisierung auf Produkte mit hohem Differenzierungspotential statt Zersplitterung der Ressourcen durch Variantenvielfalt und kundenspezifische Sonderausführungen.
– Stärkung der Leistungsfähigkeit in Materialwirtschaft, Produktion und Verwaltung.
– Aktives Technologiemanagement, durch das die Leistungsreserven der Entwicklung und Konstruktion ausgeschöpft und die Voraussetzungen geschaffen werden, um neue Technologien zu erschließen.
– Nutzung strategischer Allianzen, z. B. zur Internationalisierung des Geschäfts und zum Ausbau des Know-hows.

Der europäische Binnenmarkt ab 1992 wird die Wettbewerbsintensität verstärken. Dies ist jedoch kein Anlaß zurückzuschrecken. Denn diejenigen Maschinenbauunternehmen werden erfolgreich sein, die den größeren Binnenmarkt wollen und bereits heute ihr Verhalten darauf einstellen. Die deutschen Maschinenbauunternehmen verfügen insgesamt über eine gute Ausgangsposition, um in einem einheitlichen europäischen Markt und weltweit technologisch ihre führende Position zu wahren.

1.1.6 Luft- und Raumfahrtindustrie: Triebkraft und Verteilung des Kuchens

Dr. Alexander Gerybadze

Die Luft- und Raumfahrtindustrie gehört zu den wichtigsten Wachstumsindustrien des ausgehenden zwanzigsten Jahrhunderts. Eine Volkswirtschaft, die eine Position im Bereich Hochtechnologie sichern will, muß ihr Engagement in der Luft- und Raumfahrttechnik aufrechterhalten oder ausbauen. Extrem hohe Entwicklungsaufwendungen und Risiken sowie die Intensität des internationalen Wettbewerbs machen es für private Investoren aber schwer, ihre Beteiligung in der Luft- und Raumfahrt ohne ein nationales Programm oder ohne Unterstützung in internationalen Programmen aufrecht zu halten.

Wir müssen zwischen Herstellerstrategien und Nutzungsstrategien unterscheiden. Nutzungsstrategien zielen darauf ab, an Technologie- und Wachstumspotentialen der Luft- und Raumfahrt zur partizipieren, ohne in größerem Maßstab als Hersteller von Luft- und Raumfahrtgerät aufzutreten. Unternehmen, die vor einem Engagement als Hersteller auf dem Gebiet der Luft- und Raumfahrttechnik zurückschrecken, können als Nutzer technologische Entwicklungen im Zusammenhang mit dieser Technik vorantreiben. Auf diese Weise können zum Beispiel neue Geschäftspotentiale für die Roboter- oder die Meß- und Regeltechnik erschlossen werden.

Die deutsche Luft- und Raumfahrtindustrie ist im Rahmen von europäischen und anderen internationalen Programmen als Mitläufer engagiert und spielt damit für die deutsche Wirtschaft die Rolle eines „Window on Technology". Nicht deutlich erkenntlich ist, ob die deutsche Industrie diesen „Fuß in der Tür" zu einem zukunftsweisenden Technologiebereich strategisch schon sinnvoll nutzt. Viel Zeit für eine Besinnung besteht nicht mehr, denn der Kuchen wird schon weltweit verteilt.

Die internationale Luft- und Raumfahrtindustrie ist durch die dominierende Position der USA charakterisiert. Große amerikanische Konzerne kon-

trollieren in wichtigen Segmenten den Weltmarkt und verfolgen Strategien der technischen Führerschaft. Aber auch Japan dringt in zunehmendem Maß in den zivilen und militärischen Flugzeugbau vor und strebt eine immer größere Beteiligung in der Raumfahrt an.

Auch einige Schwellenländer entwickeln zunehmend Kompetenz in der Luft- und Raumfahrttechnik: allen voran Brasilien, China, Indien und Indonesien.

Die UdSSR schließlich sucht eine stärkere Zusammenarbeit mit westlichen Ländern, um an der Kommerzialisierung der Raumfahrt beteiligt zu sein und um ihre Flugzeugindustrie zu modernisieren.

Vor dem Hintergrund dieser weltweiten Veränderungen muß die deutsche Industrie in der Luft- und Raumfahrttechnologie vier Schwerpunkte setzen:

– Technologische Präsenz in ausgewählten Schlüssel- und Schrittmachertechnologien in den Bereichen Antriebstechnik, Material- und Fertigungstechnik und Elektronik.
– Ausschöpfen von Kostensenkungsmöglichkeiten durch strukturelle Rationalisierungen in der Produktion und Logistik, Ausschöpfen von Verbundvorteilen und Einsatz modernster Fertigungstechnik.
– Weltweite Marktbearbeitung in Nischen, um die Stückzahlen zu realisieren, die für die Finanzierung der Technologieentwicklung erforderlich sind.
– Internationale Zusammenarbeit durch verstärkte Beteiligung in internationalen Konsortien und strategischen Allianzen.

Die große Zahl von europäischen und internationalen Projekten darf nicht über die Zersplitterung der europäischen Luft- und Raumfahrtindustrie hinwegtäuschen. Große europäische Gemeinschaftsprojekte wie der Airbus, der Tornado und der Jäger 90 haben bislang nicht dazu geführt, daß eine leistungsfähige Organisationsstruktur der europäischen Industrie herausgebildet worden wäre.

Der europäische Binnenmarkt muß daher auch zu strukturellen Veränderungen in der europäischen Luft- und Raumfahrtindustrie führen, wenn diese

Industrie ihre Weltgeltung insgesamt bewahren will. Dazu sind erforderlich:

- die Deregulierung des europäischen Luftverkehrs,
- die Öffnung der Beschaffung von militärischen Ausrüstungen,
- die Belebung der Raumfahrtaktivitäten durch die geplanten europäischen Großprogramme (Ariane 4, Columbus, Hermes),
- die Deregulierung im Bereich der Telekommunikation, die auch die Hersteller auf dem Gebiet der Satellitentechnik und Avionik betrifft.

Die Schaffung des europäischen Binnenmarktes stellt für die europäische Luft- und Raumfahrtindustrie jedoch nur den ordnungspolitischen Rahmen der erforderlichen Restrukturierung dar. Die Initiative muß von den Unternehmen selbst ausgehen. Denn bei Gegenüberstellung mit den führenden amerikanischen Unternehmen dieser Industrie zeigt sich die Fragilität der Europäer. Uns scheint es unvermeidlich, daß in Europa durch Zusammenschlüsse ein oder maximal zwei große Luft- und Raumfahrtkonzerne entstehen, die imstande sind, die Systemführerschaft für Großprogramme zu übernehmen und vom Produktprogramm her mit den amerikanischen Unternehmen zu konkurrieren. Eine solche europäische Lösung kann jedoch nicht erreicht werden, wenn einzelne Länder versuchen, einen nationalen Champion aufzubauen, der dann den europäischen Markt dominieren soll.

Die Wettbewerbsfähigkeit der deutschen Luft- und Raumfahrtunternehmen steht und fällt mit der Leistungsfähigkeit einer innovativen und starken heimischen Zulieferindustrie. Bislang hat die Zersplitterung im europäischen Luft- und Raumfahrzeugbau ihre Entsprechung in der Fragmentierung der Zulieferindustrie gehabt. Die stellenweise vorhandenen technologischen Stärken konnten da-

durch nur unzureichend genutzt werden. Auch in der Zulieferindustrie ist daher eine nachhaltige Restrukturierung unvermeidlich. Dabei sollten kompetente Systemfirmen in ausgewählten Segmenten des Zuliefermarktes entstehen, die ihrerseits durch eine Vielzahl spezialisierter Subsystem- und Komponentenanbieter unterstützt werden müssen[1].

In den 90er Jahren wird in der Raumfahrt eine Öffnung für immer mehr Nutzungszwecke und Dienstleistungen erfolgen. Darauf müssen Nutzungsstrategien abzielen. Denn die Expansion des Umsatzvolumens der Raumfahrt, die zunehmende Bedeutung von Synergien zu anderen Branchen und die Kommerzialisierung der Raumfahrt werden zu einer verstärkten Wechselbeziehung mit anderen wichtigen Wirtschaftssektoren führen. Beispiele dafür sind:

- die stärkere Nutzung der Satellitenkommunikation,
- die Anwendung des Satellitenfunks in der Verkehrstechnik und Navigation,
- die Nutzung der Erdbeobachtung für Zwecke des Umweltschutzes, der Wettervorhersage, Stadtentwicklung und Landesplanung,
- die Nutzung des „Labors im Weltraum" und des Materialverhaltens im schwerelosen Zustand.

Für wichtige Schlüsselbereiche der deutschen Wirtschaft wird die Wechselbeziehung zur Luft- und Raumfahrttechnik eine immer wichtigere Rolle spielen:

- Die chemische Industrie wird bei der Entwicklung von Materialien und Brennstoffen immer stärker auf Forschung unter Bedingungen der Schwerelosigkeit zurückgreifen.
- Unternehmen der Automobilindustrie gehen Verflechtungen mit Luft- und Raumfahrtunternehmen ein: Beispiele sind die Gruppierungen Daimler-Benz, Dornier, MTU, MBB und British Aerospace, Rover).
- Die informationstechnische Industrie erlangt durch die Elektronisierung des Luft- und Raumfahrzeugbaus einen immer größeren Stellenwert und wird andererseits zu einem immer größeren Nutzer des Satellitenfunks.

---

1 Vgl. ARTHUR D. LITTLE INTERNATIONAL: Maßgebliche Einflußfaktoren für die Entwickung der technologischen Leistungsfähigkeit der deutschen Avionikindustrie im Vergleich zu Frankreich und Großbritannien, Bericht an den Bundesminister für Forschung und Technologie; Wiesbaden 1988

– Wichtige Bereiche des Maschinenbaus und der Feinmechanik/Optik werden eine noch bedeutsamere Rolle als Zulieferer neuer Technologien für die Luft- und Raumfahrt spielen.

Die Unternehmen dieser Sektoren müssen frühzeitig Strategien zur Erschließung von Wachstumspotentialen im Luft- und Raumfahrtgeschäft entwickeln. Auf diese Weise kann die Luft- und Raumfahrtindustrie in den kommenden Jahren eine Triebkraft darstellen, die erheblich zur Dynamisierung wichtiger Branchen der deutschen Wirtschaft beiträgt.

1.2 Innovationsdynamik und technologische Erneuerung

Norbert Meyer und
Dr. Tom Sommerlatte

Innovation ist zwar nicht nur das Ergebnis neuer technischer Möglichkeiten, aber neue Technologien und ihre Einsatzmöglichkeiten weisen eine ungebrochene Triebkraft für den wirtschaftlichen Wandel auf.

Hierin steckt eine gehörige Portion von Self-fulfilling Prophecy, denn der Anteil der Aufwendungen für Forschung und Entwicklung am Bruttoinlandsprodukt hat in den wichtigsten Industrieländern in den letzten 10, 15 Jahren ständig zugenommen (siehe Abbildung 1-25). Da auch das Bruttoinlandsprodukt wächst, erreichte der absolute

---

1 Vgl. NIRA: Comprehensive Study of Microelectronics, National Institute for Research Advancement; Tokio 1985

Aufwand für Forschung und Entwicklung inzwischen noch nie gekannte Höhen.

Wir werden schon aus diesem Grund weltweit nachhaltige Innovationsimpulse durch technologischen Wandel erleben.

Auf einer ganzen Reihe von Innovationsfeldern findet weltweit geradezu ein „Gold Rush" statt, bei dem zu viele ihr Glück versuchen.

Die Schlüssel- und Schrittmachertechnologien eines breiten Spektrums von Wirtschaftszweigen sind in Abbildung 1–26 zusammengestellt.

Bei Mikroprozessoren und Speicherchips hält der Trend zu immer höheren Schaltungs- und Speicherdichten unvermindert an, werden neue Zehnerpotenzen an Leistung vom 1-Megabit-Chip zum 4-Megabit- und 16-Megabit-Chip erreicht[1]. Entscheidend ist dabei nicht nur, daß die Informationssysteme, ohne die unsere Informationsgesellschaft überhaupt nicht mehr lebensfähig wäre, neue Dimensionen an Fähigkeiten und „Entgegenkommen" entfalten werden, daß sie mit künstlicher Intelligenz das Kombinationsvermögen des Menschen nachbilden und mit Expertensystemen die Erfahrung von menschlichen Experten in einer Vielzahl von Situa-

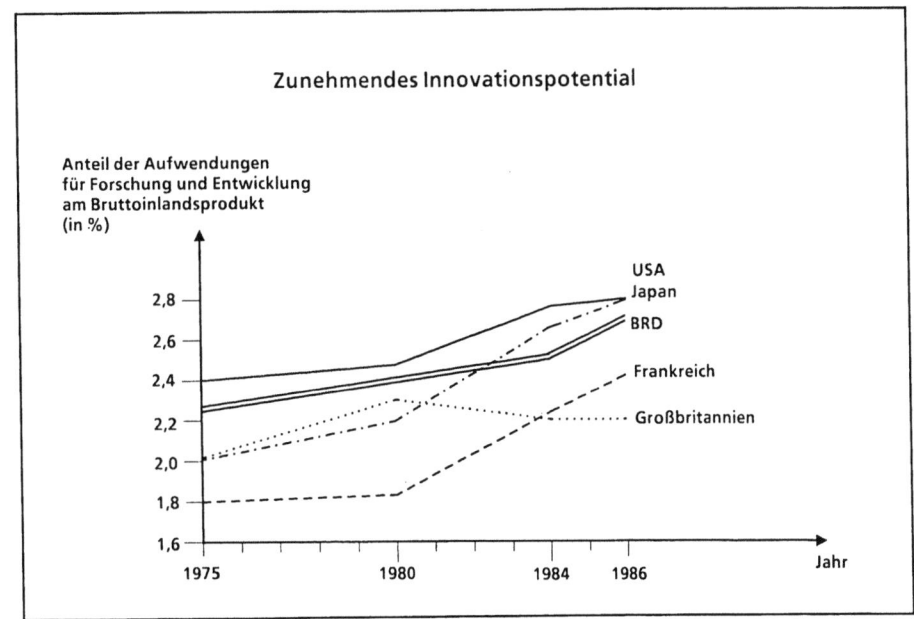

Abb. 1-25

57

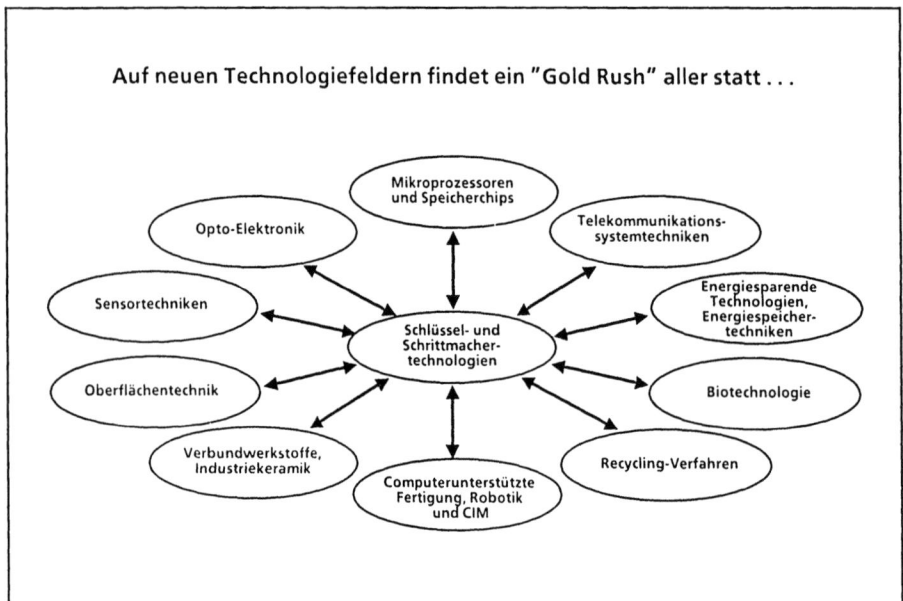

Auf neuen Technologiefeldern findet ein "Gold Rush" aller statt ...

- Mikroprozessoren und Speicherchips
- Opto-Elektronik
- Telekommunikationssystemtechniken
- Sensortechniken
- Energiesparende Technologien, Energiespeichertechniken
- Schlüssel- und Schrittmachertechnologien
- Oberflächentechnik
- Biotechnologie
- Verbundwerkstoffe, Industriekeramik
- Recycling-Verfahren
- Computerunterstützte Fertigung, Robotik und CIM

Abb. 1-26

tionen reproduzieren werden[2]. Entscheidend ist nicht nur, daß die Informationstechnik am Arbeitsplatz, zu Hause und öffentlichen Leben überall in leicht zugänglicher Form zu Verfügung stehen wird und daß bis zu einem Drittel der Leistung der Systeme dafür aufgewendet werden wird, auf des Benutzers natürliche Sprache und Unzuverlässigkeit tolerant einzugehen.

Vielmehr wird der Haupteffekt der weiteren Entwicklung der Mikroprozessoren und Speicherchips darin bestehen, daß sie in immer größeren Mengen und zu immer niedrigeren Preisen für immer vielfältigere Einsatzgebiete zur Verfügung stehen werden. Kaum ein Gerät, kaum eine Maschine, kaum ein Vorgang wird in Zukunft ohne Mikroprozessoren und ohne Speicherchips auskommen. Auto-Informationssysteme werden das Auto selber durchdringen wie Viren und werden es mit Leitsystemen, Überwachungssystemen, Diagnosesystemen umgarnen. Nur so wird der Verkehr noch aufrechtzu-

erhalten sein, wird der Energieverbrauch signifikant gesenkt werden können und werden die Unfallraten eindämmbar sein. Im privaten Haushalt werden Mikroprozessoren und Speicherchips zu Heinzelmännchen des „modern way of living" werden — nahezu alle Geräte werden programmierbar sein, werden mit eigener Intelligenz zu Diensten stehen und sich zunehmend zu Systemen vernetzen lassen: zu Informations- und Steuersystemen, zu Haushalts-Managementsystemen, zu Unterhaltungs- und Kommunikationssystemen, Klimasystemen, Sicherheitssystemen, Lernsystemen.

Im Büro, der Arbeitsstätte einer immer überwältigenderen Mehrzahl der Menschen, werden Mikroprozessoren und Speicherchips allgegenwärtig sein, nicht als solche, versteht sich, sondern inkorporiert in hellwache Tausendsassas von multifunktionalen Mensch-Maschine-Schnittstellen, die Sprache erkennen, Supergedächtnisse mit Assoziationsfähigkeit bereitstellen und kreative Prozesse unterstützen können.

Eng verbunden mit der Entwicklung und Penetration der Mikroprozessoren und Speicherchips wird die Bedeutung der Software weiter wachsen. Es wird Millionen von Mannjahren, Systemanalyse und Programmierarbeit erfordern, um die Abläufe,

2 Vgl. BMFT: Berichte der Arbeitskreise Industrieelektronik, Informationsverarbeitung, Mikroelektronik und Technische Kommunikation, Arbeitskreis Informationstechnik 2000; Bonn 1987

die Regeln und Normen, die Logik und Heuristik menschlichen Verhaltens und organisierten Zusammenwirkens so umzusetzen, daß die Mikroprozessoren und Speicherchips damit zum Funktionieren gebracht werden können[3]. Die vielfältigen Einzeloperationen von Bündeln von Mikroprozessoren in Rechnern und Steuereinheiten zu bestimmen und zu koordinieren, sicherzustellen, daß Megabits über Megabits elektronisch abgelegter Information wieder auffindbar und sichtbar gemacht werden können, ist die Voraussetzung, um die technische Power der Mikroprozessoren und Speicherchips zu nutzen. Dabei wird es zwei Schwerpunkte geben: die Intelligenz der inneren Organisation und Betriebsweise der Systeme, die nur Spezialisten zugänglich ist, und das „Interface" oder die „Schnittstelle" nach außen, mit der sich die Systeme auf die Unzulänglichkeiten, die Kommunikationsfähigkeiten und Launen anderer Systeme einstellen müssen, zum Beispiel denen menschlicher Nutzer.

An diesen Schnittstellen werden drei Technologiegebiete zu rasanten Veränderungen führen, die die Schleusen für die Informationstechnik endgültig öffnen werden:

- die Opto-Elektronik,
- Sensortechniken und
- Telekommunikationssystemtechniken.

Opto-elektronische Durchbrüche werden es erlauben, Bildschirme in beliebiger Größe flach wie einen Schreibblock zu gestalten, so daß sie nicht mehr als plumpe „Terminals" herumstehen, sondern frei transportiert und überall benutzt werden können[4]. Sie werden wie Bilder an der Wand hängen, in Aktentaschen mitgetragen werden können, auf dem Schreibtisch liegen wie heute das Papier. Sie werden

in einer Vielzahl von Geräten und Maschinen eingebaut sein, um den Betriebszustand und die Systemzusammenhänge zu verdeutlichen, um Regieanweisungen zu geben und Fragen zu stellen.

Ihre Ausdrucksmittel werden neben Text und Zahlen auch Farbe, Grafiken und Bilder sein. Bücher werden aus einer einzigen Seite bestehen können, auf die man in beliebiger Folge den Inhalt der Bücher „hinblättern" kann, indem man ihn aus Speicherchips oder aus opto-elektronischen Speichern abruft. Denn was wir heute in Form der Compact Disc kennenlernen, eröffnet eine nahezu unbegrenzte Welt opto-elektronischer Informationsspeicherung. Mit Laserstrahl abgetastete mikroskopische Strukturen werden benutzt, um Signale zu speichern und wieder abzurufen, die in hochaufgelöste Bilder und in hochreinen Klang umgewandelt werden können.

Die Lasertechnologie, vor vierzig Jahren noch nobelpreiswürdiges Novum, wird zum Massenartikel[5]: In der Konsumelektronik dringt sie in alle Haushalte vor, in der Informationstechnik wird sie zur Grundlage leistungsfähiger Speicher- und Kommunikationssysteme, in der Medizintechnik dient sie als Diagnose- und Therapieinstrument, und in der Fertigungstechnik gewinnt sie als Schneide- und Bearbeitungsmethode an Terrain, leicht elektronisch zu steuern und mit höchster Präzision.

Lasertechnologie verbunden mit Glasfasertechnologie wird zum immer leistungsfähigeren Kommunikationsmedium, denn die Geschwindigkeit und der Informationsreichtum von Licht, gebändigt in biegsamen Glasfasern, werden völlig neue Netze und Kommunikationsformen ermöglichen. Hochaufgelöste Bildübertragung in sogenannten Breitbandnetzen von Massenspeichern hin zum flachen opto-elektronischen Bildschirm des Einzelnen scheint die nächste massive Innovationswelle zu werden, die unsere technischen Systeme, aber auch das gesellschaftliche Leben umkrempeln dürfte.

Automatisierung und Steuerung der technischen Systeme setzen vielfältige Sensortechniken voraus, denn zwischen physischen Vorgängen, physischen Objekten und physischen Zuständen unserer Welt und den Informationssystemen müssen „Sinne" existieren, die sehen, hören, fühlen, schmecken und tasten[6].

3 Vgl. R. C. SCHANK: Die Zukunft der künstlichen Intelligenz – Chancen und Risiken; Köln 1986
4 Vgl. INTERNATIONAL RESOURCE DEVELOPMENT: Opto-electronic market opportunities; Norwalk (Conn.) 1985
5 Vgl. INTERNATIONAL RESOURCE DEVELOPMENT: Laser market opportunities; Norwalk (Conn.) 1984
6 Vgl. H. FRITZSCH: Sensoren: moderne Funktionselemente für die Rationalisierung fertigungstechnischer Prozesse; Berlin 1985

Opto-elektronische Sensoren werden das Sehen übernehmen, mit einer Genauigkeit, Permanenz und Wendigkeit, die den menschlichen Fähigkeiten weit überlegen sind. Schon heute arbeiten automatisierte Transport- und Fertigungssysteme mit Lichtschranken, werden die Anlagen zur Chipherstellung mit Sensoren und automatischer Bildanalyse überwacht und gesteuert. In Zukunft werden Sensoren verschiedenster Art die Atmosphäre überwachen und Luftverschmutzungen aufzeigen, chemische Prozesse analysieren und steuern, Materialprüfungen vornehmen und in nahezu allen technischen Systemen die Funktionsfähigkeit sichern. Sensoren werden einen entscheidenden Beitrag leisten, um Unfälle zu verhindern, sie werden bei Zusammenstoßgefahr automatisch die Antriebe beeinflussen und bei fehllaufenden Prozessen in der Industrie, im öffentlichen Bereich und bei Vorgängen im Haushalt Gegenmaßnahmen auslösen oder Alarm geben.

Das alles verbindende Medium werden Telekommunikationsnetze sein, deren Technik über die Digitalisierung und Optronisierung hinaus durch hohe Mobilität gekennzeichnet sein wird[7]. Während die allgemeine Infrastruktur aus Glasfasernetzen und Satellitensystemen bestehen wird, werden die Endgeräte, mit denen der Mensch umgeht, „entbunden" sein, draht- und schnurlos, immer präsent und erreichbar.

Die Ortsgebundenheit wird aufhören, jeder wird sein Kommunikationsgerät bei sich haben und mit sich herumtragen können (wenn er will) und zu jedem Zeitpunkt Zugang zu der ganzen Welt der Information gewinnen können — zu Informationsspeichern, zu allen möglichen Systemen und zu beliebigen Kommunikationspartnern. Nicht nur akustisch, sondern mit seinem tragbaren flachen Bildschirm auch alphanumerisch und bildlich.

Ein zweiter Pol, von dem eine ganze Meta-Entwicklung als Einhüllende vieler Einzelentwick-lungen ausgehen wird, ist die Biotechnologie mit ihren drei Schwerpunkten[8]:

- Genmanipulation bei lebenden Mikroorganismen, um bestimmte Eigenschaften zu züchten und zu nutzen,
- Einsatz von Organismen, um Reaktionen voranzutreiben, mit denen Substanzen vernichtet oder erzeugt werden,
- Bereitstellung von Mikrooganismen, um medizinische oder medizinisch-technische Zwecke zu erfüllen.

Genmanipulation und Reproduktion von lebenden Mikroorganismen mit gewollten Eigenschaften sind ein Spiel mit dem Feuer besonderer Art: Wenn wir die Kontrolle verlieren oder „Fehlkonstruktionen" in die Welt setzen, so wird daraus kein nutzloser Schrott wie in der klassischen metallverarbeitenden Fertigung oder selbst in der Mikroelektronik — sondern es können aktive unbezähmbare Feinde entstehen, die uns vernichten können.

Das wissend, wird es mit der Biotechnologie unaufhaltsam weitergehen, denn die Innovationspotentiale sind zu verlockend. Es bleibt zu hoffen, daß moralische und technische Sicherheitsmaßnahmen den Zauberlehrling Mensch in diesem Bereich in die vertretbaren Schranken verweisen werden.

Denn der Einsatz von mikrobiologischen Kulturen, um massiv Abfall zu beseitigen — im wahrsten Sinne des Wortes „zu fressen" — oder um gemästet zu werden und dabei bestimmte Substanzen zu erzeugen — Medikamente und hochwertige organische Chemikalien als Exkremente von Mikrokühen — eröffnet völlig neue wissenschaftliche und industrielle Möglichkeiten, die wir obendrein dringend benötigen, um den Beelzebub unserer bisherigen technischen Entwicklung auszutreiben: Umweltverschmutzung und die Erzeugung von Abfall können, wenn wir einfach extrapolieren, zum Erstickungstod unserer derzeitigen Zivilisation führen. Die Biotechnologie ist neben neuen Energietechnologien ein hoffnungsvoller Ausweg.

Dazu kommen völlig neue Chemikalien, Medikamente und medizinisch-technische Analyse- und Diagnosesubstanzen, die durch biotechnologische Methoden hergestellt werden können und Fort-

7 Vgl. ARTHUR D. LITTLE INTERNATIONAL: European Telecommunications — Strategic Issues and Opportunities for the Decade Ahead, Final Report to the Commission of the European Communities; 1983
8 Vgl. N. CALDER: Der Zukunft eine Chance: die biotechnologische Herausforderung; Frankfurt/Main 1986

schritte in der Medizin versprechen. Wenn es noch ein Gebiet gibt, auf dem „Fortschritt" weiterhin mit unbezweifeltem Nutzen gleichgesetzt wird, dann ist es die Medizin. Neue Heilerfolge durch biotechnologische Forschung und Entwicklung sind wahrscheinlich. Auch in der Landwirtschaft wird die Biotechnologie zu revolutionären Veränderungen führen: neue Methoden des Pflanzenschutzes und der Saatoptimierung stehen bevor. Damit werden Exzesse des Düngemitteleinsatzes und der Verwendung von Pestiziden und Herbiziden überflüssig werden.

Aber schon stehen auch Überlappungen zwischen der Mikroelektronik und der Biotechnologie zur Debatte: So wie im menschlichen Gehirn lebende organische Systeme elektronische Signale empfangen, versenden, verarbeiten und speichern (mit den Nervensträngen als Local Area Network), so werden „Biochips" angedacht – als besonders leistungsfähige mikroelektronische Grundbausteine. Speicherdichte und Schaltfähigkeiten können auf diese Weise auf der Ebene molekularer Strukturen realisiert werden – damit scheinen noch mehrere Zehnerpotenzen an Leistungssteigerung pro Chip erschließbar zu werden.

Der dritte Pol einer weltweiten Meta-Entwicklung ist der Material- und Fertigungsbereich. Hier spielen drei Schwerpunkte der Forschungs- und Entwicklungsanstrengungen zusammen, die immer neue Perspektiven eröffnen:

– die Entwicklung neuer Verbundwerkstoffe und Keramiktechnologien sowie neuer Oberflächentechniken[9],
– der Ausbau der computerunterstützten Fertigung im Sinne von Computer Integrated Manufacturing (CIM) und durch Weiterentwicklung der Robotik[10],
– die Entwicklung von Recycling-Verfahren[11].

9 Vgl. VDI: Neue Werkstoffe: Einsatzgebiete heute – Anwendungsmöglichkeiten morgen; München 1988
10 Vgl. VDI: Handbuch CIM – die strategische Herausforderung der Zukunft, VDI-Bildungswerk; Düsseldorf 1987
11 Vgl. PLASTICS INSTITUTE OF AMERICA: Plastics recycling as a future business opportunity; Lancaster (Pa.) 1988

Verbundwerkstoffe mit völlig neuen Eigenschaften der Festigkeit, Belastbarkeit, Elastizität und Korrosionsbeständigkeit werden den Siegeszug der Kunststoffe gegen die Metalle fortsetzen. Keramikmaterialien werden aufgrund ihrer Härte und Hitzebeständigkeit auch in Bereiche vordringen, in denen Stahl bisher unantastbar erschien. In der Luft- und Raumfahrt haben diese neuen Materialien schon ihren festen Platz, jetzt geht es darum, daß sie hinunterdiffundieren in breite Anwendungsbereiche wie den Automobilbau, den Maschinenbau und die Konsumgüterindustrie. Das Auto aus Verbundwerkstoff mit Keramikmotor ist keine Fiktion mehr, im Bausektor stehen Durchbrüche besonders durch die neuen architektonischen Möglichkeiten bevor, die die Verbundwerkstoffe eröffnen. Neue Oberflächentechniken mit raffinierten Beschichtungsverfahren erlauben es, die idealen Eigenschaften von Trägermaterialien mit völlig anderen idealen Oberflächeneigenschaften zu kombinieren: Kunststoff- oder Keramikkörper mit Metalloberflächen, monomolekulare metallische Schaltbilder auf Halbleitersubstraten, Korrosionsschutz, abriebfeste Bewegungsteile in Maschinen, Beschichtung von Glas mit licht- und energiedosierenden Metalloberflächen.

Die neuen Materialien führen zu Gewichtseinsparungen, größerer Haltbarkeit und neuen Kombinationen von physikalischen Eigenschaften, aber sie erfordern auch neue Formen der Bearbeitung.

In der industriellen Fertigung halten zur Zeit gerade computergestützte und -gesteuerte Systeme auf breiter Front ihren Einzug. Während die Werkzeugmaschinen durch programmierbare Steuerung zu Bearbeitungszentren zusammenrücken (CAM), mit vollkommen automatisiertem Werkzeugwechsel und Teilehandling, während in die Entwicklung und Konstruktion das Computer-aided Design (CAD) vordringt, ist die Vernetzung zwischen CAM, CAD und CAT (Computer-aided Testing) noch Wunschtraum. Aber wie schon so oft in der Vergangenheit werden die enormen ökonomischen Vorteile einer solchen Vernetzung und die Findigkeit der Fertigungstechniker bewirken, daß wir in absehbarer Zukunft Bearbeitungsketten sehen werden, bei denen die Entwickler ihre Produkte am CAD-Bildschirm entwerfen, unterstützt durch künstliche Intelligenz, die ihnen bei der fertigungsgerechten Optimierung des Entwurfs hilft, bei denen die endgültigen Entwürfe sofort in Fertigungsaufträge umgewandelt und an automatisierte Fertigungszentren weitergegeben werden, die nach automatischer Materialanlieferung die Herstellung vornehmen, das Lager beschicken und die Auftragsabwicklung auslösen. Weit sind wir in manchen Fabriken von diesem Szenario nicht mehr entfernt.

Die Handhabung der zu bearbeitenden Teile, die Entnahme von und die Zuführung zum Lager, ganze Bearbeitungsvorgänge wie Schweißen und Lackieren werden heute in manchen Fabriken schon von Robotern durchgeführt. Deren Bevölkerung wird zunehmen. Computer Integrated Manufacturing (CIM) und Robotik werden den Menschen immer mehr aus der Fertigung verdrängen und ihm das höhere Amt des Steuernden, Überwachenden, Vorbereitenden überlassen.

Recycling von Ausschuß, Fertigungsabfällen, Altprodukten und Nutzungsabfall steckt noch in den Anfängen. Aber die Umweltbelastung durch Zivilisationsmüll nimmt so rapide zu und wird gesellschaftlich so inakzeptabel, daß Recycling-Verfahren einen Boom erleben werden. Die Organisation und Technologien des Recycling werden zu einer ebenso allgegenwärtigen Infrastruktur führen wie die Distribution von Rohstoffen und Fertigware. Besonders ökonomisch werden dabei „Give-and-take"-Systeme sein, bei denen Belieferung mit Fertigprodukten und Rücknahme von Recyclingmaterial Hand in Hand gehen.

Schließlich wird ein vierter Pol die Innovationsdynamik bestimmen: energiesparende Technologien und Energiespeichertechniken[12]. Der Energieschock der Jahre 1973/74 ist nahezu vergessen, an die Theorie vom nur noch zwanzigjährigen Vorrat an Erdöl glaubt heute, fünfzehn Jahre nach der Prognose, keiner mehr[13]. Und doch sind die Vorräte

begrenzt, segeln wir auf einen neuen Energieschock zu wie ein Schiff, auf dem alle singen und tanzen, während es einem Wasserfall entgegenrast. Was den Energieträger Erdöl auszeichnet, ist seine freie Transportierbarkeit. Die andere große Energiequelle, der elektrische Strom, ist netzabhängig oder nur in kleinen Dosen transportierbar: in Batterien. Entwicklungen laufen in zweierlei Richtung: Erhöhung der gespeicherten Energiemenge pro Batterie und Substitution von Erdöl durch andere verbrennungsfähige Substanzen, zum Beispiel Wasserstoff und Sauerstoff.

Während die Informationstechnik und neue Materialtechniken darauf abzielen, den Energiebedarf zu senken, werden Batterien, Solarzellen und neue Verbrennungssysteme leistungsfähiger und kostengünstiger werden. Ob es auf diese Weise gelingen wird, den nächsten Energieschock zu vermeiden, ist nicht sicher, denn der Einsatz für die Entwicklung energiesparender Technologien und verbesserter Energiespeichertechniken ist zur Zeit verhältnismäßig gering – es fehlt der ökonomische Druck, die komplexen Systeme der Energieversorgung weiterzuentwickeln.

Die betrachteten Schlüssel- und Schrittmachertechnologien – ein Ausschnitt aus einer Vielzahl von Innovationsfeldern, auf denen Forscher und Entwickler auf der ganzen Welt die Innovationsdynamik anheizen – in erfolgreiche Produkt- und Unternehmensstrategien umzusetzen, ist keine geringe Aufgabe.

Innovation ist nicht etwas, was das einzelne Unternehmen autonom machen oder nicht machen kann. Innovation liegt vielmehr jeweils branchenweit in der Luft, weil neue Technologien, neues Know-how, neue Leistungsformen verfügbar werden.

Für das Management des geordneten Wandels ist es entscheidend, sich immer wieder vor Augen zu führen, daß es vier prinzipiell unterschiedliche Penetrationsphasen von Produkten und Leistungen gibt, die die Innovationsdynamik bestimmen[14] (siehe Abbildung 1-27):

– In der *Entstehungsphase* des Marktes befinden sich Produkt oder Leistung noch in einem experimentellen Stadium; der oder die Anbieter sind

12 Vgl. VDI: Entwicklungstendenzen in der industriellen Energietechnik; Düsseldorf 1986
13 Vgl. D. MEADOWS, D. MEADOWS, E. ZAHN, P. MILLING. Die Grenzen des Wachstums; Reinbek 1973
14 Vgl. ARTHUR D. LITTLE INTERNATIONAL (Hrsg.): Innovation als Führungsaufgabe; Frankfurt/New York 1988

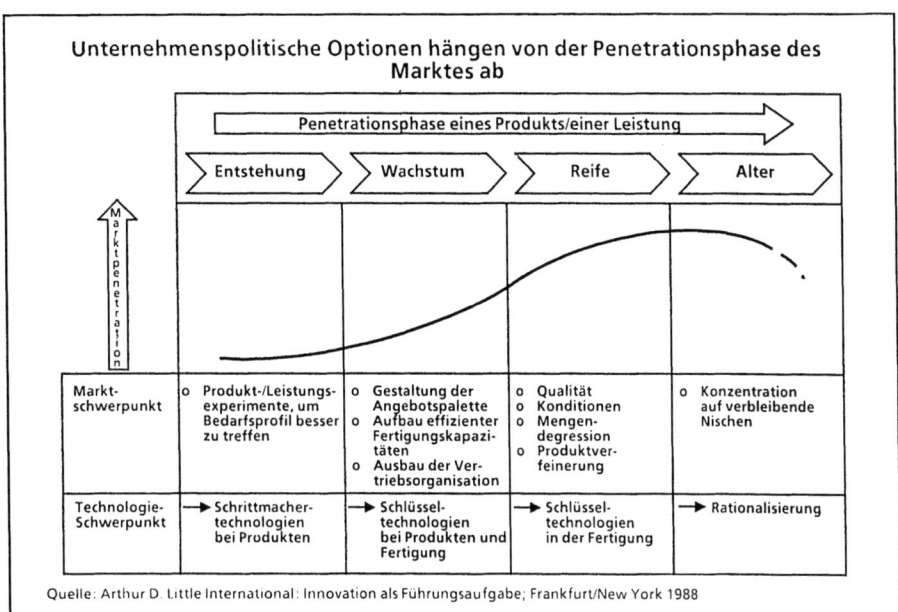

Unternehmenspolitische Optionen hängen von der Penetrationsphase des Marktes ab			

Penetrationsphase eines Produkts/einer Leistung →

Entstehung	Wachstum	Reife	Alter

Marktpenetration ↑

	Entstehung	Wachstum	Reife	Alter
Markt-schwerpunkt	o Produkt-/Leistungs-experimente, um Bedarfsprofil besser zu treffen	o Gestaltung der Angebotspalette o Aufbau effizienter Fertigungskapazi-täten o Ausbau der Ver-triebsorganisation	o Qualität o Konditionen o Mengen-degression o Produktver-feinerung	o Konzentration auf verbleibende Nischen
Technologie-Schwerpunkt	→ Schrittmacher-technologien bei Produkten	→ Schlüssel-technologien bei Produkten und Fertigung	→ Schlüssel-technologien in der Fertigung	→ Rationalisierung

Quelle: Arthur D. Little International: Innovation als Führungsaufgabe; Frankfurt/New York 1988

Abb. 1-27

sich der endgültigen Gestaltung der Leistung noch nicht sicher, und der potentielle Markt ist zunächst nur schwer abschätzbar.

Gute Beispiele für Produkte und Leistungen in dieser Phase sind zur Zeit Bildschirmtext und Datenbankdienste.

Es ist charakteristisch für diese Phase, daß immer wieder neue Anbieter mit neuen Produkt- und Leistungsvarianten auf den Markt kommen, daß die angesprochenen Kunden aber in der Mehrzahl zögern, weil Angebot und Bedarf noch nicht ausreichend übereinstimmen oder weil die Kunden selber Veränderungen in ihren Gewohnheiten vornehmen müssen, um das Produkt oder die Leistung vorteilhaft zu nutzen.

— In der *Wachstumsphase des Marktes* ist die Übereinstimmung von Angebot und Bedarf zumindest in Teilbereichen des Marktes erreicht, und immer mehr Kunden kaufen.

Die Anbieter müssen nun die Anfangserfolge nutzen, um durch weitere Produktentwicklung und Sortimentsausweitung weitere Marktsegmente zu erschließen und um durch Größensprünge in der Fertigung oder Leistungserstellung günstigere Preise bieten zu können.

Gute Beispiele für Produkte und Leistungen in dieser Phase sind zur Zeit Compact-Disc-Geräte und Personal Computer.

Die Anbieter wetteifern in erster Linie im Aufbau der Fertigungskapazitäten, der Vertriebsorganisation und in der immer marktgerechteren Gestaltung ihrer Angebotspalette.

— In der *Reifephase des Marktes* haben im wesentlichen alle potentiellen Abnehmer das Produkt oder die Leistung gekauft.

Bei Investitions- und langlebigen Konsumgütern lebt der Markt vom Ersatzgeschäft und Service, bei Verbrauchsgütern und Dienstleistungen spielt sich die Nachfrage auf einem weitgehend stabilen Niveau ein.

Wachstum resultiert aus dem zahlenmäßigen Wachstum einzelner Käufergruppen.

Gute Beispiele für Produkte und Leistungen in dieser Phase sind zur Zeit Fernsehgeräte und viele Bankdienstleistungen.

Die Anbieter konkurrieren auf der Basis der Qualität ihres Services und der Konditionen. Mengendegression spielt eine wichtige Rolle, d. h. die größeren Anbieter haben inhärente Vorteile.

– In der *Altersphase des Marktes* beginnen Substitutionsprodukte und -leistungen die Nachfrage zu beinträchtigen. Oder die zahlenmäßige Schrumpfung der etablierten Marktsegmente führt zu Absatzrückgang.

Gute Beispiele für Produkte und Leistungen in dieser Phase sind zur Zeit Schreibmaschinen und viele Formen des Einzelhandels.

Im Gegensatz zu Lebewesen können Märkte, Produkte und Leistungen aber in voranliegende Phasen überwechseln, d. h. von der Alters- und Reifephase in die Wachstumsphase oder sogar in die Entstehungsphase. Das ist gerade das Wesen der Innovation!

Nehmen wir das Beispiel von Fahrrädern. Noch vor zwanzig Jahren hätte man gesagt: Fahrräder sind reife oder alternde Produkte, der Markt stagniert oder geht zurück. Durch Innovationen am Fahrrad selbst, im Marketing und im Nutzerbewußtsein wurde daraus wieder ein wachsendes Produkt mit völlig neuen Käufergruppen und Anwendungen. Und das Innovationspotential ist noch längst nicht ausgeschöpft – denken wir nur an die Einsatzmöglichkeiten von Kunststoff und die daraus resultierenden neuen Gestaltungsmöglichkeiten!

Ganz entscheidend für eine innovative Unternehmenspolitik ist daher die Frage:

– In welcher Penetrationsphase unseres Marktes befinden wir uns zur Zeit, und welche Möglichkeiten bestehen, um in die Wachstums- oder Entstehungsphase zurückzuwechseln?

Die meisten Unternehmen befinden sich mit ihren Produkten und Leistungen schwerpunktmäßig in der Reife- und Altersphase. Und das ist gut so, denn reife Produkte und etablierte Märkte sind mit ihrem Cash-flow die Basis, von der aus die Unternehmen ihre Innovationsstrategie vorantragen können.

Unternehmen können Innovationspotentiale antizipieren und aktiv nutzen, oder sie können sich darauf vorbereiten, dem Innovationsführer so vorteilhaft wie möglich zu folgen. Aber sie können nicht, und das ist der springende Punkt, die Innova-

tion verhindern, wenn das Innovationspotential in der Branche einmal entstanden ist.

Ebenso wichtig ist die Erkenntnis, daß die typische Innovationsdynamik einzelner Branchen sehr unterschiedlich sein kann und daß es nicht viel bringt, eine andere Dynamik auslösen zu wollen.

Von drei Branchen, die sich nach Gesichtspunkten der Marktpenetration alle in der Reifephase befinden, kann Innovation in der einen für die Stützung des laufenden Geschäfts von größter Wichtigkeit sein, in der zweiten kann der Innovationsschwerpunkt dagegen bei der Erschließung neuer Marktpotentiale (d. h. in einer Verjüngung des Marktes) liegen, während in der dritten Branche Innovation vorwiegend zur Erschließung neuer Geschäfte dient (siehe Abbildung 1-28).

Die Automobilindustrie ist ein gutes Beispiel eines reifen Produkt-/Marktfeldes. Die Marktpenetration ist weit fortgeschritten, d. h. nahezu jeder, der ein Auto kaufen könnte, besitzt eins. Eine Verjüngung im Sinne der Erschließung neuer Marktsegmente ist nicht in Sicht, zumindest nicht bei PKWs in den industrialisierten Ländern. Trotzdem ist Innovationsfähigkeit der Hersteller bezüglich Produkt, Produktionsverfahren und wettbewerbskritischen Erfolgsfaktoren entscheidend für das Überleben. Denn von Produktgeneration zu Produktgeneration spielen sich wesentliche technische Verbesserungen und Veränderungen der Marktanforderungen ab. Position halten erfordert hier Mithalten in einem aufwendigen Innovationswettlauf. Daher müssen die Hersteller alle ihre Ressourcen auf hohe Innovationsfähigkeit im laufenden Geschäft konzentrieren, ohne ein zusätzliches Marktwachstum erwarten zu können – es sei denn auf Kosten der Mitbewerber.

Auch in der Haushaltsgeräte-Industrie sind die Märkte für die einzelnen Produkte weitgehend penetriert: nahezu jeder Haushalt ist mit einem Elektroherd, mit einem Kühlschrank, mit einer Waschmaschine ausgerüstet. Aber von Produktgeneration zu Produktgeneration ist keine signifikante Innovation mehr machbar; daher bringt es nicht viel, die neuen Elektroherde oder Kühlschränke mit viel Innovationsanspruch herauszustellen. Der Schwerpunkt der Innovationsanstrengungen muß hier vielmehr auf der Erschließung *neuer Marktpotentiale*

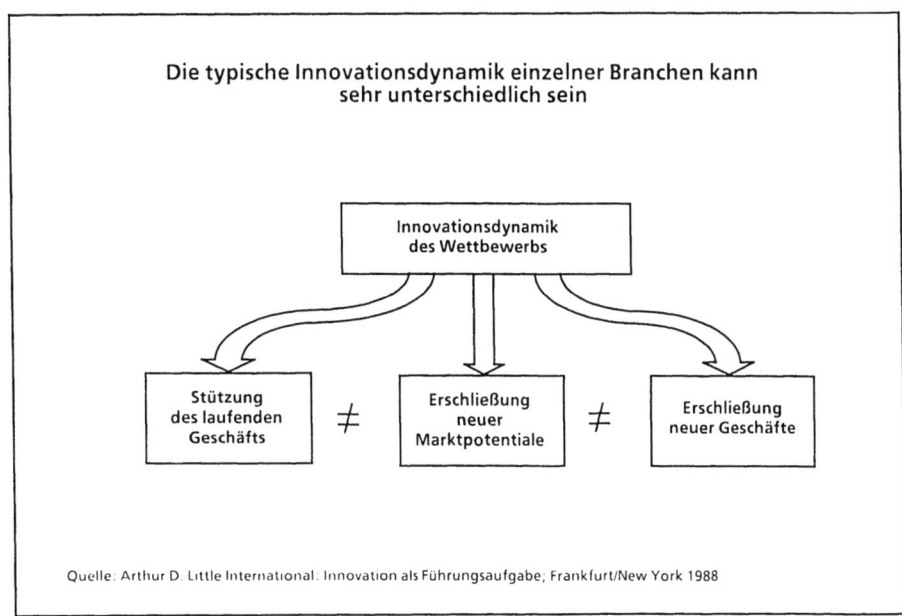

Die typische Innovationsdynamik einzelner Branchen kann
sehr unterschiedlich sein

Innovationsdynamik
des Wettbewerbs

Stützung
des laufenden
Geschäfts   ≠   Erschließung
neuer
Marktpotentiale   ≠   Erschließung
neuer Geschäfte

Quelle: Arthur D. Little International: Innovation als Führungsaufgabe; Frankfurt/New York 1988

Abb. 1-28

mit verwandten, aber neuen Produkten liegen. Mikrowellenherde und eine Vielzahl neuer elektrischer Küchengeräte waren in den letzten Jahren Beispiele für diese Innovationsstrategie.

Dieselmotoren stellen ein reifes Produkt-/Marktfeld dar, in dem Innovation nur begrenzt zur Stützung des laufenden Geschäfts und zur Erschließung neuer Marktpotentiale genutzt werden kann (nachdem der Markt für Wärmepumpen auf absehbare Zeit zusammengebrochen ist). Hersteller von Dieselmotoren sind daher besser beraten, wenn sie ihr technisches Know-how und ihre Fähigkeiten in Marketing, Vertrieb, Distribution und Service für neue Kombinationen und ergänzt durch zusätzliches Know-how einsetzen, um neue Geschäfte zu erschließen.

Sich gegen diese inhärente Innovationsdynamik stemmen zu wollen, ist schwer und führt selten zu einem dauerhaften Erfolg. Es ist daher wesentlich, die Innovationspotentiale eines Geschäfts richtig einzuschätzen.

Professor G. Specht entwickelte einen Ansatz zur Bewertung der Innovationspotentiale, bei dem „Innovationsfelder" bestimmt und nach ihrer relativen Innovationsfeldstärke und Innovationsfeldattraktivität eingestuft werden können[15].

Die Innovationsfelder sind jeweils durch spezifische Technologien, Anwendergruppen und Anwenderfunktionen abgegrenzt.

Als wichtigste Determinanten der Attraktivität eines Innovationsfeldes schlägt Specht das Problemlösungspotential und das Diffusionspotential der innovationsbewirkenden Technologien vor (siehe Abbildung 1-29), als Determinanten der relativen Stärke eines Innovationsfeldes das Implementierungspotential und das Differenzierungspotential der Technologien (siehe Abbildung 1-30).

Entsprechend diesen Determinanten können Innovationsfelder in einer Portfoliomatrix positioniert werden (siehe Abbildung 1-31), aus der das Unternehmen die Felder mit der gewünschten Innovationsdynamik ableiten und in Innovationsprojekte umsetzen kann.

Der Erfolg von Innovationsvorhaben kann aber nur gesichert werden, wenn eine ständige Abstimmung zwischen der Technologie- und Know-how-Entwicklung und der gesamtstrategischen Position des Unternehmens stattfindet.

Die Bestimmung der Technologie- und Know-how-Strategie des Unternehmens und ihre Umset-

15 Vgl. G. SPECHT, K. MICHEL: Integrierte Technologie- und Marktplanung mit Innovationsportfolios; Zeitschrift für Betriebswirtschaft, Heft 4, 1988

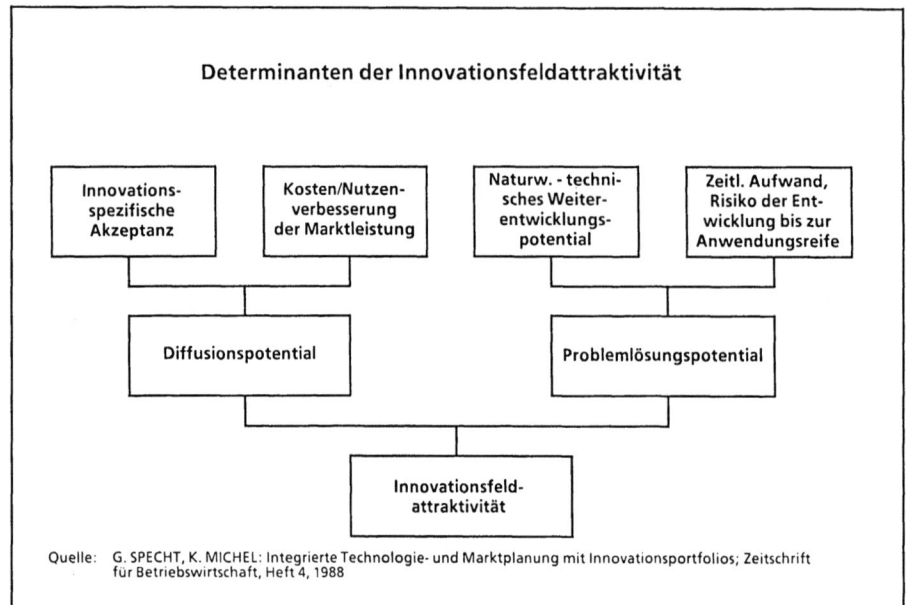

Determinanten der Innovationsfeldattraktivität

| Innovations-spezifische Akzeptanz | Kosten/Nutzen-verbesserung der Marktleistung | Naturw.-techni-sches Weiter-entwicklungs-potential | Zeitl. Aufwand, Risiko der Ent-wicklung bis zur Anwendungsreife |

Diffusionspotential

Problemlösungspotential

Innovationsfeld-attraktivität

Quelle: G. SPECHT, K. MICHEL: Integrierte Technologie- und Marktplanung mit Innovationsportfolios; Zeitschrift für Betriebswirtschaft, Heft 4, 1988

Abb. 1-29

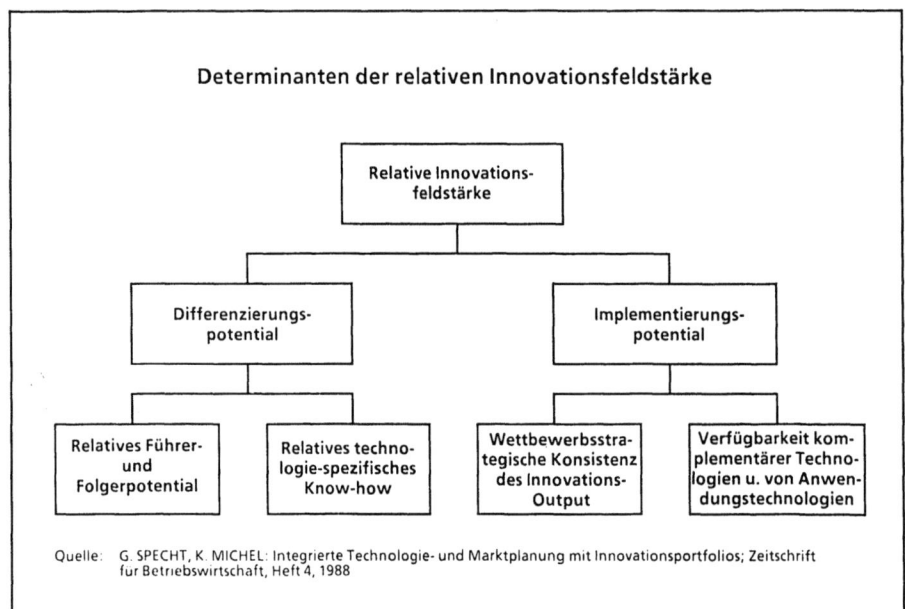

Determinanten der relativen Innovationsfeldstärke

Relative Innovations-feldstärke

Differenzierungs-potential

Implementierungs-potential

| Relatives Führer- und Folgerpotential | Relatives techno-logie-spezifisches Know-how | Wettbewerbsstra-tegische Konsistenz des Innovations-Output | Verfügbarkeit kom-plementärer Techno-logien u. von Anwen-dungstechnologien |

Quelle: G. SPECHT, K. MICHEL: Integrierte Technologie- und Marktplanung mit Innovationsportfolios; Zeitschrift für Betriebswirtschaft, Heft 4, 1988

Abb. 1-30

zung in Investitionsprioritäten darf daher nicht den Technikern und Entwicklern im Unternehmen über-lassen werden.

Es gibt in der Tat eine Reihe von alternativen Technologie- und Know-how-Strategien[16].

Das Unternehmen kann

– in eigene Technologie- und Know-how-Entwick-lung investieren,

– Technologie- und Know-how-Entwicklung in Kooperation mit Partnern betreiben und

---

16 Vgl. ARTHUR D. LITTLE INTERNATIONAL (Hrsg.): Management im Zeitalter der strategischen Führung; Wiesbaden 1986

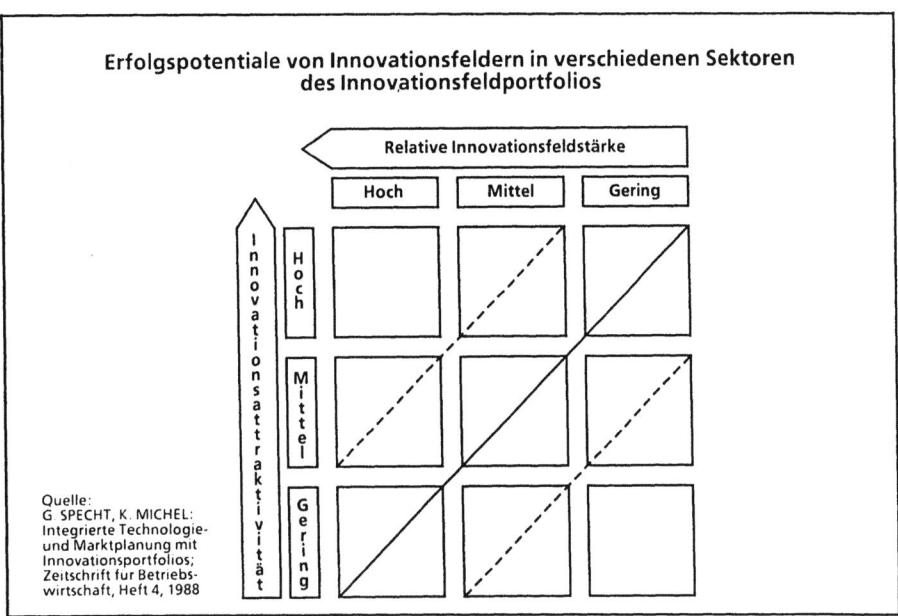

Abb. 1-31

Erfolgspotentiale von Innovationsfeldern in verschiedenen Sektoren des Innovationsfeldportfolios

Relative Innovationsfeldstärke

Hoch | Mittel | Gering

Innovationsattraktivität

Hoch
Mittel
Gering

Quelle:
G. SPECHT, K. MICHEL:
Integrierte Technologie-
und Marktplanung mit
Innovationsportfolios;
Zeitschrift für Betriebs-
wirtschaft, Heft 4, 1988

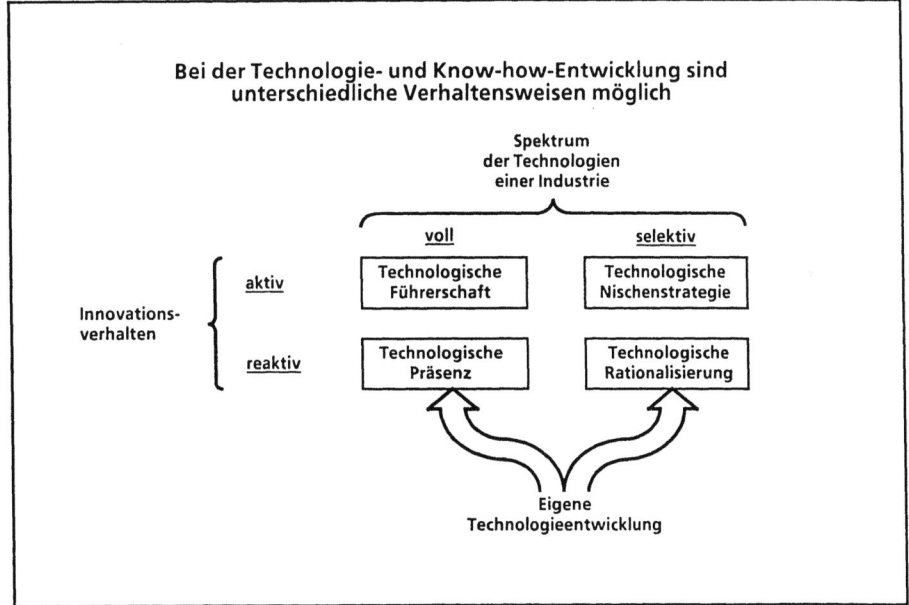

Abb. 1-32

Bei der Technologie- und Know-how-Entwicklung sind unterschiedliche Verhaltensweisen möglich

Spektrum
der Technologien
einer Industrie

voll | selektiv

Innovations-
verhalten

aktiv — Technologische Führerschaft | Technologische Nischenstrategie

reaktiv — Technologische Präsenz | Technologische Rationalisierung

Eigene
Technologieentwicklung

— Technologien und Know-how von außen erwerben.

Bei eigener Technologie- und Know-how-Entwicklung sind wiederum unterschiedliche Verhaltensweisen möglich, je nachdem ob das Unternehmen eine aktive oder reaktive Innovationsstrategie verfolgen will und ob es ein breites Produktspektrum abdecken oder eine Nischenstrategie einschlagen will.

Es muß demzufolge zwischen einer Strategie der technologischen Führerschaft, der technologischen Präsenz und der technologischen Rationalisierung

67

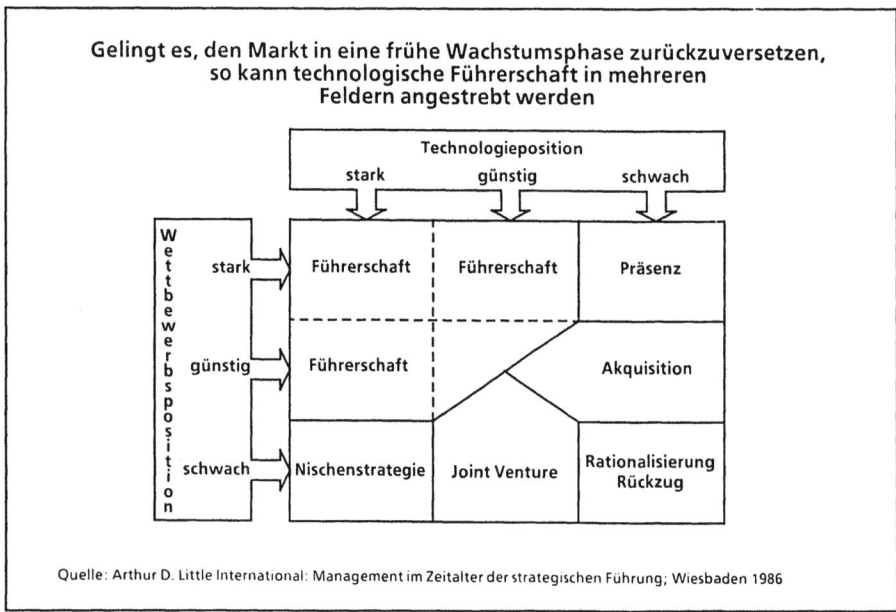

Gelingt es, den Markt in eine frühe Wachstumsphase zurückzuversetzen,
so kann technologische Führerschaft in mehreren
Feldern angestrebt werden

Technologieposition

	stark	günstig	schwach
stark	Führerschaft	Führerschaft	Präsenz
günstig	Führerschaft		Akquisition
schwach	Nischenstrategie	Joint Venture	Rationalisierung Rückzug

Wettbewerbsposition

Quelle: Arthur D. Little International: Management im Zeitalter der strategischen Führung; Wiesbaden 1986

Abb. 1-33

wählen oder eine technologische Nischenstrategie verfolgen (siehe Abbildung 1-32).

Die Entscheidung für eine der Technologie- und Know-how-Strategien muß von drei Aspekten abhängig gemacht werden:

- von der Technologie- und Know-how-Position, d.h. von den Stärken beim Schlüssel- und Schrittmacher-Know-how, über die das Unternehmen verfügt,
- von der Wettbewerbsposition, d.h. von den Stärken des Unternehmens bei den wettbewerbskritischen Erfolgsfaktoren, und
- von der Penetrationsphase des Marktes, d.h. vom Spielraum für innovative Durchbrüche.

Wenn wir die Technologie- und Know-how-Position und die Wettbewerbsposition des Unternehmens miteinander in Beziehung setzen, so ergeben sich daraus Strategiefelder, deren Bedeutung von der Penetrationsphase des Marktes abhängt:

- gelingt es, den Markt in eine frühe Wachstumsphase zurückzuversetzen, d.h. eine hohe Inno-

vationswirkung zu erzielen, so kann technologische Führerschaft in mehreren Strategiefeldern angestrebt werden (siehe Abbildung 1-33),
- ist die Innovationswirkung begrenzter (z.B. bei einer neuen Modellgeneration eines schon bestehenden Produkts wie in der Automobilindustrie), dann erfordert technologische Führerschaft sowohl eine starke Technologie- und Know-how-Position als auch eine starke Wettbewerbsposition (siehe Abbildung 1-34).

Ähnlich verschieben sich die Felder für die Strategie der technologischen Präsenz, die Nischenstrategie, die Strategie des Joint Venture usw.

Wenn sich das Unternehmen im Strategiefeld der technologischen Führerschaft positionieren will, so muß es alle Schlüsseltechnologien und die wichtigsten Schrittmachertechnologien seiner Branche vorantreiben und für seine Innovationsstrategie nutzen.

Wenn es nur für eine Strategie der technologischen Präsenz oder eine Nischenstrategie reicht, so sollte das Unternehmen seine Ressourcen selektiv auf diejenigen Schlüssel- und Schrittmachertechnologien konzentrieren, bei denen es die deutlichsten Stärken besitzt.

68

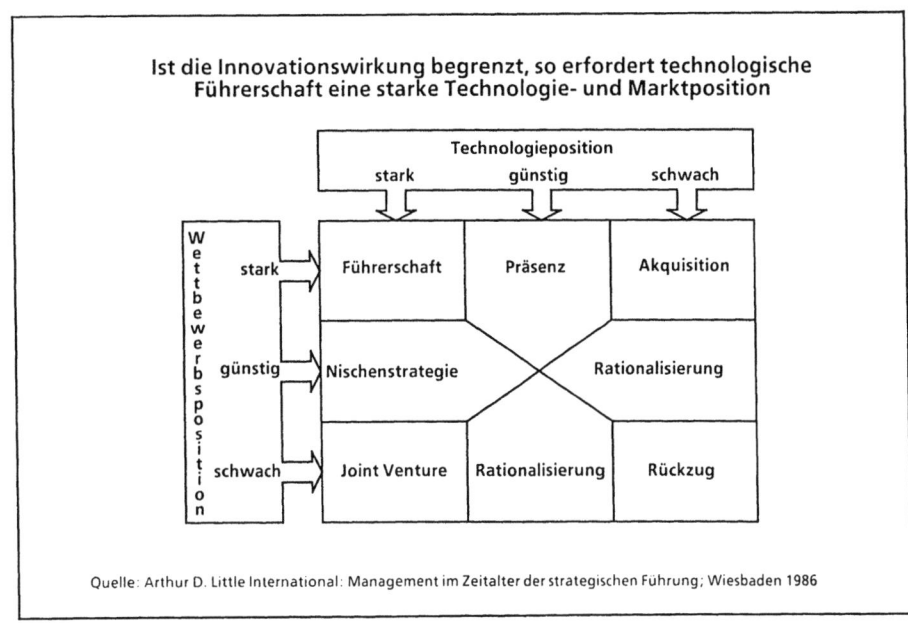

Ist die Innovationswirkung begrenzt, so erfordert technologische Führerschaft eine starke Technologie- und Marktposition

| | | Technologieposition | | |
		stark	günstig	schwach
Wettbewerbsposition	stark	Führerschaft	Präsenz	Akquisition
	günstig	Nischenstrategie		Rationalisierung
	schwach	Joint Venture	Rationalisierung	Rückzug

Quelle: Arthur D. Little International: Management im Zeitalter der strategischen Führung; Wiesbaden 1986

Abb. 1-34

Um diese Technologie- und Know-how-Strategien erfolgreich zu verfolgen, muß das Unternehmen den Entwicklungsaufwand für Basistechnologien und -Know-how drastisch reduzieren. Das fällt den Unternehmen gewöhnlich schwer, denn die Basistechnologien waren oft die Grundlage ihres Erfolgs. Ihre Entwickler und Techniker sind häufig Spezialisten gerade in den Basistechnologien. Aber Basistechnologien stehen allen Wettbewerbern zur Verfügung und tragen nicht zur Realisierung einer Innovationsstrategie bei.

Parallel zur Bestimmung der erfolgversprechendsten Technologie- und Know-how-Strategie muß das Unternehmen die entsprechende Erfolgsfaktoren-Strategie definieren.

Die Stärken und Schwächen bei den wettbewerbskritischen Erfolgsfaktoren lassen sich weitgehend auf Stärken und Schwächen der Human-Ressourcen des Unternehmens zurückführen.

Es ist daher wesentlich zu erkennen, welche betrieblichen Funktionen im Unternehmen für eine starke oder schwache Position bei den wettbewerbskritischen Erfolgsfaktoren verantwortlich zu machen sind. Daraus kann abgeleitet werden, welche Human-Ressourcen des Unternehmens entschei-

denden Einfluß auf seine Wettbewerbsposition haben.

Während die Wechselbeziehung zwischen Erfolgsfaktoren und der Qualifikation der Unternehmensfunktionen für alle Wettbewerber der Branche gleichermaßen gilt, ist für die eigene Wettbewerbsposition das Stärken-Schwächen-Profil der eigenen Human-Ressourcen entscheidend (siehe Abbildung 1-35).

Die Bewertung der Human-Ressourcen kann dabei auf eine summarische Beurteilung der Funktionsbereiche (z. B. Entwicklung, Vertrieb, Marketing, Produktion) beschränkt werden, um zu strategisch relevanten Aussagen zu kommen. Nur in besonders kritischen Situationen, in denen einzelne Mitarbeiter von besonderer Bedeutung sind, muß die Stärken-Schwächen-Analyse auf Einzelpersonen ausgedehnt werden.

Die summarische Bewertung ist sowohl qualitativ als auch quantitativ vorzunehmen, d. h. sowohl die quantitative Personalausstattung als auch deren Kompetenz sind im Vergleich zu den Wettbewerbern zu beurteilen. Dabei tritt eine beträchtliche Vereinfachung des Bewertungsaufwands dadurch ein, daß nur diejenigen Funktionsbereiche einbezogen werden müssen, deren Mitarbeiter eine Schlüsselrolle

69

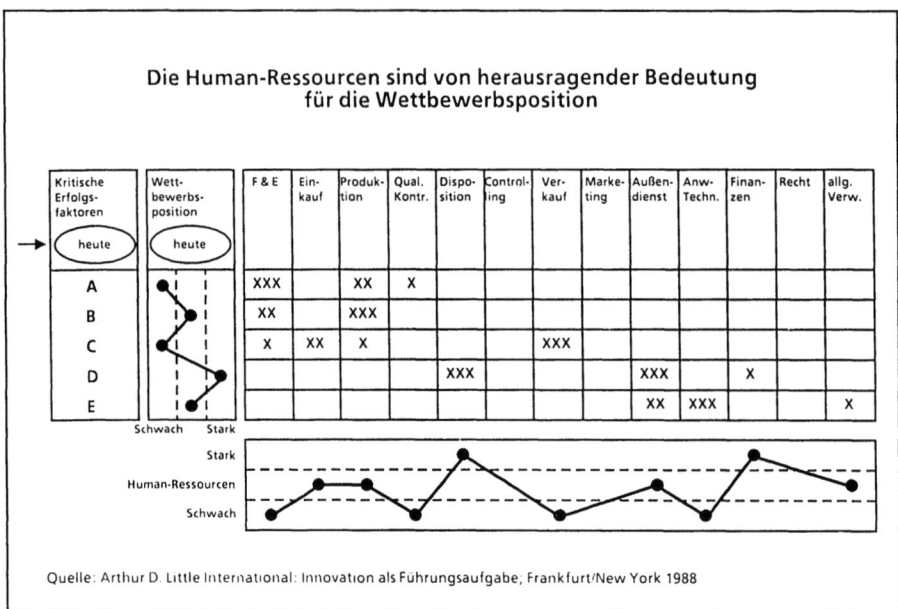

Die Human-Ressourcen sind von herausragender Bedeutung
für die Wettbewerbsposition

Kritische Erfolgs- faktoren	Wett- bewerbs- position	F & E	Ein- kauf	Produk- tion	Qual. Kontr.	Dispo- sition	Control- ling	Ver- kauf	Marke- ting	Außen- dienst	Anw- Techn.	Finan- zen	Recht	allg. Verw.
heute	heute													
A		XXX		XX	X									
B		XX		XXX										
C		X	XX	X				XXX						
D						XXX				XXX		X		
E										XX	XXX			X

Schwach   Stark

Stark

Human-Ressourcen

Schwach

Quelle: Arthur D. Little International: Innovation als Führungsaufgabe, Frankfurt/New York 1988

Abb. 1-35

bei der Erfüllung eines oder mehrerer Erfolgsfaktoren spielen.

Die Analyse darf aber nicht auf die heute im Markt gültigen wettbewerbskritischen Erfolgsfaktoren beschränkt werden, sondern muß auch die Veränderungen der Erfolgsfaktoren berücksichtigen, die durch die Innovationsstrategie des Unternehmens bewirkt oder angestrebt werden.

Darin ist ein wesentlicher Bestandteil einer durchdachten Innovationsstrategie zu sehen. Denn wenn das Unternehmen neben der technischen Innovation auch die Veränderungen der wettbewerbskritischen Erfolgsfaktoren bewirkt oder zumindest voraussieht und sich rechtzeitig mit den Qualifikationen und Verhaltensweisen seiner Mitarbeiter darauf einstellt, dann erringt es zwei entscheidende Vorteile:

– Es sichert den Markterfolg der Innovation, indem es sein Marketing, seinen Vertrieb und seine Distribution auf die kundengerechte Vermarktung ausrichtet und damit auch die Anwendungsinnovation bei den Kunden auslöst,
– es überrascht die Wettbewerber mit neuen Spielregeln im Markt, die ihre bisherigen Stärken entwerten und die von ihnen erst nach zeitrauben-

den Qualifikationsmaßnahmen und Änderungen des Marketing- und Vertriebsansatzes beherrscht werden können.

Und Innovation lebt vom Zeitvorsprung.

Denken wir an das Beispiel Xerox. Es war nicht nur die neue elektrostatische Kopiertechnik, sondern zusammen mit dieser technischen Innovation der Übergang zu einem Vermietungsgeschäft mit Mietgebühr pro Kopie, die Xerox jahrzehntelang eine Alleinstellung im Markt verschaffte. Ähnlich war die Wirkung, als die Hersteller digitaler Uhren den Vertriebsweg Kaufhäuser und Nichtfachgeschäfte einschlugen. Oder als Hersteller von Verpackungsmaschinen dazu übergingen, ihre Maschinen nicht mehr zu verkaufen, sondern sie bei den Herstellern von Getränken und Konserven selber im Dienstleistungsverfahren zu betreiben.

Die sorgfältige und frühzeitige Auseinandersetzung mit der einzuschlagenden Erfolgsfaktor-Strategie ist damit ein wesentliches Element einer erfolgreichen Innovationsstrategie.

Dazu ist derselbe Bewertungs- und Planungsansatz dienlich, den wir schon bei der Betrachtung des Zusammenhangs zwischen Erfolgsfaktor-Profil und den Human-Ressourcen des Unternehmens

70

kennenlernten. Nur daß wir diesmal die zukünftigen Erfolgsfaktoren einsetzen und die Stärken und Schwächen der Human-Ressourcen im Hinblick auf diese veränderten Erfolgsfaktoren bewerten (siehe Abbildung 1-36). Die Strategie muß darin bestehen, Innovationsvorhaben so anzulegen, daß die hierbei zutage tretenden Stärken genutzt und die Schwä-

chen vor der Marktumsetzung durch Qualifikationsmaßnamen oder Neubesetzungen ausgemerzt werden. Das Management des geordneten Wandels hat daher in starkem Maß damit zu tun, die Mitarbeiter der Unternehmen durch frühzeitige Qualifikation und Selektion auf die bevorstehende Innovationsdynamik vorzubereiten.

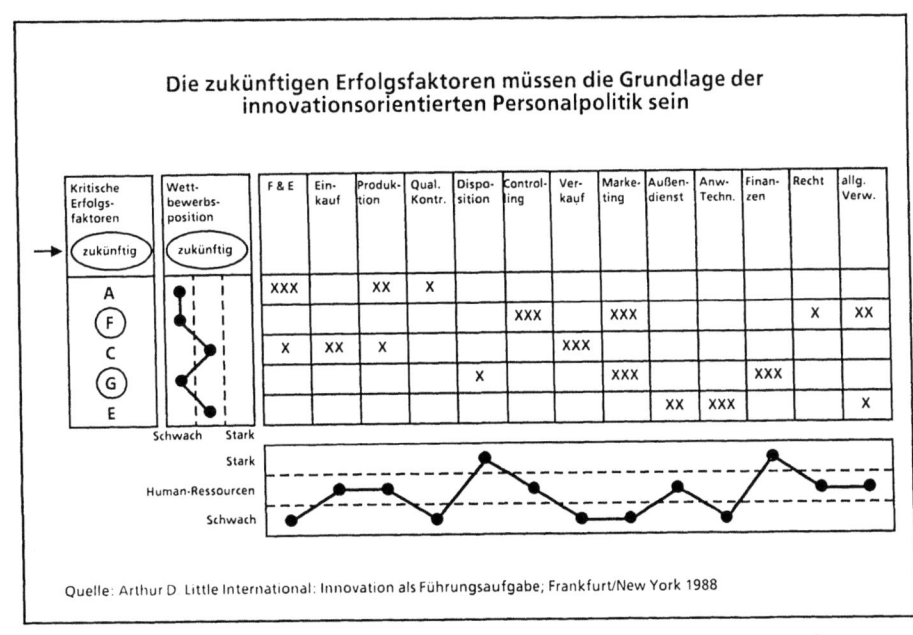

Die zukünftigen Erfolgsfaktoren müssen die Grundlage der innovationsorientierten Personalpolitik sein

Kritische Erfolgs-faktoren	Wett-bewerbs-position	F & E	Ein-kauf	Produk-tion	Qual. Kontr.	Dispo-sition	Control-ling	Ver-kauf	Marke-ting	Außen-dienst	Anw-Techn.	Finan-zen	Recht	allg. Verw.
A		XXX		XX	X									
F								XXX	XXX				X	XX
C		X	XX	X				XXX						
G						X			XXX			XXX		
E										XX	XXX			X

Schwach Stark

Quelle: Arthur D. Little International: Innovation als Führungsaufgabe; Frankfurt/New York 1988

Abb. 1-36

71

Zweites Kapitel

Unternehmerverhalten:
Den Wandel verstehen oder nicht

Dr. Tom Sommerlatte

Wie Unternehmen auf den Wandel reagieren, hängt von der Fähigkeit ihrer Entscheidungsträger ab, die Dynamik und die Anforderungen des Wandels zu erkennen und ihr Verhalten darauf einzustellen.

Da Wandel das Aufkommen von etwas bisher Unbekanntem ist, kann auch der Erkenntnisprozeß nur ein allmählicher sein, sind Fehleinschätzungen des sich Abzeichnenden etwas Normales, sind auch Fehlreaktionen von vornherein wahrscheinlich.

Wesentlich für die erfolgreiche Bewältigung des Wandels ist daher,

– wie gut die „Sensoren" sind, mit denen die Entscheidungsträger Signale des Wandels aufnehmen, wie aufmerksam und unvoreingenommen sie sich mit den Signalen auseinandersetzen und wie schnell sie daraus Muster ableiten, die zu Handlung führen,
– wie groß die Bereitschaft ist, bisherige Verhaltensweisen und Vorstellungen aufzugeben, Fehler in der Einstellung auf erwarteten Wandel einzugestehen und zu korrigieren und immer wieder eine neue Kursbestimmung vorzunehmen.

Wir haben vier Typen von Unternehmern ausgewählt, die das Spektrum vom gruppenorientierten bis monomanischen und vom bewahrend-defensiven bis initiativ-wandelorientierten Verhalten abdecken.

Zwei davon waren Unternehmer „in eigener Verantwortung", die ihr Unternehmen von Null zu beträchtlicher Größe aufbauten und damit eine historische Unternehmerleistung vollbrachten. Denn sie sind nachweislich die Auslese von vielen, die es ebenfalls versuchten und die sang- und klanglos auf der Strecke blieben.

Interessant für unsere Betrachtung ist aber, was aus ihren Unternehmen wurde, als sich die Spielregeln änderten, als Management des Wandels erforderlich wurde.

Wir stellen hier Heinz Nixdorf und Max Grundig einander gegenüber.

---

1 Vgl. „Heinz Nixdorf – Manager wird man als guter Fachmann von selbst"; VDI-Nachrichten Nr. 20, 17.5.1985
2 Vgl. „Kraftvoller Alleingang"; Wirtschaftswoche Nr. 16, 11.4.1986

Die beiden anderen waren Berufsmanager an der Spitze großer Publikumsgesellschaften, die im Auftrag von Aktionären handelten: Dieter von Sanden und Bodo Liebe.

In den Fällen, in denen Einschätzungs- und Verhaltensfehler deutlich wurden, im nachhinein, versteht sich, wenn der Wandel nicht mehr unternehmerisch-intuitiv erahnt werden mußte, sondern klare Konturen angenommen hatte, ist hier von Interesse, wer von ihnen in der Lage war, die Notwendigkeit von Korrekturen zu erkennen.

Denn die Fähigkeit zu dieser Erkenntnis ist ein wesentliches Element des erfolgreichen Managements von Wandel.

Doch sehen wir uns die Fälle erst einmal an.

2.1 Heinz Nixdorf: Team-Chef beim Törn in neue Gewässer

„Ich versuche, Ziele einigermaßen frühzeitig zu erkennen, diese Ziele zu verdeutlichen, dann möglichst in einer kameradschaftlichen Form herauszubekommen, ob diese Ziele akzeptiert werden, ob sie sinnvoll sind", so schilderte Heinz Nixdorf im Mai 1985 im Gespräch mit dem VDI-Journalisten Goering seine Führungsphilosophie. Gewonnen, so Nixdorf, werden diese Ziele mit den Mitarbeitern und Kunden; bei den Kunden beginne die Zielfindung, dann werde im Unternehmen auf möglichst breiter Grundlage herausgearbeitet, mit welchen Zielformulierungen sich möglichst viele Mitarbeiter identifizieren[1].

Als Nixdorf das sagte, war er 60 Jahre alt und hatte sein Unternehmen längst mit einer Führungsmannschaft versehen, die nach seinem Tod, im März 1986, auf die Frage: „Was wird sich überhaupt ändern nach dem Tod von Heinz Nixdorf?", antworten konnte: „Absolut nichts. Wir müssen uns jetzt nicht hinsetzen und neue Strategien festlegen oder Ziele korrigieren. Gemeinsam mit Herrn Nixdorf haben wir den Unternehmenskurs bestimmt, der auch in Zukunft eingehalten wird."[2]

Diese Führungsmannschaft war kein ausführendes Organ, sondern eine gemeinsam verantwortliche Gruppe, in der Nixdorf selber als Verantwortlicher für das Vorstandsressort Produktion nur einen Gesichtspunkt einbrachte. Daneben waren die Vorstandsressorts Vertrieb, Entwicklung, Finanzen, Personal, Produktion und Nachrichtentechnik gleichberechtigt und gleichgewichtig in die Entscheidungsprozesse einbezogen. Und wer Klaus Luft, Arno Bohn oder Dr. Hartmut Fetzer kennt, langjährige Nixdorf-Mitarbeiter und -Vorstandskollegen, der ist sich sicher, daß die Gruppenmentalität auf gemeinsam erarbeiteten Entscheidungen beruhte, nicht auf Duckmäuserei.

„Heute beeinflusse ich nur noch die Entwicklungsrichtung. Über alle anderen Gebiete, zum Beispiel den Vertrieb, werde ich im selben Umfang informiert wie meine Vorstandskollegen, und wir besprechen es hier an diesem Tisch. Hier sitzen regelmäßig acht Personen, die gemeinsam entscheiden"[3].

Zu diesem Bild paßt auch, daß den weltweit tätigen Tochtergesellschaften beträchtliche Freiheiten in der Preis-, Personal-, Sortiments- und Finanzierungspolitik eingeräumt wurden, nicht ohne Erfolg, denn die Nixdorf Computer AG gehört heute zu den deutschen Unternehmen mit dem höchsten Anteil des Auslandsgeschäfts am Gesamtumsatz von inzwischen 5,1 Milliarden DM pro Jahr.

Auf dem Weg dahin mußte das Unternehmen mehrere Etappen nehmen: „Es erstaunt mich selbst," so Nixdorf 1984, „daß wir es fertiggebracht haben, in vier verschiedenen Größenordnungen jeweils erfolgreich zu sein: von 1952 bis 1958 als Kleinstfirma mit höchstens 20 Mitarbeitern, von 1958 bis 1963 ein Betrieb von 200 Personen, von 1963 bis 1968 mit 600 Beschäftigten und von 1968 bis heute als Firma, die sich mit 18.000 Beschäftigten im Computerbereich der Konkurrenz stellt. Und wir sind gerade wieder dabei, in eine neue Größenordnung hineinzuwachsen"[3].

Steht diese Fähigkeit, Etappen erfolgreich zu nehmen, im Zusammenhang mit einem besonderen Verhältnis des Unternehmens zum Wandel?

Wir glauben, ja. Dieses besondere Verhältnis resultiert aus der Art, wie die Nixdorf Computer AG ihre Leistung gegenüber ihren Kunden gestaltet und

steuert, und aus der Mentalität, mit der die Führungsmannschaft sich für den Erfolg des Unternehmens einsetzt.

Heinz Nixdorf hat sicher beide Eigenschaften seines Unternehmens geprägt, aber nicht im kühnen Alleingang, sondern viel stärker, als es in der Berichterstattung über den erfolgreichen Unternehmer zum Ausdruck kam, im hellhörigen Herantasten an die Erfordernisse neuer Geschäftsmöglichkeiten und im ständigen Gedankenaustausch mit langjährigen Mitarbeitern, auf deren Spürsinn und Engagement er baute.

Das Unternehmen Nixdorf verdankt seinen bisherigen Erfolg in der Tat dem Spürsinn, immer wieder neue Kombinationen von Technologien, Produktkonzepten und Bedarfsträgern zu erkennen und diese mit hohem verkäuferischem Nachdruck zu verfolgen. Die erste große Erfolgswelle beruhte auf der Erkenntnis, daß man mit einer Einfachversion der Computertechnik kleine Kompaktrechner – Systeme der mittleren Datentechnik – bauen kann, die den Anforderungen der mittelständischen Industrie in der Buchhaltung, Lagerbewirtschaftung oder in der Auftragsabwicklung gerecht werden. Damit sicherte sich Nixdorf eine radikale Differenzierung gegenüber den Großen der Computerbranche wie IBM und Siemens, die auf immer größere und anspruchsvollere Computersysteme setzten, und er sicherte sich das Marktsegment der mittelständischen Unternehmen.

Zunächst als Primitivling abgetan und vom Bundesministerium für Forschung und Technologie kaum als förderungswürdig anerkannt, bewies Nixdorf, was eigentlich offensichtlich ist: daß nämlich mittelständische Unternehmen bei weitem die größte Zahl der potentiellen Nutzer der Datenverarbeitung ausmachen und daß sie nicht von großen Dienstleistungsrechenzentren abhängig sein wollen.

Allerdings, und das wurde zu einem entscheidenden Impuls für Nixdorf, bedarf dieses Marktsegment einer besonders engen Betreuung und möglichst leicht übernehmbarer Anwendungslösungen.

Nixdorf wurde zum Lieferanten von Standard-Anwendungssoftware. Heute ist das Unternehmen eines der größten Softwarehäuser in Europa.

Die zweite große Erfolgswelle beruhte auf einer ähnlichen Erkenntnis: daß nämlich auch einzelne

3 Vgl. „Ein Erfolg, der in Deutschland nicht wiederholbar ist"; Welt am Sonntag, 27.5.1984

Abteilungen und Niederlassungen größerer Unternehmen nicht vollkommen von der zentralen Datenverarbeitung des Unternehmens abhängig sein wollen, sondern daß sie mit Verarbeitungskapazität vor Ort für ihre spezifischen Aufgaben besser bedient sind. Nixdorf bot sogenannte intelligente Terminalsysteme an, die eine eigene „Intelligenz" besitzen, aber auch an die Datenverarbeitungszentrale angeschlossen sind, um von dort Daten zu beziehen oder vorverarbeitete Daten dorthin abzugeben. Damit drang das Unternehmen Nixdorf in das Marktsegment der Großrechneranbieter vor und knöpfte IBM und Siemens Umsatzanteile ab — allerdings nicht ausgehend von der Datenverarbeitungszentrale und ihren Technokraten, sondern ausgehend von spezifischen Anwendern und ihren lokalen Problemen. Branchenspezifische Anwendungssysteme und ein enormer Vorsprung an „Kundennähe" waren die Folge. Die Nixdorf Computer AG wurde zum Innovationsführer der dezentralen Datenverarbeitung, die die Vormacht der Großrechner-Hersteller beträchtlich anknackste. Technik war nicht mehr Selbstzweck — Zweck war die Problemlösung am Arbeitsplatz der Anwender. Dieses Erlebnis, zum zweiten Mal ein riesiges Marktvolumen nicht in erster Linie durch Technologie, sondern durch den engen und ständigen Kontakt mit dem direkten Anwender der Datenverarbeitung erschlossen zu haben, bestimmt die Geschäftspolitik des Unternehmens. Die Kenntnis der Kundenprobleme, besonders derjenigen, die andere Anbieter ungelöst lassen, wurde zur Hauptquelle von Ideen für neue Produkte und Leistungen.

„Wir sind ein Systemlieferant, der Lösungen verkauft", formulierte es einmal Heinz Nixdorf. Und: „Kunden können bei uns bis zum Vorstand vordringen und ihre Wünsche äußern. Dieser Aufgabe stellen wir uns selber, das überlassen wir nicht allein unseren Entwicklern!"

Inzwischen läuft die dritte Erfolgswelle der Nixdorf Computer AG, die sich im Ansatz aus der zweiten ergab. Intelligente Terminalsysteme müssen nämlich mit der Datenverarbeitungszentrale und

untereinander kommunizieren können. Für Nixdorf war daher das Zusammenwachsen von Computer- und Nachrichtentechnik eine frühzeitig erkannte Geschäftsnotwendigkeit.

Mit demselben Nachdruck, mit dem die mittlere Datentechnik und die intelligenten Terminalsysteme lanciert wurden, warf sich die Nixdorf Computer AG auf die Telekommunikation und wurde in der Bundesrepublik Deutschland zum ersten Anbieter digitaler Nebenstellenanlagen.

„Telekommunikation ist für uns das Integrationselement für das Büro von morgen", so Klaus Luft. „Wir rollen den Kommunikationsmarkt von der Anwendungsseite her auf."

Mit diesem Ansatz gelang es dem Unternehmen, auch im Telekommunikationsmarkt gegen die Großen wie die Siemens AG, SEL, TN oder Philips eine beachtliche Position aufzubauen und vor allen Dingen Bewegung in ein schon etabliert erscheinendes Geschäft zu bringen. „Das Bessere ist der Feind des Guten", ist ein Wahlspruch Heinz Nixdorfs, den die Führungsmannschaft der Nixdorf Computer AG weiterhin beherzigt — auch intern, denn jede neue Idee hat bei ihnen die Chance, sich gegen eine bestehende durchzusetzen — manchmal zum Leidwesen schon laufender Projekte, die immer wieder umdefiniert werden. Die daraus resultierende Flexibilität allein könnte zum Chaos führen, wenn das Unternehmen nicht von einer ausgeprägten Gruppenmentalität getragen würde. Neben Heinz Nixdorf bestand die Führungsmannschaft 1986 aus Vorstandsmitgliedern, die in der Mehrzahl länger als 15 Jahre im Unternehmen tätig gewesen waren: Klaus Luft, heute 47 Jahre alt, trat 1967 als Geschäftsstellenleiter München in das Unternehmen ein und wurde zwei Jahre später, mit ganzen 26 Jahren, Vorstandsmitglied. Arno Bohn, heute 41 Jahre alt, ist seit 1969 Mitarbeiter des Unternehmens und seit 1978 Vorstandsmitglied, Dr. Hartmut Fetzer gehört seit 1969 dem Unternehmen und seit 1982 dem Vorstand an.

„Nixdorf verstand es, sich eine qualifizierte Führungsmannschaft heranzuziehen, der er frühzeitig Verantwortung übertrug. Dadurch versetzte er sie in die Lage, das Werk in seinem Sinn weiterzuführen", schrieb der Journalist Hildebrand, der den Unternehmer Nixdorf besonders aufmerksam verfolgte[4].

4 Vgl. „Das jähe Ende einer Traumkarriere", Heinz Hildebrand; Rheinischer Merkur, 22.3.1986

Auch hier gab es jedoch Etappen.

Die erste war die Aufbruchphase, in der Nixdorf selber mit Abenteuertum und Durchhaltekraft – von 1952 bis 1968 – Elektronenrechner für einige wenige Großkunden, insbesondere aber für die Kölner Wanderer-Werke, bastelte. Erst 1968 wurde aus dem „Labor für Impulstechnik" im Zuge der Übernahme des Hauptkunden die Nixdorf AG. Damit begann die zweite Führungsetappe, in der Nixdorf zunehmend delegierte und die Kompetenz anderer erkannte und nutzte – besonders die Vertriebsbegabung von Klaus Luft und die technische Begabung von Dr. Hartmut Fetzer.

Mitte der siebziger Jahre bewirkte ein Herzinfarkt, daß der damals erst 50jährige Heinz Nixdorf immer stärker an die Zukunftssicherung des Unternehmens unabhängig von ihm selber dachte und sich bewußt ersetzbar machte. Die dritte Phase im Führungswandel war durch Verstärkung der Gruppenmentalität auf der obersten Führungsebene und durch Dezentralisierung der operativen Verantwortung gekennzeichnet.

1986, kurz vor dem Tod von Heinz Nixdorf, wurden unterhalb des sechsköpfigen Hauptvorstandes drei Bereichsvorstände geschaffen – der Hauptvorstand als Klammer mit den unternehmensweit zuständigen funktionalen Verantwortungsbereichen Vertrieb, Entwicklung, Produktion, Finanzen, Personal und Nachrichtentechnik, die Bereichsvorstände mit Geschäftsverantwortung für die Schwerpunktbereiche Produktion, Qualitätswesen und Produkte.

Heute, nach seinem Tod, ist der bisherige Leiter des Fertigungsbereichs Mechanik, Karl-Heinz Stiller, an Nixdorfs Position als Vorstand Produktion getreten, und das Unternehmen wächst kontinuierlich und wandlungsfähig in die von Heinz Nixdorf angekündigte neue Größenordnung hinein. Mit dem Ziel, Nummer eins in einem Geschäftsfeld zu werden, das es heute in der Form noch nicht gibt: Bürokommunikation als Fusion von Informationsverarbeitung und Telekommunikation.

Heinz Nixdorf war eine starke Persönlichkeit. Er wurde als „eigenwillig mit Ecken und Kanten", als „prophetischer Macher" und als „knorriger Patriarch der Elektronik" apostrophiert. Wie er in Situationen des Wandels reagierte, wissen jedoch die-

jenigen am besten, die mit ihm Entscheidungen fällten: er war aufgeschlossen kritisch und vertraute dem gesunden Menschenverstand, er wahrte und schätzte dauerhafte Arbeitsbeziehungen auf der Basis von Einsatz und gegenseitiger Anerkennung. Er hatte keinen Dünkel und suchte Anregungen durch andere. Und er konnte starke Persönlichkeiten um sich akzeptieren, mit denen er ein Zusammengehörigkeitsgefühl entwickelte, dessen Basis der Erfolg des Unternehmens war. Er war bis zuletzt für den aktiven Wandel als Chance für den Schnelleren, den Klarerdenkenden, den Flexibleren. Er wollte, daß die Nixdorf Computer AG durch gerade diese Eigenschaften zur Nummer eins wird.

2.2 Max Grundig: Unternehmerisches Urgestein oder Dinosaurier einer vergangenen Wirtschaftsphase?

„Verleumdungen und Diffamierungen in verschiedenen Presseorganen haben in letzter Zeit derartig unerträgliche Auswüchse erfahren, daß sie mich veranlassen, aus der mir selbst auferlegten Reserve hervorzutreten und eine Richtigstellung vorzunehmen", so reagierte Max Grundig im März 1985 auf Veröffentlichungen nach der Übernahme der Grundig AG durch die Philips N. V.

Entgegen diesen Veröffentlichungen habe die Führung der Philips N. V. bestätigt, daß sie sowohl mit dem Umsatz als auch mit der Ertragslage der Grundig AG zufrieden sei und daß sie ein intaktes Management vorgefunden hätte.

Als er das schrieb, war Max Grundig 77 Jahre alt und hatte gerade seinen ins Schlingern geratenen Weltkonzern, den er seit 1945 aus dem Nichts aufgebaut hatte, mit einem Umsatz von rund 3 Milliarden DM übergeben. In den Jahren davor war deutlich geworden, daß das Unternehmen Grundig AG in der Form, in die er es hineinmanövriert hatte, nicht überleben würde: im Geschäftsjahr 1980/81 hatte er einen Verlust von 145 Millionen DM hinnehmen müssen, im Geschäftsjahr 1981/82 von zwar nur 13 Millionen DM, aber das Bild war durch außerordentliche Erträge geschönt, und im Geschäftsjahr 1982/83 täuschten nur Sondereinflüsse wie Vorratstransaktionen im Wert von rund 500 Millionen DM über zunehmende Verluste im operativen Geschäft hinweg. Das letzte Geschäftsjahr unter Max Grundigs Führung, 1983/84, schloß denn auch mit einem Rekordverlust von 290 Millionen DM ab.

Einstellungsstopp, Fabrikschließungen in Österreich, Frankreich, Nordirland, Italien, Taiwan und an mehreren Standorten in der Bundesrepublik Deutschland, Massenentlassungen (die Zahl der Beschäftigten schrumpfte von 42.000 auf 28.000), wachsende Lagerbestände und gescheiterte Versuche einer Flucht nach vorn beutelten in den letzten Jahren den über 70jährigen, der an der Unternehmensspitze immer einsamer wurde und immer trotziger wirkte.

Die Einsamkeit begann schon 1975 sichtbar zu werden, als der Vorstandsvorsitzende Hans Heinrich Griesmeier das Unternehmen verließ. Max Grundig als Aufsichtsratsvorsitzender, damals immerhin schon 67 Jahre alt, konnte nicht delegieren, wollte es auch nicht und schaffte es nicht, zu seinen Führungskräften ein Vertrauensverhältnis aufzubauen. 1978 ging der für den gesamten Vertrieb der Gruppe zuständige Josef Stoffels, 1981 traten der Vorstand Finanzen Heinz-Heinrich Firnges, der Vorstand Produkt- und Absatzplanung Axel Bartmann und der Vorstand Produktion Bruno Lippmann ab, 1982 sprang der erst 1981 angeheuerte Vorstandsvorsitzende Kurt W. Hackel wieder ab. Max Grundig übernahm selbst wieder die Geschäftsführung, von der er ohnehin nie wirklich abgelassen hatte.

So waren die meisten Entscheidungen dieser Jahre seine eigenen, nicht abgewogen im Kreis kompetenter Spezialisten, sondern im selben monomanen Führungsstil getroffen, mit dem Grundig in den Boom-Jahren der Unterhaltungselektronik Vertriebsgesellschaft auf Vertriebsgesellschaft und Werk auf Werk gegründet hatte und vom Rundfunkgerätegeschäft in den Tonbandgerätemarkt, in den Diktiergerätemarkt, in das Geschäft mit Fernsehgeräten und Farbfernsehgeräten vorgedrungen war.

Nur hatten diese Geschäfte inzwischen eine Größenordnung und einen Sättigungsgrad erreicht, war die weltweite Konkurrenz der smarten Japaner, Taiwanesen und Koreaner inzwischen so mächtig ge-

worden, daß die Grundig AG vor völlig anderen Herausforderungen stand, als Max Grundig sie in seiner eigenen Unternehmerkarriere je kennengelernt hatte. Er hätte sich wandeln müssen, hätte sich mit neuen Fähigkeiten, neuen Ideen, neuen Kräften umgeben müssen, die das Unternehmen dem Wandel angepaßt hätten.

Statt dessen baute er für 40 Millionen DM ein Videorecorderwerk, dessen Produktion nicht den erhofften Absatz brachte, weil Grundig gegen die dominierenden Japaner einen eigenen Standard durchsetzen wollte. Statt dessen setzte er seine fixe Idee eines Depot-Vertriebsmodells durch, bei dem die Händler zu Agenten degradiert wurden und keine finanzielle Verantwortung für die Lagerbestände mehr trugen. Die katastrophalen finanziellen Konsequenzen zwangen ihn, das Modell wieder aufzugeben.

1982 überraschte Grundig die europäischen Unterhaltungselektronik-Hersteller mit einer anderen fixen Idee: einem Zusammenschluß aller unter der Handelsmarke EU-RO, um eine Einheitsfront gegen die japanische Konkurrenz zu bilden. Als ersten Schritt zu einer solchen europäischen Lösung kündigte Grundig eine Beteiligung an der AEG-Tochter Telefunken an. Doch den Vorstoß nahm die Welt nicht folgsam auf, und Grundig mußte einen weiteren Rückzieher machen.

Inzwischen unterbreiteten andere ihre Übernahmeangebote an Grundig: Der Philips-Konzern stieg 1979 mit 24,5 % in eine neu gegründete Grundig E. M. V. ein, in die Max Grundig 76,5 % der Aktien der Grundig AG einbrachte.

1982 bot der französische Elektrokonzern Thomson-Brandt eine Mehrheitsbeteiligung an, stieß aber auf Widerstand des Kartellamts und besonders der Philips N. V.

Während Thomson-Brandt schließlich Telefunken übernahm, überließ Grundig 1984 die unternehmerische Führung seines Unternehmens der Philips N. V., ohne sich allerdings im klaren darüber zu sein, daß er selber als das größte Hindernis für die Sanierung des Unternehmens angesehen wurde.

Noch im April 1984, als er aus seinem Büro in Fürth auszog und Platz für den von Philips entsandten neuen Vorstandsvorsitzenden Hermanus Koning machte, erklärte er, daß er in Zukunft weiter mitmischen werde und für das ganze Produktmanagement von Grundig und Philips verantwortlich sei. Philips-Chef Wisse Dekker mußte ihn korrigieren: So sei das nicht richtig, Grundig werde eher ein Berater sein, aber nicht verantwortlich, sonst gäbe es sicherlich Reibereien.

Grundig wechselte zunächst in ein Büro in der obersten Etage der Grundig-Bank gegenüber dem Firmensitz der Grundig AG über und wartete darauf, zu Rat gezogen zu werden. Aber das geschah fast nie, und Grundig klagte: „Die machen alles falsch!" Daß die neue Führung es anders machte, als er es gemacht hätte, oder daß sie es einfach ohne ihn tat, hieß für ihn schon, daß sie es falsch machte. Ende 1985 gab er seinen Wohnsitz in Fürth und seine Mitmischpläne auf und siedelte nach Baden-Baden über, von wo aus er sich mit anderen unternehmerischen Ambitionen beschäftigte: dem Ausbau seiner bisher nebenbei betriebenen Luxushotel-Kette. Aber auch bei diesem neuen Anlauf entzweite er sich mit seinem engsten Mitarbeiter – Ludwig Poullain, ehemals Vorstandsvorsitzender der Westdeutschen Landesbank und seit 1982 zunächst Kurator der Max-Grundig-Stiftung, dann Vorstandsmitglied der Stiftung und enger Berater von Max Grundig, zog sich von seinen Aufgaben zurück.

Noch im Februar 1984 hatte er im Handelsblatt eine Charakterisierung von Max Grundig veröffentlicht, vor dem man ihn vor seinem Grundig-Engagement gewarnt habe[5]. Grundig sei unternehmerisches Urgestein, so Poullain, in dem sich Wissen um Produkte und Technologien mit Instinkt für Märkte und Marktentwicklungen, eiserner Disziplin, Dynamik, Feinnervigkeit und Sensibilität verbinden. Die daraus resultierende Führungsstruktur und der damit verbundene Führungsstil gingen vertikal durch alle Instanzen. Der Unternehmer dieses Typs setze alles, was er für richtig hält, selber in Gang, erteile Order, es so und nicht anders zu machen, und erzwinge, daß die Information über die Durchführung unmittelbar zu ihm zurückflösse. Die Kommunikation auf der horizontalen Ebene hielte er nicht für notwendig oder zweckmäßig.

Poullain sympathisiert mit diesem Stil, denn: „Ich habe es nach meinem Weggang von der Westdeutschen Landesbank erlebt, daß Erleichterung darüber geäußert wurde, daß man nicht mehr auf das Kommando des Vorstandsvorsitzenden gehorchen mußte, sondern endlich Gelegenheit hatte, im Teamwork zu arbeiten." Aber: „Ich sehe keinen Vorteil im sogenannten Teamwork, wenn es als Entscheidungsorgan tätig wird. In nahezu allen mir bekannten Fällen ist dies eher ein Mittel, aus der individuellen Verantwortung in die Verantwortungslosigkeit des Kollektivs zu entfliehen."

Im Fall Grundig war diese Einstellung fatal. Denn, so muß auch Poullain eingestehen, die Führungskräfte, die in das Boot Grundig einstiegen, mußten immer wieder erkennen, daß Max Grundig die unmittelbare Befehlsgewalt nie aus den Händen gab und daß die Vorstandsmitglieder gegenüber dem Vorstandsvorsitzenden zwangsläufig in Loyalitätskonflikte gerieten. „Es konnte also keinen Nachfolger geben ... Nachfolger paßten nicht in die Struktur ...", es sei denn, „die Vertikalität wäre aufgegeben und ein horizontales Führungsgefüge gebildet worden. Aber dagegen stand die Persönlichkeit Max Grundigs".

Poullain erkannte auch ganz richtig, daß sich die Märkte der Unterhaltungselektronik neu formierten und daß ein allein auf Unterhaltungselektronik ausgerichtetes Unternehmen wie die Grundig AG dabei äußerst verwundbar war. Er meinte, daß sich nur Mehrbereichsunternehmen im Unterhaltungselektronik-Markt behaupten können, die Preis- und Absatzeinbrüche in der Konsumelektronik durch Gewinne in anderen Sparten ausgleichen können.

Diese Schlußfolgerung aber zog Poullain nicht, daß nämlich gerade die Führungsstruktur und der Führungsstil von Max Grundig es verhindert haben, daß das Unternehmen das vorhandene Know-how in anderen Tätigkeitsbereichen nutzte, um seine Abhängigkeit vom Unterhaltungselektronik-Geschäft zu mindern. Kaum jemand weiß, daß in der Grundig AG Ansätze bestanden, in der Industrie-Elektronik und in der Militär-Elektronik Fuß zu fassen, und daß die Grundig AG Chancen hatte, im Büro- und Telekommunikationsbereich Nischen zu erschließen. Aber davon verstand Max Grundig nicht viel, diese Aktivitäten fanden keine ausreichende Unter-

---

5 Vgl. „Die neue Gruppe muß sich sowohl gegen die Japaner als auch gegen den Staatskonzern Thomson-Brandt behaupten", Ludwig Poullain; Handelsblatt, 7.2.1984

stützung, davon sprach man nicht. Diese Art von Wandel war unter Max Grundig unmöglich.

Er verhinderte auch, daß rechtzeitig und ohne Machtgerangel Kooperationen gesucht wurden. Die Victor Company of Japan JVC sprach das Unternehmen Grundig AG mehrfach an, um es für seinen Videorecorder-Standard VHS zu gewinnen und damit ein Bündnis gegen den Sony-Standard Betamax zu bilden. Grundig überschätzte seine Position bei weitem, als er glaubte, zusammen mit Philips einen eigenen Standard, System Video 2000, weltweit behaupten zu können. Es fehlte Max Grundig der gleichgewichtige interne Diskussionspartner, der Stärken zund Schwächen abzuwägen half, der Grundigs „unwilligen und barsch konternden, schimpfenden Reaktionen" (so Poullain) lange genug mit unwillkommenen Argumenten Paroli bieten konnte.

Wenn wir uns objektiv ansehen, mit welchen Fähigkeiten ein europäisches Unternehmen gegen die japanische Konkurrenz in der Unterhaltungselektronik bestehen kann, so sind es in erster Linie Innovationsfähigkeit und Schnelligkeit.

In beiden Punkten schränkte Max Grundig die Leistung seines Unternehmens ein, weil zu viele Entscheidungen von ihm selbst abhingen. Die Mitarbeiter waren so stark von ihm konditioniert, daß sie auch Monate nach seinem Weggang noch Schwierigkeiten hatten, die elementare Bedeutung von Innovationsdynamik zu erkennen. Die Führungsmannschaft, die er hinterließ, war in diesem Sinn nicht intakt. Sie hatte nicht gelernt, in Entscheidungssituationen die unterschiedlichen funktionalen Gesichtspunkte auf den Tisch zu legen und den für das Unternehmen günstigsten Kurs zu bestimmen. Sie hatte nicht gelernt, aus einer Grundsatzentscheidung die für jeden einzelnen Verantwortungsbereich resultierenden Entscheidungen abzuleiten, zu fällen und zu verantworten.

Poullains Vorstellung von der Teamarbeit als Flucht in die Verantwortungslosigkeit des Kollektivs verkennt vollkommen, daß die effizienteste Führung in Zeiten schnellen Wandels die koordinierte Teilverantwortung der an der Ausführung Beteiligten ist, die sie befähigt, mit Eigeninitiative und schnell zu agieren, da sie die Zusammenhänge durchschauen und das Gesamtziel mitbestimmt haben. Bei Grundig gab es viel Angst vor Schuldzuweisung bei Fehlschlägen, die Konsequenzen mußten zu oft Führungskräfte ziehen, die die Entscheidungen nicht zu vertreten hatten. „Widerspruch gegen Entscheidungen von Max Grundig habe ich nie erlebt", sagten altgediente Grundig-Mitarbeiter gegenüber einem Journalisten der Süddeutschen Zeitung 1984[6]. Denn um ihre Position nicht zu gefährden und die Pensionsgrenze unbeschadet zu erreichen, zögen es die im Haus oft aus der Meisterebene aufgestiegenen Manager vor zu schweigen. So fanden auch in der Zeit vor der Übergabe keine Vorstandssitzungen mehr statt.

Aber es fehlten Max Grundig auch die Steuerungsinstrumente, um das Unternehmen als alleiniger Kapitän auf Kurs zu halten. Es gab keine Vorgehensweise, um Entwicklungsprojekte auszuwählen und um den Durchlauf durch die Entwicklung zu beschleunigen. Max Grundig erwartete immer wieder, daß die Mitarbeiter Planungs- und Steuerungsschwächen des Unternehmens durch persönlichen Einsatz wettmachten, so wie er selber zwar den Zwölfstunden-Tag als Regel ansah, in dieser Zeit aber auch die unstrategischsten Dispositionen wie die Genehmigung von Geschäftsreisen der Mitarbeiter oder den Austausch reparaturbedürftiger Bürogeräte selber traf.

Es gab keine Koordinationsbesprechungen, in denen Belange der Entwicklung, des Vertriebs, der Produktion und des Finanzwesens aufeinander abgestimmt wurden. Es gab keine strategische Analyse oder Planung – „der Zick-Zack-Kurs von Max Grundig bewirkte ein Schwanken zwischen Lähmung und hektischer Betriebsamkeit auf der nächsten Management-Ebene"[7].

Max Grundig war zweifellos jahrzehntelang äußerst erfolgreich – wie sonst hätte er sein Empire aufbauen können, während andere deutsche Unternehmen der gleichen Branche reihenweise untergingen: Saba, Nordmende, Dual, Wega, Körting, Elac usw. In der Phase der extrapolierten Expansion war seine Führungsphilosophie „Schnell, viel, gut und

---

6 Vgl. „Ein Patriarch tritt ab", Hubert Neumann; Süddeutsche Zeitung, 6.2.1984
7 Vgl. „Alter Mann – einst groß"; Die Zeit, 30.3.1984

preiswert" verbunden mit enormem Einsatz wirksam.

In Zeiten des Wandels wurde er in der Tat zum Dinosaurier, der mit den veränderten Verhältnissen nicht mehr zurechtkommt.

Einen „Prototypen des selbständigen deutschen Unternehmers" hat man Max Grundig einmal genannt[8]. Wenn das stimmte, dann wäre es schlecht bestellt um die deutsche Wirtschaft im Wandel, der sich um uns herum abspielt.

2.3 Bodo Liebe: Erfahrungskurve ins Abseits

„Wäre Bodo Liebe, wie geplant, mit 65 in Pension gegangen, niemand könnte ihn heute zu den Absteigern des Jahres 1987 zählen", schrieb die Wirtschaftswoche im Januar 1988, aber „allzu lange hat Liebe.... die Augen verschlossen vor dem Zusammenbruch der Märkte, auf denen KHD tätig ist"[9].

Seit 1975 hatte Bodo Liebe den Vorstandsvorsitz bei Klöckner-Humboldt-Deutz inne, nachdem er 1970 den Vorstandsvorsitz der KHD-Beteiligung WEDAG und 1972 den Vorstandsvorsitz der neugegründeten KHD-Industrieanlagen AG (heute KHD-Humboldt Wedag AG) übernommen hatte.

Sein Vorgänger an der KHD-Spitze, Karl-Heinz Sonne, hatte KHD gerade von Verlustträgern wie der Baumaschinenproduktion, dem Brückenbau, dem Waggonbau und dem Stahlbau befreit und das Anlagengeschäft ausgeweitet. Der Nutzfahrzeugbau war mit dem des FIAT-Konzerns zur Industrial Vehicle Corporation IVECO, Amsterdam, zusammengelegt worden. Selber aktiv war die KHD noch im Landmaschinenbau, auf dem Gebiet der Dieselmotoren und immer noch in nur bescheidenem Maß im Industrieanlagenbau, hier insbesondere auf den Gebieten Zementwerke, Kohleaufbereitungsanlagen und Metallurgieanlagen.

Bodo Liebe trat an, um die Weichen für die Zukunft zu stellen. 1980 tat er einen Schritt, der den

Handlungsspielraum für die Zukunftsausrichtung wesentlich erweiterte: KHD trennte sich von der 20 %igen Beteiligung an IVECO und sah 600 bis 700 Millionen DM in die Unternehmenskasse fließen.

Bis 1985 konsolidierte er noch die bestehenden Geschäfte, dann sollte eine neue Phase der Expansion folgen.

Dabei stand Liebe vor einem weiten Feld von Möglichkeiten. Was hätte er tun können?

Nach den vorherrschenden Erkenntnissen der strategischen Planung konnte er in den bestehenden Geschäftseinheiten Marktanteile hinzukaufen und damit ihre Position durch Mengendegressionseffekte stärken.

Das war der Ansatz, mit bestehendem Know-how und in bereits bekannten Märkten weitere Vorteile zu sichern, in erster Linie Kosten- und Erfahrungsvorteile, um in reifen Märkten eine Führerschaft zu erringen.

Wir müssen uns vor Augen halten, daß mindestens 15 Jahre lang die Mehrzahl der Veröffentlichungen über strategische Planung diesen Ansatz als den allein seligmachenden beschrieben haben, daß die meisten Unternehmen, die in dieser Zeit strategische Planung durchführten, in eigener Regie oder mit den etablierten Strategieberatern, diesen Ansatz verfolgten, meistens zunächst mit sichtbarem Erfolg. Denn er öffnete ihnen meistens die Augen dafür, daß sie sich in zu vielen Geschäftsfeldern verzettelten und dabei die Vorteilschancen in einigen wenigen Geschäftsfeldern nicht ausreichend nutzten, um wirklich eine Position der Stärke aufzubauen.

Eine andere Möglichkeit der KHD wäre gewesen, das vorhandene Know-how genauer zu definieren und die Know-how-Stärken zu bestimmen, die für neue Zukunftsgeschäfte geeignet waren. Auf dieser Basis hätte die KHD für sie erschließbare Zukunftsgeschäfte einkreisen und systematisch penetrieren können, sei es aus eigener Kraft, sei es durch Akquisitionen oder Kooperationen. Daß es auch für dieses Vorgehen eine Systematik gab, war weniger bekannt, denn der Zwang dazu hatte sich damals noch nicht bemerkbar gemacht; die auf diesem Gebiet verfügbare Beratungsleistung war weniger en vogue, und der Erfolg eines solchen Vorgehens schien weniger gesichert.

---

8 Vgl. „Max Grundigs Abschied", Gerd Materne; Frankfurter Allgemeine Zeitung, 27.3.1984
9 Vgl. „Denkbar an der Spitze"; Wirtschaftswoche Nr.1, 1.1.1988

So verwundert es eigentlich nicht, daß Liebe den ersten Weg einschlug und 1985 die Motorenwerke Mannheim AG mit einem Jahresumsatz von etwa 500 Millionen DM zur Stärkung seines Dieselmotorengeschäfts und wesentliche Teile des Landmaschinenbereichs der Allis-Chalmers Corporation in Milwaukee mit einem Jahresumsatz von etwa 1,5 Milliarden DM zur Stärkung seines Landmaschinengeschäfts zukaufte. Er ging damit den klassischen Weg der Defensive und des Bewahrens etablierter Geschäfte, auf dem sich das Management wohler fühlt, weil es im Selbstbewußtsein seiner nachgewiesenen Kompetenz noch stärker zu werden glaubt. Es gab auch genügend Argumente, diese Stärkung des Bestehenden als zukunftsträchtig anzusehen: bei fortschreitender Industrialisierung sollte der Bedarf an Dieselmotoren weiter steigen, und angesichts der Hungernden in aller Welt sollte auch die Nachfrage nach Landmaschinen weiter wachsen.

Aber es kam anders. Die Konjunktur ging an Dieselmotoren und Landmaschinen vorbei, und trotz größerer Marktanteile konnte KHD keine nennenswerten Positionsvorteile herausholen.

Denn wenn Überkapazitäten existieren, nutzen Mengendegressionspotentiale nicht viel. Wesentlich entscheidender wären Innovationsvorsprünge gewesen, aber in dieser Richtung hatte Liebe nicht gedacht.

Schon 1985 gingen der KHD-Umsatz von zuvor 5,7 auf 5,5 Millionen DM und der Ertrag von 106 auf 94 Millionen DM zurück, 1986 ging die Talfahrt weiter – unaufhaltsam, wie es schien. Die etablierten Märkte sackten zusammen, für Dieselmotoren im Schiffsbau und im Baumaschinensektor, im Energiesektor und im Landmaschinenbau, für Landmaschinen in Europa und in den USA, wo die Nahrungsmittelüberproduktion zum ernsten Problem wurde, während sich die Entwicklungsländer

keine Technisierung ihrer Landwirtschaft leisten konnten.

Liebe suchte zunächst die Schuld woanders. Er argumentierte, daß der Welthandel aktiviert werden müsse, indem den Entwicklungsländern die Möglichkeit gegeben wird, stärkere Handelspartner zu werden – und Landmaschinen zu kaufen. Dazu appellierte er an die staatliche Wirtschafts- und Entwicklungspolitik[10].

Er warnte vor Arbeitszeitverkürzungen und sinkender Produktivität und deklarierte die Kosten zum wichtigsten Ansatzpunkt für Besserung[11].

Die KHD müsse den eingeschlagenen Weg der breiten Rationalisierung und Automatisierung entschlossen weitergehen und nach der Modernisierung der Traktoren- und Mähdrescherfertigung die Motorenfertigung auf den neuesten Stand bringen, berichtete Liebe auf der Hauptversammlung 1986. Aber Traktoren und Dieselmotoren waren weiterhin in geringerem Umfang gefragt, als sie angeboten wurden. Und die KHD verfügte über keine Differenzierungsmöglichkeiten in diesen technisch ausgereift erscheinenden Geschäften. Das Innovationspotential in der Dieselmotorentechnologie war in der Tat ausgereizt, und im Landmaschinenbereich erkannte die KHD die enormen Innovationsmöglichkeiten nicht oder hatte nicht den Elan, sie zu verfolgen.

Was war Liebe passiert?

Ihm wird nachgesagt, daß er strategische Entscheidungen sorgfältig vorbereitete und sich dabei von einer Wissenschaftlergruppe beraten ließ, daß übereilte Entschlüsse nicht zu seinem großen Ziel paßten, in einem der drei Unternehmensbereiche weltweit die Nummer eins zu werden[12].

Typisch für ihn sei, so ein anderer Bericht[13], daß er KHD nicht Hals über Kopf in neue Abenteuer, etwa durch Akquisitionen in Amerika, gestürzt, sondern vor allem dafür gesorgt habe, daß der Konzern auf seinen angestammten Arbeitsgebieten allen Hindernissen zum Trotz seine Wettbewerbsfähigkeit bewahrte.

Im selben Jahr allerdings fand die Akquisition des Landmaschinenbereichs von Allis-Chalmers Corp. statt, einem Problemkind in einem schrumpfenden Markt, zu einem Preis, von dem Gerüchte aus den USA meinten, daß er viel zu hoch war.

10 Vgl. „Der Welthandel ist keine Einbahnstraße", Bodo Liebe; Welt am Sonntag, 22.9.1985
11 Vgl. „Liebe: Leistungsprinzip wird vernachlässigt"; Frankfurter Allgemeine Zeitung, 27.6.1986
12 Vgl. „Bodo Liebe 60 Jahre"; Frankfurter Allgemeine Zeitung, 15.10.1980
13 Vgl. „Bodo Liebe 65 Jahre"; Frankfurter Allgemeine Zeitung, 15.10.1985

1986 wurde einigen Führungskräften im KHD-Konzern immer klarer, daß Liebe eine Fehlstrategie verfolgte, daß nämlich im Landmaschinen- und Dieselmotorengeschäft auch nach drastischen Rationalisierungen kein Blumentopf zu gewinnen war. Der Umsatz schrumpfte weiter, der Verdrängungswettbewerb wurde immer härter, und die Verluste waren nicht wegzubekommen.

Inzwischen hatte KHD zwar einen tollen Sprung aus der Reihe gewagt und eine Luftfahrttechnik-Sparte formiert, die angeblich 1986 schwarze Zahlen schrieb. Aber die Sparte war noch zu klein, um das Gesamtbild zu verbessern, und Wachstum war hier auch nur mit beträchtlichen Investitionen zu erreichen.

Es war der Vorstand der KHD-Humboldt Wedag AG, der den Vorstoß unternahm, nach neuen, innovativen Geschäfts- und Wachstumsmöglichkeiten zu suchen. Ausgehend vom reichlich vorhandenen Know-how des Industrieanlagengeschäfts im Engineering und im Projektmanagement wurden Geschäfte eingekreist, in denen die KHD in wenigen Jahren eine starke Position aufbauen und neues Wachstum generieren konnte: in der Sondermüll-Entsorgung und bei neuen Werkstoffen. Das strategische Konzept lag 1986 auf dem Tisch, aber Liebe setzte die Prioritäten anders. Auf der Hauptversammlung der KHD im Juli 1987 hielt er daran fest, daß erst einmal die laufenden Betätigungsbereiche wieder in die schwarzen Zahlen geführt werden müßten – „das hat erste Priorität" –, ehe an ein neues gedacht werden könne, obwohl es Pläne und genaue Projektanalysen dazu bereits gäbe[14].

Gleichzeitig stand Liebe aber unter zunehmendem Druck, im Auftrag des Aufsichtsrats einen Nachfolger von außerhalb des Unternehmens zu finden, der ihn ab Mitte 1988 ersetzen sollte.

Angesichts der andauernden Talfahrt fand der Wechsel dann schon zum 1.1.1988 statt: Dr. Karl-Josef Neukirchen wechselte von der SKF GmbH,

Schweinfurt, in den Vorstandsvorsitz der KHD über. Noch im Dezember 1987 kündigte Neukirchen an, daß mit Liebe, inzwischen 67 Jahre alt, auch die Vorstandsmitglieder für Produktionstechnik, Kurt Honrath, für Landtechnik, Manfred Hopf, und für Industrieanlagen, Günter Kohl, ausscheiden würden.

Was Neukirchen vorfand, erforderte ein völliges Umdenken. Nicht der desolate Markt oder die Dollarschwäche erwiesen sich als für die KHD-Misere verantwortlich, sondern fortdauernde Managementfehler, Fehleinschätzungen des Marktes, Festhalten an alten Strukturen und starren Prioritäten[15]. Die 1987er Gewinn- und Verlustrechnung schloß mit einem negativen Ergebnis von 200 Millionen DM ab.

In den bestehenden Geschäften verordnete Neukirchen daraufhin ein Schrumpfungsprogramm mit einem Personalabbau von 26.000 auf 20.000 Beschäftigte.

Statt dessen soll nunmehr verstärkt in den Bereich Industrieanlagen investiert werden, der damit hoffentlich auch in die Lage versetzt wird, angestrebte Diversifikationen in Wachstumsfelder zu verfolgen. Insgesamt war der KHD-Umsatz seit 1984 von 5,7 Milliarden DM auf 4,4 Milliarden DM Ende 1987 geschrumpft, das entspricht etwa dem Volumen des 1985 zugekauften Allis-Chalmers-Geschäfts. Ende 1988 wird nach weiteren Bereinigungen mit einem Umsatz von nur noch 4,2 Milliarden DM gerechnet.

Wandel durch Krise, aber immerhin im weiter existierenden Unternehmen, nicht durch Untergang.

Dr. Bodo Liebe ist lange Jahre ob seiner Führungsleistung gerühmt und geehrt worden. Respekteinflößende Personen schrieben ihm zu Ehren zu seinem 65. Geburtstag ein Buch über „den Weg in ein neues Zeitalter"[16].

Es wurde vollkommen übersehen, daß hier einer festhielt an veralteten Konzepten, daß hier ein ganzes Unternehmen auf die schiefe Bahn geriet, weil die Mechanismen des Wandels nicht funktionierten. Trotz angeblich sorgfältiger Vorbereitung strategischer Entscheidungen, trotz beratender Wissenschaftlergruppe, trotz des aufrichtigen Wunsches, das Unternehmen auf die Zukunft auszurichten, fielen falsche Entscheidungen, wurden häufig falsche Prioritäten gesetzt. Warum? Weil Kult getrieben

14 Vgl. „Das Ende der Talsohle kommt jetzt in Sicht"; Handelsblatt Nr. 126, 7.7.1987
15 Vgl. „Drei Vorstände müssen gehen"; Handelsblatt Nr. 234, 7.12.1987
16 Vgl. C. P. HENLE (Hrsg.): Auf dem Weg in ein neues Zeitalter – Festschrift für Bodo Liebe; Düsseldorf/Wien 1985

wurde und weil selektiv wahrgenommen wurde. „Das sture Festhalten an alten Strategien ist ein besonderer Wesenszug des ehemaligen Industriepraktikanten. Nach einmal getroffenen Entscheidungen, gesteht Liebe freimütig, macht er sich nie Gedanken, ob's richtig war oder falsch", wurde den Spiegel-Rechercheuren berichtet[17].

Es fehlten Gegengewichte sowohl im Bewußtsein von Bodo Liebe als auch in der Führung der KHD. Management des Wandels, wie es die KHD besonders nötig hatte, erfordert, daß die Führung ihre eigenen Konzepte immer wieder in Frage stellt und bewußt nach Innovationen sucht. Dieser Aufwand darf nicht die zweite Priorität nach dem Durchhalten bekommen, sonst fällt der Wandel der Defensive hoffnungsloser Positionen zum Opfer.

2.4 Dieter von Sanden: Structure Follows Strategic Needs

Als Dieter von Sanden im Herbst 1979 um ein dringendes Meeting mit internationalen Beratern von Arthur D. Little International bat, befanden sich der Leiter des für die Telekommunikationsindustrie zuständigen Beratungsbereichs in Riad und der für die Betreuung des Klienten Siemens AG verantwortliche Seniorberater der deutschen Niederlassung unseres Unternehmens in der Schweiz.

Innerhalb von 48 Stunden waren sie in München gelandet und trafen mit von Sanden und seinem Vertrauten für wichtige Beziehungen, Dr. Horst-Edgar Martin, zu einem Abendessen in der Bibliothek des Palais Montgelas zusammen.

Im September desselben Jahres hatte von Sanden auf der Telecom '79 in Genf, der größten internationalen Konferenz der Telekommunikationsindustrie, einen revolutionären Vortrag gehalten – revolutionär für die Siemens AG und für eine ganze Industrie. Thema: „Computer and telecommunication industry – competition or guided cooperation?"

Es ging darum, daß bei dem unausweichlichen Umschwenken der Telekommunikationssysteme auf digitale Technik die bisherige Antagonie zwischen den analogen Fernsprechnetzen und digitalen Datensystemen verschwinden würde – so daß sich auch die Abgrenzung zwischen herstellerspezifischen Computersystemen und öffentlichen Telekommunikationsnetzen verwischen würde.

Auf dem Internationalen Telekommunikationsforum, das Arthur D. Little im April 1978 in Amsterdam für einen ausgewählten Kreis von Führungskräften der DV- und Telekommunikationsindustrie sowie öffentlicher und großer privater Netzbetreiber organisiert hatte, verwandte von Sanden zum ersten Mal den Begriff ISDN für „integrated services digital network", der in den folgenden Jahren zum Synonym für den großen Wandel in der Welt der Telekommunikation werden sollte.

Worin bestand das Revolutionäre?

In den siebziger Jahren, als die Siemens AG noch versuchte, sich aus eigener Kraft und mit Förderung durch den Bundesminister für Forschung und Technologie gegen die dominierende IBM im Markt für Großrechner durchzusetzen und hier aus einer Position der Schwäche heraus ein Aufholrennen bestritt, das sich immer wieder schwieriger als gedacht erwies, konnte sie in der Nachrichtentechnik aus dem vollen schöpfen. Hier galten andere Regeln als in der Datenverarbeitung: hier erteilte die Deutsche Bundespost die Aufträge – was die Lieferung für die öffentlichen Fernmeldenetze in der Bundesrepublik Deutschland anbetraf – oder zumindest das Siegel der Zulassung – was die privaten Geräte und Anlagen anbetraf, die ja an die öffentlichen Netze angeschlossen werden mußten. Hier herrschte eine analoge Technologie vor, weit entfernt von der digitalen Computertechnik, so daß – wann immer Computerdaten über öffentliche Netze übertragen werden sollten – ein Übersetzer, Modulator-Demodulator genannt, erforderlich war. Und diese Modems wurden wiederum von der Deutschen Bundespost bereitgestellt (und von Telekommunikationsherstellern geliefert), jedenfalls in der Bundesrepublik Deutschland.

Von Sanden war 1969 Leiter des Geschäftsbereichs Fernsprechtechnik und 1973 Leiter des gesamten Unternehmensbereichs Nachrichtentechnik

17 Vgl. „Nie gezweifelt"; Der Spiegel Nr. 48, 1987

geworden und 1970 in den Vorstand der Siemens AG aufgerückt. Er war damit derjenige, der die Siemens-Festung Nachrichtentechnik gegen die Konkurrenz eventueller Neulinge zu verteidigen hatte – und solche Neulinge zeichneten sich ab, seit davon gesprochen wurde, daß die Vermittlungsfunktion öffentlicher und privater Netze elektronisch und damit eventuell sogar digital realisiert werden könnte. In der Tat war dieser Wechsel in der Fernschreibtechnik und bei speziellen öffentlichen Datennetzen in vollem Gang, deren Bedeutung gegenüber dem Fernsprechen zwar noch marginal war, aber sichtbar zunahm.

In dieser Situation bestand die Abgrenzungstaktik der Siemens AG darin, zwar „ja" zur Elektronik zu sagen, die offensichtlich kostengünstiger, flexibler und leistungsfähiger als die bisher verwandte Elektromechanik war, aber die nächste Generation der Vermittlungssysteme doch analog arbeiten zu lassen. Die Deutsche Bundespost machte mit, und es wurden viele Millionen in ein „Elektronisches Wählsystem/analog" – EWS-A – investiert, bis unübersehbar wurde, daß der gesamte Weltmarkt digitale Systeme verlangte, daß die Siemens AG also mit der Deutschen Bundespost allein dastehen würde.

Siemens brach die Entwicklung des EWS-A ab und entschloß sich, mit voller Kraft auf die digitale Vermittlungstechnik, d. h. auf Vermittlungscomputer umzuschwenken. Das muß traumatisch gewesen sein!

Aber von Sanden und seine Mannen traten die Flucht nach vorn auf breiter Front an. Denn wenn die Vermittlungstechnik im Fernsprechnetz digital sein würde – die reine Übertragung in den öffentlichen Fernsprechnetzen war aus ökonomischen Gründen schon seit einiger Zeit digitalisiert worden –, dann bestand technisch kein nennenswerter Unterschied mehr zu reinen Datennetzen, dann konnte das Fernsprechnetz ohne Einschränkungen und Komplikationen auch Daten, Texte und Bilder übertragen.

Die Entscheidung der Siemens AG, in der Nachrichtentechnik massiv in die digitale Technik einzusteigen, eröffnete in der Tat revolutionäre Konsequenzen. Aber war die Siemens AG darauf vorbereitet, war sie bereit und fähig, sich im gesamten Feld der Informations- und Kommunikationstechnik neu zu orientieren?

Ein Vorstandsausschuß Elektronische Technik der Siemens AG, VET, hatte 1979 die gleiche Frage gestellt. Zu diesem Zeitpunkt waren die Geschäfte der Datenverarbeitung und der Nachrichtentechnik auch innerhalb der Siemens AG in zwei Lager gespalten, wie es in der Vergangenheit zwischen den DV- und Telekommunikationsherstellern im Markt gewesen war: es gab einen Unternehmensbereich Datentechnik, UBD, und den Unternehmensbereich Kommunikationstechnik, UBK, unter der Leitung Dieter von Sandens und seines Kollegen Professor Dr. Heinz Gumin.

Die Wirklichkeit der Informations- und Kommunikationssysteme entwickelte sich aber zusehends nach einer völlig anderen Struktur: es entstanden öffentliche Netze auf der Basis der Datentechnik, d. h. mit digitaler Übertragung und Vermittlung und mit den Fähigkeiten der Speicherung, Verarbeitung und Signalisierung, die Computer bieten, und nutzereigene Systeme bei den Anwendern, in denen Informationsverarbeitung und Kommunikation ebenso immer stärker ineinander übergingen, wie sich die verschiedenen Kommunikationsformen Sprache, Daten, Text und Bilder zunehmend überlappten.

Mit seiner Ankündigung, daß die Siemens AG nicht nur die Digitalisierung und Vermittlungstechnik betrieb und hier bis 1985 ein „Elektronisches Wahlsystem/digital" – EWS-D – auf die Beine stellen wollte, sondern daß sie das Konzept eines dienste-integrierenden digitalen Netzes verfolgte, ergriff von Sanden eine beispielhafte Initiative.

Aber er tat das nicht allein und in einsamer Entscheidung – er engagierte sich in einer beispielhaften Überzeugungskampagne in der Siemens AG und in der gesamten Telekommunikationsindustrie. Er versuchte sogar, und das war die Botschaft seines Telecom-Vortrags 1979 in Genf, die Computerhersteller dafür zu gewinnen, daß einheitliche Standards für die Daten-, Text- und Bildübertragung im Interesse aller Nutzer von Informations- und Kommunikationssystemen waren, daß also ISDN die Basis einer Kooperation zwischen Computer- und Telekommunikationsindustrie werden könnte, anstatt den uneingestandenen, aber immer mehr auf Fragmentierung hinauslaufenden Wettbewerb zwischen öffentlichen Netzen und herstellerspezifischen, jeweils nutzereigenen Datennetzen auf die Spitze zu treiben: „Competition or guided cooperation?"

Für die Siemens AG war der Übergang auf digitale Lösungen in der Kommunikationstechnik eine Herausforderung ohnegleichen. Ohne eine ausgeprägte Gruppenmentalität in der Führungsmannschaft des Unternehmensbereichs Kommunikationstechnik, ohne ein abgestimmtes und gemeinsam durchdachtes Projektmanagement, aber auch ohne ständige interne Herausforderungen hätte vieles schief gehen können. In der Entwicklung waren neue Fähigkeiten der massiven Softwareproduktion aufzubauen, mußte Know-how über digitale Signalverarbeitung und Vermittlung erworben, mußten viele Alternativen des Designs abgewogen werden. Entscheidend war die Vorgehensweise, den Entwicklungsaufwand in viele Einzelpakete zu zerlegen, an denen parallel gearbeitet werden konnte, und ständig sicherzustellen, daß ein zusammenpassendes Ganzes entstand. In der Fertigung mußten bestehende Kapazitäten der elektromechanischen Technik auf Montage elektronischer Komponenten umgestellt und neue Methoden der Qualitätssicherung eingeführt werden. Gleichzeitig mußte sichergestellt werden, daß die Entwicklung international gültiger Standards im Sinne der Siemens-Konzepte beeinflußt und ständig berücksichtigt wurde; das galt insbesondere für die ISDN-Standards, die von einem internationalen Komitee, dem CCITT, bearbeitet wurden. Und nicht zuletzt mußten die Deutsche Bundespost und eine Vielzahl von nationalen Netzbetreibern davon überzeugt werden, daß die Siemens AG auf dem besten Weg war, eine moderne und zuverlässige Vermittlungsgeneration bereitzustellen. An Wettbewerb fehlte es nicht.

Diesen Vielfrontenkrieg durchstand die Führungsmannschaft des Unternehmensbereichs Kommunikationstechnik mit Scharfsinn und Geschick, wie Dieter von Sanden sie vorlebte. Regelmäßige Lagebesprechungen, gemeinsames strategisches Durchdenken, konstruktive, offene Diskussionen und Abklopfen aller wichtigen Aspekte waren die Basis dafür, daß jeder Verantwortungsträger im Bewußtsein der Gesamtherausforderung seinen Bei-

trag leistete und seine Sorgen und Probleme zur Sprache brachte.

Dabei gab es kritische Phasen. Eine hatte mit einer besonderen Art der Datenübertragung zu tun: der sogenannten Paketvermittlung.

Die Deutsche Bundespost betreibt ein paketvermitteltes Datennetz, auf dem sie den Dienst Datex-P anbietet, spezialisiert für die Kommunikation zwischen Computern oder zwischen Datenterminals und Computer. Die Netzausrüstung stammt von Northern Telecom, einem kanadischen Telekommunikationshersteller.

Bei der Siemens AG gab es Meinungsverschiedenheiten: Wird paketübermittelte Datenübertragung noch benötigt, wenn einmal ISDN zur Verfügung steht? Sollte die Siemens AG in die Weiterentwicklung der Paketvermittlungstechnik investieren?

Von Sanden beantwortete diese Frage nicht im Alleingang. Er ließ die kritischen Aspekte definieren, aus denen sich die Antwort ergeben müßte, und bezog die gesamte Führungsmannschaft in die Analyse mit ein. Ergebnis war, daß die Siemens AG paketvermittelte Datenübertragung als wichtigen Bestandteil der Diensteintegration unter ISDN erkannte und verstärkt in diese Technologie investierte. 1988 erhielt sie den Auftrag der Deutschen Bundespost für den Ausbau des deutschen Datex-P-Netzes – Begründung: die Siemens AG kann das Zusammenwachsen von ISDN und Datex-P gewährleisten.

Ein anderes kritisches Problem war, daß die Bereitstellung eines ISDN-fähigen öffentlichen Netzes nur sinnvoll ist, wenn die angeschlossenen Teilnehmer ihrerseits so ausgerüstet sind, daß sie mehrere Kommunikationsformen, z. B. Sprache und Daten oder Sprache, Text und Bilder, gleichzeitig benutzen wollen und können. Die dazu erforderlichen Nebenstellenanlagen und Endgeräte gab es noch gar nicht. Auch nicht bei der Siemens AG. Im Gegenteil, durch die organisatorische Trennung in die Unternehmensbereiche Datentechnik und Kommunikationstechnik war ein integrierter Ansatz erschwert. Die einen entwickelten Daten- und Textsysteme mit eigenen Netzen, die anderen Nebenstellenanlagen und Telefongeräte.

Die Problematik, die der Vorstandsausschuß Elektronische Technik schon 1979 erkannt hatte, wurde nun zukunftsgefährdend. Ein Wandel war erforderlich, der über rein organisatorische Umstrukturierungen hinausgehen mußte. Im Unternehmensbereich Kommunikationstechnik lief die Entwicklung einer digitalen ISDN-fähigen Nebenstellenanlage auf Hochtouren; was jetzt fehlte, waren Gesamtkonzepte von Bürokommunikationssystemen, aus denen sich ISDN-orientierte Endgeräte ableiten ließen. Dazu gehörten Daten- und Textkommunikation ebenso wie Sprachkommunikation – insbesondere aber sinnvolle Kombinationen davon. Dazu gehörten ferner Personal Computer und leistungsfähige Büroarbeitsplatzsysteme.

Dieter von Sanden sah das alles und erkannte, daß er in seiner Position als Leiter des Unternehmensbereichs Kommunikationstechnik dem Wandel ungewollt im Wege stand.

1984 trat er aus dieser Einsicht heraus von seiner Position zurück und initiierte dadurch eine marktgerechte Umstrukturierung: aus dem Unternehmensbereich Datentechnik und den für Nebenstellenanlagen und Telekommunikationsendgeräte verantwortlichen Geschäftsbereichen des Unternehmensbereichs Dieter von Sandens wurde ein neuer Unternehmensbereich geschaffen, der alles abdeckt, was zum Informations- und Kommunikationssystem der Anwender gehören kann.

Dieser neue Unternehmensbereich Kommunikations- und Datentechnik unter Dr. Claus Kessler brachte 1986 das HICOM-System bestehend aus einer ISDN-fähigen Kommunikationsanlage und einem breiten – und ausbaufähigen – Spektrum von Endgeräten heraus, inklusive kommunikationsfähigen Personal Computers.

Die öffentliche Vermittlungs- und Übertragungstechnik und die Sicherungstechnik wurden in den neuen Unternehmensbereich Nachrichten- und Sicherungstechnik eingebracht. Die Themen EWS-D, Paketvermittlung und ISDN wurden damit zum Hauptanliegen eines ganzen Unternehmensbereichs unter dem bisherigen von-Sanden-Mitarbeiter Dr. Hans Baur.

Dieter von Sanden, weiterhin im Vorstand der Siemens AG, wurde mit der Aufgabe betraut, die Abstimmung zwischen den beiden neuen Unternehmensbereichen zu koordinieren. Ein Jahr später, am

10. Juli 1985. starb er, fünfundsechzigjährig, völlig unerwartet an den Folgen eines Herzinfarkts.

Die Siemens AG hatte es unter seiner Ägide geschafft, den Übergang zur digitalen Kommunikationstechnik in einer Weise zu vollziehen, daß sie heute sowohl in der öffentlichen Kommunikationstechnik – mit EWS-D und einer leistungsfähigen Paketvermittlungstechnik – als auch bei anwenderorientierten Informations- und Kommunikationssystemen – mit dem Gesamtkonzept HICOM – ihre Führungsposition gefestigt hat.

2.5 Einzelfälle oder Prototypisches?

Was wollen wir mit den vier Unternehmer-Essays beweisen? Jeder der vier Menschen, jede der vier Unternehmenssituationen ist von so vielen Besonderheiten geprägt, daß Verallgemeinerungen sträflich wären.

Im Fall von Max Grundig und Bodo Liebe könnte man fragen: Wer hätte es an ihrer Stelle besser gemacht? Wir wissen nicht, mit welcher Wahrscheinlichkeit ein anderer Mensch unter den Gegebenheiten erfolgreicher gehandelt hätte. Die meisten von uns wären vielleicht überfordert gewesen.

Aber wir können doch einzelne Verhaltenselemente, einzelne Entscheidungssituationen herausgreifen und feststellen: Was lief im Endeffekt schief? Warum wurde es nicht oder zu spät erkannt?

Im Fall von Heinz Nixdorf und Dieter von Sanden war die Erkenntnis, daß Wandel nur im Team verstanden und bewältigt werden kann, das auslösende Moment dafür, daß sie sich selber zurücknahmen – auf eine eher „staatsmännische" Rolle. Sie blieben zwar im Netz der Informations- und Entscheidungsfäden, aber sie beschränkten sich zunehmend darauf, dafür zu sorgen, daß die Führungsmannschaft für ein gemeinsames Ziel motiviert war, daß sie die strategisch entscheidenden Prioritäten setzte und die damit verbundenen Koordinationsnotwendigkeiten erkannte und daß überhaupt eine längerfristige Strategie durchgehalten wurde. Ihre Mitarbeit im Tagesgeschäft war eher ein Weg, um mit der Führungsmannschaft im engen menschlichen Kontakt zu bleiben, um Vision auszustrahlen und eine Unternehmenskultur vorzuleben.

Daß Max Grundig noch in kritischen Phasen seines Unternehmens Geschäftsreisen von Mitarbeitern selbst genehmigte und über den Austausch reparaturbedürftiger Bürogeräte entschied, mag anekdotisch sein, spiegelt aber eine Einstellung zu Delegation und zur Gestaltung von Vertrauensverhältnissen wider. Klare Selektrionskriterien und Einbeziehung der Führungskräfte in umfassende Entscheidungs- und Steuerungssituationen, das Erfolgsrezept von Heinz Nixdorf, hatten bei Max Grundig keinen hohen Stellenwert.

Auch Bodo Liebe war in seiner Führungsrolle eher ein Mann der einsamen prinzipiellen Entscheidungen, an denen kaum noch gerüttelt werden konnte. Die Verhaltensweisen, die in einer dynamischen Situation notwendig sind, in der immer wieder neue Erkenntnisse aufkommen und verarbeitet werden müssen, gelangten in seinem Umfeld nicht zur Entfaltung. Er setzte die Prioritäten selbst und ließ sich von anderen im Unternehmen, die neue Ansätze suchten, nicht davon abbringen. So hielt er an Geschäften und Strategien fest, die in der offenen Diskussion als zumindest fragwürdig erkennbar gewesen wären. Dieter von Sanden handelte da ganz anders – er vollzog mit seiner gesamten Führungsmannschaft den großen Schwenk, als die defensive Strategie der analogen elektronischen Vermittlungssysteme in die Sackgasse zu führen drohte – und eröffnete dem Unternehmen Siemens völlig neue Perspektiven. Von Sanden war dabei nicht der

„Master mind", sondern eher der Kristallisationspunkt, um den herum sich die neue Strategie konkretisieren konnte. Diese Strategie gewann dann soviel Eigendynamik, daß von Sanden sich zurückziehen und den Weg für neue organisatorische Lösungen zugunsten der Stategie ebnen konnte.

Hinter diesen Unternehmergeschichten stehen Unternehmenskulturen und Praktiken der Produktentwicklung, des Marketing, des operativen Managements und des Informationsmanagements, deren Bedeutung für den Umgang mit dem Wandel wir in den folgenden Kapiteln verdeutlichen wollen.

Denn daß Heinz Nixdorf und Dieter von Sanden prototypisch für den Führungsansatz und die Unternehmenskultur des „Alle für eine gemeinsame Sache" sind, während Max Grundig und Bodo Liebe für die Unternehmenskultur des „Master mind" stehen, möchten wir bei aller Vorsicht behaupten. Daß die Nixdorf Computer AG die Spielregeln des Innovationsmanagements beherrscht und daraus eine auf schnellen Wandel eingestellte Vorgehensweise der Produktentwicklung und des Marketing abgeleitet hat, ist wiederum nur mit dem unternehmenskulturellen Umfeld des „Alle für eine gemeinsame Sache" zu erklären.

Wir glauben daher, daß es einen besonderen „Erkenntnisgenuß" bereiten wird, nach dem Kapitel 10 „Veränderung der Unternehmenskultur" noch einmal zu diesem Kapitel zurückzukehren und die vier Unternehmer-Essays nicht nur als Einzelfälle zu lesen, sondern als Fallbeispiele für angemessenes oder aber überlebtes Verhalten im Wandel.

Drittes Kapitel

Die Basis unternehmerischer Initiative: Systematisch neue Produkte und Leistungen entwickeln

Dr. Claus Tiby

3.1 Innovationsführerschaft und Marktgerechtheit der Produkte entscheiden

In know-how-intensiven Industrien wie den verschiedenen Branchen der Informationstechnik und der Elektronik, der Luftfahrtindustrie oder der pharmazeutischen Industrie hängen Wettbewerbskraft und Wachstum der Unternehmen in besonders starkem Maß von Erfolgen in der Forschung und Entwicklung ab.

Dem wachsenden internationalen Innovationswettbewerb, der in der Tendenz zu immer kürzeren Produktlebenszyklen führt, stehen in diesen Branchen steigende Entwicklungskosten und -zeiten gegenüber. Die Verkürzung der Produktlebenszyklen ist im Markt für Mikrocomputer besonders eklatant: Der Zeitbedarf für Forschung, Software- und Hardware-Entwicklung, Einrichtung neuer Produktionsstätten und Tests ist heute schon wesentlich höher als die Lebensdauer der damit hergestellten Produkte, die sich jeweils nur zwei bis drei Jahre auf dem Markt halten können.

Aus der zunehmenden strategischen Bedeutung der Entwicklung neuer Produkte und Leistungen resultieren zwei Konsequenzen:

a) Nachfolgestrategien (d. h. das Abwarten, bis der Wettbewerb den Markt für innovative Produkte und Leistungen aufbereitet hat) erweisen sich als immer weniger erfolgversprechend.

Die Ergebnisse einer Untersuchung der amerikanischen Zeitschrift Fortune[1] zeigen, daß die innovativsten Unternehmen in den USA deutlich bessere Renditen erwirtschaften als die weniger innovativen Marktteilnehmer: Ihr Return on Capital Employed liegt bis zu 30 % höher als das der bei bestehenden Produkten und Leistungen verharrenden Wettbewerber.

Die Vorteile der Innovationsführer bestehen darin, daß sie zunächst bessere Preise erzielen, Kundenloyalität aufbauen und mit ihren innovativen Produkten und Leistungen häufig Standards setzen können, an die sich die Nachfolger

halten müssen. Außerdem erzielen sie Mengen- und Erfahrungsvorsprünge, die ihre Kostenposition stärken. Wer später kommt, muß Marktanteile mit größerem Aufwand erkaufen und sich in der Regel mit inzwischen niedrigeren Preisen begnügen, da der Innovationsführer seine Entwicklungsaufwendungen zum Teil bereits wieder eingefahren hat und seine Kostenvorteile an die Abnehmer weitergeben kann.

Es erfordert sehr etablierte Unternehmen und eine massive Nachfolger-Strategie, um den Vorsprung der Innovationsführer wieder aufzuholen. Beispiele dafür sind der verspätete, aber erfolgreiche Eintritt von IBM in den Markt für Personal Computer und die Markttaktik von JVC mit dem Videorecordersystem VHS gegen Betamax von Sony und das System Video 2000 von Philips und Grundig, die darauf beruhte, die größere Zahl von Lizenznehmern zu gewinnen.

Da aber die Lebensdauer vieler Produkte im Markt schrumpft, dürfte es immer schwieriger werden, Zeitverluste wieder aufzuholen. Wer zu spät kommt, wird in Zukunft unter Umständen nicht einmal mehr die Kosten für Forschung und Entwicklung amortisieren können.

Wenn Unternehmen eine Produktgeneration verpaßt haben, tun sie besser daran, ihre Entwicklung auf die nächste Produktgeneration auszurichten, um ein „leap frogging" zu machen. Dadurch wird allerdings ein zusätzlicher Druck auf die Lebenszeit der laufenden Produktgeneration ausgeübt. Japanische Unternehmen betreiben das „leap frogging" ganz systematisch und heizen damit die Innovationsdynamik noch weiter an.

b) Es wird immer wichtiger, bereits bei der Markteinführung das „richtige" Produkt anzubieten.

Anpassungen der technischen Spezifikationen und des Designs an zu spät oder zu ungenau erkannte Kundenanforderungen führen zu Zeit- und Marktanteilsverlusten gegenüber den Konkurrenten, die nicht wieder gutgemacht werden können. Während der Entwicklungsaufwand steigt, sinken die Chancen, die Entwicklungskosten zu amortisieren.

Zu viele Produkte werden von den Entwicklern und Technikern der Unternehmen hinter

---

1 Vgl. Fortune Magazine, 7. Januar 1985

verschlossenen Türen fertiggestellt, um die Kunden und den Wettbewerb mit der Neuigkeit zu überraschen. Die Entwickler und Techniker sind dabei auf ihre Vermutungen und Interpretationen des Kundenbedarfs angewiesen – und da liegen sie häufig falsch. Arthur D. Little International stellte bei einer Erhebung fest, daß nahezu 80 % der neu eingeführten Produkte in bezug auf die Befriedigung der Kundenwünsche verbesserungsfähig sind und durch unnötige Eigenschaften auch unnötig hohe Kosten verursachen. Ehe diese Diskrepanz dann durch Nachentwicklungen ausgeräumt werden kann, arbeitet die Konkurrenz bereits an der nächsten Produkt- und Technologiegeneration.

Die Wahrscheinlichkeit, daß die Forscher und Entwickler im Alleingang Ergebnisse bereitstellen, die das Unternehmen zur Sicherung seiner Geschäftsentwicklung benötigt, ist gesunken. Die Abhängigkeit der Unternehmen vom F&E-Beitrag muß deshalb verstärkt antizipiert und in eine gesamtunternehmerische F&E-Steuerung umgesetzt werden. Damit werden F&E-Strategien zu einer entscheidenden Basis unternehmerischer Initiative.

In der Vergangenheit konnten die Unternehmen ihre Wachstumsziele weitgehend mit dem Marktwachstum ihrer bestehenden Produkte befriedigen, von Zeit zu Zeit ergänzt durch zusätzliche Impulse neuer Produkte aus Forschung und Entwicklung. Heute ist das Wachstum der laufenden Produkte typischerweise begrenzt, und Wachstums- und Ertragserwartungen sind demzufolge stärker auf neue Produkte und Leistungen ausgerichtet.

Das bestehende Produktprogramm reicht in der Tat meistens nicht mehr aus, um die angestrebte Umsatzentwicklung über einen längeren Zeitraum zu gewährleisten. Daher müssen heute an spezifische F&E-Vorhaben genauer quantifizierte und terminierte Erwartungen gestellt werden, um das Unternehmensziel abzusichern. Abbildung 3-1 zeigt den Unterschied: Unternehmensziel und Wachstum des bestehenden Produktprogramms stimmten früher über den typischen Planungszeitraum einigermaßen überein. Heute sind im gleichen Planungszeitraum Produktneueinführungen zu spezifischen Zeitpunkten erforderlich, um das Unternehmensziel zu erreichen.

Die Rentabilität der Produktneueinführungen wird stark durch den Zeitbedarf von der Konzeption

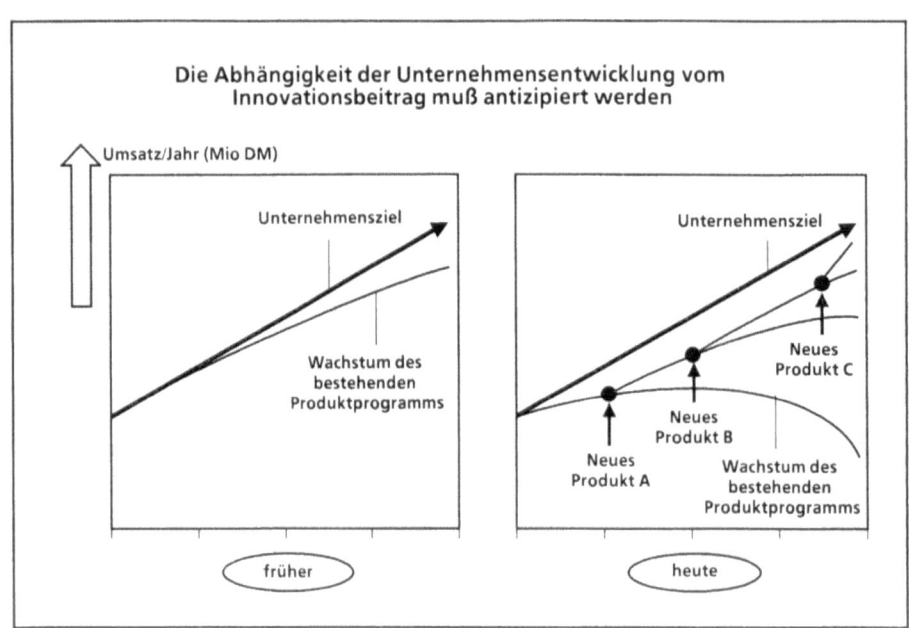

Abb. 3-1

94

bis zur Umsetzung in ein marktfähiges Produkt beeinflußt. Arthur D. Little International verglich in einer Studie bei mehreren Unternehmen unterschiedlicher. Branchen die Bedeutung der Entwicklungsdauer mit der Höhe der Forschungs- und Entwicklungsaufwendungen sowie der Produktionskosten. Wie Abbildung 3-2 zeigt, hat die spätere Produkteinführung infolge Überschreitung der geplanten Entwicklungsdauer um 10 % auf den kumulierten Ertrag eine negativere Auswirkung als eine 10 %ige Überschreitung der Produktionskosten oder selbst eine 50 %ige Überschreitung der F&E-Kosten. Diese Auswirkung rührt nicht nur vom höheren F&E-Aufwand her, sondern vor allen Dingen von Einbußen beim Verkaufsvolumen während der Produktlebenszeit, die ihrerseits durch den Zyklus der Produktgenerationen begrenzt ist. Zusätzliche Entwicklungszeit geht also von der Lebenszeit der entwickelten Produkte ab. In einem solchen Umfeld werden Methoden und Verhaltensweisen des F&E-Managements benötigt, die

– eine engere Koordination des F&E-Einsatzes mit den Wettbewerbsstrategien des Unternehmens ermöglichen und die

– die strategische Effizienz der F&E-Funktion steigern, in dem Sinn, daß die Entwicklungsvorhaben zeitlich richtig positioniert und die Durchlaufzeiten durch die Entwicklung auf ein Mindestmaß verkürzt werden.

F&E-Management, werden die Verantwortlichen für Forschung und Entwicklung sagen, ist eine Aufgabe, die wir seit Jahren ernst genommen haben – die Steuerung von Entwicklungsprojekten und des Personaleinsatzes ist in den meisten Unternehmen unter Kontrolle. Um die funktionsinterne Steuerung innerhalb des F&E-Bereichs geht es aber gar nicht. Es geht vielmehr um die Abstimmung mit den anderen Funktionsbereichen des Unternehmens und mit den unternehmensstrategischen Anforderungen. Hier bestehen in den meisten Unternehmen uneingestandene Schwachstellen, die ihre Wandlungsfähigkeit beeinträchtigen.

Aus der Sicht des Unternehmens, das geordneten Wandel zum Managementziel erklären will, stellen sich zwei Fragen:

– Welches sind die Hauptursachen für heutige Schwachstellen in der Produktentwicklung?

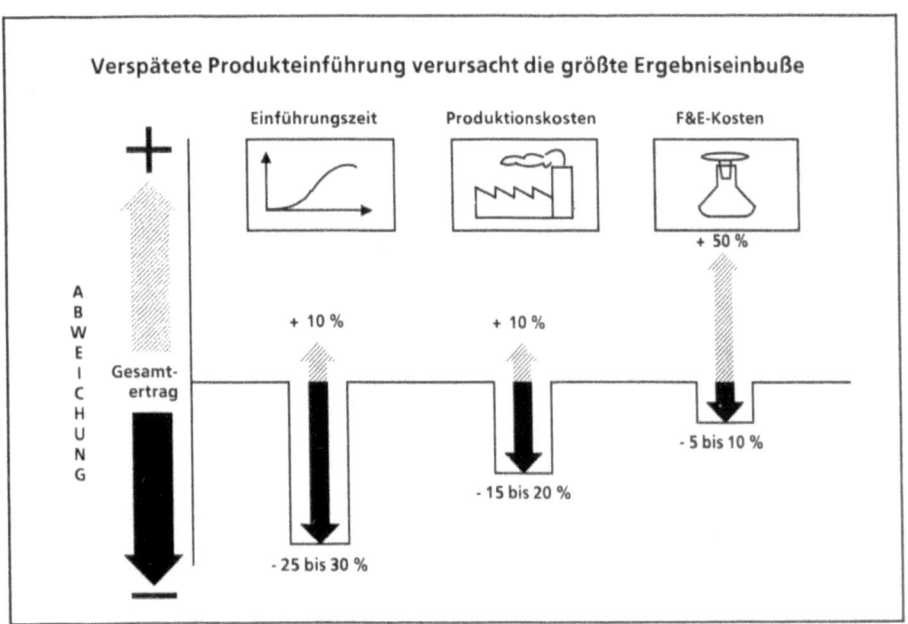

Abb. 3-2

– Wie kann die strategische Effizienz von F&E verbessert werden?

In zahlreichen Beratungsprojekten haben wir uns mit diesen beiden Fragen beschäftigt und darauf Antworten gefunden, die meistens mit dem Verhalten in den Unternehmen und den benutzten Methoden zu tun hatten. Durch Überwindung der Schwachstellen und Steigerung der Effizienz des F&E-Einsatzes halfen wir, unternehmerische Initiative zurückzuerlangen. Wenn die Unternehmen wissen, daß sie zuverlässig mit dem Instrument der Produktentwicklung umgehen können, gewinnen sie in der Regel den Mut zurück, Wandel bewußt als Wettbewerbswaffe und Wachstumsstimulator einzusetzen. Diese Erfahrung wollen wir im folgenden vertiefen.

3.2 Welches sind die Hauptursachen für Schwachstellen in der Produktentwicklung?

Nach unseren Beobachtungen sind Ineffizienzen in der Produktentwicklung in erster Linie auf unternehmensinterne Gründe zurückzuführen. Dazu gehören vor allen Dingen

– Abstimmungsprobleme zwischen organisatorischen Einheiten,
– Uneinigkeit über Produktspezifikationen,
– Blockierung von Ressourcen durch nicht-erfolgversprechende Projekte und
– ineffektives Projektmanagement.

Wie Abbildung 3-3 zeigt, besteht der Produktentwicklungsprozeß aus einer Folge von Phasen, in denen jeweils viele Aufgaben und Entscheidungen von mehreren Funktionsbereichen des Unternehmens bewältigt werden müssen. Daher kommt der Kommunikation an den Schnittstellen zwischen den beteiligten Bereichen besondere Bedeutung zu. In der pharmazeutischen Industrie sind in diesen Prozeß beispielsweise die Abteilung für chemische Synthese, Biochemie, Toxikologie, Pharmakologie, Me-

dizin und Marketing involviert, zwischen denen häufig gegenseitiges Mißtrauen und Abteilungsegoismen herrschen, die zu Doppelarbeit und zu erheblichen Verzögerungen des Projektdurchlaufs führen.

Es sind besonders immer wieder Abstimmungsschwierigkeiten bezüglich der Produktspezifikationen und der Marktanforderungen, die den Entwicklungsprozeß beeinträchtigen (siehe Abbildung 3-4). Während in der Vergangenheit in vielen deutschen Unternehmen die Initiative von dem technologisch Interessanten und Machbaren ausging, steht heute meist durch äußere Zwänge die Frage „Was braucht der Markt?" im Vordergrund.

Verschleppte oder nicht mehr attraktive Projekte binden Kapazitäten und lenken die Managementaufmerksamkeit von den strategisch wichtigen Projekten ab. Projekte mit einem hohen technischen Risiko und langen Payback-Zeiten werden häufig genauso behandelt wie Projekte, die technisch zwar als attraktiv angesehen werden, die aber nur geringen kommerziellen Erfolg versprechen. In vielen Unternehmen ist die Entscheidung, ein wenig erfolgversprechendes Projekt zu stoppen, schwieriger durchzusetzen als die, ein neues in die Entwicklung aufzunehmen.

Durch unzureichendes Projektmanagement werden Geld und Zeit verschwendet, die woanders fehlen. Die schnelle Einführung neuer Produkte scheitert daran, daß die Produkte zunächst für den Heimmarkt entwickelt werden und daß dann aufwendige Anpassungsentwicklungen für andere Zielmärkte erforderlich werden.

Die Ursachen dieser Ineffizienzen sind oft organisatorische und kulturelle Hindernisse:

– Organisationsstrukturen und Abläufe mit einer zu großen Zahl von involvierten Bereichen, übertriebenen Anforderungen an die Rechtfertigung der Projekte und hierarchisch komplexen Entscheidungsprozessen,
– Verantwortungsträger, die keine klaren strategischen Ziele vorgeben, Prioritäten zu häufig verändern und keine konsequenten Entscheidungen treffen,
– Mangel an Motivationsanreizen, so daß Verhaltensweisen in erster Linie von politischen Pro-

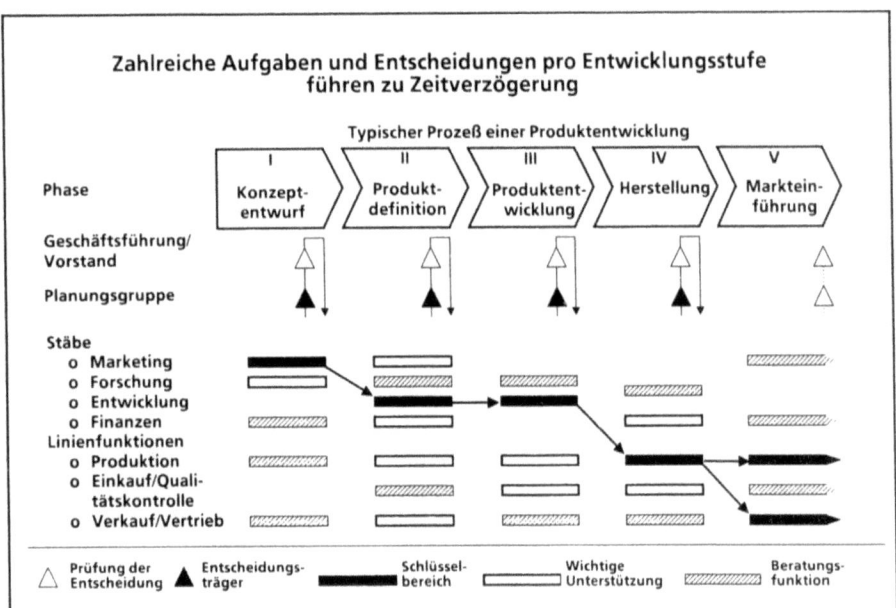

Abb. 3-3

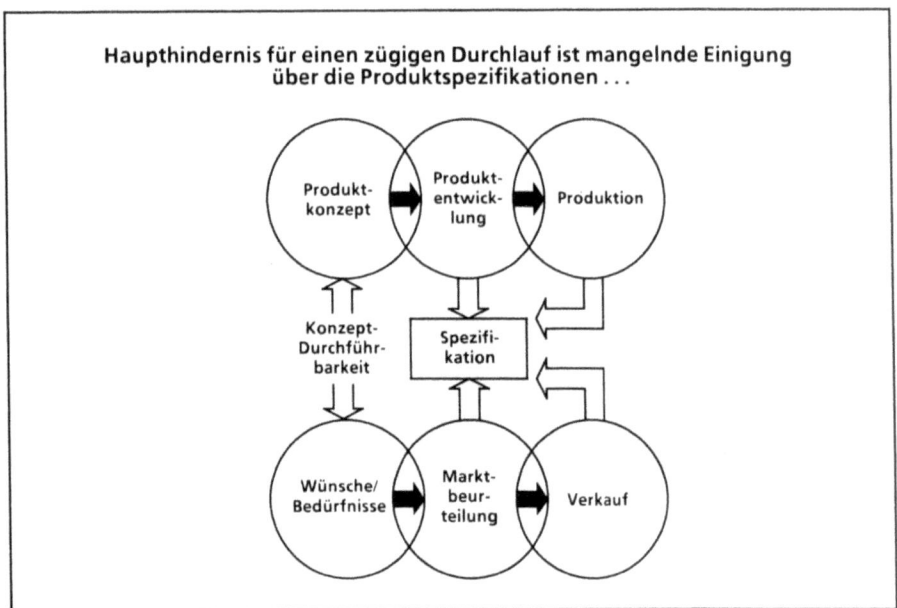

Abb. 3-4

zessen geprägt sind und die Funktionsträger zu übertriebener Perfektion bei der Verfolgung ihrer Partikularinteressen neigen.

Die erste Hürde, die Ideen für Entwicklungsvorhaben im Unternehmen überwinden müssen, ist der Überzeugungsaufwand dafür, daß es sich überhaupt um ein attraktives Vorhaben handelt und daß das Unternehmen Ressourcen dafür einsetzen sollte. Das Problem besteht darin, daß die meisten Unternehmen keine F&E-Strategie formuliert haben, d. h.

- die Entscheidungsträger verfügen über keine abgestimmten, zuverlässigen Kriterien, nach denen sie die Eignung eines Entwicklungsvorhabens bewerten können – insbesondere nicht, wenn (was eigentlich wünschenswert ist) mehrere Entwicklungsvorhaben miteinander im Wettbewerb um begrenzte Mittel stehen;
- es gibt keine systematischen Wege und Verfahren, um Ideen für Entwicklungsvorhaben den Entscheidungsträgern zur Kenntnis zu bringen und diese ihrer Verantwortung für die Behandlung der Ideen (die ja Chancen für das Unternehmen darstellen) bewußt werden zu lassen;
- F&E-Projekte werden häufig von Forschern und Entwicklern selbst nach explizit nicht genannten und unternehmerisch nicht optimalen Gesichtspunkten in Angriff genommen und weiterverfolgt.

So kann es manchmal unverantwortlich lange dauern, bis eine Idee in ein F&E-Projekt umgewandelt wird, falls ihr Verfechter überhaupt die Durchsetzungskraft besitzt, sie am Leben zu halten.

3.3 Wie kann die strategische Effizienz von F&E verbessert werden?

Für die Entwicklung neuer Produkte und Leistungen im Rahmen einer aktiven Innovationsstrategie sind drei Ansatzpunkte entscheidend; Hauptziel ist dabei die Konzentration auf die erfolgversprechendsten Entwicklungsvorhaben und die Verkürzung der Durchlaufzeiten durch die Entwicklung:

- die Neugestaltung der Organisationsstrukturen und Abläufe,
- die Einbeziehung aller beteiligten Funktionen und Bereiche in einen gemeinsamen Planungs- und Steuerungsprozeß,
- die Einführung eines unternehmerisch orientierten Projektmanagements.

3.3.1 Neugestaltung der Organisationsstrukturen und Abläufe

„Structure follows strategy", die Grundregel der strategischen Unternehmensführung, läßt sich auch im Umkehrschluß anwenden: Strukturen verhindern Strategien.

Wir müssen uns ansehen, zu welchem Zweck bestimmte Organisationsstrukturen gestaltet wurden. In den meisten Unternehmen wurden große F&E-Abteilungen geschaffen, um die Nutzung knapper Ressourcen (Personal und Ausrüstung) zu optimieren, um technisch-wissenschaftlichen Gedankenaustausch in homogenen Gruppen zu fördern und um eine hohe Spezialisierung des Know-hows zu erreichen. Im Vordergrund stand die fachliche Leistung von Spezialisten in der Forschung und in der Entwicklung. Daraus wurde für die Spezialisten aber in vielen Fällen ein Selbstzweck – die fachliche Leistung des „Forschers" findet ihre Anerkennung nicht im Markterfolg von Produkten, denn auf dem Weg dahin muß das entstehende Produkt durch die Hände so vieler andersgearteter Spezialisten, daß der Erfolgsbezug verloren geht. Sie findet vielmehr ihre Anerkennung im Kreise anderer Forscher, die die Forschungsleistung als solche würdigen können. Daher das Bestreben, unter sich zu sein und zu publizieren. Das Forschungsvorhaben kann in diesem Umfeld ein Erfolg sein, auch wenn daraus nie ein Produkt wird. In der nächsten Durchgangsstufe, der Entwicklung, gelten ganz andere Regeln, aus der Sicht der Forscher banal pragmatische, aus der Sicht der Entwickler die der „Realität". Was im Forschungsmaßstab gelang, ist noch lange nicht funktionsfähig, muß nach Ingenieursgesichtspunkten neu konzipiert werden. So wird wiederum solides Spezialistentum angewandt – bis zum perfekt durchentwickelten Prototyp. Der allerdings ist nicht produktionsreif. Ein anderer Typ von Spezialisten erfindet nun das Rad zum dritten Mal, das serienreife Produkt. Ob es dem Vertrieb so recht ist (oder gar den Kunden), stellt sich erst heraus, wenn die Produktion anläuft.

Die Strategie, die unter diesen organisatorischen Gegebenheiten herauskommt, ist die des „Followers", der von dynamischeren Unternehmen immer wieder überrundet wird, der sich, wenn er etabliert ist, nur dank seiner Marktposition und massiver Vertriebsanstrengungen über Wasser hält.

Unternehmen, die eine aktive Innovationsstrategie auf der Basis systematisch erzielter Produktvorsprünge verfolgen wollen, müssen ihre Organisation im Forschungs- und Entwicklungsbereich überdenken. Anstelle von eng begrenzten Spezialisten in vielen Abteilungen, die zu einem vielstufigen F&E-Durchlauf führen, sollten sie produktbezogene Gruppen bilden, die ein Vorhaben von Projektbeginn bis zur Realisierung in der Hand behalten. Auch wenn Spezialisten daran arbeiten, sollte der Markterfolg für die Gruppe insgesamt die Motivation bringen.

Damit wird auch die Grundlage für ein unternehmerisch orientiertes Projektmanagement geschaffen, das sich nicht mehr an Abteilungsgrenzen und Abteilungsegoismen stößt (siehe 3.3.3).

Voraussetzung für die Effizienzsteigerung in F&E ist das Verständnis der Prozesse bei der Definition von Aufgaben, der Entscheidungsfindung und der Zuordnung von Mitarbeitern sowie der Verfahren der Projektvorbereitung, Projektgenehmigung und -kontrolle. Die informalen Rahmenbedingungen wie Gruppenbeziehungen, Werte und Motivation müssen dabei als ernstzunehmende Faktoren einbezogen werden. Dieses Verständnis kann durch eine Reihe von Analysen gewonnen werden:

- Pert-Analyse ausgewählter Projekte (Transparentmachung kritischer Aufgaben, Informationen, Zeiten und Entscheidungsträger),
- Interviews zur Observation der informalen Prozesse und der Unternehmenskultur (zum Beispiel Bestimmung von Verhaltenswiderständen, Kongruenzanalyse der Interessen und Prioritäten),
- Effizienzanalyse der informalen Organisation und ihrer Abläufe (zum Beispiel Informationswertanalyse, Analyse der Leistungsreserven),
- Wettbewerbsanalysen (Bestimmung der Innovationsraten, der Strategien und der Umsetzungseffizienz von Wettbewerbern im Verhältnis zum eigenen Unternehmen).

Aus diesen Analysen lassen sich für alle sichtbare Schwachstellen und meistens auch von allen getra-

gene Maßnahmen zur Überwindung der Schwachstellen ableiten.

3.3.2 Einbeziehung aller beteiligten Funktionen und Bereiche in einen gemeinsamen Planungsprozeß

Die enge Einbindung der F&E-Strategie in die Gesamtstrategie des Unternehmens sowie ein strategisches Bewertungssystem für F&E-Projekte sind Voraussetzung für die unternehmerische Steuerung der Entwicklungsleistung (siehe Abbildungen 3-5 und 3-6). Nur mit Hilfe eines interdisziplinären F&E-Steuerungssystems (siehe Abbildung 3-7) kann überwacht werden, ob die strategischen Ziele von F&E-Projekten erreicht werden.

Diese Ansätze erlauben es, wettbewerbsgerechte F&E-Schwerpunkte zu bilden. Wettbewerbsgerechter F&E-Aufwand muß heißen: gezieltere Umsetzung der F&E-Ergebnisse in nachweisbaren Markterfolg. Häufig zielen Unternehmen darauf ab, durch F&E-Einsatz ihren Marktanteil zu halten oder zu erhöhen. Aber obwohl sie auf diese Weise Umsatzwachstum erreichen, nimmt die Rentabilität ihrer F&E-Aufwendungen laufend ab. Der MUFE-Index (MUFE = Marktanteil, Umsatz, F&E-Aufwendungen, Ertrag) von Arthur D. Little International hilft hier, strategisch falsche F&E-Aufwendungen zu erkennen und für das Unternehmen vorteilhafte Schwerpunkte zu setzen (siehe Abbildung 3-8).

Dieser Index zeigt, um wieviel Prozent die F&E-Aufwendungen gesteigert wurden, um eine Erhöhung des Umsatzes und des Marktanteils zu erreichen, und welche Auswirkungen die F&E-Politik auf die Ertragsentwicklung hatte. Mit Hilfe dieses MUFE-Indexes kann insbesondere ein Vergleich der F&E-Wirksamkeit zwischen verschiedenen Produktgruppen angestellt werden.

Ursache für die unzureichende Wirksamkeit der F&E-Aufwendungen ist häufig eine fehlende Übereinstimmung zwischen den strategischen Anforderungen des Geschäfts und den verfolgten F&E-Schwerpunkten. Man kann häufig beobachten, daß

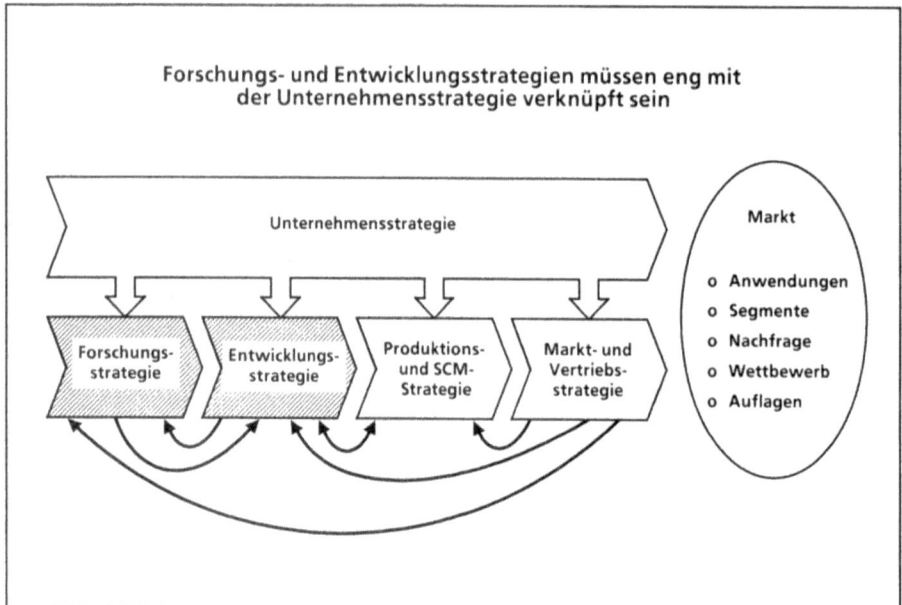

Forschungs- und Entwicklungsstrategien müssen eng mit der Unternehmensstrategie verknüpft sein

Unternehmensstrategie

Forschungs-strategie

Entwicklungs-strategie

Produktions- und SCM-Strategie

Markt- und Vertriebs-strategie

Markt

o Anwendungen
o Segmente
o Nachfrage
o Wettbewerb
o Auflagen

Abb. 3-5

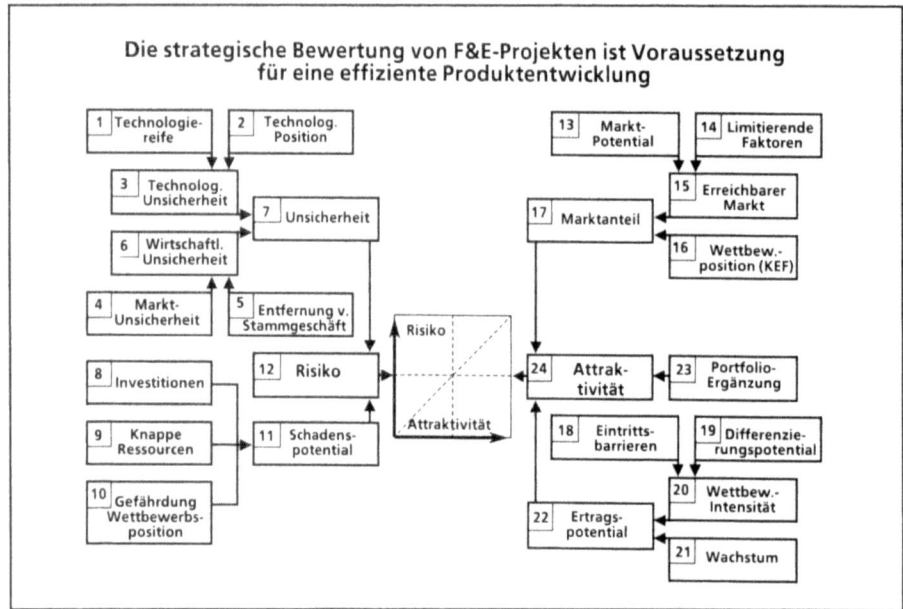

Die strategische Bewertung von F&E-Projekten ist Voraussetzung für eine effiziente Produktentwicklung

1 Technologie-reife
2 Technolog. Position
3 Technolog. Unsicherheit
6 Wirtschaftl. Unsicherheit
7 Unsicherheit
4 Markt-Unsicherheit
5 Entfernung v. Stammgeschäft
8 Investitionen
12 Risiko
9 Knappe Ressourcen
11 Schadens-potential
10 Gefährdung Wettbewerbs-position

Risiko

Attraktivität

13 Markt-Potential
14 Limitierende Faktoren
15 Erreichbarer Markt
17 Marktanteil
16 Wettbew.-position (KEF)
24 Attrak-tivität
23 Portfolio-Ergänzung
18 Eintritts-barrieren
19 Differenzie-rungspotential
20 Wettbew.-Intensität
22 Ertrags-potential
21 Wachstum

Abb. 3-6

für Produktgebiete, die in erster Linie eine Stützung des laufenden Geschäfts erfordern, der F&E-Schwerpunkt auf neue Lösungen oder sogar „Blue-sky"Forschung gelegt wird, während in Produkt-gebieten, in denen durchgreifende Innovation erfor-derlich wäre, die F&E-Ressourcen vor allem für die Anpassung und Erweiterung der laufenden Pro-duktpalette eingesetzt werden.

Voraussetzung für eine bessere Abstimmung zwi-schen den strategischen Anforderungen des Ge-schäfts und dem verfolgten F&E-Schwerpunkt ist,

100

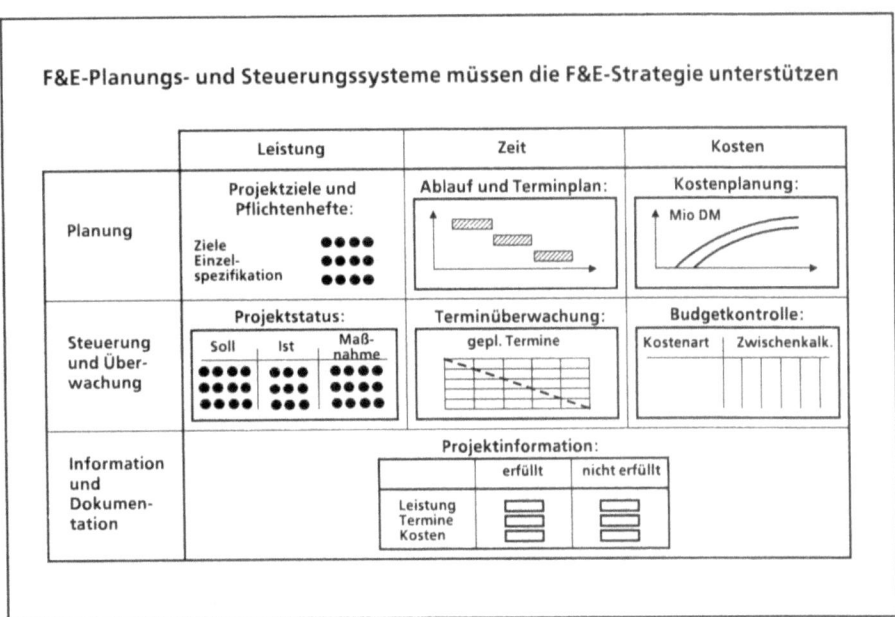

F&E-Planungs- und Steuerungssysteme müssen die F&E-Strategie unterstützen

Abb. 3-7

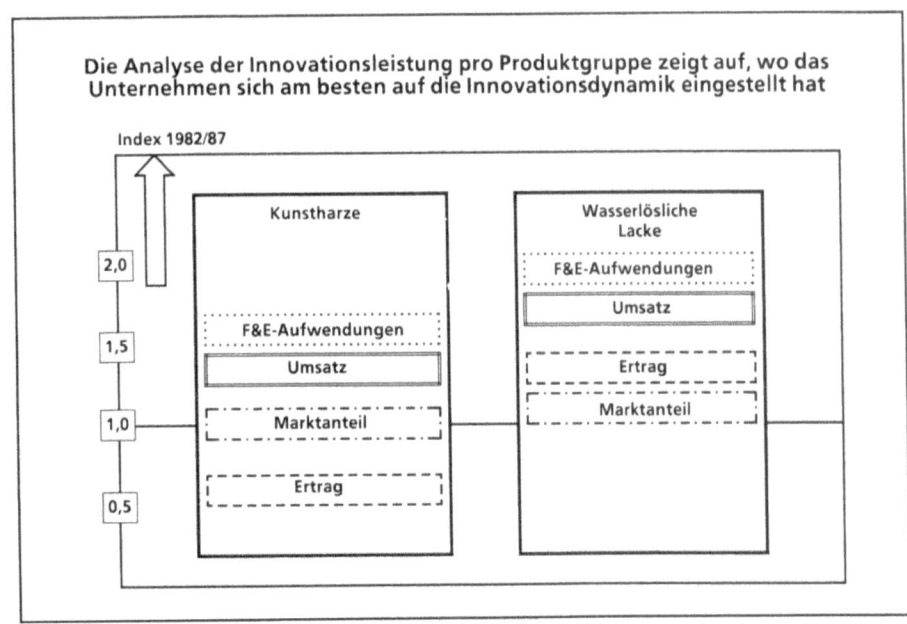

Die Analyse der Innovationsleistung pro Produktgruppe zeigt auf, wo das Unternehmen sich am besten auf die Innovationsdynamik eingestellt hat

Abb. 3-8

daß beide verbunden werden. Nur so wird sichtbar, ob die richtige gegenseitige Unterstützung besteht.

Ein wesentlicher Schritt dieser Abstimmung ist die Formulierung einer Technologiestrategie. Jedes Unternehmen muß zwar ein ganzes Portfolio von Produkt- und Verfahrenstechnologien beherrschen

– aber nicht alle davon sind strategisch relevant. Die Mehrzahl der eingesetzten Technologien sind in der Regel Basistechnologien, die von allen Wettbewerbern weitgehend beherrscht werden, bei denen nur noch ein begrenzter Entwicklungsspielraum besteht und die daher nicht mehr geeignet sind, wirk-

101

same Wettbewerbsvorteile zu erzielen. Erstaunlicherweise verwenden viele Unternehmen den größeren Teil ihrer F&E-Mittel für Verbesserungen bei den Basistechnologien. Der Grund dafür ist häufig, daß sie früher mit diesen Technologien entscheidende Durchbrüche erzielt haben und daß das Gros ihrer Forscher und Entwickler noch aus der Zeit stammt, als das Know-how in diesen Technologiebereichen wettbewerbsentscheidend war.

Neben den Basistechnologien gibt es zu jedem Zeitpunkt aber eine begrenzte Zahl von Schlüsseltechnologien, die einen deutlich überragenden Einfluß auf die Wettbewerbsfähigkeit aufweisen. Diese Schlüsseltechnologien können jeweils für eine begrenzte Zeit genutzt werden, um eine wirkungsvolle Produkt- oder Kostendifferenzierung zu erzielen. Trotzdem zeigt sich immer wieder, daß die F&E-Ressourcen der Unternehmen nicht gezielt genug auf diese Schlüsseltechnologien angesetzt werden. Das liegt in der Regel daran, daß die Unterscheidung zwischen Basis- und Schlüsseltechnologien gar nicht gemacht wird und daß deswegen die wesentlich höhere Wettbewerbswirkung der Schlüsseltechnologien nicht bewußt wird.

Schließlich gibt es Schrittmachertechnologien, die sich noch in einem frühen Entwicklungsstadium befinden, die aber schon konkrete Einsatzgebiete und hohe potentielle Auswirkungen auf die Leistungsmerkmale der Produkte oder auf die Kostenstrukturen erkennen lassen. Allerdings besteht bei diesen Schrittmachertechnologien noch hohe Unsicherheit, wann und in welchem Ausmaß sie im Markt praktische Relevanz erlangen.

Trotz dieser Unsicherheiten tendieren aber viele Unternehmen dazu, in Schrittmachertechnologien überzuinvestieren. Warum? Wegen der unbefriedigenden Differenzierung ihrer Produkte glauben sie, durch einen technologischen Durchbruch zu Wettbewerbsvorteilen gelangen zu müssen. Allerdings erweist sich immer wieder, daß der Aufwand für die Entwicklung von Schrittmachertechnologien bis zur Marktreife höher, der Zeitbedarf größer und der zunächst erreichbare Markterfolg kleiner ist, als es die Unternehmen erwarten. In der Zwischenzeit versäumen sie es, die möglichen Verbesserungen bei laufenden Produktionsprogrammen herauszuholen.

So wichtig die Schrittmachertechnologien in Zukunft auch sein mögen, es wäre falsch, die F&E-Bemühungen zu Lasten der immer noch entscheidenden Schlüsseltechnologien zu stark auf „Zukunftsmusik" zu richten.

Die Unterscheidung in Basis-, Schlüssel- und Schrittmachertechnologien läßt eine Neuordnung des Projekt-Portfolios in Forschung und Entwicklung zu. Wenn wir den geschätzten Aufwand, das Erfolgspotential und das Risiko der einzelnen F&E-Vorhaben einander gegenüberstellen, kann daraus eine strategisch sinnvolle Verteilung des Gesamtaufwandes nach den unterschiedlichen Technologiebereichen und ihrem Realisierungshorizont abgeleitet werden (siehe hierzu auch Abbildung 3-6).

Die so bestimmte Technologiestrategie muß in ein unternehmerisch steuerbares F&E-Programm umgesetzt werden. Dazu gehört insbesondere die Auswahl von weiterzuverfolgenden Projekten aus einem Gesamtbestand vorgeschlagener oder denkbarer Projekte sowie die Mittelkonzentration auf diejenigen Projekte, die den strategischen Anforderungen des Unternehmens am meisten entsprechen.

Es muß ein Abstimmungszyklus geschaffen werden, bei dem Forschungsstrategie, Entwicklungsstrategie, Produktionsstrategie und Vertriebsstrategie unter einem gemeinsamen Dach auf den Markt hin orientiert werden (siehe auch Abbildung 3-6).

Wie kann dieser Abstimmungsprozeß im Unternehmen organisiert werden? Es zeigt sich heute immer wieder, daß Innovationsfähigkeit durch einen breiten Ansatz in vielen Leistungsbereichen des Unternehmens erzielt wird – nicht durch das spektakuläre F&E-Projekt allein.

Im Entwicklungsprozeß erlangen zunehmend F&E-Leistungsbereiche Bedeutung, die bisher mehr als Hilfsbereiche angesehen wurden – und die eher in der Entwicklung angesiedelt sind als in der Forschung.

Beispielsweise sind in der pharmazeutischen Industrie heute die chemische, biotechnologische und galenische Entwicklung sowie die Verfahrenstechnik absolut gleichgewichtig neben die Forschung zu stellen: Für die Schnelligkeit der Produktbereitstellung und für die Kostenposition des Unternehmens gewinnen sie häufig sogar entscheidende Bedeutung. Denn die Umweltbedingungen der Pharma-

Unternehmen ändern sich: Behördenauflagen, Zulassungsverfahren und Kostendämpfung stellen höhere Anforderungen an Effizienz in der Entwicklungsphase und an systematische Verfahrensoptimierung.

In vielen Bereichen der chemischen Industrie, so bei Kunststoffen, Farben und Lacken, haben die anwendungstechnische und verfahrenstechnische Entwicklung heute häufig sogar eine größere Auswirkung auf Marktgerechtheit und Wettbewerbsdifferenzierung der Produkte als die Forschung. Bei chemischen Spezialitäten schließlich gehören der umfassende Kundenservice, das Know-how der Weiterbearbeitung und das Denken in Systemen unabdingbar dazu, um den Spezialitätencharakter aufrechtzuerhalten.

Wo die Schwerpunkte der F&E-Anstrengungen zu setzen sind, hängt von den Erfolgsfaktoren im Markt ab. Typische Erfolgsfaktoren in der chemischen Industrie sind heute:

- Wirtschaftlichkeit der Synthesen und Verfahren,
- Kreativität der Problemlösung,
- anwendungstechnischer Service,
- Verfahrenssicherheit,
- Umweltgerechtheit,
- In-Prozeß-Kontrolle und
- Kenntnis der Anwendertechnologien.

Diese Erfolgsfaktoren können als Ausgangsbasis benutzt werden, um die marktbezogenen Stärken und Schwächen des Unternehmens zu bestimmen und um zu ermitteln, wie stark einzelne F&E-Leistungsbereiche die Position des Unternehmens bei den einzelnen Erfolgsfaktoren beeinflussen. In den relevanten Leistungsbereichen kann dann für das vorhandene Know-how und die verfügbaren Ressourcen das Leistungsprofil des Unternehmens bestimmt werden.

Durch diese Betrachtung wird für alle Beteiligten im Unternehmen klar und nachvollziehbar, was sonst Gegenstand von Meinungsverschiedenheiten und subjektiven Einschätzungen ist:

- Der Erfolg im Markt hängt von einer Reihe von Erfolgsfaktoren ab, die das Unternehmen unter-

schiedlich gut erfüllt; Schwerpunkt der strategischen Anstrengungen muß die Überwindung von wettbewerbskritischen Schwachstellen sein;
- die Stärken und Schwächen bei den einzelnen Erfolgsfaktoren hängen von jeweils mehreren F&E-Leistungsbereichen ab; die Überwindung von Schwachstellen im Markt erfordert die Verbesserung der Leistungsposition in denjenigen Leistungsbereichen, die die größte Hebelwirkung aufweisen.

Es zeigt sich immer wieder, daß weniger die Forschung, dagegen in zunehmendem Maß Bereiche der Entwicklung und Anwendungstechnik das höchste Differenzierungspotential besitzen. Die daraus resultierenden strategischen Optionen sind offensichtlich (siehe Abbildung 3-9): Leistungsbereiche mit einem hohen Differenzierungspotential, aber einer nur mittleren oder schwachen Leistungsposition sollten der Ansatzpunkt sein, um durch Ressourcenausbau, Investitionen oder gegebenenfalls Akquisition eine spürbare Stärkung der Wettbewerbsposition zu bewirken.

Allerdings überschreiten die Anforderungen der so eingekreisten Maßnahmen häufig die Möglichkeiten des Unternehmens – in der Regel Anlaß zu Auseinandersetzungen über Prioritäten. Auch hier erlaubt der Ansatz von Arthur D. Little, marktorientiert zu entscheiden und alle F&E-Leistungsbereiche gleichberechtigt in den Prozeß der Prioritätensetzung einzubeziehen. Entscheidend ist das Verhältnis zwischen der strategischen Wirkung und dem Aufwand der zu ergreifenden Maßnahmen (siehe Abbildung 3-10). Hohe strategische Wirkung ergibt sich jeweils aus dem Differenzierungspotential und dem Ausmaß der möglichen Verbesserung. Durch die Zuordnung der Maßnahmen zu den Kategorien „sofort umsetzen", „hohe Priorität" oder „gründlich untersuchen" wird die bessere Marktorientierung von F&E insgesamt sichergestellt.

Auf diese Weise läßt sich der Gesamtaufwand für F&E und M&V (M&V = Marketing und Vertrieb) in der Regel deutlich senken. Denn ebenso wie die Entwicklungskosten durch eine marktorientierte Forschung reduziert werden, beeinflussen sich Entwicklungs- und Vermarktungsaufwand gegenseitig. Diese Zusammenhänge sind um so schwerwiegen-

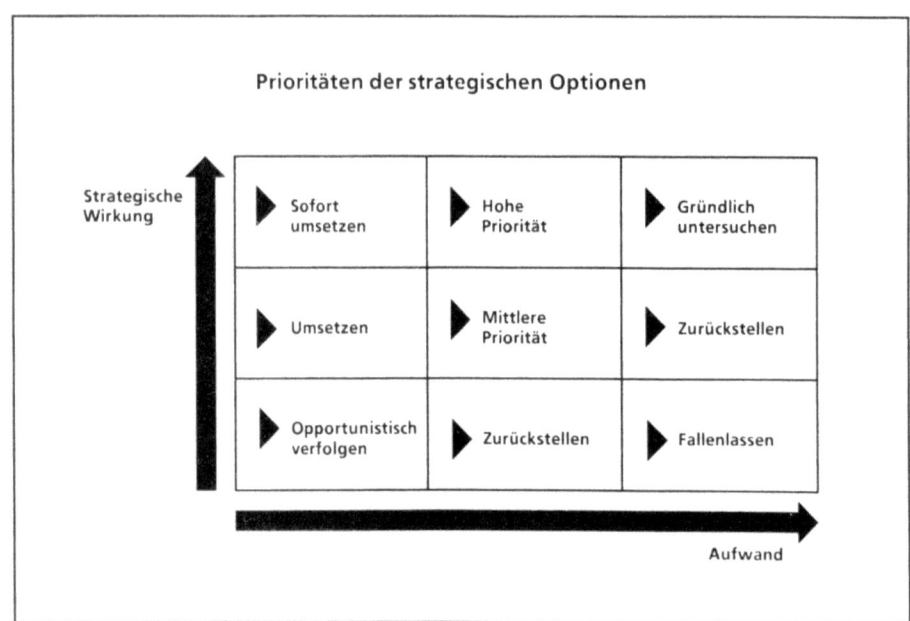

Strategische Optionen

Differenzie-rungspotential \ Leistungsposition	Stark	Mittel	Schwach
Hoch	Halten Verteidigen Innovieren	Ausbauen Aufholen Investieren	Akquirieren
Mittel	Halten Verteidigen	Halten Selektiv aufholen	Kooperieren
Niedrig	Halten Verlagern	Halten	Mindestmaß anstreben

Abb. 3-9

Prioritäten der strategischen Optionen

Strategische Wirkung

Sofort umsetzen	Hohe Priorität	Gründlich untersuchen
Umsetzen	Mittlere Priorität	Zurückstellen
Opportunistisch verfolgen	Zurückstellen	Fallenlassen

Aufwand

Abb. 3-10

der, als die Entwicklungskosten in der Regel ein Mehrfaches der Forschungskosten und die Vermarktungskosten wiederum ein Mehrfaches der Entwicklungskosten darstellen.

Wesentlich für die Kosteneffizienz ist der Rückkopplungsprozeß mit den potentiellen Anwendern.

Die Forscher müssen ermutigt werden, ihre Vorhaben schon frühzeitig mit Anwendern zu diskutieren und daraus Orientierungshilfen für ihre Lösungskonzepte abzuleiten. Die Entwickler müssen möglichst mit innovationsbereiten Pilotanwendern zusammenarbeiten und daraus Erfahrung vor der

Markteinführung gewinnen. Und die Marketing-und Vertriebsmitarbeiter müssen in diesem Rückkopplungsprozeß mit den neuen Lösungen vertraut gemacht und auf die gezielte Vermarktung vorbereitet werden. Durch diese Zusammenarbeit werden die Marktorientierung der F&E-Ergebnisse und die Innovationsbereitschaft der Vertriebsmitarbeiter sichergestellt (siehe Kapitel 5 „Neue Spielregeln des Marketing: Wie aktivieren wir die Märkte für die nächste Produktgeneration?").

Die Aufgabe der Unternehmensführer besteht darin, diesen marktbezogenen Prozeß zu gestalten und zu steuern. Die Widerstände dagegen sind oft beträchtlich − hervorgerufen durch das traditionelle Selbstverständnis der Forscher und Entwickler auf der einen Seite und der Marketing- und Vertriebsmitarbeiter auf der anderen Seite. Aber durch die gemeinsame Arbeit mit den Anwendern wird auch die Bereitschaft beider Seiten geweckt, sich bei Entwicklungsvorhaben besser und früher zu verständigen.

3.3.3 Einführung eines unternehmerisch orientierten Projektmanagements

Ein effizientes Projektmanagement ist Voraussetzung, um Entwicklungsvorhaben schnell voranzutreiben. Die unternehmerische Wirksamkeit des Projektmanagements hängt direkt von den Vollmachten und Verantwortungen der Projektmanager ab. Sie dürfen keine machtlosen Koordinatoren sein, sondern sie müssen von einem Projektlenkungsgremium mit einem Auftrag, einem Projektteam und einem Budget ausgestattet werden. Um diesen Auftrag zu erlangen, müssen sie zunächst nach einem vorgegebenen Format einen Projektvorschlag vorlegen, in dem die benötigten Ressourcen und das angestrebte Ziel definiert und zueinander in Relation gesetzt sind. Dazu kann das auf Abbildung

3-6 dargestellte Bewertungssystem der Attraktivität und des Risikos des Projekts dienen. Nach diesem Format kann das Projektlenkungsgremium das Projektportfolio insgesamt erstellen und bei Überschreitung des Ressourcenrahmens eine unternehmerisch sinnvolle Selektion vornehmen.

Der Projektplan muß die Leistungsziele und angestrebten Spezifikationen enthalten, den Zeitbedarf darstellen und den geschätzten Kostenverlauf aufzeigen.

Auf diese Weise wird der jeweilige Projektmanager zum Unternehmer, der in gewissen Abständen mit seinem Projektteam Rechenschaft über den Projektstatus, die Terminsituation und das Budget ablegen muß. Typischerweise sind die Projektteams von vornherein interdisziplinär zusammengesetzt, d.h. alle Funktionen, die an der Projektdurchführung beteiligt sind (siehe Abbildung 3-3), müssen auch im Projektteam beteiligt sein. Auf diese Weise werden alle Beteiligten motiviert, zur zügigen Abwicklung des Projekts beizutragen, denn alle sind von Anfang an informiert und bringen ihre Spezialkenntnisse ein. Entscheiden über kritische Weichenstellungen muß allerdings der Projektleiter selber.

Es ist klar, daß die Unternehmen für dieses Vorgehen qualifizierte Projektleiter benötigen, die im Projektmanagement geschult sein müssen.

Der Projektlenkungsausschuß sollte mit Entscheidungsträgern besetzt sein, die die verschiedenen funktionalen Kompetenzen und Interessen einbringen. Ihre Auseinandersetzung mit dem Portfolio von Entwicklungsvorhaben versetzt sie in die Lage, die Unternehmensstrategie im unmittelbaren Zusammenspiel mit der Entwicklungsleistung des Unternehmens zu verfolgen.

Mit der Einführung eines Projektmanagements beginnt in den Unternehmen erfahrungsgemäß eine neue Form der Zusammenarbeit, die einen deutlichen Schritt in Richtung einer Unternehmenskultur des „Alle für eine gemeinsame Sache" darstellt (siehe Kapitel 10 „Veränderung der Unternehmenskultur").

Viertes Kapitel

Innovationswettbewerb: Der Hase und der Igel in den Märkten von morgen

Dr. Alexander Gerybadze

Innovative Unternehmen in Japan, in den USA und in Westeuropa verfolgen immer expliziter die Strategie, in einer begrenzten Zahl strategischer Geschäftsfelder zur jeweils weltweit führenden Gruppe einer Handvoll von Wettbewerbern zu gehören. In einer zunehmenden Zahl von technologieintensiven Märkten besteht nur noch die Wahl, entweder zu den führenden Unternehmen zu zählen oder aber „das Handtuch zu werfen"[1]. Gerade dort, wo Produktinnovation mit hohen Investitionen und Risiken erkauft werden muß, öffnet sich die Tür für einen erfolgreichen Einstieg in den Markt nur kurz. Sobald einige Unternehmen „hindurchgewischt" sind, schlägt die Tür hinter ihnen zu.

Deutsche Unternehmen haben gerade in technologieintensiven internationalen Geschäftsfeldern die Erfahrung machen müssen, daß ihnen trotz erhöhter Bemühungen die „Tür vor der Nase zugeschlagen" wurde. Zwar verbucht die deutsche Wirtschaft immer wieder steigende Exportraten, und ihre internationale Wettbewerbsfähigkeit scheint insgesamt nicht in Frage gestellt zu sein. Doch ist nicht zu verkennen, daß diese Erfolge nicht in erster Linie auf Branchen zurückgehen, in denen Innovationen in kleinen Schritten vollzogen werden und in denen die Unternehmen auf den Erfolgen der Vergangenheit aufbauen: im Maschinenbau, in der Automobil-Industrie und in der traditionellen Chemie. Wo es jedoch gilt, entwicklungsintensive Produkte schnell auf einen aufnahmefähigen Heimmarkt zu bringen, um dann unter Ausnutzung von Kostendegressionsvorteilen eine maßgebliche Weltmarktposition zu erringen, weisen deutsche Unternehmen in der Regel Nachteile gegenüber japanischen und amerikanischen Wettbewerbern auf. Beunruhigende Meldungen aus der Computerindustrie, der Halbleiterindustrie und der Luft- und Raumfahrtindustrie zeigen, daß die deutschen Unternehmen

nicht immer die adäquaten Strategien für den verschärften Wettlauf um die technologieintensiven Märkte in Westeuropa, Japan und USA verfolgen. Man fühlt sich an die Geschichte von Hasen und Igel erinnert: Die Bemühungen deutscher Unternehmen in der Halbleiterindustrie, in der Konsumelektronik oder in der Informationstechnik können trotz einer mit jeder Produktgeneration gesteigerten Laufgeschwindigkeit nicht verhindern, daß abwechselnd das japanische und der amerikanische Igel verlauten läßt: „Ick bin schon all hier".

Diesem internationalen Innovationswettbewerb kann nur durch eine Strategie begegnet werden, die bewußt auf das Wettbewerbsverhalten der Konkurrenten aus USA und Fernost eingeht. Die Spielregeln sind bekannt. Beobachtungen der Strategien weltweit tätiger, innovativer Unternehmen bieten eine Fülle von Hinweisen, worauf es ankommt:

– Selbst die stärksten Unternehmen fokussieren ihre Innovationsanstrengungen auf die Bereiche, in denen sie weltweit zu den Ersten zählen und ihren Führungsanspruch dauerhaft untermauern können.
– Entscheidend ist der Zugang zu Märkten und Kundengruppen, von denen die stärksten Impulse für Innovationen ausgehen.
– Technologische Führerschaft muß durch Zugang zu möglichst vielfältigen Quellen neuer Forschungs- und Entwicklungsergebnisse angestrebt werden.
– Die zeitliche Steuerung von Innovationsvorhaben entscheidet über ihre strategische Wirkung.

Somit lauten die Prioritäten für die Einstellung auf den internationalen Innovationswettbewerb:

– Spezialisierung auf ausgewählte Innovationsfelder verstärken,
– Zugang zu innovativen Kunden gewinnen,
– Hochleistung in Forschung und Entwicklung sichern,
– Innovationsvorhaben mit zeitlichem Vorsprung realisieren.

Innovationsmanagement muß bei diesen vier Aufgaben gleichermaßen ansetzen.

---

1 Vgl. W.H. DAVIDOW: High Tech Marketing. Der Kampf um den Kunden – Erfahrungen und Rezepte eines Insiders; Frankfurt, New York 1987.

4.1 Spezialisierung auf ausgewählte Innovationsfelder verstärken

Im internationalen Innovationswettlauf werden riesige Summen für F&E und für die Markterschließung aufgewendet. Zwischen 1981 und 1985 wuchsen die Investitionen für Forschung und Entwicklung der fünf größten Industriestaaten von insgesamt 134 Milliarden Dollar auf 201 Milliarden Dollar an. Mit großem Abstand führend sind die Vereinigten Staaten mit jährlichen Aufwendungen in Höhe von 112 Milliarden Dollar (1985), gefolgt von Japan, das 40 Milliarden Dollar für F&E investiert. Die Bundesrepublik Deutschland rangiert mit 20 Milliarden Dollar F&E-Aufwendungen zwar vor Großbritannien und Frankreich, ist jedoch angesichts des Abstands zu den beiden industriellen Großmächten gezwungen, eine sorgfältig kalkulierte Spezialisierungsstrategie einzuschlagen[2].

Der Zwang zur Spezialisierung ist um so größer, als auch die USA und Japan ihre Anstrengungen im internationalen Innovationswettbewerb stark bündeln und Vormachtstellungen in wenigen strategisch wichtigen Feldern anstreben. Exportoffensiven der Japaner in der Uhrenindustrie, in der Konsumelektronik, bei Kameras, Automobilen und Motorrädern haben in der deutschen Industrie Narben hinterlassen und zu Anpassungsstrategien geführt. Mittlerweile haben sich die Schwerpunkte japanischer F&E-Anstrengungen und Exportoffensiven aber auf Gebiete wie Mikroprozessoren, Speicherchips, Mechatronik, Computertechnik, Telekommunikationssysteme und Biotechnologie verlagert. Eine von uns durchgeführte Analyse der Investitionsschwerpunkte des MITI (Ministry for International Trade and Industry) und anderer öffentlicher Institutionen in Japan sowie der Diversifikations- und Expansionsstrategien japanischer Großunternehmen zeigte die künftigen Gefahren für die deutsche Wirtschaft und die Notwendigkeit vorbeugender Maßnahmen deutscher Unternehmen auf.

Auch die Spezialisierungstrategie der Vereinigten Staaten zielte in den vergangenen zehn Jahren auf ausgewählte Technologiesektoren ab. Sie war jedoch nicht das Ergebnis exportorientierter Überlegungen wie in Japan, die Spezialisierung der USA ergab sich vielmehr aus nationalen Programmen der US-Regierung. Die Expansion der Verteidigungs- und Raumfahrtausgaben in den USA seit 1980 führte beispielsweise zu einer starken Bevorzugung einiger weniger Sektoren, die für Verteidigungs- und Raumfahrtzwecke relevant sind[3].

Im Jahr 1986 wurden in den USA allein durch das Verteidigungsministerium 34 Milliarden Dollar für Forschung und Entwicklung aufgewandt, eine Summe, die weit über den gesamten F&E-Aufwendungen der Bundesrepublik Deutschland liegt. Die starke Konzentration dieser F&E-Aufwendungen auf wenige Sektoren legt nahe, daß deutsche Unternehmen in ihren Bemühungen, in diesen Sektoren mitzuhalten, hoffnungslos unterlegen sein müssen. In allen Hochtechnologiesektoren, die starke Impulse aus Entwicklungsprogrammen der Luft- und Raumfahrt und der Militärelektronik erhalten und in denen die Größe des amerikanischen Marktes zu Kostenvorteilen auf dem Weltmarkt führt, ist amerikanischen Wettbewerbern kaum ernsthaft zu begegnen.

Deutsche Unternehmen, die sich der japanischen Exportoffensive und der amerikanischen Technologiemacht ausgesetzt sehen, können sich nur behaupten, wenn sie

— sich auf Nischen und Spezialgebiete konzentrieren[4],

— gemäß der Devise „if you can't beat them, join them" strategische Allianzen mit japanischen und amerikanischen Unternehmen eingehen, in die sie komplementäre Stärken einbringen können,

— Kooperationen mit deutschen oder europäischen Unternehmen suchen, die darauf abzie-

2 Vgl. BMFT: Bundesbericht Forschung 1988; Bonn 1988
3 Vgl. A. GERYBADZE: Raumfahrt und Verteidigung als Industriepolitik? Auswirkungen auf die amerikanische Wirtschaft und den internationalen Handel; Frankfurt, New York 1988
4 Ein Beispiel hierfür bieten die Firmen Loewe, Metz und Schneider, die es trotz der Exportoffensiven der weltweit dominierenden Wettbewerber vermocht haben, zumindest in der Bundesrepublik durch Fokussierung auf bestimmte Zielgruppen, durch besonderes Design oder neuartige Vertriebsformen ihre Position abzusichern.

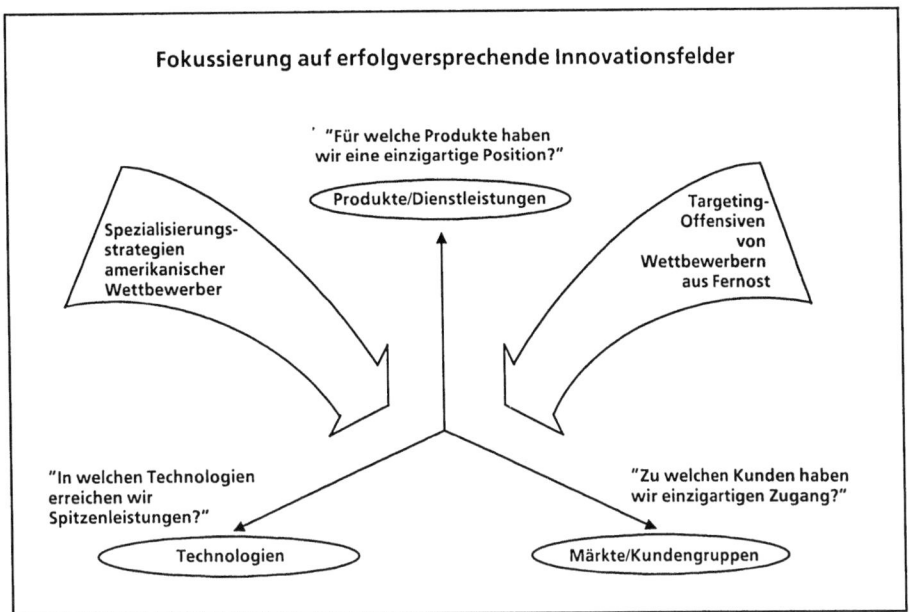

Abb. 4-1

len, die Stärken mehrerer Unternehmen zu bündeln, um gemeinsam der globalen Herausforderung zu begegnen.

In allen Fällen ist es erforderlich, die Spezialisierungsstrategien der wichtigsten weltweit tätigen Wettbewerber abzuschätzen und entsprechende Gegenstrategien einzuleiten. Für viele deutsche Unternehmen werden Fehlentscheidungen in Zukunft angesichts stark steigender F&E-Investitionen unbezahlbar. Ein möglichst frühzeitiges Abschätzen der realistischen Optionen unter Berücksichtigung der Ziele und Strategien der wichtigsten Wettbewerber und der eigenen Stärken muß daher am Anfang aller Innovationsanstrengungen stehen (siehe Abbildung 4-1).

5 Vgl. E. VON HIPPEL: The Sources of Innovation; Oxford 1988
   Vgl. E. VON HIPPEL: Lead Users: A Source of Novel Product Concept; in: Management Science 32, No. 7, 1986

4.2 Zugang zu innovativen Kunden gewinnen

Im Innovationswettbewerb ist nicht allein ausschlaggebend, wieviel ein Unternehmen für Forschung und Entwicklung investiert und wie leistungsfähig es bei der Realisierung technischer Vorhaben ist. Empirische Untersuchungen zeigen, daß der überwiegende Teil der Anstöße und Ideen für erfolgreiche Innovationen aus dem Markt kommt[5].

Die Kreativität und Innovationsfähigkeit eines Unternehmens ist daher in hohem Maße davon abhängig, ob der Zugang zu Informationen über den künftigen Kundenbedarf gesichert werden kann, ob die gewonnenen Informationen richtig interpretiert und ob daraus die adäquaten Schritte abgeleitet werden. Der Zugang zu wichtigen Zielkunden ermöglicht es,

— die erfolgversprechenden Innovationsfelder frühzeitig einzugrenzen und aufwendige, ungezielte Forschungs- und Entwicklungsanstrengungen zu vermeiden,
— die schnelle Umsetzung von F&E-Ergebnissen in marktfähige Produkte zu sichern,

111

frühzeitig Referenzkunden zu gewinnen und sicherzustellen, daß bei der anschließenden Marktdurchdringung nicht „aus dem Stand heraus" agiert werden muß.

Innovative Unternehmen verfügen über besonders gute Kenntnisse darüber,

– bei welchen Kunden sie die zuverlässigsten Informationen über die Bedarfsentwicklung erhalten,
– wie die von den Kunden gewonnenen Informationen am wirkungsvollsten in Entwicklungsvorhaben umgesetzt werden können.

Die häufigsten Kontakte, die das Unternehmen mit dem Markt hat, sind die Kundenbesuche der Vertriebsmitarbeiter.

In den letzten Jahren steigerten viele Unternehmen die Vertriebsleistung ihres Außendienstes durch eine sorgfältige Besuchsplanung und vorstrukturierte Besuchsberichterstattung. Dabei ging aber häufig die Möglichkeit der Vertriebsmitarbeiter verloren, über die Verkaufssituation hinaus auf Bedarfssignale zu achten und dem Unternehmen zu helfen, Produktideen aus dem Markt zu erhalten. Bei vielen Vertriebsmitarbeitern hat das zur Abstumpfung geführt – sie verkaufen in der Tendenz immer mehr über die Preise und Konditionen und immer weniger über den engagierten persönlichen Kontakt. Die Gefahr zu stark vorstrukturierter Besuchsberichte besteht darin, daß nur Informationen über die Nachfrage und den unmittelbaren Wettbewerbsvergleich erfaßt werden, nicht aber über neue Produktchancen. Diese Gefahr wird verstärkt, wenn die Vertriebsmitarbeiter nur noch zu den Einkäufern in den Kundenorganisationen gehen und nicht mehr zu den eigentlichen Nutzern oder Wiederverkäufern. Denn die Einkäufer sind keine Informationsquelle über den tatsächlichen Bedarf. Es wirkt daher immer wieder Wunder, wenn der Vertriebsleiter selber Kundenbesuche durchführt und dabei mit mehreren Gesprächspartnern in der Kundenorganisation über die längerfristige Bedarfsentwicklung diskutiert. Plötzlich werden Einblicke in die eigentlichen Probleme und Wünsche der Kun-

den gewonnen, die im reinen Verkaufsgespräch nicht zutage treten können.

Innovationsorientierte Vertriebssteuerung erfordert daher, die Verkaufsorganisation stärker zur Beobachtung und Beurteilung der Bedarfsentwicklung hinter dem Nachfrageverhalten der Kunden zu nutzen. Dazu ist eine Qualifikation der Vertriebsmitarbeiter nötig, die nur durch sorgfältige Auswahl und systematische Schulung erreicht werden kann. Ziel der Schulung muß es sein, den Vertriebsmitarbeitern ein eingehendes Verständnis der Anwendungsprobleme bei den Kunden und der denkbaren Lösungsmöglichkeiten zu vermitteln.

Der Einwand „Unsere Verkäufer sollen verkaufen" ist kurzsichtig, denn die Erfahrung innovationsorientierter Unternehmen zeigt, daß dialogfähige Verkäufer eine stärkere Kundenbindung aufbauen und schon bei der nächsten Produktgeneration einen durch die Konkurrenz nur mühsam und mit Zeitverlust aufzuholenden Vorsprung herausarbeiten.

Gleichzeitig muß allerdings im Unternehmen eine Anlaufstelle für die von den Vertriebsmitarbeitern zusammengetragenen Bedarfsinformationen geschaffen werden. In den meisten Unternehmen gibt es hierfür Produktmanager, deren Rolle aber häufig nur darin besteht, Verkaufsstatistiken zu führen und mit Umsatzzielen zu vergleichen. Im Prozeß der Ideenfindung müssen sie jedoch vor allen Dingen die Verantwortung dafür übernehmen, Innovationsideen von den Vertriebsmitarbeitern aufzugreifen, zu strukturieren und mit der F&E-Abteilung abzustimmen.

Die Serviceorgansiation wurde bei vielen Unternehmen in den letzten Jahren gestrafft, gleichgültig ob die Serviceleistung an den Kunden weiterverrechnet werden kann oder nicht.

Einer der Gründe hierfür war, daß die Produkte so weiterentwickelt wurden, daß ihre technische Zuverlässigkeit deutlich zunahm oder daß die Wartung auf den Austausch von Modulen reduziert werden konnte. Es darf aber nicht übersehen werden, daß in dem Maß, in dem die Produkttechnologie als solche Fortschritte gemacht hat, die Nutzung durch die Kunden anspruchsvoller und damit auch problematischer geworden ist. Für viele alltägliche Produkte wie Telefongeräte, Kopiergeräte, aber auch HiFi-

Geräte und Personal Computer, braucht der Nutzer heute fast einen Führerschein, um sich all ihrer Möglichkeiten zu bedienen; noch viel stärker ist heute die Komplexität bei vielen Investitionsgütern wie beispielsweise Werkzeugmaschinen und technischen Anlagen ausgeprägt.

Service muß hier wesentlich mehr sein als die Sicherstellung der technischen Funktionsfähigkeit. Es muß eine Verlagerung von der Betreuung der Produkte zur Betreuung der Nutzer stattfinden, d. h. die Servicemitarbeiter müssen sich mit dem Nutzer identifizieren und seine Probleme im Umgang mit den Produkten in die Serviceverantwortung mit einbeziehen. Dadurch können sie sich einen unschätzbaren Zugang zur eigentlichen Bedarfslage der Kunden verschaffen, können Lösungsalternativen mit ihnen diskutieren und sie auf neue Produktgenerationen vorbereiten. Service kann auf diese Weise zu einer entscheidenden Komponente des Vorfeld-Marketing werden. Innovationsorientierte Unternehmen tun daher gut daran, ihre Serviceorganisation aufzuwerten und sie als Antenne für Innovationspotentiale auszubauen.

Ähnlich wie im Fall der Verkaufsorganisation muß dazu im Unternehmen sichergestellt sein, daß die Bedarfsinformationen konsequent aufgegriffen und weitergegeben werden. Die innovationsorientierten Produktmanager erhalten daher ein „erweitertes Einzugsgebiet".

4.3 Hochleistung in Forschung und Entwicklung sichern

Führerschaft im Hochtechnologiewettbewerb setzt voraus, daß wissenschaftlich-technische Durchbrüche möglichst schnell erkannt und für industrielle Produkt- und Verfahrensentwicklungen genutzt werden.

Spitzentechnologien kennen keine nationalen Grenzen. Die führenden Unternehmen verfügen daher über ein System der globalen Technologiebeschaffung, sie unterhalten

– ein wirksames Netz von Kontakten zu maßgeblichen Forschungs- und Hochschuleinrichtungen,

– laufende Geschäftsbeziehungen zu einer Vielzahl kleiner innovativer Firmen, die gegebenenfalls akquiriert werden („Window on Technology"),

– strategische F&E-Allianzen zu Unternehmen vergleichbarer Größenordnung, die über komplementäre Stärken verfügen.

Selbst die größten Unternehmen können nicht mehr darauf setzen, die angestrebten Technologien ausschließlich mit eigenen Ressourcen zu entwickeln.

Das Management der externen Technologiegewinnung stellt jedoch an die Unternehmensleitung weitaus größere Anforderungen als die Bewältigung interner Innovationswiderstände. Die externen Know-how-Träger müssen durch enge informelle Kommunikationsbeziehungen mit den eigenen Forschern und Entwicklern in gemeinsame Vorhaben eingebunden werden. Fragestellungen, die immer wieder von neuem überprüft und beantwortet werden müssen, sind:

– Welche Technologie- und Know-how-Bereiche müssen wir im Auge behalten?

– Welches sind die für uns weltweit wichtigsten Know-how-Träger?

– Wie sichern wir uns ein Mindestmaß an Exklusivität gegenüber unseren Wettbewerbern?

– Wie können Probleme an der Schnittstelle zwischen Institutionen mit unterschiedlichen Zielvorstellungen, Organisationsstrukturen und -kulturen minimiert werden?

– Welche Form der Zusammenarbeit ist die geeignetste?

Die Ergebnisse aus der externen Forschung müssen adaptiert, weiterentwickelt und in wettbewerbsgerechte Produkte und Dienstleistungen umgewandelt werden. Nur Unternehmen, die auch das Management der internen Technologieentwicklung beherrschen, schaffen es, dabei das Syndrom des „Not invented here" zu überwinden.

Eigene F&E-Projekte sollten konsequent auf den Einsatz anwendungsnaher Technologien gerichtet sein, die kurz- oder mittelfristig zu Innovationen der Produkte und Dienstleistungen des Unternehmens beitragen. Viele Firmen begehen den Fehler,

Technologien „um ihrer selbst willen" zu entwickeln, in der Hoffnung, daß sich auch kommerziell durchsetzen wird, was technisch gut ist. Solche spekulativen Entwicklungen, die oft zu „Prototypen-Halden" führen, verbieten sich angesichts der wachsenden F&E-Kosten.

Um derartige Fehlinvestitionen zu vermeiden, müssen F&E-Investitionen bezüglich ihrer Auswirkungen auf den Markterfolg überschaubar sein.

Hochleistung in Forschung und Entwicklung hat daher nicht in erster Linie mit der Verfolgung epochemachender Forschungsvorhaben zu tun, sondern mit dem gezielten Einsatz der F&E-Ressourcen des Unternehmes für die „richtigen" Ziele. „Richtig" heißt hierbei „in Übereinstimmung mit der strategischen Position und Absicht des Unternehmens" und „mit einer klaren Konzeption der Markt- und Anwendungschancen".

Es geht um die Schlagkraft in der Bereitstellung marktgerechter neuer Produkte und Leistungen unter Verwendung der innovativsten Technologien, gleichgültig ob die Technologien aus der eigenen Forschung und Entwicklung kommen oder aus Kooperationen und Kontakten mit externen Partnern.

Um diese Schlagkraft zu erlangen, sind zwei Fähigkeiten zu kultivieren:

– die Fähigkeit, die Schlüssel- und Schrittmachertechnologien des Geschäftsfeldes zu erkennen, in dem das eigene Unternehmen tätig ist, und gezielt die Produkt- und Leistungsvorteile auszubauen, die mit diesen Technologien realisiert werden können,
– die Fähigkeit, mit Innovationen auf die Marktpotentiale zu zielen, die unmittelbar aufnahmefähig sind und in denen eine deutliche Differenzierung gegenüber den Wettbewerbern erreicht werden kann.

Der „Igel" im Innovationswettbewerb ist nicht derjenige, der am schnellsten läuft, sondern vielmehr derjenige, der seine Kräfte am geschicktesten da einsetzt, wo er vor den anderen „da sein" kann.

---

6 Vgl. ARTHUR D. LITTLE INTERNATIONAL (Hrsg.): Management in Zeitalter der strategischen Führung; Wiesbaden 1985

114

Wir beobachten immer wieder, daß Unternehmen im Innovationswettbewerb unterliegen, weil sie trotz hoher F&E-Anstrengungen mit wenig überzeugenden Produkten und Leistungen eine vom Markt nicht verstandene Innovation durchzusetzen versuchen, während die Wettbewerbsprodukte das gewisse Etwas haben, das den Kundenbedarf unmittelbar trifft.

4.3.1 Gezielt Produkt- und Leistungsvorteile ausbauen, die mit Schlüssel- und Schrittmachertechnologien realisiert werden können

Wir stellen bei systematischen Analysen des F&E-Aufwandes von Unternehmen häufig fest, daß ein unvertretbar hoher Anteil der Personalkapazitäten und Mittel für Basistechnologien eingesetzt werden, bei denen im Innovationswettbewerb kaum noch ein Vorsprung erzielt werden kann. Es handelt sich hier um Technologie- und Know-how-Bereiche, die früher einmal wettbewerbsentscheidend waren und ein hohes Entwicklungspotential aufwiesen – inzwischen ist das Know-how aber allgemein zugänglich geworden, und „es tut sich nicht mehr viel". Weitere Fortschritte sind marginal und stehen in einem ungünstigen Verhältnis zum Aufwand. Unternehmen sind besser beraten, hier von außen zu beziehen oder zumindest die Entwicklungsleistung anderer zu überlassen, die durch Spezialisierung und große Mengen noch motiviert sind, marginale Vorsprünge zu erzielen.

Statt dessen sollten die Unternehmen ihre Ressourcen auf die Schlüsseltechnologien ausrichten, bei denen sie deutliche und entscheidende Wettbewerbsvorteile erringen können. In jedem Geschäftsfeld gibt es solche Schlüsseltechnologien, erkennbar daran, daß die Kaufentscheidungen der Kunden in starkem Maß von Unterschieden des Standes und der Ausprägung bei diesen Technologien bestimmt werden und daß noch ein hohes unausgeschöpftes Entwicklungspotential besteht, an dem allerorts intensiv gearbeitet wird[6].

Schlüssel- und Schrittmachertechnologien wichtiger Geschäftsfelder		
Geschäftsfeld	Schlüssel-Technologien	Schrittmacher-Technologien
o Pestizide	Chemische Vernichtung	Biologische Beeinflussung
o Pharmakologie	Bekämpfung der eindringenden Organismen	Immunologische Lösungen
o Werkstoffe	Polymer-Chemie	Alloying / Blending
o Polyäthylen	LDPE / HDPE	LLDPE
o Produktionsautomatisierung	Zentrale Prozeßrechner	Dezentrale Prozeßleittechnik/Sensortechnik
o Trenntechnik	Zentrifugation, Filtration	Membrantechnik (Ultrafiltration, Umkehrosmose)
o Biotechnologische Pharmazie	Tierisch gewonnenes Insulin (aus Bauchspeicheldrüse)	Gentechnisch gewonnenes Insulin

Abb. 4-2

Aus der Sicht eines Herstellers von Datenterminals sind Tastaturen Basistechnologie, Anwendungssoftware und Benutzerschnittstellen dagegen Schlüsseltechnologien. Abbildung 4-2 zeigt typische derzeitige Schlüsseltechnologien in einer Reihe von Geschäftsfeldern. Aber Achtung! Schlüsseltechnologien werden nach einer gewissen Zeit selber Basistechnologien, das „Window of Opportunity", während dessen man mit ihnen einen Vorsprung im Markt erzielen kann, schließt sich, und zwar immer schneller. Wettbewerber ziehen gleich, und der Aufwand zur Aufrechterhaltung des Vorsprungs steigt immer stärker an.

Was nachrückt, sind Schrittmachertechnologien, die aus dem Stadium der Forschung und ersten Anwendungserprobung in das des rapide wachsenden praktischen Einsatzes vordringen.

Die Suche nach Differenzierungsmöglichkeiten und nach neuen Anwendungssegmenten heizt die Investitionen in die Schrittmachertechnologien an, auch wenn es enorme Widerstände gegen sie gibt — in Form etablierter Qualifikationen und Positionen bei den alternden Schlüsseltechnologien, die es zu verdrängen gilt, sowie in Form getätigter Investitionen in das Bestehende, die amortisiert werden müssen.

Hier das Gleichgewicht zu finden zwischen Verfeinerung und Verteidigung von Produkten und Leistungen auf der Basis der bisherigen Schlüsseltechnologien und dem Übergang auf die neuen, aufkommenden Schlüsseltechnologien, ist einer der Erfolgsfaktoren des Managements des geordneten Wandels.

Nicht geschafft haben diesen geordneten Übergang die traditionellen Hersteller von Telexgeräten, die heute durch Hersteller von Fernkopierern und Personal Computer verdrängt werden, weil sie zu lange gesagt haben: „Was wollt ihr eigentlich — verkaufen doch unsere Geräte noch gut!" Der Abbruch kam dann doch sehr plötzlich und machte diese Unternehmen zu „Oldies".

Nicht geschafft haben diesen geordneten Übergang auch die Hersteller von elektromechanischen Registrierkassen, von Rechenschiebern, von Stahl und Zement, von Schallplatten, Super-8-Filmkameras und -Vorführgeräten. Ob ihn die Hersteller von Kopiergeräten schaffen werden, wenn die Kopierfunktion eine von mehreren in kommunikationsfähigen Reprosystemen werden wird, neben Sende-, Empfangs-, Speicher- und Layoutfunktion, ist mehr als fraglich.

In nahezu allen Branchen findet der „Durchmarsch der Technologien" statt, mehr oder weniger schnell, und was heute gilt, gilt morgen nicht mehr. Schon allein deswegen — weil es immer schwieriger und aufwendiger wird, bei allen Schrittmachertechnologien „fit" zu sein — müssen strategische Partnerschaften als eine Absicherung durch große und kleine Unternehmen genutzt werden. Das gilt insbesondere auch für komplementäre Technologien: Die Verfolgung ehrgeiziger Entwicklungsziele in einem Bereich führt häufig dazu, daß die Umsetzung in markt- und wettbewerbsfähige Produkte erschwert wird, weil wichtige Parallelentwicklungen in anderen Bereichen vernachlässigt wurden. Hochleistung in Forschung und Entwicklung erfordert deswegen auch, die Interdependenzen zwischen Technologien und Know-how-Bereichen aufzuzeigen und im Griff zu haben. Das kann nicht einer alleine — hierzu sind Teams und Partnerschaften erforderlich. Sich in ihnen zügig bewegen zu können, wird zunehmend zum „Name of the Game".

Zum Markt hin geht es darum, die Schlüsseltechnologien so initiativ einzusetzen, daß immer wieder klar erkennbare Produkt- und Leistungsvorteile hervorgekehrt und zum Brennpunkt des Wettbewerbs und der Argumentation gegenüber den Kunden gemacht werden können.

„Was wir bieten, ist ein System, nicht ein Gerät, ist eine Lösung, nicht ein Produkt", so stellt die Nixdorf Computer AG ihr Angebot dar und baut dabei auf die Schlüsseltechnologien der digitalen Bussysteme und der Arbeitsplatzergonomie. Die Schrittmachertechnologien, Artificial Intelligence und Expertensysteme gewinnen bei dieser Strategie bereits sinnvolle Konturen, die einen geordneten Wandel andeuten.

4.3.2 Mit Innovationen auf aufnahmefähige Marktpotentiale zielen

Innovation ist nicht gleich Innovation. Abgesehen von der Innovationsdynamik seiner Branche, die jedes Unternehmen berücksichtigen muß (siehe Kapitel 1.2 „Innovationsdynamik und technologische

Erneuerung"), muß auch zwischen Innovationstypen unterschieden werden:

- Substitutive Innovationen zielen auf die Verdrängung vorhandener Produkte und Leistungen über rationale oder emotionale Nutzenvorteile oder günstigere Preis-Leistungsrelationen ab.
- Wertschöpfungs-Innovationen zielen darauf ab, durch neue Produkt- oder Leistungsabgrenzungen oder wesentlichen Zusatznutzen Marktstrukturen zu verändern und dabei neue Geschäftspotentiale zu erschließen, und
- Anwendungs-Innovationen sind auf die Erschließung bisher nur latenter Bedürfnisse ausgerichtet.

Der Erschließungsaufwand steigt von den substitutiven Innovationen zu den Anwendungs-Innovationen hin.

Eine substitutive Innovation ist beispielsweise die Verdrängung von batteriegetriebenen durch solarzellengetriebene Taschenrechner. Eine Wertschöpfungs-Innovation ist die Marktpenetration von Videosystemen, durch die nicht nur Filmaufnahme und -wiedergabe übernommen, sondern auch ein rapide wachsendes Videofilmgeschäft erschlossen wird.

Anwendungs-Innovationen waren zu ihrer Zeit das Telefon, die Schallplatte, der Fotoapparat. In jüngster Vergangenheit sind beispielsweise die Plastikkarten, die Post-it-Blöcke, der Walkman, aber auch die elektronischen Datenbanken und viele neue Dienstleistungen als Anwendungs-Innovationen hinzugekommen.

Es ist wesentlich zu erkennen, für welchen Innovationstyp der Markt aufnahmefähig und das Unternehmen gerüstet ist. In der Regel sollte das Projektportfolio des Unternehmens Innovationsvorhaben in allen drei Kategorien enthalten — aber alle Verantwortungsträger müssen sich der unterschiedlichen Bedeutung und Behandlungsweise der Vorhaben in diesen Kategorien bewußt sein:

- Substitutive Innovationen können und müssen häufig in schneller Folge realisiert werden, sie stellen relativ begrenzte Anforderungen an

Überzeugungsleistung im Markt und beanspruchen nur überschaubare Mittel; es handelt sich typischerweise um mehrere Projekte kleineren Umfangs mit begrenzter Durchlaufzeit; sie müssen aber höchste Priorität erhalten, denn sie stellen das Sperrfeuer dar, mit dem das Unternehmen seine Position behauptet;

— Wertschöpfungs-Innovationen enthalten ein größeres Risiko und erfordern wesentlich mehr Überzeugungsarbeit, Mitteleinsatz und Zeit; wenn ein Durchbruch geschafft wird, dann erringt das Unternehmen damit aber auch einen beträchtlichen Vorsprung vor seinen Wettbewerbern, denn sie sind zunächst organisatorisch und strategisch noch in den alten Strukturen verhaftet – sie verstehen oft die Innovation nicht[7];

— Anwendungs-Innovationen schließlich sind besonders riskant und erfordern hohe Überzeugungs- und Erschließungsaufwendungen; nur wenige Unternehmen sind von der Stehkraft her in der Lage, Anwendungs-Innovationen durchzusetzen; deswegen gehen sie aus dieser Anstren-

gung oft geschwächt hervor und müssen das Terrain einem stärkeren Nachfolger überlassen.

EMI war Anwendungs-Innovator für Computer-Tomographie und ist heute nicht mehr im Geschäft, Apple öffnete den Markt für Personal Computer und mußte die Marktführerschaft IBM überlassen.

Unternehmen, die sich zu stark oder ausschließlich in Wertschöpfungs- und Anwendungs-Innovationen engagieren, gehen hohe Risiken ein. Denn häufig zieht der Markt nicht oder nur langsam mit, und die nützlichen Effekte des Innovationswettbewerbs, nämlich den Entwicklungsaufwand schnell zu amortisieren und eine Kundenbasis aufzubauen, die Mengendegressionseffekte zuläßt, tritt nicht ein.

Daher müssen substitutive Innovationen die Basis der Innovationsstrategie sein. Das machen uns wiederum die Japaner vor: Sie bedrängen ihre europäischen und amerikanischen Wettbewerber in erster Linie mit schnellen Produktgenerationswechseln mit inkrementalen Verbesserungen und überlassen die großen Innovationssprünge zunächst den anderen.

Für substitutive Innovationen läßt sich ein systematisches Analyse- und Steuerungsverfahren an-

7 Vgl. J.M. KETTERINGHAM, R.P. NAYAK: Senkrechtstarter – große Produktideen und ihre Durchsetzung; Düsseldorf, Wien, New York 1987

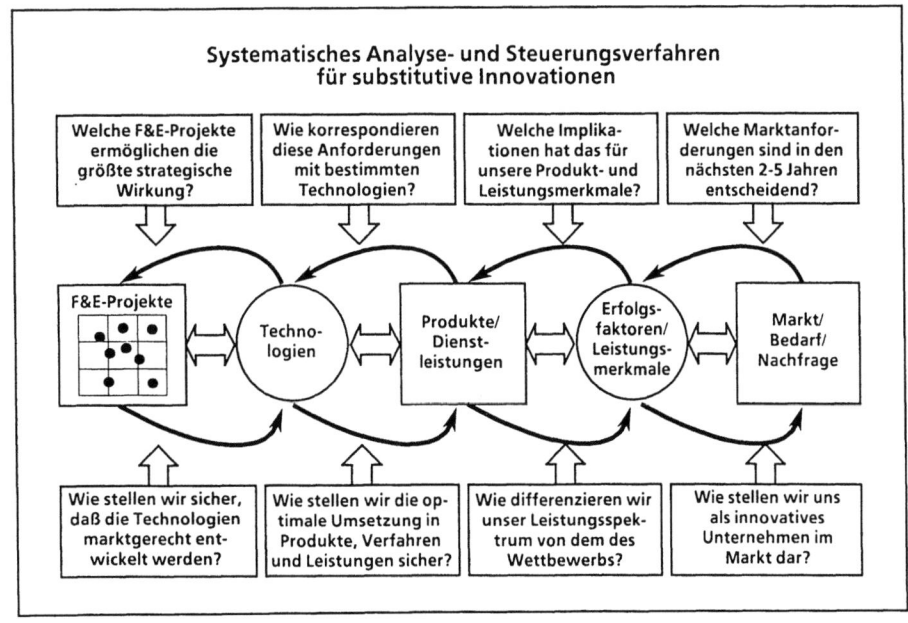

Abb. 4-3

117

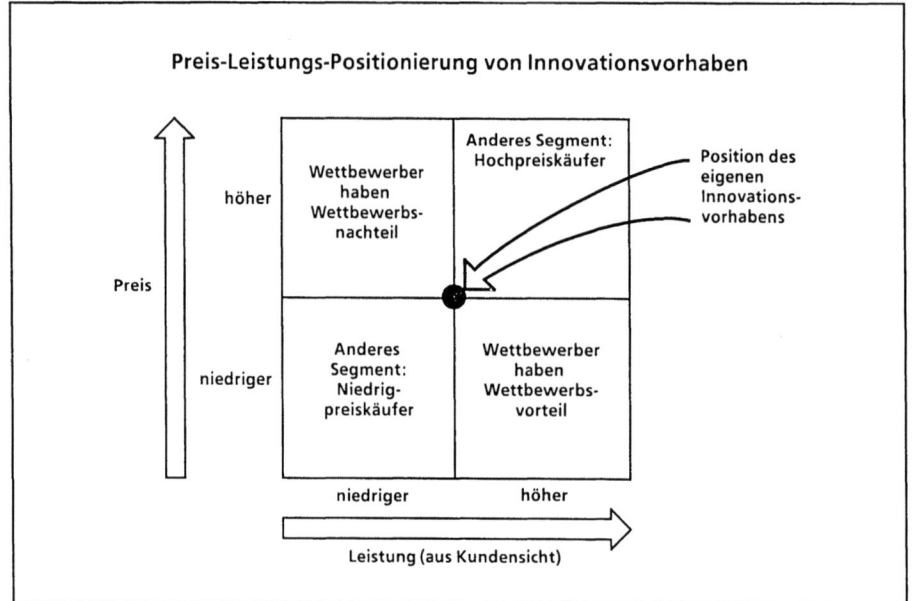

Preis-Leistungs-Positionierung von Innovationsvorhaben

Preis

höher — Wettbewerber haben Wettbewerbs-nachteil

Anderes Segment: Hochpreiskäufer

Position des eigenen Innovations-vorhabens

niedriger — Anderes Segment: Niedrig-preiskäufer

Wettbewerber haben Wettbewerbs-vorteil

niedriger   höher

Leistung (aus Kundensicht)

Abb. 4-4

wenden, um das F&E-Projektportfolio so konsequent wie möglich auf den Vorsprung im Markt auszurichten (siehe Abbildung 4-3). Zur operativen Umsetzung kann auf dieser Basis das Projektmanagement benutzt werden, wie es in Kapitel 3 („Die Basis unternehmerischer Initiative: Produkte systematisch entwickeln") beschrieben ist.

Wertschöpfungs- und Anwendungs-Innovationen sollten nicht unbedingt im Rahmen des F&E-Projektportfolio-Managements gesteuert, sondern eher als Fälle für ein Venture-Management angesehen werden[8, 9].

Auf aufnahmefähige Marktpotentiale zielen, heißt auch, die Preis-Leistungs-Relation der zu ent-

wickelnden Produkte auf klar abgrenzbare Segmente auszurichten.

Wie Abbildung 4-4 zeigt, muß bei Innovationsvorhaben von vornherein darauf geachtet werden, welche Preis-Leistungs-Position zur strategisch wirkungsvollsten Differenzierung gegenüber dem Wettbewerb führt. Es bringt nichts, wenn ein neues Produkt oder eine neue Leistung falsch positioniert im Markt landet: preislich zu hoch angesiedelt für das aus Kundensicht relevante Leistungsspektrum (d. h. wenn die Wettbewerbsprodukte in der Mehrzahl im unteren rechten Feld angesiedelt sind).

Es ist auch bedenklich, wenn die Mehrzahl der Wettbewerbsprodukte im unteren linken Feld liegen, denn in diesem Fall stellt sich die Frage, ob das anvisierte Hochpreissegment tatsächlich existiert und ob das dort zu erwartende Marktvolumen den Entwicklungs- und Vermarktungsaufwand lohnt.

Es zeigt sich in unseren Beratungsprojekten immer wieder, daß die Unternehmen mit ihren Entwicklungsvorhaben schlecht oder gar nicht zielen: Sie unterscheiden weder deutlich genug nach Innovationstypen noch nach Marktsegmenten. Der Igel im Innovationswettbewerb hat aber gerade hier seine Stärken: Es lohnt sich, vom japanischen Igel zu lernen!

8 Vgl. ARTHUR D. LITTLE INTERNATIONAL (Hrsg.): Innovation als Führungsaufgabe; Frankfurt/Main 1988
9 Vgl. H. G. SERVATIUS: New Venture Management; Wiesbaden 1988

118

4.4 Innovationsvorhaben mit zeitlichem Vorsprung realisieren

Mindestens ebenso wichtig wie die bewußte und gezielte Wahl des Innovationstyps und der marktgerechten Preis-Leistungs-Relation ist das „Timing" von Innovationsvorhaben.

Wir haben dargelegt, wie sich in den meisten Branchen das „Window of Opportunity" verengt, d. h. wie die Lebenszyklusphasen von Produkten und Leistungen schrumpfen und wie wichtig es ist, zu den ersten zu gehören, denen mit der jeweils neuen Produktgeneration der Einstieg in den Markt gelingt. Die Einführung des Projektmanagements in der Entwicklung unter Hinzuziehung aller nachgelagerten Funktionen, wie in Kapitel 3 beschrieben, dient dazu, die Durchlaufzeit von Projekten durch die Entwicklung zu verkürzen und durch Abstimmung mit Marketing, Vertrieb, Fertigung und Unternehmensführung eine stärker erfolgsorientierte Steuerung der Entwicklungsprojekte zu sichern.

Im Innovationswettbewerb ist der zeitliche Vorsprung ebenso wichtig wie der technologische Vorsprung. Es muß daher umfassend geplant und zum Ziel gesetzt werden. Die Verkürzung der Durchlaufzeiten von Entwicklungsvorhaben ist dazu ein wichtiger Ansatz.

So demonstrierte Sony, daß sich die Entwicklungszeit in der Konsumelektronik gegenüber den bei europäischen Konkurrenten üblichen Zeiten drastisch reduzieren läßt[10]. Auch japanischen Automobilherstellern ist es gelungen, die Entwicklungsdauer neuer Automobil-Modelle von sonst üblichen fünf bis sechs auf vier Jahre oder im Fall von Honda sogar auf 40 Monate zu reduzieren. Beim Airbus A 320 wurde die Entwicklungszeit von den in der Luftfahrtindustrie für ein derartiges Vorhaben üblichen acht auf nur fünf Jahre heruntergeschraubt.

Aber auch über die Reduzierung der Entwicklungszeiten hinaus erfordert der Innovationswettbewerb gerade von einem Industrieland wie der Bundesrepublik Deutschland, daß in ausgewählten Innovationsfeldern ein zeitlicher Vorsprung errungen und gehalten wird, und zwar

– durch frühzeitiges Erkennen der Innovationspotentiale,
– durch zügige Entscheidungs- und Abstimmungsprozesse und
– durch Nutzung der ausgefeilten F&E-Infrastruktur, über die die Bundesrepublik Deutschland verfügt.

In den Unternehmen müssen die Barrieren gegen Innovationsführerschaft erkannt und abgebaut werden, so daß alle Verantwortlichen im Unternehmen die Erreichung der Zeitziele über die Verfolgung ihrer Partikularinteressen stellen. Es ist klar, daß das nicht nur eine Frage der Organisation, sondern vor allen Dingen auch der Unternehmenskultur ist. Die Unternehmenskultur des „Alles für eine gemeinsame Sache" (siehe Kapitel 10 „Veränderung der Unternehmenskultur") ist daher eine der wichtigsten Voraussetzungen für ein erfolgreiches Bestehen im Innovationswettbewerb.

Alle Beteiligten müssen vor Augen haben, wo ihr Einzelbeitrag liegt und wo sie gemeinsam mit anderen Einfluß auf den Prozeß der Produkt- oder Leistungsschaffung ausüben. Der „Product Creation Process" als Leistungszentrum des Unternehmens gewinnt denn auch in japanischen und amerikanischen Unternehmen zur Zeit enorm an Bedeutung – er dringt in das Bewußtsein vor als Kampfordnung für den Innovationswettbewerb (siehe Abbildung 4-5). Denn nur wenn alle Aspekte dieses Prozesses „stimmen", bewußt als Bestandteil des Gesamtprozesses eingebracht und zuverlässig abgearbeitet werden, kann ein Unternehmen es schaffen, im Innovationswettbewerb systematisch zu den Schnellsten zu gehören.

Ebenso wie der „Product Creation Process" im Unternehmen stimmen muß, muß der Technologie-Transfer in der gesamten Wirtschaft „durchtrainiert" werden. In den letzten Jahren wurde unter dem Begriff Technologiepolitik auf Landes- und Bundesebene ein Panoptikum an Einzelmaßnahmen angehäuft, die sicher zur Steigerung der Innovationsfähigkeit der Bundesrepublik Deutschland

---

10 Vgl. Fußnote 7 in diesem Kapitel

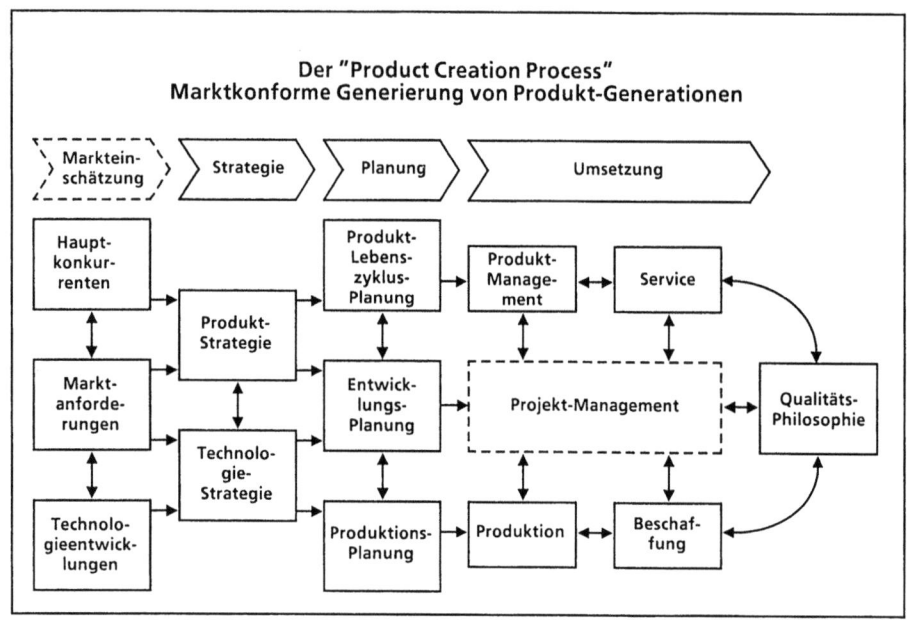

Der "Product Creation Process"
Marktkonforme Generierung von Produkt-Generationen

Abb. 4-5

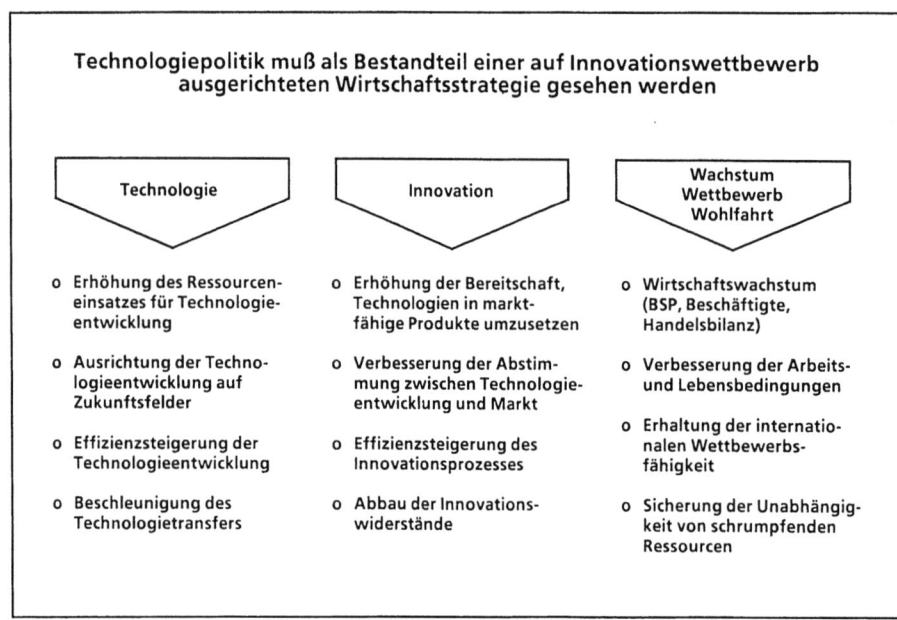

Technologiepolitik muß als Bestandteil einer auf Innovationswettbewerb
ausgerichteten Wirtschaftsstrategie gesehen werden

Abb. 4-6

beigetragen haben, deren Zusammenwirken und damit Effizienz aber genau besehen dürftig ist. Technologiepolitik muß auch hier als Bestandteil einer umfassenderen auf Innovationswettbewerb ausgerichteten Wirtschaftsstrategie verstanden werden (siehe Abbildung 4-6). Dabei kann der Hauptan-

satzpunkt nicht in erster Linie in der Erhöhung der bereitgestellten Mittel bestehen, sondern alle am Innovationsprozeß Beteiligten müssen zu einer bewußteren Zusammenarbeit motiviert werden.

Die Transferprozesse zwischen den Hochschulen, Forschungsinstituten, Organisationen der Auf-

Abb. 4-7

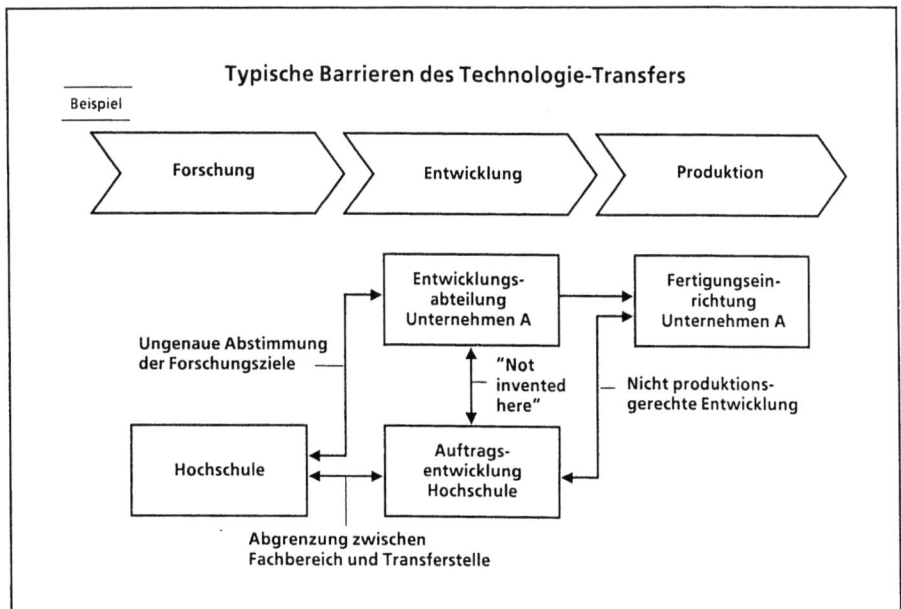

Abb. 4-8

tragsforschung, einzelnen Erfindern und den Unternehmen und Kunden sind wie der Stabwechsel im Innovationsrennen: Wenn der Wechsel von einer Technologiestufe zur anderen nicht klappt, dann nützt auch die Leistung auf der einzelnen Stufe nichts (siehe Abbildung 4-7).

Zur Zeit besteht in der Bundesrepublik Deutschland kein Überblick darüber, ob die vielfältigen F&E- und Transfer-Einrichtungen tatsächlich zusammenwirken. Es ist zur Zeit nicht zuverlässig bekannt, wo in der Wirtschaft der Bundesrepublik Deutschland im gesamten Innovationsprozeß die

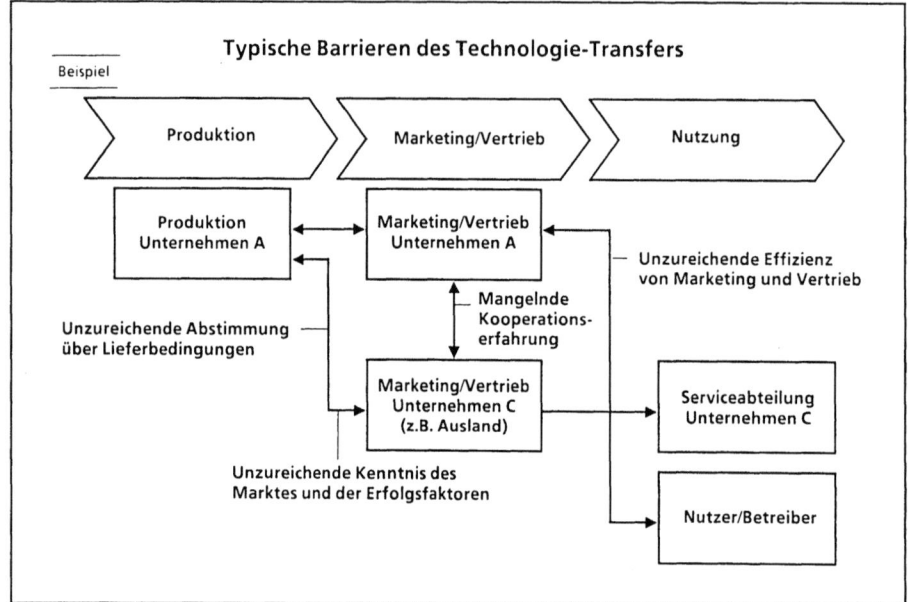

Typische Barrieren des Technologie-Transfers

Beispiel

Produktion

Marketing/Vertrieb

Nutzung

Produktion
Unternehmen A

Marketing/Vertrieb
Unternehmen A

— Unzureichende Effizienz
von Marketing und Vertrieb

Unzureichende Abstimmung
über Lieferbedingungen —

└ Mangelnde
Kooperations-
erfahrung

Marketing/Vertrieb
Unternehmen C
(z.B. Ausland)

Serviceabteilung
Unternehmen C

Unzureichende Kenntnis des
Marktes und der Erfolgsfaktoren

Nutzer/Betreiber

Abb. 4-9

kritischen Barrieren bestehen. Infolge dieses Mangels an Kenntnis kann zur Zeit auch die wirtschaftspolitisch erforderliche Unterstützungsleistung nicht gezielt an den kritischen Barrieren ansetzen.

So wird mit größter Wahrscheinlichkeit derzeit ein „Overkill" bei weniger kritischen Barrieren betrieben, d. h. ein Überangebot an Unterstützungsleistungen bereitgestellt, während bei den wirklich problematischen Transfer-Stufen ein „Vitaminmangel" herrscht.

Beim Unterstützungsangebot herrschen Fragmentierung, Überlappungen und selbst Konkurrenzverhalten vor.

Im Interesse der Wettbewerbsfähigkeit der Bundesrepublik Deutschland sollten die vielfältigen Transfer-Stufen auf ihre typischen Störungen hin untersucht werden (siehe Abbildungen 4-8 und 4-9), um durch eine Neuordnung der technologie- und wirtschaftspolitischen Maßnahmen zu erreichen, daß

- die Nutzung der insgesamt verfügbaren Informationsquellen *verbreitert* wird[11],
- die Transfer-Prozesse *beschleunigt* werden,
- die Innovationsbereitschaft der einzelnen Einheiten im Gesamtprozeß *angeregt* wird.

11 Vgl. ARTHUR D. LITTLE INTERNATIONAL: New Technology-Based Firms in the United Kingdom and the Federal Republic of Germany – Report to the Anglo-German Foundation, Wiesbaden/London 1977

Fünftes Kapitel

Neue Spielregeln des Marketing: Wie aktivieren wir die Märkte für die nächste Produktgeneration?

Michael Mollenhauer und Dr. Klaus-Ulrich Remmerbach

5.1 Das Konzept des Innovations-Marketing

Bei hoher Innovationsgeschwindigkeit auf der Anbieterseite besteht zunehmend die Gefahr, daß die Kunden die *Nutzeninnovation,* die ja letztlich bei ihnen herausspringen soll, nicht nachvollziehen können und daß am tatsächlichen Kundenbedarf vorbeientwickelt wird.

In den meisten Fällen ist Innovationsdruck in erster Linie Wettbewerbsdruck unter den Anbietern – die Kunden profitieren nicht unbedingt davon, sie sind oft ratlos und verwirrt. Denn hohe Innovationsdynamik auf der Anbieterseite fordert die Kunden heraus, sich organisatorisch, in ihren Gewohnheiten, häufig auch in ihren Fähigkeiten beschleunigt umzustellen, wenn sie die neuen Produkte und Leistungen nutzen wollen.

Doch was ist der Nutzen dieser Umstellung? Wie können die Kunden die Qualifikationen entwickeln, die Turbulenzen meistern, den Nutzen wirklich ausschöpfen, wenn sie auf das Innovationsangebot eingehen wollen?

Für den Anbieter von innovativen Produkten und Leistungen ergeben sich daraus neue Anforderungen an das Marketing. Hauptaufgabe ist in immer stärkerem Maß, das Kundenbewußtsein für den Nutzen der kommenden Produktgeneration zu aktivieren, hierfür Überzeugungsleistung zu vollbringen, ehe die neuen Produkte und Leistungen auf den Markt kommen, und – das ist mindestens ebenso entscheidend – aus der Reaktion der Kunden die wirklichen Nutzenpotentiale abzuleiten und steuernd in den Entwicklungsprozeß einzugeben.

Diese Art des Marketing nennen wir Innovations-Marketing. Es stellt eine Abkehr vom „ptolemäischen Weltbild" der Rollenverteilung im Unternehmen dar.

In den meisten Unternehmen bestanden bisher im Grunde zwei Welten:

– Welt 1: Die Wissenschaftler und Techniker, die in ihren Labors oder Entwicklungs- und Konstruktionsabteilungen an einer Vielzahl von Projekten arbeiten, mit denen sie den Markt überraschen wollen.

– Welt 2: Die Marketingexperten und Vertriebsmitarbeiter, die bei den Kunden im Nahkampf um Aufträge stehen.

Zwischen beiden Welten fanden Abstimmungen im besten Fall bei der Definition und Umdefinition von F&E-Vorhaben statt – aber sonst hatten sie traditionellerweise wenig miteinander zu tun. Im Markt gab es im Bewußtsein beider Seiten in erster Linie durch pingelige Einkäufer personifizierte Kunden.

Dieses ptolemäische Weltbild müssen wir überwinden. Statt dessen müssen die Unternehmen zu einer engeren Verzahnung und laufenden Abstimmung zwischen F&E (Forschung und Entwicklung), M&V (Marketing und Vertrieb) und A&K (Anwender und Kunden) kommen: zum Trialog von Entwicklung, Marketing und Anwender.

Nur so kann die Diskrepanz überwunden werden, die sich in den meisten Unternehmen heute noch beobachten läßt: Die Entwickler und Vertriebsmitarbeiter schieben sich gegenseitig die Schuld für unzureichende Innovationsleistung zu, und der Kunde fühlt sich mißverstanden.

Das war in der Vergangenheit zwar auch schon so, und es ging doch. Es wurde viel nachentwickelt oder bei der nächsten Produktgeneration verbessert – mit der Zeit kamen Angebot und Nachfrage immer wieder ins Lot.

Aber, wie wir gesehen haben, verfügen die meisten Unternehmen gar nicht mehr über die Zeit und das Geld, um nachzuentwickeln und nachzubessern. Der erste Schuß muß heute sitzen.

Das Unternehmen braucht die gesamte Marktlebensphase der Produkte, um die Entwicklungskosten wieder einzuspielen. Das Nachentwickeln und Nachbessern kostet nicht nur noch mehr Geld, sondern vor allen Dingen Zeit, die für die Vermarktung verloren geht und die Amortisationschancen senkt.

Die heute immer stärker erforderliche Marketingleistung, nämlich den Kunden auf die Nutzeninnovation rechtzeitig vorzubereiten und seine Nachfragebedingungen während der Entwicklung schon zu berücksichtigen, erfordert eine Rückkopplung mit den potentiellen Anwendern während des gesamten Entwicklungsprozesses. Dadurch muß erreicht werden, daß das entwickelte Produkt von vornherein so genau wie möglich das Nutzenprofil aufweist, das Voraussetzung für eine hohe Akzeptanz ist, und daß die Kunden zum Zeitpunkt der Markteinführung bereit sind, die innovative Lösung zu realisieren.

Diese Interaktion mit dem Kunden hat, genau besehen, zwei wesentliche Effekte:

– Sie erlaubt es den Mitarbeitern aus F&E und M&V, gemeinsam die Bedürfnisse des Kunden zu erfassen (auch wenn dieser oft nicht in der Lage ist, sie aus eigener Initiative zu artikulieren) und gleichzeitig die neuen Technologie- oder Produktkonzepte nutzenorientiert zu erproben, und
– sie bewirkt, daß in der Zusammenarbeit mit den Kunden das Nutzenbewußtsein aktiviert wird, nämlich die Erkenntnis, welchen Vorteil sie ihrerseits durch die Anwendung der innovativen Produkte/Leistungen in ihren Geschäften erzielen können (siehe Abbildung 5-1).

Um diese Effekte zu erzielen, braucht das Unternehmen ein neues Marketingverständnis: eine enge Verzahnung aller Aktivitäten der Produkt- und Verfahrensentwicklung mit dem Prozeß der Bedarfs- und Problemanalyse, der Konzipierung von Lösun-

gen, des Weckens der Kaufbereitschaft, der Nutzenargumentation und schließlich des Verkaufsabschlusses.

Es ist wesentlich, zu erkennen, daß Kunden als Nutzer innovativer Produkte drei Ansprechebenen aufweisen, auch wenn sie sich dessen selber nicht bewußt sind:

– die Ebene der Nachfrage,
– die Ebene des Problems und
– die Ebene des Bedürfnisses.

Auf der Ebene der Nachfrage läuft das Tagesgeschäft ab. Hier fallen die konkreten Kaufentscheidungen durch Preis-Leistungs-Vergleich zwischen den Anbietern. Sich als Anbieter zu stark auf diese Ebene zu konzentrieren, führt zu Preiswettbewerb, schrumpfenden Erträgen und ständigen Hau-Ruck-Aktionen, um kurzfristige Produkt- und Preisanpassungen durchzudrücken.

Denn der typische Ansprechpartner auf dieser Ebene ist der Einkäufer, dessen Erfolgserlebnis stark vom Preisgespräch abhängt.

Auf der Ebene des Problems können dagegen die Impulse für mittelfristige Produktweiterentwicklungen eingeholt werden.

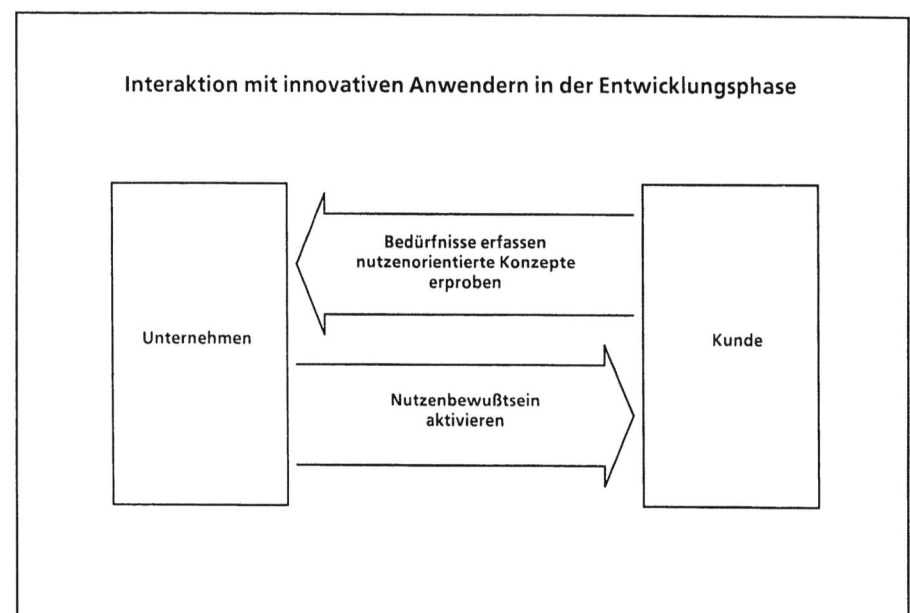

Interaktion mit innovativen Anwendern in der Entwicklungsphase

Unternehmen

Bedürfnisse erfassen
nutzenorientierte Konzepte
erproben

Nutzenbewußtsein
aktivieren

Kunde

Abb. 5-1

126

Denn die Nachfrage entsteht ja normalerweise dadurch, daß beim Nutzer ein Problem im Umgang mit den derzeit angebotenen Produkten und Leistungen auftritt. In der Regel muß er nämlich einen Kompromiß eingehen zwischen dem, was er eigentlich benötigt, und dem, was angeboten wird oder was er sich leisten kann. Auf der Problemebene intensiv zu kommunizieren – über das Tagesgeschäft hinaus – hilft dem Anbieter, die Kundensituation besser zu verstehen und bei der weiteren Produktentwicklung mit dem vorhandenen Know-how gezielter darauf einzugehen. Nur dadurch kann dann eines Tages im Tagesgeschäft ein spürbarer Preis-Leistungs-Vorteil erzielt werden, ohne mit dem Preis operieren zu müssen.

Zusätzlich, und das ist entscheidend, gibt es die Bedürfnisebene. Denn daß der Kunde überhaupt nach einer Lösung sucht und hierbei Probleme hat, die ihn zur Nachfrage bewegen, geht auf Bedürfnisse zurück. Deren Profil zu kennen, ist zunehmend die Voraussetzung für erfolgreiche Innovation.

Ausgehend von den drei Ansprechebenen der Kunden müssen die Anbieter in Märkten mit hohem Innovationsdruck auf drei Ebenen kommunizieren, und zwar nach innen und außen (siehe Abbildung 5-2):

– Auf der Nachfrageebene muß durch kurzfristige Preis-Leistungs-Taktik im Vertrieb und durch entsprechende kurzfristige Produktanpassungen sichergestellt werden, daß Differenzierungs- und Absatzopportunitäten genutzt werden,

– auf der Problemebene muß das zugrunde liegende Anwendungssystem analysiert werden, um Stärken und Schwächen der derzeitigen Problemlösung zu erkennen und um hierauf mit neuen kreativen Produkt- oder Leistungsentwicklungen reagieren zu können; hierbei muß es um neue Ansätze in der Konfiguration vorhandenen Know-hows gehen

– auf der Bedürfnisebene muß hinter dem Anwendungssystem das eigentliche Bedürfnis der Kunden erforscht werden, um die Grundlagenentwicklung in Richtung auf möglichst umfassende Innovationen des Produkt- oder Leistungskonzepts zu orientieren.

In Märkten mit hohem Innovationsdruck müssen Grundlagenentwicklungen, Produktentwicklungen

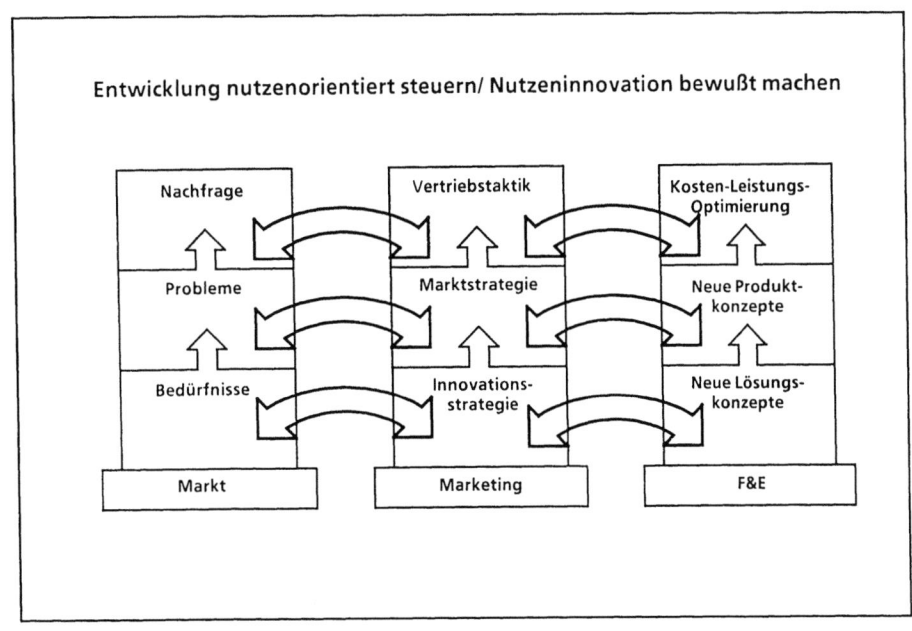

Abb. 5-2

127

und Produktanpassungen parallel laufen, wenn der Rhythmus der Lebenszyklen immer wieder mitbestritten werden soll. Logischerweise müssen daher die drei Kommunikationsebenen mit den Kunden auch gleichzeitig und gleich intensiv gepflegt und bewußt genutzt werden.

Das Problem vieler Unternehmen, die sich im verstärkten Innovationswettbewerb wiederfinden, liegt aber darin, daß sie die drei Ebenen nicht trennen, daher im Kundengespräch die Interessenschwerpunkte des Kunden vermengen und Verwirrung stiften und intern in der Auseinandersetzung mit der eigenen Entwicklung Unmögliches fordern oder falsche Signale geben.

Das Verhalten im Kundenkontakt muß deutlich machen, daß man die unterschiedlichen Ansprech- und Kommunikationsebenen sieht. Der innovative Anbieter muß dazu mit verschiedenen Partnern in der Kundenorganisation kommunizieren, nicht nur mit dem Einkäufer.

Das traditionelle Vorgehen, bei dem das anbietende Unternehmen ein neues Produkt entwickelte, es dann dem Vertrieb übergab, damit dieser den Wettbewerb und die Kunden mit der Innovation überraschte, ging gut, solange technischer Fortschritt an sich einen deutlich ersichtlichen Nutzen darstellte. Außerdem bestand die Möglichkeit, in weiteren Versionen noch Kinderkrankheiten der neuen Produkte auszubügeln.

Heute schlägt dieses Vorgehen in der Mehrzahl der Fälle fehl, denn technischer Fortschritt an sich garantiert keinen Nutzen mehr. Es kommt immer stärker darauf an, die Anwendungsumwelt beim Kunden zu berücksichtigen, z. B. die organisatorischen Gegebenheiten, die Systembeziehungen, die vorhandenen Qualifikationen und die Alternativen. Häufig spielt die ergonomische Akzeptanz eine große Rolle. Wesentlich sind Gesichtspunkte wie Benutzerfreundlichkeit, Kompatibilität, Flexibilität.

In diesem komplexen Feld kann der „shot in the dark" kaum noch treffen, d. h. das Risiko, am Markt vorbeizuentwickeln, ist beträchtlich gewachsen.

Und bevor das anbietende Unternehmen durch teure Nachentwicklung die Marktgerechtheit der neuen Produkte verbessert hat, ist der Lebenszyklus dieser Produkte häufig schon wieder abgelaufen. Wettbewerber warten inzwischen mit der nächsten Produktgeneration auf.

Gleichzeitig tritt zunehmend ein weiteres Phänomen auf: Die Kunden brauchen Zeit, um die Innovation zu verstehen, um dafür Akzeptanz zu entwickeln und vor allem, um die internen Voraussetzungen zu schaffen, unter denen sie die Produkt- oder Leistungsinnovation auch in eine Nutzeninnovation umwandeln können.

Bei einer wachsenden Zahl von Produktneueinführungen beobachten wir daher, daß die Markterschließungsphase immer länger dauert, obwohl die innovativen Produkte einen deutlichen Nutzen versprechen.

Die Kunden sind mit Innovationen überfüttert, technische Systeme sind so vielfältig geworden, daß Innovationen häufig die Aufnahme- und Anpassungsfähigkeit der Kunden überfordern. Bei ihnen baut sich Innovationsskepsis oder gar Innovationslethargie auf. Der Überzeugungs- und Lernprozeß dauert daher länger und verhindert eine schnelle Marktaufnahme.

Da nützt dann auch intensives Marketing nicht mehr viel. Bevor die Kunden überzeugt sind, naht die nächste Innovationswelle, bei der andere von der Vorarbeit profitieren und die noch neueren Produkte an den Mann bringen.

So geschehen im Markt für Fernkopiergeräte, für Personal Computer, für CAD-Systeme, für CNC-Werkzeugmaschinen.

Was also tun? Innovations-Marketing, wie wir es bei einer Reihe von Klienten-Unternehmen implementiert haben, besteht aus einem dreistufigen Vorgehen (siehe Abbildung 5-3):

– Dem internen Know-how-Transfer als „erster Vertriebsstufe", durch den die Mitarbeiter selbst auf die Innovation eingeschworen werden, und zwar quer durch alle Funktionen,
– dem Vorfeld-Marketing (zweite Vertriebsstufe), in dem der gemeinsame Lernprozeß im Trialog F&E, M&V und A&K stattfinden und die Demonstration der Nutzeninnovation erfolgen muß,
– dem Pilot-Marketing (dritte Vertriebsstufe), durch das innovationsfreudige Pilotkunden auf-

Das Konzept des Innovations-Marketing zur Markteinführung innovativer Produkte und Leistungen

Phase des Innovations-Marketings

| Interner Know-how-Transfer |

| Vorfeld-Marketing |

| Pilot-Marketing |

| Breiten-Marketing |

Ziele

o Eigene Organisation für die innovative Entwicklung überzeugen
o Visionen entwickeln
o Personelle und organisatorische Voraussetzungen schaffen

o Bei innovationswilligen Kunden überzeugen
o Nutzeninnovation verstehen und verdeutlichen
o Produkt-/Leistungskonzept anpassen

o Beratungs- und Serviceleistung verstärken
o Anwendungserfahrungen sammeln

Abb. 5-3

gebaut werden, bei denen die Einsatzberatung bezogen auf ihre Innovationsleistung in der Nutzung der neuen Produkte erprobt werden kann.

Von besonderer Bedeutung ist hierbei das Vorfeld-Marketing.

Bei diesem Vorgehen wird schon in den frühen Entwicklungsphasen eine Auseinandersetzung mit ausgewählten innovationswilligen Kunden aufgebaut, in der einerseits die innovativen Produkt- und Leistungskonzepte getestet und dem tatsächlichen Bedarfsprofil der Kunden angepaßt werden können und in der andererseits die Überzeugungsarbeit für die kommende Nutzeninnovation bei den Kunden geleistet werden kann, bevor das innovative Produkt schließlich angeboten wird.

Was bei diesem Vorfeld-Marketing erfolgt, ist auf der Kundenseite der Weg vom Bedürfnis (das zunächst genau erkannt und benannt werden muß) zur Problemdefinition und auf dieser Basis zur Nachfrage und auf der Anbieterseite die Umsetzung der Innovationsstrategie in eine Marktstrategie und Vertriebstaktik – gekoppelt mit der Entwicklung vom neuen Lösungskonzept zum neuen Produktkonzept und schließlich zur Kosten-Leistungs-Optimierung.

Auf diese Weise werden zwei wesentliche Wirkungen erzielt:

– Das Entwicklungsvorhaben wird stärker auf den Markt ausgerichtet und die Gefahr des Scheiterns oder der aufwendigen Nachentwicklung wird reduziert und

– die Akzeptanz der Kunden wird vor der Markteinführung geweckt, so daß die Umsatzentwicklung von vornherein zügig erfolgt und ein deutlicher Positionsvorsprung vor Innovationsnachfolgern errungen werden kann.

Vorfeld-Marketing erfordert ein sorgfältiges Vorgehen:

– Die einzubeziehenden Kunden müssen nach dem Gesichtspunkt ausgewählt werden, ob sie selber durch einen Innovationsvorsprung in ihrem Geschäft einen Wettbewerbsvorteil erzielen und ob sie für eine echte Kooperation gewonnen werden können; so kann die Gefahr gebannt werden, daß Informationen über das Innovationsvorhaben zu frühzeitig an die Wettbewerber gelangen.

– Die interne Organisation des Innovationsprozesses im anbietenden Unternehmen muß ver-

129

bessert werden; nur so kann sichergestellt werden, daß die erforderlichen Informationsflüsse
vom und zum Kunden ungefiltert verlaufen.

Dazu ist die enge Verzahnung zwischen den Funktionsbereichen von der Konzeption eines Innova-
tionsvorhabens bis zur Markteinführung erforderlich, die durch das Projektmanagement gewährleistet werden kann (siehe Abbildung 5-4).
Vorfeld-Marketing heißt damit auch, daß die
Entwicklungsmitarbeiter sich mit ausgewählten potentiellen Kunden über deren Problemsituation unterhalten müssen. Hierin ist eine radikale Abkehr
von der Einstellung zu sehen, daß man Ingenieure
nicht mit den Kunden verhandeln lassen darf, weil
sie aus technischem Ehrgeiz unwirtschaftliche Lösungen versprechen. Interdisziplinäres Vorgehen,
wie das Vorfeld-Marketing es erfordert, muß vielmehr auch dazu führen, daß die Entwickler be-
triebswirtschaftlich denken und argumentieren lernen. Denn die Unternehmen brauchen bei zunehmendem Innovationsdruck wieder verstärkt die
Auseinandersetzung zwischen ihren Entwicklungs-
mitarbeitern und den technisch und operationell
Verantwortlichen in den Kundenorganisationen.

Diese Auseinandersetzung kann auf verschiedene
Weise organisiert werden:

– Unternehmen wie die Nixdorf Computer AG
  holen ihre Kunden regelmäßig an den Standort
  ihrer Entwicklungsabteilungen, so daß hier vielfältige Kundengespräche stattfinden, die nicht
  direkt mit dem Verkauf zu tun haben,
– die Robert Bosch GmbH und andere veranstal-
  ten gemeinsame Produktbesprechungen, an denen die Entwicklung, der Vertrieb und ausgewählte Kunden teilnehmen,
– einige erfolgreiche amerikanische Unternehmen
  verpflichten ihre Entwicklungsmitarbeiter, eine
  gewisse Zahl von Kundenbesuchen abzustatten
  und darüber Protokoll zu führen.

Durch diese Maßnahmen und durch die Zusammenarbeit mit potentiellen Kunden in der Entwicklungsphase von innovativen Produkten und Leistungen wird eine Zweibahnstraße der Innovationssuche geschaffen: Lösungen suchen Probleme, und
Probleme suche Lösungen.
Durch Abarbeiten einer Korrelationskette von
der Kaufmotivation der Kunden zu den Erfolgsfak-

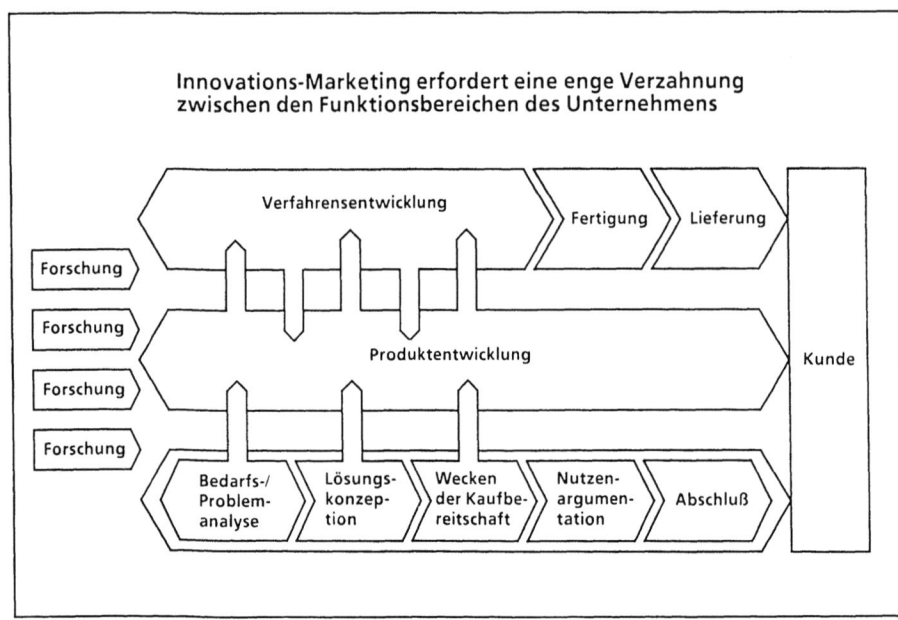

Abb. 5-4

130

toren im Wettbewerb, zu den Leistungsmerkmalen der Produkte bis hin zu den eingesetzten Technologien wird die innovative Problemlösung so gesteuert, daß die Marktorientierung von vornherein gegeben ist (siehe Abbildung 5-5).

Der Denkprozeß des Innovations-Marketing liefert auch Klarheit zwischen den F&E- und den M&V-Verantwortlichen über die anzustrebende eigene Preis-Leistungs-Position im Verhältnis zum Wettbewerb und über die Orientierung der Innovationsstrategie des Unternehmens. Er ist eine wesentliche Voraussetzung, um auch das Projektmanagement in der Forschung und Entwicklung sinnvoll zu betreiben (siehe Kapitel 3 „Die Basis unternehmerischer Initiative: Systematisch neue Produkte und Leistungen entwickeln").

5.2 Instrumente des Innovations-Marketing

5.2.1 Marketing für substitutive Innovationen

Bei *substitutiven Innovationen* haben sich zwei Ansätze besonders bewährt (siehe Abbildung 5-6):

– Interdisziplinäre Workshops mit Führungskräften aus Marketing, Vertrieb, Forschung und Entwicklung, Produktion und anderen an der Umsetzung der Innovation beteiligten Funktionen,
– interne Schulungen, in denen die Wirkprinzipien der innovativen Produkte aus der Sicht der Kunden verdeutlicht werden, unter Umständen durch Einbeziehung ausgewählter Kunden.

Für die Phase des Vorfeld-Marketing für substitutive Innovationen stehen als Instrumente

– Blind-Tests zur Objektivierung von Geschmacksparametern,
– In-use-Tests mit Prototypen zur Abstimmung von Leistungs- und Bedürfnis-Profilen,
– Omnibus-Befragungen zum schnellen Screening von Alternativen,
– Gruppendiskussionen zum Erkennen emotionaler Bedürfnisse

zur Verfügung.

Wichtig ist die sorgfältige Auswertung der Ergebnisse unter Einbeziehung der Entwicklung und des Vertriebs, um Prioritäten und Alternativen für die Weiterarbeit zu entwickeln.

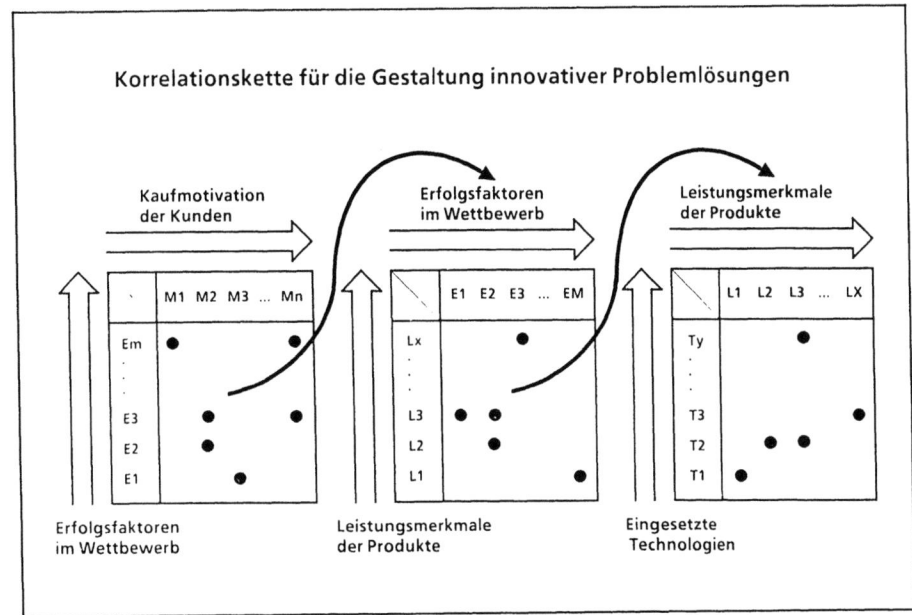

Abb. 5-5

Das Instrumentarium des Innovations-Marketing

Stufen des Innovations-Marketing		Substitutive Innovation	Wertschöpfungs-Innovation	Anwendungs-Innovation
Know-how-Transfer	Beispiele	o Interdisziplinäre Workshops o Schulungen o Seminare	o Workshops mit - OEM-Kunden - Handel - Zulieferern - etc.	o Kreativ-Shops o Screening o Championship
Vorfeld-Marketing	Beispiele	o In-Use-Test o Gruppen-diskussionen o Omnibus-Befragungen	o Auseinandersetzung mit innovativen Kunden o Prototyp-Entwicklung o Informationsveranstaltungen mit Multiplikatoren	o Joint Development o Workshop mit Anwendern
Pilot-Marketing	Beispiele	o Test-Marketing o Markt-Simulation o Zusammenarbeit mit Referenz-partnern	o Zusammenarbeit mit innovations-willigen Referenz-partnern	o Nutzen-demonstration o Trend-Setting-Marketing

Abb. 5-6

Ziel des Pilot-Marketing ist es, das Gesamtkonzept auf seine Akzeptanz zu überprüfen.

Dazu werden bei substitutiven Innovationen in der Konsumgüter-Industrie die Kaufgewohnheiten einer ausgewählten Zahl von repräsentativen Haushalten mit Hilfe von Magnetkarten überwacht, die diese Haushalte beim Einkauf in ausgewählten und mit Scannerkassen ausgerüsteten Einzelhandel-Outlets verwenden. Zusätzlich ist es möglich, bei diesen Haushalten Werbespots in das abendliche Werbefernsehen einzublenden und damit die Wirksamkeit des Kommunikationskonzepts im Vergleich zu Referenzgruppen zu beurteilen.

Marktsimulationsmodelle erlauben es, auf der Basis ermittelter Erstkaufs- und Wiederkaufsraten Absatzvolumina für neue Produkte über drei bis fünf Jahre zu prognostizieren.

5.2.2 Marketing für Wertschöpfungs-Innovationen

Bei *Wertschöpfungs-Innovationen* müssen die externen Wertschöpfungspartner in die Phase des Know-how-Transfers mit einbezogen werden. Be-

währt haben sich hierbei gemeinsame, interdisziplinär besetzte Workshops und Projektgruppen, bei denen zum Beispiel auch OEM-Kunden, der Handel oder bedeutende Zulieferer vertreten sind.

Die Gefahr, daß die Konkurrenz durch diese Einbeziehung Externer von der Innovation zu früh Wind bekommt, wird hierbei häufig überschätzt. Durch den gemeinsam geleisteten Know-how-Transfer werden Zeitvorsprünge und eine intensive Kundenbindung realisiert. Diese Vorteile können vom Wettbewerb nur schwer eingeholt werden.

In der Phase des Vorfeld-Marketing können für Wertschöpfungs-Innovationen

- Kreativitätsmeetings mit innovativen Kunden,
- gemeinsame Arbeit an Prototypen und
- Informationsveranstaltungen für Multiplikatoren (zum Beispiel Software- und Systemhäuser, Unternehmensberater) und Partner im Wertschöpfungsprozeß (Zulieferer, Handelspartner) eingesetzt werden.

In dieser Phase können noch relativ kostengünstig Anpassungen der Entwicklungsziele und Spezifikationen vorgenommen werden, um die Nutzenleistung des Produkts zu steigern.

Die Phase des Pilot-Marketing, mit der die Produkteinführung eingeleitet wird, zielt auf eine Zusammenarbeit mit innovationsorientierten Wertschöpfungspartnern ab. Es geht darum, bei konkreten Anwendungen praktische Erfahrungen zu sammeln. So kann zum Beispiel ein Textil-Hersteller ein Filialisierungs- und Franchise-Konzept gemeinsam mit innovationswilligen Partnern aus dem Handel anhand von unterschiedlichen Prototypen testen. Shop-in-Shop-Systeme, Pilot-Geschäfte und Exklusiv-Plazierungen sind hier alternative Vorgehensweisen.

Die gesammelten Erfahrungen sollen in der Phase des Breiten-Marketing in Argumente für den Vertrieb umgesetzt werden. Daher müssen die Pilotanwendungen systematisch nach Gesichtspunkten wie

– rationale und emotionale Nutzenvorteile,
– Eignung der Innovation,
– Wirtschaftlichkeitseffekte,
– Schulungsanforderungen und
– Wettbewerbsvorteile

ausgewertet werden. Gleichzeitig können die Erfahrungen an Multiplikatoren weitergegeben, die Spezifikationen für Neuentwicklungen angepaßt und die Zielgruppensegmentierung überprüft werden.

5.2.3 Marketing für Anwendungs-Innovationen

Anwendungs-Innovationen stellen höchste Anforderung an die visionären Fähigkeiten der am Innovationsprozeß Beteiligten. Der Know-how-Transfer sollte bei dieser schwierigen Aufgabenstellung in Kreativ-Shops mit Unterstützung durch externe und multidisziplinär besetzte Expertenteams stimuliert werden.

So wurden zum Beispiel für die Compact Disc durch die Mitwirkung von Markt-, Technologie- und Industrie-Experten aus den verschiedensten Bereichen neue Anwendungen auch außerhalb der Konsumelektronik konzipiert.

An diese Konzepterarbeitung muß sich ein Screening anschließen, als dessen Ergebnis die Innova-

tionsprojekte mit den höchsten Nutzenvorteilen und den besten Marktpotentialen von begeisterungsfähigen Champions weiter vorangetrieben werden.

Im Vorfeld-Marketing für Anwendungs-Innovationen sollten alle Chancen für eine Verbesserung des Leistungsangebots durch gemeinsame Entwicklung genutzt werden. In Workshops mit Anwendern können dabei weitere Leistungsanforderungen erarbeitet werden.

Im Pilot-Marketing für Anwendungs-Innovationen schließlich geht es darum, die Nutzeninnovation in voller Breite zu demonstrieren. Frühzeitig gewonnene Meinungsbildner können hierbei den Trend für das Breiten-Marketing setzen.

Kosten-Nutzen-Nachweise müssen die entscheidende Argumentationsbasis der Kommunikation gegenüber den Anwendern bilden. Die Fragen

– Wie kann die Innovation angewendet werden?
– Welchen Nutzen bringt die Innovation?

müssen durch diese Kommunikation explizit beantwortet werden. Denn für eine Innovations-Strategie gibt es nicht Schädlicheres als ein unklares Nutzenverständnis des Anwenders.

5.3 Marketing-Mix des Innovations-Marketing

Durch ein innovationsgerechtes Marketing-Mix kann wesentlicher Einfluß auf die Dynamik des Unternehmens im Markt genommen werden.

Neue Spielregeln des Marketing aufstellen heißt, unkonventionelle Strategien zu verfolgen. Dazu müssen die Unternehmen ihre Verhaltensweisen im Markt grundlegend verändern und im Marketing-Mix neue Prioritäten setzen. Viele Erfolge belegen, daß dies möglich ist.

In fast allen Fällen sind Visionen die Grundlage solcher unkonventioneller Strategien gewesen. In dem Bestreben nach analytischer Rigorosität wurden Visionen lange Zeit kaum beachtet. Magyar zeigte jedoch anhand zahlreicher Beispiele auf, daß

Marketing-Pioniere stets auch „visionäre Phantastiker" sind. Sie schaffen „kreative Höchstleistungen" und geben damit „den Startschuß für zuvor nie geahnte Möglichkeiten"[1, 2]. Visionen sind nach Magyar wichtig, um die eigenen Mitarbeiter zu motivieren, um Leistungsreserven zu aktivieren und um die Organisation auf ein gemeinsames Ziel einzuschwören, ohne das keine überdurchschnittliche Marktleistung möglich ist.

Auch visionäres Marketing muß jedoch ertragsorientiert sein. Denn ob die Vision brauchbar ist, zeigt sich erst, wenn sie in operative Maßnahmen umgesetzt wird. Daher kommt auch visionäres Marketing nicht ohne methodisches Vorgehen aus.

Innovations-Marketing nimmt hierbei eine besondere Stellung ein, weil die Kommunikation des Nutzens innovativer Produkte für den Kunden immer auch ein Wagnis ist.

Den zusätzlichen Nutzen einer Innovation gegenüber dem bestehenden Angebot zu beschreiben und nachzuweisen, gehört in der Tat zu den schwierigsten Aufgaben des Marketing. Neben den rationalen Nutzenkategorien sind auch die emotionalen Bedürfnisse der Kunden mit in das Kalkül einzubeziehen. Daß selbst Marketing-Profis hierbei schief liegen können, zeigt der Fall Coca-Cola[3].

Zu Beginn der 80er Jahre mußte das Unternehmen Coca-Cola erkennen, daß Pepsi überall auf der Welt an Position gewann. Pepsi zeigte in aggressiven Kampagnen, wie Konsumenten in Blindtests dem Geschmack von Pepsi den Vorzug gaben. Abgesichert durch umfangreiche Tests und Marktforschungsergebnisse kam Coca-Cola zu dem Schluß, daß die Konsumenten im Laufe der Jahrzehnte tatsächlich veränderte Geschmackspräferenzen entwickelt hatten.

Das Management von Coca-Cola stand vor der schwierigen Frage, ob es den Positionsverlusten tatenlos zusehen oder zum ersten Mal in der Unternehmensgeschichte die Rezeptur verändern sollte.

1 Vgl. K. M. MAGYAR, P. K. MAGYAR: Marketingpioniere; Landsberg a. L. 1987
2 Vgl. K. M. MAGYAR: Das Marketing-Puzzle; Landsberg a. L. 1985
3 Vgl. T. OLIVER: The real Coke, the real story; New York 1986

Schließlich wurde die Rezeptur des Hauptproduktes modifiziert.

In einer generalstabsmäßig vorbereiteten Marketing-Kampagne wurde das neue Produkt eingeführt. Viele der Konsumenten liebten den neuen Geschmack. Es gab jedoch eine kleine, lautstarke Kundengruppe, die tieftäuscht und verärgert reagierte. Sie gab an, daß sie den neuen Geschmack nicht mochte, obwohl in Blindtests nachgewiesen werden konnte, daß sie kaum in der Lage war, Geschmack und Produkte auch nur halbwegs richtig zuzuordnen. Trotzdem wirkte diese Gruppe der enttäuschten Konsumenten als Multiplikator und Stimmungsmacher.

Alarmiert von der rapiden Ausbreitung dieser negativen Stimmung ging das Unternehmen Coca-Cola der Ursache in Studien und Gruppendiskussionen nach und fand heraus, daß gerade die treuesten Konsumenten von Coke sich tief emotional angegriffen fühlten – die Veränderung des Original-Rezeptes war für sie gleichbedeutend mit dem Bruch einer amerikanischen Tradition, mit einer Attacke auf ihre eigene Geschichte und Herkunft.

Coca-Cola gab seinen Konsumenten ihr Originalgetränk wieder zurück und eroberte mit einer außergewöhnlichen Turnaround-Aktion eine Marktposition, die stärker als je zuvor ist.

Dieses Beispiel zeigt, daß das Nichterkennen von emotionalen Bedürfnisfaktoren zu den schwersten Marketingfehlern gehören kann.

Typisch für derartige Marketingfehler ist immer wieder, daß die Unternehmen nicht ausreichend zwischen Hard- und Soft-Innovationen unterscheiden.

Hard-Innovationen sind objektiv-technische Innovationen mit rational nachvollziehbarem Grund- und Zusatznutzen. Wir finden sie besonders häufig in Investitionsgütermärkten. Wachstumsstarke Branchen der Informationstechnologie und des Elektronik-Sektors bauen stark auf Hard-Innovationen auf. So wird beispielsweise ISDN in erster Linie als Hard-Innovation von der Deutschen Bundespost dargestellt und vermarktet.

Soft-Innovationen erfordern dagegen eine emotionale Ansprache von sozialen und Ego-Bedürfnissen der Kunden. In den meisten Branchen findet in der Regel eine Kombination von Hard- und Soft-

Innovationen statt (siehe Abbildung 5-7). Innovations-Marketing zielt häufig auf eine stärkere Betonung des Soft-Anteils von neuen Produkten und Leistungen ab.

Bei substitutiven Innovationen muß durch intensive Marketing-Maßnahmen die Nutzeninnovation aus der Sicht der Kunden verdeutlicht werden. Bei der Einführung einer neuen Reifentechnologie für PKWs kam es weniger auf die neuen technischen Leistungsmerkmale an als darauf zu kommunizieren, wie Autofahrer mit unterschiedlichen Fahrgewohnheiten die neue Qualität tatsächlich empfinden. Neue Batterietechnologien für Anwendungen in der Konsumelektronik sind nicht nur in bezug auf ihre Leistungsdaten wie Energiedichte oder Lebensdauer hin darzustellen, sondern vor allem in bezug auf den zusätzlichen Nutzen, den die Konsumenten bei dem Betrieb ihres Walkman oder Transistor-Radios empfinden.

Wertschöpfungs-Innovationen erfordern Innovationen im Marketing selber, um das Besondere zu verdeutlichen und um alte Denkstrukturen zu überwinden.

Beispielhaft wurde diese Kombination von Wertschöpfungs-Innovation und innovativem Marketing bei der Schweizer Uhr Swatch vorexerziert

(siehe Abbildung 5-8). In einer Phase, in der die Schweizer Uhrenindustrie schon drauf und dran war, gegen die japanische Konkurrenz zu resignieren, nutzte eine Gruppe innovativer Unternehmen das Know-how, in großen Auflagen und unter Anwendung der Kunststofftechnik Quarzwerke in eine vollversiegelte Uhr zu integrieren. Auf diese Weise konnte das Design sehr flexibel variiert werden – Swatch war geboren. Mit einer innovativen Marketing-Strategie wurde weltweit das Segment zwischen Billig-Uhr und traditioneller Schweizer Uhr erschlossen.

Auch Anwendungs-Innovationen, die darauf abzielen mit völlig neuen Produkten Märkte zu machen, die es zuvor nicht gab, erfordern dramatische Innovationen im Marketing. Mit traditionellen Marketingansätzen werden Anwendungs-Innovationen in aller Regel zu Flops.

Innovations-Marketing mit seinen typischen Phasen, mit seinem Mix an Instrumenten und seiner Ausprägung je nach Innovationstyp in den Unternehmen einzuführen, ist heute eine der wichtigsten Aufgaben des Managements.

Dazu ist in der Regel eine Veränderung der Unternehmenskultur erforderlich, wie wir sie in Kapitel

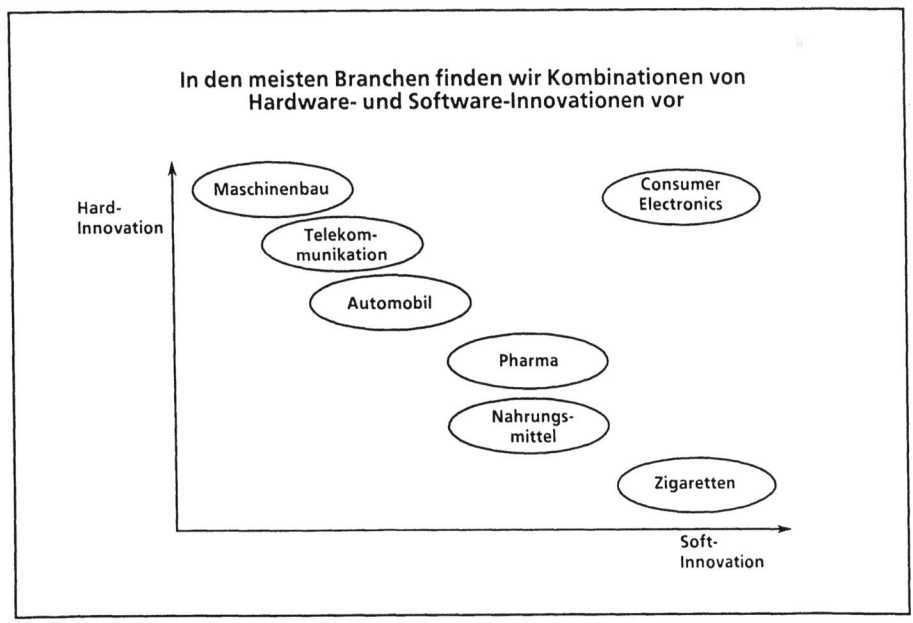

Abb. 5-7

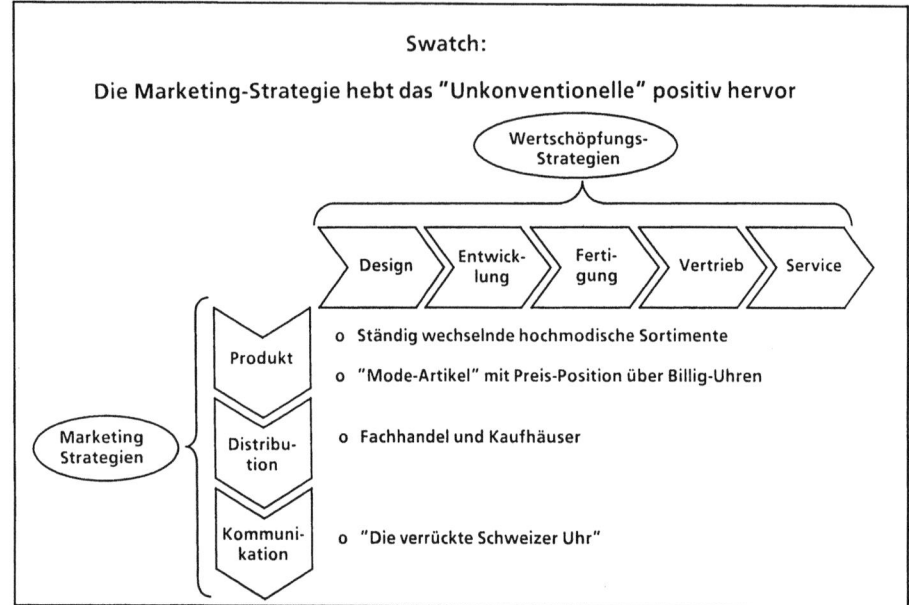

Swatch:

Die Marketing-Strategie hebt das "Unkonventionelle" positiv hervor

Wertschöpfungs-Strategien

Design Entwick-lung Ferti-gung Vertrieb Service

Marketing Strategien

Produkt
o Ständig wechselnde hochmodische Sortimente
o "Mode-Artikel" mit Preis-Position über Billig-Uhren

Distribu-tion
o Fachhandel und Kaufhäuser

Kommuni-kation
o "Die verrückte Schweizer Uhr"

Abb. 5-8

10 „Veränderung der Unternehmenskultur" beschreiben. Diesen Übergang in Angriff zu nehmen, eher heute als morgen, sollte einer der ersten Schritte des Managements des geordneten Wandels sein. Denn er stellt die entscheidende Orientierung sicher: den Kundennutzen.

Sechstes Kapitel

Innovative Wertschöpfungsstrategien

Dr. Rudolf Pernicky

6.1 Warum innovative Wertschöpfungs-strategien?

Geschäfte kann man letztlich nur profitabel oder nicht profitabel betreiben. Ertrag läßt sich jedoch auf konventionellem oder unkonventionellem Weg erzielen.

Vielen Branchen sind zunehmend dadurch gekennzeichnet, daß zufriedenstellende Erträge auf konventionellem Weg kaum noch zu erwirtschaften sind: Die Unternehmen setzen gleiche Rohstoffe ein, beziehen von denselben Lieferanten, verfügen über gleiche Fertigungsanlagen und dasselbe Fertigungs-Know-how, und sie vertreiben ihre Produkte über weitgehend identische Vertriebswege. Das daraus resultierende Patt bedeutet, daß es nur wenige Vorteile gibt, die der Kunde belohnt. Entsprechend niedrig fallen die Erträge aus. Große Teile der Prozeß- und Maschinenbauindustrie sind hierfür typische Beispiel.

Unkonventionelle Wege beschreiten – immer wieder anders sein als der Wettbewerb – ist daher erforderlich, um rechenbare Wettbewerbsvorteile zu erringen und zu bewahren. Nicht alle Unternehmen entdecken jedoch unkonventionelle Wege, nur we-

nige haben den Mut, sie zu beschreiten. Aber sie gehören zu den Gewinnern und eröffnen sich immer wieder neue Marktpotentiale.

Es gibt Anzeichen dafür, daß zu den zukünftigen Gewinnern noch mehr japanische Unternehmen gehören werden als in der Vergangenheit. Denn nach einer Untersuchung von Arthur D. Little International verfolgen japanische Unternehmen breiter angelegte Innovationsstrategien als ihre Wettbewerber aus den USA und Europa (siehe Abbildung 6-1). Für sie ist Innovation mehr als neue Produkte, sie beziehen die gesamte Wertschöpfungskette in die Innovationsstrategie mit ein.

Dagegen haben sich bislang nur wenige deutsche Unternehmen ein solch breites Innovationsverständnis zu eigen gemacht. Die meisten von ihnen investieren zwar enorme Summen in die Produktentwicklung, sie übersehen aber, daß Innovationen im Vertrieb und Marketing oft nachhaltigere Wettbewerbsvorteile ermöglichen als neue, aber häufig leicht kopierbare Produkte.

Wie wichtig eine breiter angelegte Innovationsstrategie ist, zeigt eine amerikanische Untersuchung (siehe Abbildung 6-2). Danach verdanken nahezu 50 % der innovativen Unternehmen ihren Anfangserfolg zwar einem innovativen Produkt, den Dauer-

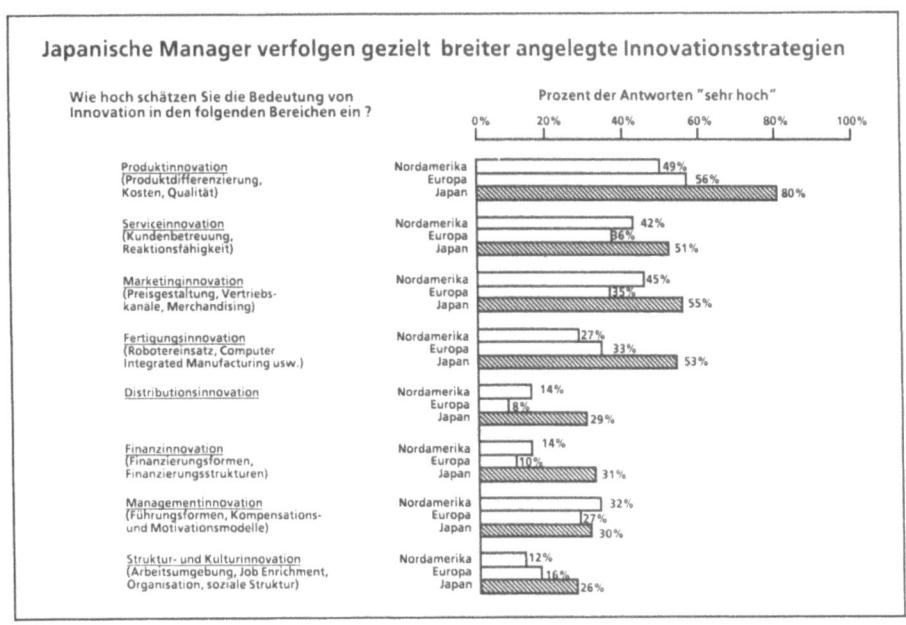

Abb. 6-1

139

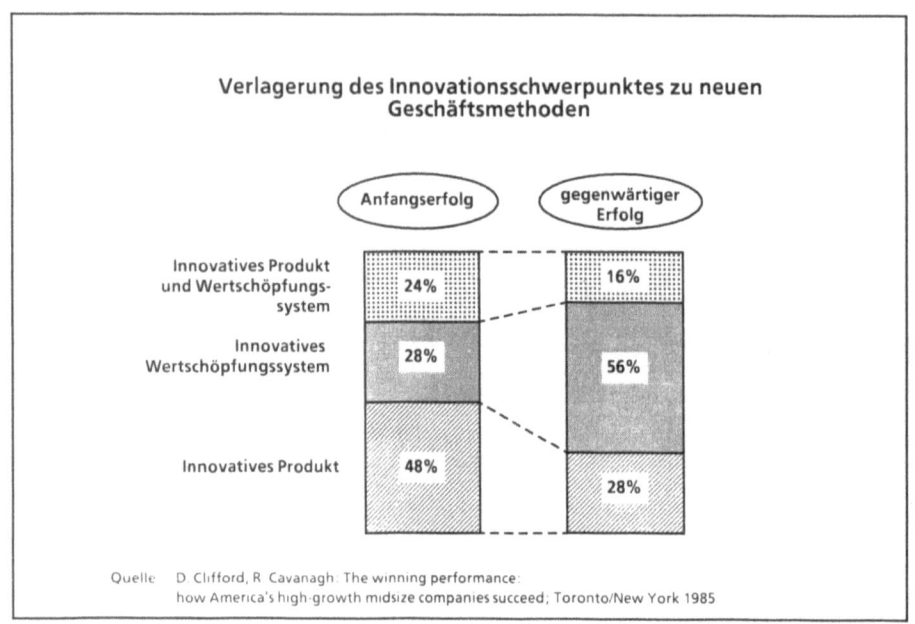

Verlagerung des Innovationsschwerpunktes zu neuen
Geschäftsmethoden

Anfangserfolg — gegenwärtiger Erfolg

Innovatives Produkt und Wertschöpfungs-system: 24% → 16%

Innovatives Wertschöpfungssystem: 28% → 56%

Innovatives Produkt: 48% → 28%

Quelle D. Clifford, R. Cavanagh: The winning performance:
how America's high-growth midsize companies succeed; Toronto/New York 1985

Abb. 6-2

erfolg aber führen 56 % der Unternehmen auf eine innovative Wertschöpfungsstrategie zurück, die für die Wettbewerber höhere Nachahmungsbarrieren schafft und ihnen selber damit nachhaltige Marktvorteile sichert.

Was ist zu tun, um eine solche Wertschöpfungsstrategie zu definieren?

Erfolgreiche Unternehmensführung in den 90er Jahren wird durch innovatives Wertschöpfungsmanagement in allen Bereichen des Unternehmens gekennzeichnet sein. Nicht das „Ob", sondern das „Wie" der Innovation wird entscheiden.

6.2 Wege zu innovativen Wertschöpfungsstrategien

Innovative Wertschöpfungsstrategien setzen das Aufbrechen traditioneller Strukturen auf dem Weg vom Vorlieferanten über die eigenen und die nachgeordneten Wertschöpfungsstufen bis zum Endkunden voraus. Ein klassisches Beispiel dafür ist das Konzept von IKEA (siehe Abbildung 6-3). Es gibt fast keine Stufe, auf der das IKEA-Konzept

nicht innovativ war und noch ist. IKEA macht alles anders als traditionelle Möbelhäuser und tritt mit ganz anderen Stärken im Markt auf.

Das Unternehmen behält Sortimentspolitik, Design, Einkauf und Produktion weitgehend in eigener Hand, tritt mit einem neuen Konzept an und verschafft sich durch Standortwahl und Verlagerung des Service auf die Kunden spürbare Kostenvorteile. Ziel ist die Globalisierung bei gleichzeitiger Konzentration auf die jüngeren Käufer und die konsequente Ausrichtung des Wertschöpfungssystems auf größtmöglichen Differenzierungsvorteil.

Ertrag und Wachstum von IKEA haben das Konzept bislang voll bestätigt. IKEAs Bemühungen, nunmehr auch in höhere Käufersegmente vorzustoßen, werden von den Kunden mit Freude, vom Wettbewerb eher argwöhnisch aufgenommen.

Ähnlich wie IKEA, wenn auch nicht immer so weitgehend und umfassend, haben andere Unternehmen durch Neugestaltung des Wertschöpfungssystems Erfolge erzielt.

Ein bedeutsames Beispiel ist die japanische Automobilindustrie. Die meisten japanischen Automobilhersteller bieten mehr Modellvarianten mit deutlich höherer Einführungshäufigkeit an als die Europäer. Ihre Kosten sind niedriger, die Qualität der

140

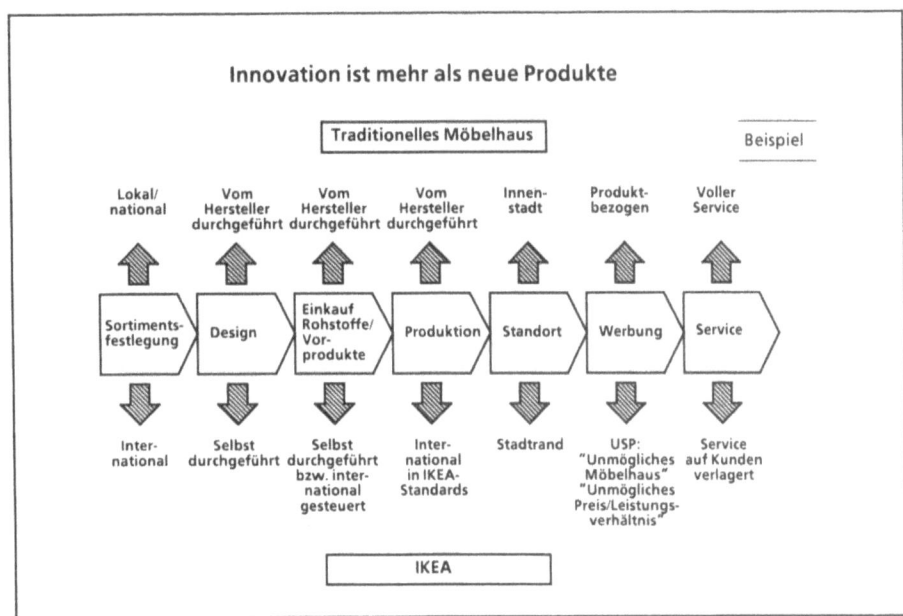

Innovation ist mehr als neue Produkte

Abb. 6-3

Fahrzeuge in der Zwischenzeit ein Markenzeichen. Und gegen fast alle bekannten Regeln der Betriebswirtschaft erzielen sie auch noch einen spürbar höheren Gewinn. Diesen Erfolg verdanken sie in starkem Maß ihrem Wertschöpfungssystem, das anders ist als das europäische. Durch ganzheitliches Denken statt Optimierung einzelner Funktionen kamen sie zur Just-in-time-Logistik, zur Flexibilisierung der Fertigung und zu neuen Formen der Entwicklung. Dadurch gelang es ihnen, ihre erheblichen Markterfolge und eine hohe Profitabilität zu erzielen.

Die Wertschöpfungskette bietet vielfältige Möglichkeiten der Innovation, die aus unterschiedlichen Vertriebswegen, einem anderen Grad der Fertigungstiefe oder dem Einsatz anderer Fertigungstechnologien bestehen kann. Um aus der Vielzahl von Alternativen die „richtige" auszuwählen, müssen zwei Schritte vollzogen werden:

– Das Unternehmen muß eine Vision von Wettbewerbsvorteilen entwickeln, und
– das Wertschöpfungssystem muß umfassend auf diese Wettbewerbsvorteile ausgerichtet werden.

6.3 Vision von Wettbewerbsvorteilen entwickeln

Vision ist ein großes Wort. Wer es häufig benutzt, läuft Gefahr, auf Mißtrauen zu stoßen, wenn er nicht genau sagt, was er meint.

Mit Vision muß eine klare Vorstellung verbunden sein, „worauf es den Kunden ankommt". Gegenstand der Betrachtung dürfen nicht die Produkte mit allen ihren Eigenschaften, sondern müssen die Möglichkeiten sein, „wie sich das Geschäft des Kunden erfolgreicher gestalten läßt". Verbesserungen können dabei niedrigere Kosten und/oder höhere Leistungsfähigkeit des Kunden sein.

So wird beispielsweise auf den ersten Blick nur das Produkt eines Zulieferanten von PKW-Automatikgetrieben vom Automobilhersteller gekauft, darüber hinaus gibt es jedoch weitere Berührungspunkte zwischen beiden bei der Entwicklung, bei Tests, bei der Auftragsabwicklung und Auslieferung. Jede dieser Aktivitäten prägt den Kundennutzen und ist damit eine potentielle Quelle von Wettbewerbsvorteilen.

Der berühmte Walkman von Sony entstand, weil Sony-Mitarbeiter die Vision hatten, daß der Konsu-

141

ment seine eigenen Musikkassetten hören möchte, auch wenn er unterwegs ist. Die Nachfolge-Produkte Watchman und seit neuestem die tragbaren Video-Geräte beruhen auf der gleichen Überlegung.

Es muß also geklärt werden, wie das Produkt oder die Leistungen des Anbieters der Bedarfsstruktur des Kunden gerecht werden.

Dies ist in der Regel mühsam und aufwendig, zahlt sich aber meistens aus. Denn es hilft, über die rein produktorientierte Sicht hinauszugehen und festzustellen, was der Kunde im umfassenden Sinne brauchen kann.

6.4 Die Wertschöpfungskette umfassend auf Wettbewerbsvorteile ausrichten

Die meisten Märkte sind vielschichtig. Fast immer gibt es Kunden, die etwas anderes wünschen als die anderen. Neben der Vielschichtigkeit im Detail zeichnet sich jedoch eine zunehmende Polarisierung ab.

Es bilden sich Kundengruppen heraus, die entweder kompromißlos preisbewußt handeln oder aber sich den möglichst perfekten Service „etwas kosten lassen". Daher wird es zukünftig noch stärker darauf ankommen, systematisch die einzelnen Stufen der Wertschöpfung auf Kosten- oder Nutzenvorteile auszurichten. Mehr Nutzen liefern kostet in der Regel Geld. Es wird daher darauf ankommen, sich für eine der beiden Grundausrichtungen Preis oder Zusatznutzen zu entscheiden und bei der gewählten Grundstrategie eine deutliche Differenzierung gegenüber dem Wettbewerb zu erreichen.

6.5 Wertschöpfungsstrategien für Kostenführerschaft

Die meisten Unternehmen klagen über zu hohe Kosten. Die Therapie, die die Führungskräfte ihren Unternehmen verschreiben, lautet in der Regel Ge-

meinkostenwertanalyse, Budgetkürzung oder Leistungsabbau in einzelnen Funktionsbereichen. Die Nachhaltigkeit dieser Maßnahmen ist leider nicht sehr groß. Der Wettbewerb zieht meistens in Kürze nach, der Kampf geht weiter, wenn auch auf niedrigerem Kostenniveau. Den meisten Maßnahmen zur Kostenreduktion liegt die Grundvorstellung zugrunde, daß hohe Kosten überwiegend aus operativen Schwächen resultieren.

Viele Unternehmen übersehen dabei, daß sie es im Schwerpunkt vielmehr mit einem strategischen Problem zu tun haben, dem nur mit einer neuen strategischen Ausrichtung der Wertschöpfungskonzeption des Unternehmens begegnet werden kann.

Die eigentlichen Fragen müssen dabei sein:

– Welche Wertschöpfungsstruktur haben wir?
– Auf welchen Wertschöpfungsstufen können wir selber Kostenvorteile erreichen, auf welchen nicht?
– Welche Wertschöpfungsstufen ohne Kostensenkungs- oder Differenzierungspotential können wir verlagern?
– Welche vorgelagerten oder nachgelagerten Wertschöpfungsstufen können wir kostengünstiger selber realisieren, z. B. durch Integration oder engere Koordination?

Dabei muß sich das Unternehmen konsequent auf den von den Kunden gewünschten Grundnutzen des Produktes beschränken und auf jeden nicht ausreichend honorierten Zusatznutzen verzichten.

6.5.1 Kostenoptimierung einzelner Wertschöpfungsstufen

Die Neuformulierung der Wertschöpfungsstrategie setzt eine detaillierte Kenntnis der Kosten der einzelnen Wertschöpfungsstufen voraus. Da die Kostenrechnung in den meisten Unternehmen solche Informationen nicht standardmäßig bereitstellt, ist in der Regel eine gründliche Analyse erforderlich, und zwar möglichst nach Produktbereichen. Weitgehend unbekannt sind meistens auch die kostentrei-

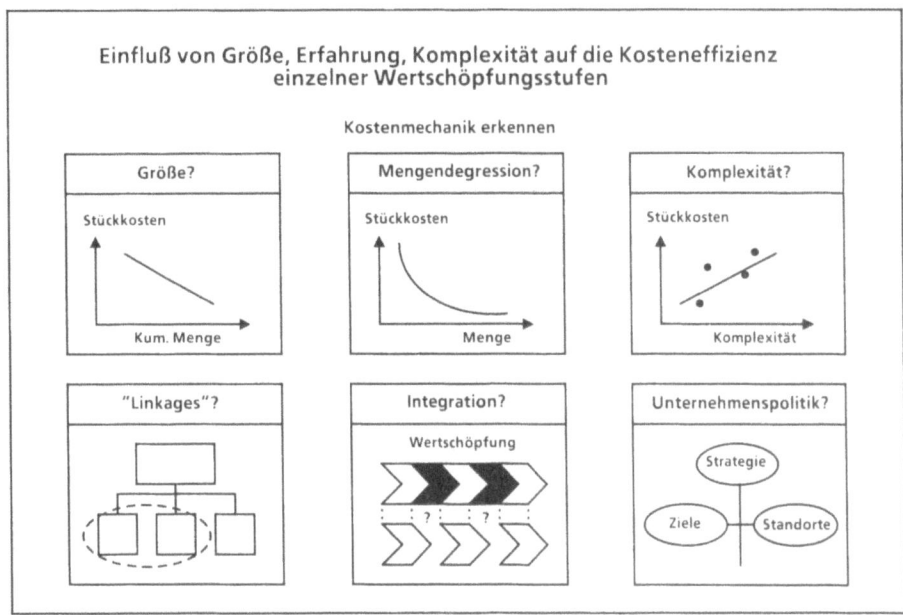

Einfluß von Größe, Erfahrung, Komplexität auf die Kosteneffizienz
einzelner Wertschöpfungsstufen

Kostenmechanik erkennen

| Größe? | Mengendegression? | Komplexität? |
| Stückkosten / Kum. Menge | Stückkosten / Menge | Stückkosten / Komplexität |

| "Linkages"? | Integration? Wertschöpfung | Unternehmenspolitik? Strategie / Ziele / Standorte |

Abb. 6-4

benden Faktoren. Auf die Frage, warum die Kosten zu hoch sind, erhält man selten fundierte Antworten. Nur wenige Unternehmen wissen, welcher Einfluß von der Größe, Erfahrung, Komplexität und anderen Faktoren der Wertschöpfungskette auf die Kosteneffizienz einzelner Stufen ausgeht (siehe Abbildung 6-4).

Nachhaltige Erfolge von Kostensenkungsmaßnahmen sind aber treffsicher nur möglich, wenn die kostentreibenden Faktoren in den einzelnen Wertschöpfungsstufen identifiziert worden sind und ihr Kosteneinfluß quantifiziert ist.

Wie die Umsetzung dieses Ansatzes aussehen kann, hat uns die japanische Automobilindustrie vorgeführt. Die japanischen Automobilhersteller haben Anfang der 70er Jahre erkannt, daß in ihrer Industrie viele Wertschöpfungsstufen äußerst empfindlich gegenüber der Komplexität des Produktionsprogramms waren. Daraufhin unternahmen sie unerbittliche Anstrengungen, um die Komplexitätskosten zu senken: Begrenzung der Modell- und Variantenvielfalt, Just-in-time-Logistik, Erhöhung der Flexibilität der Fertigungssysteme, hohes Qualitätsbewußtsein in allen Stufen usw.

Innovativ bei der Wertschöpfungsstrategie zu sein heißt auch, als erster die Kostenvorteile einer Globalisierung zu erkennen und in eine Wettbewerbsstrategie umzusetzen.

Ein Innovator der Globalisierung war konsequenterweise Toyota. 1958 verkaufte Toyota 288 Autos in den USA, zwanzig Jahre später war Toyota der größte Automobil-Importeur in den USA. Anfang der 80er Jahre wurde Toyota weltweit die Nummer zwei der Automobilbranche mit einer Jahresproduktion von fast 4 Millionen Autos.

Was machte Toyota anders als die deutschen Automobilhersteller, die ja auf internationalen Märkten auch nicht ohne Erfolge sind?

Internationale Strategien lassen sich danach unterscheiden, ob

– der Zentralisierungsgrad einzelner Aktivitäten wie F&E oder Fertigung hoch oder niedrig ist,
– der Einfluß der Zentrale auf die dezentralen Aktivitäten groß oder klein ist.

Toyotas Strategie zeichnet sich durch einen stärkeren Zentralisierungsgrad vieler Funktionen und eine stärkere zentrale Koordination der dezentralen Aktivitäten aus (siehe Abbildung 6-5). Dazu war eine Neugestaltung des gesamten Wertschöpfungssystems erforderlich, dessen Ziel die konsequente Ausnutzung von Größenvorteilen war.

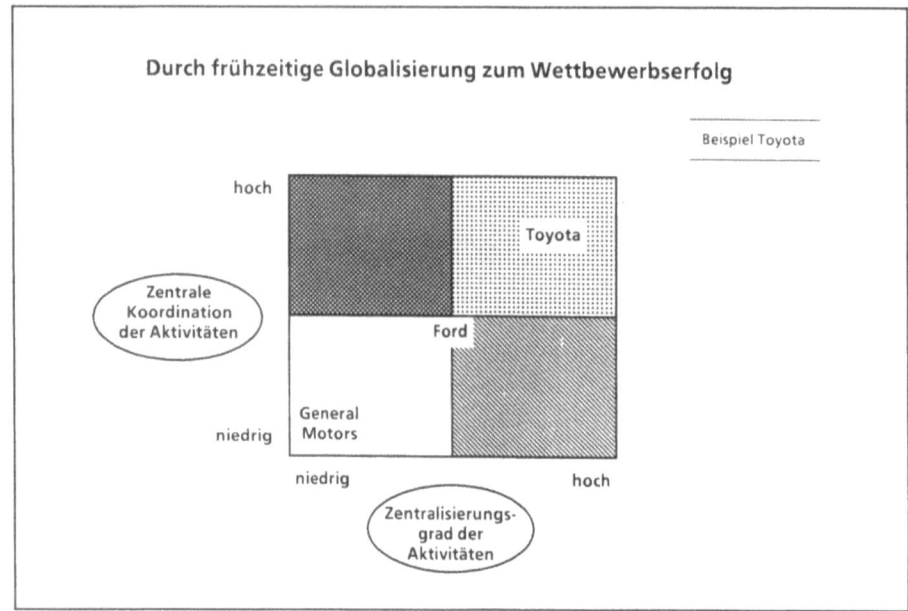

Durch frühzeitige Globalisierung zum Wettbewerbserfolg

Beispiel Toyota

Zentrale Koordination der Aktivitäten

hoch

niedrig

Toyota

Ford

General Motors

niedrig   hoch

Zentralisierungs-grad der Aktivitäten

Abb. 6-5

Das Gegenbeispiel ist General Motors mit Fertigungsstätten in vielen Ländern, einer länderbezogenen Modellpalette und einer fragmentierten Markenpolitik. Die Automobile von General Motors laufen in einzelnen Ländern unter recht unterschiedlichen Namen und mit unterschiedlichem Image, Qualitätsstandard und Kostenniveau. Die Strategie von Ford liegt zwischen der von General Motors und Toyota – und ist zur Zeit sehr erfolgreich.

Sicher ist Toyotas Erfolg nicht nur durch seine Globalisierungsstrategie erklärbar. Aber der Globalisierungsansatz war das innovative Element, das wesentlich dazu beitrug, daß Toyotas Kostenvorsprung vor vergleichbaren amerikanischen Automobilen Anfang der 80er Jahre in der Größenordnung von 2000 Dollar pro Auto lag.

In den letzten Jahren modifizierten die japanischen Automobilhersteller ihre Strategie. Durch Investitionen in Fertigung und Logistik versuchen sie, immer flexiblere Fertigungssysteme zu realisieren, um eine überlegene und hohe Modellvielfalt zu wettbewerbsfähigen Kosten bieten zu können.

Ein anderes Beispiel konsequenter Umstrukturierung der Wertschöpfungskette ist die noch nicht abgeschlossene Ausrichtung von Philips auf eine vollkommen globale Strategie.

Das Unternehmen bricht die an einer Vielzahl von Standorten angesiedelten Funktionsbereiche Entwicklung, Fertigung und Vertrieb auf und strebt völlig neue Organisationsstrukturen auf der Basis sogenannter Centers of Excellence an. Dabei werden Funktionsbereiche mit starken Größendegressionseffekten entweder stärker zentralisiert oder zumindest unter eine einheitliche Leitung gestellt. Die Zentrale erhält gegenüber den nationalen Gesellschaften erheblich mehr Einfluß.

Kostenoptimierung einzelner Wertschöpfungsstufen ist in starkem Maß ein organisatorischer Prozeß, eine Neustrukturierung, die auch neue Mentalitäten erfordert. Die Kraft für solche Prozesse muß von dem durchkalkulierten Nachweis kommen, daß die Vorteile zu einer überlegenen Wettbewerbsposition führen werden.

Wenn diese Vorteile in Anfängen sichtbar werden, gibt es meistens kein Halt mehr. Denn die Wettbewerber, die „falsch" strukturiert sind, können die neuen Wertschöpfungspotentiale gar nicht wahrnehmen – es sei denn, sie vollziehen die Restrukturierung nach. Aber sind sie dazu bereit?

6.5.2 Beschränkung auf den Grundnutzen

Dramatische Kostensenkungspotiale können ausgeschöpft werden, wenn das Unternehmen die Frage stellt: „Was braucht der Kunde wirklich", wenn es sich auf den „Grundnutzen" für die Kunden konzentriert und alle unwesentlichen oder nicht kostenproportional honorierten Nutzenkomponenten wegläßt. Aldi, Penny und IKEA führen uns das vor, indem sie auf wesentliche traditionelle Servicekomponenten wie Warenbereitstellung, Erscheinungsbild der Geschäfte oder Auslieferung der Ware verzichten und den Kunden eine Leistungsreduktion zumuten, die diese angesichts der geringeren Preise auch bereitwillig akzeptieren.

Auch eine Reihe von Luftfahrtgesellschaften erzielte überraschende Erfolge durch eine klare Ausrichtung auf Zielkunden der Marktsegmente „Grundnutzen" oder „Zusatznutzen".

Billigfluggesellschaften verwirklichten in jeder Wertschöpfungsstufe ihr Ziel, anders und kostengünstiger zu sein. Diejenigen Billiganbieter, die inzwischen wieder scheiterten, waren in ihrer Wertschöpfungsstrategie nicht konsequent und versuchten, die Leistung stärker als die Kosten zu senken.

Fokussierung fällt den meisten Unternehmen schwer. Häufig schlagen sie den genau umgekehrten Weg ein: Sie nehmen im Laufe der Zeit immer mehr Produktvarianten und Modelle in ihr Produktionsprogramm auf, in der Hoffnung, Größenvorteile und Synergien nutzen zu können. Die Kosten in den einzelnen Wertschöpfungsstufen steigen jedoch überproportional an, bis diese Unternehmen im Vergleich zu „Spezialisten" mit geringer Komplexität ein viel zu hohes Kostenniveau aufweisen. Statt eines Wettbewerbsvorteils in einer Nische haben sie sich einen Wettbewerbsnachteil im Gesamtmarkt eingehandelt.

Das Erfolgsrezept der Kostenführerschaft sieht anders aus: konsequente Segmentierung des Markts und strikte Ausrichtung des Wertschöpfungssystems auf die Erfolgsfaktoren spezifischer Marktsegmente.

6.6 Wertschöpfungsstrategien zur Optimierung des Nutzens

Ein ganz anderer Typus erfolgreicher Unternehmen positioniert sich auf der Basis eines für die Kunden klar erkennbaren Nutzens. Diese Unternehmen setzen nicht auf niedrigere Preise, sondern betonen technologische Führerschaft, Qualität und Service. Sie wissen, daß es in ihrer Branche in Preiskriegen keine Sieger geben würde.

Die auf hohen Zusatznutzen abzielenden Wertschöpfungsstrategien erfordern, daß jede Wertschöpfungsstufe des bestehenden Geschäfts auf ihren Beitrag zum Zusatznutzen untersucht und daß das Geschäftskonzept auf Möglichkeiten hin überprüft wird, durch neue System- oder Dienstleistungen weiteren Zusatznutzen zu schaffen.

6.6.1 Wertschöpfungsstufen optimieren

Zusatznutzen liefern heißt, eine Nutzeninnovation für den Kunden zu realisieren. Ein Beispiel hierfür stellt das Unternehmen Benetton dar, das im Textilmarkt mit einer innovativen Fertigungs- und Produktstrategie Furore macht. Die Innovation von Benetton besteht darin, daß nicht zuerst die Wolle und die Fasern eingefärbt werden, sondern daß zunächst aus ungefärbter Ware die Textilartikel gestrickt bzw. konfektioniert werden und daß der Färbevorgang an den fertigen Textilartikeln vorgenommen wird (siehe Abbildung 6-6).

Die Zielgruppe des Unternehmens Benetton sind junge Käufer, die größere Vielfalt und schnellen Modewechsel bei akzeptablen Preisen wünschen. Dieser Wunsch ist Bestimmungsfaktor eines neuartigen Wertschöpfungssystems geworden.

Die Einzelhandelsgeschäfte, Lager und die Fertigung von Benetton sind durch ein Informationssystem eng miteinander verbunden, über das im schnellen Rhythmus an die Produktion gemeldet wird, welche Lagerbewegungen stattfinden, d.h. welche Artikel in welchen Farben abverkauft wer-

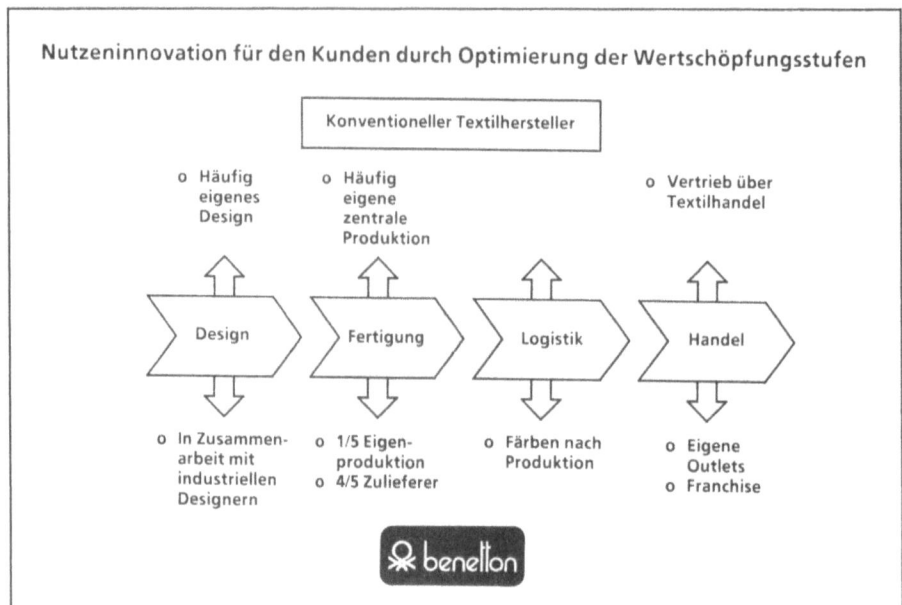

Abb. 6-6

den. Durch diese Rückmeldungen können kurzfristige Trends der Nachfrage in der Endphase der Produktion, nämlich der Einfärbung der Artikel, berücksichtigt werden.

Die Produktion kann sich dadurch direkt an der Nachfrage orientieren, da ja die Einfärbung der Stücke erst dann vorgenommen wird, wenn die aktuelle Marktnachfrage bekannt ist. Benetton kann damit ohne großes Risiko jede Modewelle mitmachen.

Die auf Zusatznutzen ausgerichtete Wertschöpfungsstrategie erfordert eine höhere Leistungsfähigkeit, um gezielter, umfassender oder schneller auf den Bedarf der Kunden eingehen zu können.

In der Investitionsgüterindustrie kann das heißen, daß der Anbieter sich gezielter auf das Wertschöpfungssystem der Kunden einstellt. Ziel ist es, dem Kunden Geld sparen zu helfen und dafür eine Preisprämie zu erhalten. Alles, was der Anbieter tun kann, um die Kostensituation oder die Leistung des Abnehmers zu verbessern, stellt Zusatznutzen dar. Hierzu zählen Installationserleichterungen eines Geräts oder Systems ebenso wie zuverlässige und kurze Lieferzeiten, durch die die Lagerbestände des Abnehmers gesenkt werden können, oder gute Pro-

duktqualität, durch die die Weiterverarbeitungskosten gesenkt werden können.

Caterpillar garantiert beispielsweise seinen Kunden, innerhalb von achtundvierzig Stunden jedes Ersatzteil bereitzustellen, wo immer sich der Kunde befindet. Den gleichen Zusatznutzen bietet seit kurzem Honda für seine Automobile an.

Bei Konsumgütern ist der Zusatznutzen häufig mit dem Kauferlebnis verbunden. Vor allem Konsumgüterhersteller spüren zunehmend den Trend, daß die Leistungsmerkmale der Produkte allein als Rechtfertigung für ihre Preise immer weniger ausreichen. Die Verbraucher von Kosmetika, Getränken, Nahrungsmitteln und Textilien geben ihr Geld immer weniger für Marken aus, die lediglich den Basisnutzen erfüllen.

Die Herausforderung liegt darin, diesen Trend auszunutzen und als erster innovative Formen des Zusatznutzens anzubieten. Club Méditerranée erkannte beispielsweise frühzeitig, daß es nicht nur darum geht, „eine Urlaubsreise" zu vermitteln, sondern daß die Kunden bereit sind, für die über den Basisnutzen Transport und Unterkunft hinausgehenden Leistungen wie Sportmöglichkeiten, Sprachlabors und organisierte Erlebnisse Geld auszugeben und es als Vorteil ansehen, „alles aus einer Hand" zu bekommen.

6.6.2 Neue Wertschöpfung schaffen

Immer mehr Unternehmen suchen nach Möglichkeiten, den Wert ihres Leistungsangebots für den Kunden und den Spielraum zur Gewinnung von Wettbewerbsvorteilen zu erhöhen. Dabei nutzen sie zumindest einen der beiden Freiheitsgrade, die das Wertschöpfungssystem bietet: die Tiefe oder die Breite des Leistungsangebots.

Bei der Erhöhung der Leistungstiefe werden Leistungen der Lieferanten oder aber Abnehmerfunktionen übernommen, indem z. B. der Handel ausgeschaltet wird und an seine Stelle der Direktvertrieb tritt, oder es werden neue, produktbegleitende Serviceleistungen angeboten, in jedem Fall wird die Wertschöpfungskette „verlängert".

Bei der Verbreiterung des Leistungsangebots entscheidet sich das Unternehmen zu diversifizieren und seinen Kunden komplementäre Produkte anzubieten oder neue Technologien und Anwendungen zu erschießen.

6.6.3 Die Wertschöpfungskette verlängern

Vorwärts- oder Rückwärtsintegration können die Wettbewerbsverhältnisse und das Leistungsprofil gegenüber den Kunden drastisch verändern.

Rückwärtsintegration kann zu ausschlaggebenden Wettbewerbsvorteilen führen, wenn es sich um Vorprodukte handelt, die aufgrund ihrer Bedeutung für die Qualität, die Lieferfähigkeit oder die Differenzierung vom weiterverarbeitenden Unternehmen selber kontrolliert werden sollten. Aber nicht alles, was ein Unternehmen anbietet, muß es auch produzieren.

Größere Bedeutung als die Rückwärtsintegration spielt in jüngster Zeit die Übernahme von Leistungen in Eigenregie, die bislang der Handel erbracht

hat. Ursache dafür ist, daß der Handelsaufschlag in vielen Branchen – etwa bei Getränken, Kosmetika oder Pharmaprodukten – einen großen Teil des Endverbraucherpreises ausmacht, häufig 50 % und mehr. Darüber hinaus übt der Handel Funktionen aus, wie Werbung und Regalplazierung, die den Erfolg der Produkte entscheidend bestimmen. Besonders Konsumgüterhersteller denken wegen der rapide steigenden Macht des Handels über eigene Vertriebskanäle, z. B. Franchise-Systeme, nach. Marco Polo und Body Shop sind erfolgreiche Beispiele für dieses Vorgehen.

Die Wertschöpfung und das Ausmaß der Wettbewerbsvorteile können auch dadurch erhöht werden, daß der alte Marketing-Grundsatz befolgt wird, daß es keine „Commodities" gibt, sondern daß jedes Produkt durch produktbegleitende Dienstleistungs- und Service-Komponenten differenzierbar ist. Hinter dieser Wertschöpfungsstrategie steht der Versuch, rein produktorientierten Wettbewerb, der oft im Patt endet, zu vermeiden und durch Dienstleistungsdifferenzierung einen von den Kunden honorierten Zusatznutzen zu erzielen.

Für viele Unternehmen stellt der Service in der Tat eine wichtige „Cash cow" dar, die bis zu 80 % des gesamten Ertrags erbringt. So erzielte beispielsweise die Finanzierungsgesellschaft von General Motors 41 % des ausgewiesenen Konzerngewinns des Jahres 1986. IBMs Servicegeschäft (Leasing, Wartung, Software) ist mit rund 30 % am Gesamtgewinn beteiligt. Viele Unternehmen der Baumaschinen- und Automobilindustrie verdienen fast nur noch im Kundendienstgeschäft.

Value-added-Strategien spielen praktisch in jeder Branche eine wichtige Rolle; besonders oft werden sie von Unternehmen angewandt, die erklärungsbedürftige Konsumgüter oder Investitionsgüter herstellen. Abbildung 6-7 zeigt eine Reihe von Beispielen.

6.6.4 Breite der Wertschöpfung verändern

Kunden benutzen Produkte nahezu immer zusammen mit anderen, sogenannten Komplementärpro-

Beispiele produktbegleitender Dienstleistungen		
Branche	**Produkt**	**Dienstleistung**
Bau- und Montagefirma	Anlage	Engineering/Versicherung/Inbetriebsetzung/ Betriebsführung und Wartung/Finanzierung
Konsum	Möbel	Computerprogramm, mit dem Kunden für den einzurichtenden Raum auf einem Bildschirm Einrichtungsalternativen durchspielen können
Versicherung	Lebens- versicherung	Kunden haben die Möglichkeit, auf einem Kleinrechner (mit Unterstützung) individuelle Alternativen durchzuspielen
Pharma	Großhändler	Computer für Apotheken zur Steuerung der Logistik, Kundenbetreuung sowie Steuererklärungsprogramm
Luftfahrt	Flugzeug- hersteller	CAD-CAD-Verbindung zu Lieferanten
	Farben- hersteller	Kombination von Personal Computer und Spektrophotometer für Farbengeschäfte, die dadurch praktisch unbeschränkt Farbmuster ausprobieren können

Abb. 6-7

dukten. Computer-Hard- und -Software, Hifi- und Videosysteme sind typische Beispiele. Solche Komplementärgüter in die eigene Strategie einzubeziehen, kann eine Chance sein. Diese Strategie kann aber auch zu Risiken führen.

Chance, wenn sich die Möglichkeit des Geschäftsausbaus und des Erringens von Wettbewerbsvorteilen durch das Vorgehen „alles aus einer Hand" bietet. Risiko, wenn Abnehmer Grund sehen, den Komponentenkauf zu bevorzugen, oder wenn Wettbewerber durch Spezialisierung auf Teile des Angebots Kosten- oder Differenzierungsvorteile geltend machen können oder wenn sich das Unternehmen in Bereiche begibt, wo es keine Kompetenz hat. Die entscheidende Frage ist hier, wann ein Unternehmen Komplementärprodukte anbieten sollte.

Verbreiterung des Angebots ist strategisch sinnvoll, wenn die Produkte vom Abnehmer miteinander assoziiert und damit als ein „System" behandelt werden. Das gilt z. B. für das Steuergerät und die Lautsprecher einer Stereoanlage. Angebotsverbreiterung kann notwendig werden, wenn ein Produkt spürbar die Leistung eines anderen Produkts beeinflußt. So kann beispielsweise im Kopierergeschäft Farbstoff die Qualität von Kopien beeinflussen.

Kürzlich kam ein deutscher Haushaltswarenproduzent auf die Idee, alles was zur Zubereitung eines Fondue benötigt wird, Pfanne, Spiritus und Geschirr, als Ganzes anzubieten. Der Erfolg war beeindruckend. Die Deutsche Bank versucht, ihre klassische Leistungspalette durch Versicherungsprodukte und Unternehmensberatung zu ergänzen.

Das strategische Verhältnis zwischen Komplementärprodukten ist aber keine hinreichende Bedingung für einen Wettbewerbsvorteil. Auch hier gilt: Das Angebot muß insgesamt wettbewerbsfähig sein.

6.7 Multiple Innovationen verwirklichen

Unternehmen, die in den 90er Jahren erfolgreich sein wollen, müssen bereit sein, den Innovationsbegriff breiter zu fassen. Die reine Produktsicht vernachlässigt die vielfältigen Möglichkeiten, die die Wertschöpfungskette für Innovationen bietet. Vielmehr müssen die eigene und die Abnehmerwertschöpfung immer wieder systematisch auf Kostensenkungs- und Zusatznutzenpotentiale untersucht werden. Breiter angelegte Inovationen bieten mehr Schutz vor Imitationen. Dieser „Schutz" ergibt sich insbesondere aus der besseren Kenntnis dessen, „worauf es dem Kunden insgesamt ankommt".

Diese Kenntnis ständig von neuem zu erarbeiten und umzusetzen, bringt nicht nur einen nachhaltigen Wettbewerbsvorteil, sondern erlaubt es auch, neue Marktmöglichkeiten mit einem höheren Ertragspotential zu erschließen. Wertschöpfungsstrategien sind daher in vielen Branchen ein entscheidender Ansatz, um Unternehmenswachstum und Rentabilität zu sichern. Kaum ein Typ von Strategien setzt aber ein höheres Maß von Kompetenz im Management des geordneten Wandels voraus. Denn Wertschöpfungsstrategien bedeuten von ihrem Wesen her Veränderung etablierter Formen unternemerischer Betätigung – Mutationen von Geschäften.

Siebtes Kapitel

Wettbewerbsvorteile in der Produktion durch strategische Leistungszentren

Dr. Christoph Maier-Rothe

In der Euphorie großer Strategien wurde in den vergangenen Jahren die Produktion häufig recht stiefmütterlich behandelt. Markt- und Wettbewerbsanalysen, der Kampf um relative Marktanteile, Erfahrungskurveneffekte, Diversifikationen und Akquisitionen standen im Vordergrund. Inzwischen ist diese Euphorie einer gewissen Ernüchterung gewichen. Brillante Marktstrategien haben sich leider zu oft vor ihrer operativen Umsetzung im Sande verlaufen.

Es ist deshalb nicht weiter erstaunlich, daß Unternehmensführer der Effizienz und Flexibilität der Produktion wieder eine höhere Bedeutung beimessen. Bemerkenswert an kürzlichen Umfrageergebnissen bei deutschen Managern ist aber, daß die Produktion bei ihnen einen so überaus hohen Stellenwert innehat (siehe Abbildung 7-1):

– Im Maschinen- und Anlagenbau sowie in der metallverarbeitenden Industrie wird die Produktion sogar als bedeutsamer als die Entwicklung und der Vertrieb eingeschätzt.
– In der Elektrotechnik, der Elektronik, der chemischen und pharmazeutischen und in der Kunststoffindustrie messen die Manager nur der

Forschung und Entwicklung einen höheren Stellenwert bei als der Produktion.

Vermutlich spiegelt diese Umfrage eine gewisse Vorliebe deutscher Führungskräfte für die Produktion wieder. Die gleiche Umfrage hätte in den USA wahrscheinlich eine stärkere Betonung des Vertriebs und des innovativen Managements ergeben.

In dem Maß, in dem Produktdifferenzierung schwieriger wird, gewinnen aber Kundenservice und Kosten berechtigterweise an Bedeutung. In vielen Märkten sind dauerhafte Wettbewerbsvorteile nur noch durch hohe Kosteneffizienz erreichbar. Und Kostenführerschaft zu erringen, ist nur möglich, wenn die Unternehmen sich gezielt auf Stärken in der Produktion konzentrieren.

Welche Probleme dabei den Produktionsverantwortlichen Sorge bereiten, zeigen Umfragen, die das Europäische Institut für Unternehmensführung, INSEAD, in den Jahren 1983 und 1985 durchführte:

– Verzögerungen bei der Einführung von neuen Produkten,
– Schwierigkeiten in der Erfüllung immer höherer Qualitätsstandards,

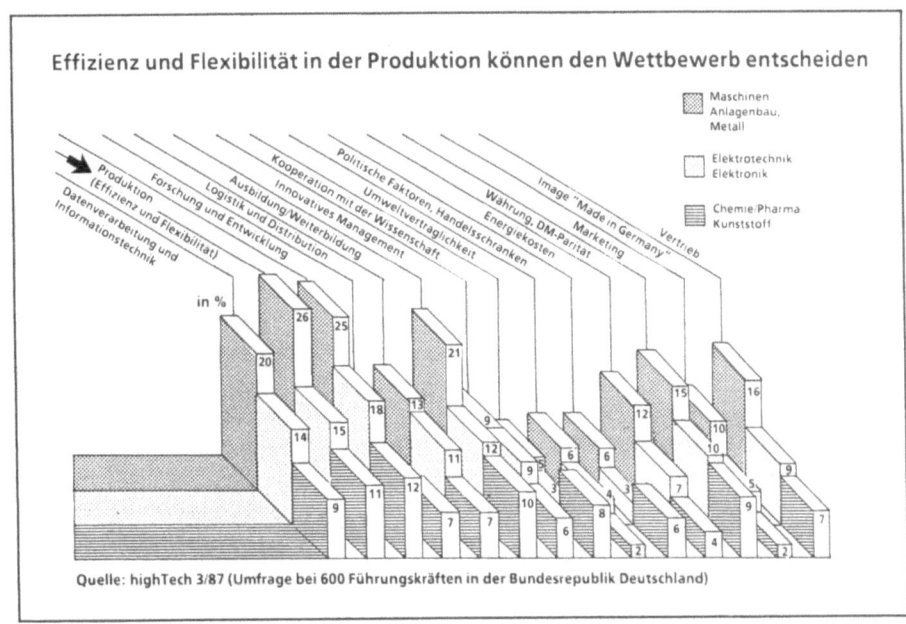

Abb. 7-1

153

- hohe und weiter zunehmende Gemeinkosten,
- lange Durchlaufzeiten,
- hohe Vorräte,
- unzuverlässige Absatzvorhersagen.

Unsere eigenen Erfahrungen bestätigen, daß die Führungskräfte einen immer größeren Teil ihrer Zeit darauf verwenden, diese Symptome zu kurieren. Die Anpassungen der Produktionsstrukturen an den Wandel der Umweltbedingungen und Strategien wurden leider häufig viel zu spät eingeleitet. Wichtige Fragen blieben unbeantwortet:

- Auf welche neuen Produkt- und Prozeßtechnologien muß sich die Produktion einstellen? Wann ist mit einer Ablösung der heutigen Verfahren zu rechnen?
- Auf welche Kernbereiche soll sich die Produktion konzentrieren, und welche Randbereiche soll sie auf Grund mangelnder Wettbewerbsfähigkeit aufgeben? Welche Fertigungstiefe ist längerfristig optimal? Mit welchen Investitionen ist zu rechnen, um die Kernbereiche immer auf dem neuesten Stand zu halten?
- Was ist zu tun, um die Mitarbeiter in der Produktion auf das erforderliche, höhere Qualifikationsniveau anzuheben?
- Müssen neue Fabriken in den großen Überseemärkten errichtet werden, um Währungsrisiken zu minimieren und um der Strategie, „die Investitionen folgen den Märkten", zu entsprechen?
- Müssen die lohnintensiven Teile der Produktion oder möglicherweise die gesamte Produktion in ein Niedriglohnland verlegt werden, um wettbewerbsfähige Kosten zu sichern?
- Wieviel muß in die Betriebsmittel investiert werden, um höhere Produktionsflexibilität zu erreichen?
- Sind strategische Koalitionen mit anderen Herstellern erforderlich, um den Zugang zu strategisch wichtigen Technologien zu sichern und die erforderlichen Kostendegressionen zu erreichen?

Die Anpassung von Produktionsstrukturen an veränderte Umweltbedingungen und neue Produkt- und Marktanforderungen nimmt meistens viel Zeit

und Geld in Anspruch. Fehlinvestitionen oder zu spät eingeleitete Anpassungen können für manches Unternehmen und auch ganze Wirtschaftszweige das Aus bedeuten. Es gibt dafür eine Vielzahl von positiven und negativen Beispielen:

- Die deutsche Werkzeugmaschinenindustrie erreichte in den letzten Jahren technische Spitzenleistung bei höherer Flexibilität; Wettbewerber in Frankreich, Großbritannien und USA verloren dagegen den Anschluß und mußten Märkte an die deutschen und japanischen Wettbewerber abgeben.
- Olivetti bewältigte den schwierigen Umbruch von der Elektromechanik zur Elektronik sehr viel besser als zum Beispiel Olympia und Triumph Adler.
- SKF konnte sich durch gezielte Globalisierung, Automatisierung und Kostendegression in der Produktion erfolgreich gegenüber japanischen Wettbewerbern behaupten.
- Blaupunkt und Grundig haben eine strategische Koalition gebildet, um die Produktion von Fernsehgeräten und Autoradios zu konsolidieren und dadurch die Kostendegression größerer Wettbewerber zu erreichen. Mehrere andere deutsche Hersteller im Gebiet der Unterhaltungselektronik sind dagegen verkauft oder von der Bildfläche verschwunden.
- Toyota hat für die weltweite Automobilindustrie mit dem inzwischen berühmt gewordenen „Toyota Produktion System" neue Maßstäbe für Effizienz und Qualität gesetzt. Mit einem Riesensprung, dem gigantischen Saturnprojekt, wollte General Motors den Produktivitätsnachteil überwinden. Das Riesenprojekt wurde ein Flop. Durch Reduktion der Komplexitätskosten, Begrenzung der Investitionen für Flexibilität, Reduzierung der Fertigungstiefe, engere Kooperation mit Lieferanten und gezieltes Qualitätsmanagement fährt Ford dagegen Rekordgewinne ein.

Die Schlußfolgerung ist, daß die Produktion ein entscheidendes Instrument für die Erzielung von Wettbewerbsvorteilen sein kann, daß dazu aber die notwendigen Anpassungen der Strukturen und Abläufe der Produktion frühzeitig erkannt, geplant und zügig umgesetzt werden müssen. Das von Arthur D. Little International entwickelte Vorgehen der strategischen Leistungszentren oder ADL-Zentren[1] dient diesem Zweck.

7.1 Vier Thesen des strategischen Produktionsmanagements

Das Grundkonzept des strategischen Produktionsmanagements ist einfach. Es besteht aus einer Methodik für die operative Umsetzung des Konzepts der ADL-Zentren in Maßnahmen, die es dem Unternehmen erlauben, Leistungsbereiche zu identifizieren und auszubauen, in denen es sich signifikant differenzieren kann.

Dabei verfolgen wir vier Thesen:

___
1 ADL-Zentren = Aggregierte differenzierungsfähige Leistungszentren

1. Durch die Konzentration auf ADL-Zentren können überdurchschnittliche Differenzierungspotentiale ausgeschöpft werden.
2. Nur mit einem gesamtheitlichen Ansatz können diese Potentiale realisiert werden.
3. Wettbewerbsvorteile in der Produktion werden durch Fokussierung auf die Stärken und Vermeidung unnötiger Komplexität erreicht.
4. Markt- und Produktstrategien müssen mit den Produktionsstrategien in Einklang gebracht und operationalisiert werden

Diese Thesen werden im folgenden näher erläutert.

Produktionssysteme bieten nur dann Möglichkeiten für Wettbewerbsvorteile, wenn sie eine nennenswerte Differenzierung bei wichtigen Wertschöpfungsstufen erlauben und wenn das Leistungssteigerungspotential in einem günstigen Verhältnis zum Aufwand steht.

Der Handlungsspielraum des Strategischen Produktionsmanagements besteht aus fünf Aktionsfeldern (siehe Abbildung 7-2). Strukturelle Änderungen, Investitionen in neue Technologien oder organisatorische Vorhaben sind nur dann wirkungsvoll, wenn alle fünf Felder einbezogen werden. Sonst

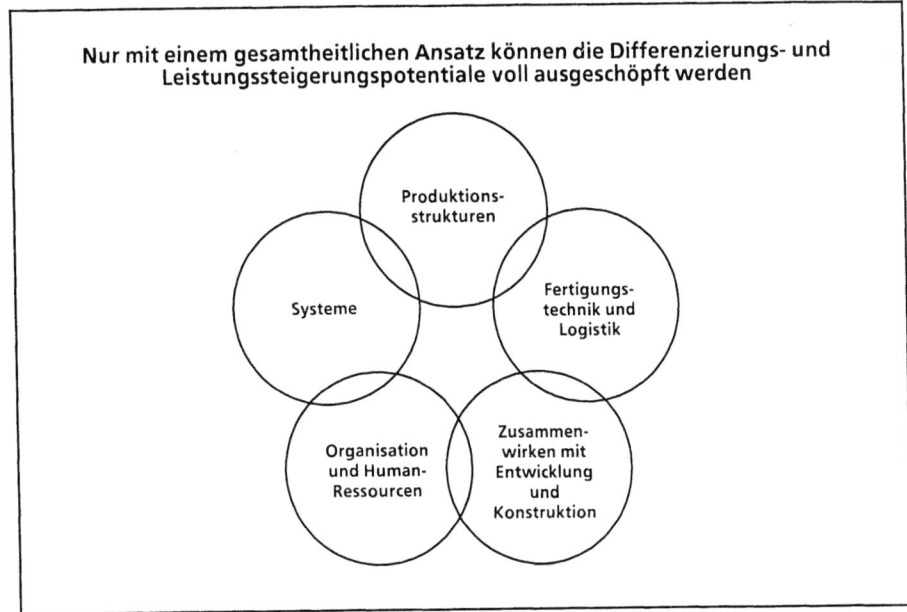

Abb. 7-2

155

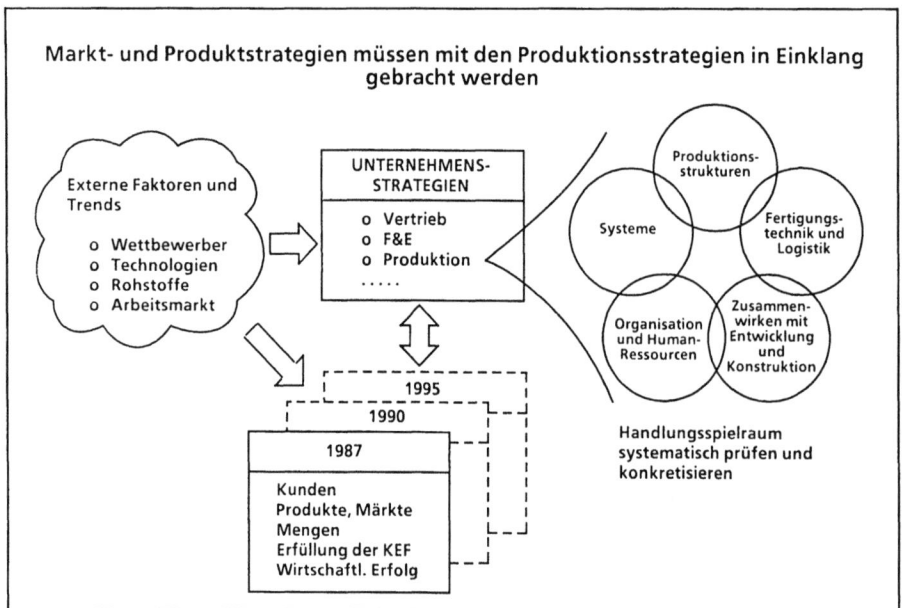

Markt- und Produktstrategien müssen mit den Produktionsstrategien in Einklang gebracht werden

Externe Faktoren und Trends

o Wettbewerber
o Technologien
o Rohstoffe
o Arbeitsmarkt

UNTERNEHMENS-
STRATEGIEN

o Vertrieb
o F&E
o Produktion
.....

Produktions-
strukturen

Systeme

Fertigungs-
technik und
Logistik

Organisation
und Human-
Ressourcen

Zusammen-
wirken mit
Entwicklung
und
Konstruktion

1995
1990
1987

Kunden
Produkte, Märkte
Mengen
Erfüllung der KEF
Wirtschaftl. Erfolg

Handlungsspielraum
systematisch prüfen und
konkretisieren

Abb. 7-3

können dauerhafte Vorteile nicht erreicht werden. Zwei Beispiele illustrieren diesen Zusammenhang.

Das erste Beispiel liefert eine Untersuchung über die Erfolge von flexiblen Fertigungssystemen in Japan und in den USA[2]. Die Untersuchung zeigt auf, daß die einseitige Betonung der rein technischen Aspekte der Produktion in den USA nicht zu Wettbewerbsvorteilen führte, wogegen die Einbeziehung der Qualifikation und Motivation der Mitarbeiter in Japan einen großen Erfolg flexibler Fertigungssysteme brachte. Die Einführung moderner Fertigungstechnik muß daher immer von einer entsprechenden Planung der Entwicklung der Human-Ressourcen begleitet werden.

Ein anderes Beispiel sind die unterschiedlichen Denkweisen von Entwicklern und Fertigungsplanern eines europäischen Herstellers von Nutzfahrzeugen, die dazu führten, daß organisatorische Engpässe und eine hohe Fehleranfälligkeit in der gesamten Materialwirtschaft und Logistik entstanden. Der Effekt war ein Verlust von rund 10 % der Produktion. Die Fehler in der Logistik konnten nur

durch eine Bereinigung der Systeme der Erzeugnisdaten erreicht werden, die wiederum von einer Neugestaltung des Zusammenwirkens der Produktion mit der Entwicklung und Konstruktion abhing.

Die Produktionsstrategie muß ein integraler Bestandteil der Unternehmensstrategien sein. Markt- und Produktstrategien sind nicht zu Ende gedacht, wenn sie nicht mit entsprechenden Produktionsstrategien in Einklang gebracht werden. Umgekehrt lassen sich Produktionsstrategien nicht entwickeln, wenn die Randbedingungen aus den Markt- und Produktstrategien nicht bekannt sind. Operationalisierung heißt, daß die Produktionsstrategien konkrete Aussagen zu den fünf Feldern des Handlungsspielraums enthalten (siehe Abbildung 7-3).

Ein ADL-Zentrum in der Produktion ist ein Bereich, dessen Leistungs- und Kostengefüge sich deutlich von dem der Wettbewerber differenziert. Es zeichnet sich dadurch aus, daß die besondere Leistungskonstellation nicht ohne weiteres von den Wettbewerbern nachgeahmt werden kann.

Die Beispiele in Abbildung 7-4 zeigen, daß die Vorteile im Leistungs- und Kostengefüge im allgemeinen auf technologisches und verfahrenstechnisches Know-how zurückzuführen sind, das die Unternehmen über viele Jahre erworben und verfeinert

2 Vgl. HARVARD BUSINESS REVIEW; Nov./Dez. 1986

Anhaltende Wettbewerbsvorteile in der Produktion beruhen auf Stärken bei ADL-Zentren

Beispiele:

o Bosch: Fertigung von Einspritzpumpen (Präzision in Großserie)

o Wild-Leitz: Präzisionsoptik

o KSB: Auftragsspezifische Endfertigung von Standardpumpen

o MTU: Turbinenschaufelzentrum (im Bau)

o Ford (Europa): Automatisierter Werkzeugbau für Schmiede
.
.
.

Abb. 7-4

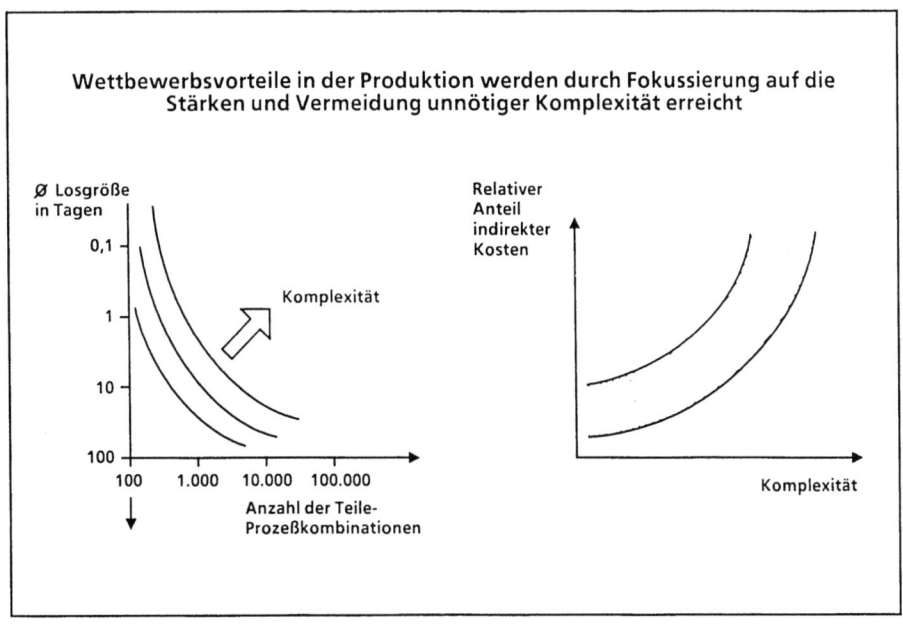

Abb. 7-5

haben. Sie können aber auch auf Kostenvorteilen durch Automation beruhen, die nur bei den Stückzahlen wirtschaftlich wird, die der Marktführer erreicht hat.

Im Idealfall besteht eine Produktion nur aus solchen ADL-Zentren. Wenn das auch in der Praxis kaum jemals der Fall ist, so sollten aber einige der Kernbereiche der eigenen Produktion auf jeden Fall zumindest potentielle ADL-Zentren darstellen.

Eine Produktion, deren Kernbereiche nicht wenigstens einige potentielle ADL-Zentren aufweisen, ist nicht wettbewerbsfähig.

157

ADL-Zentren können nur dann aufgebaut und auf Dauer erhalten werden, wenn das Unternehmen sich in der Produktion auf seine Stärken konzentriert und unnötige Komplexität vermeidet. Die Beherrschung einer hohen Komplexität verursacht Reibungsverluste und kostet viel Zeit und Geld.

Abbildung 7-5 illustriert, wodurch Komplexität entsteht: Sie steigt mit der Anzahl der Teile- und Prozeßkombinationen und mit sinkender durchschnittlicher Losgröße. Es ist einleuchtend, daß der Anteil der indirekten Kosten an den Gesamtkosten mit steigender Komplexität überproportional zunimmt.

Die Schlußfolgerung daraus ist, daß die Fertigungsstrukturen so weit wie möglich vereinfacht werden sollten und daß Investitionen und die Entwicklung von Personalqualifikationen möglichst weitgehend auf ADL-Zentren konzentriert werden sollten.

Die Beherrschung einer hohen Zahl von Varianten und einer hohen Teilevielfalt ist keine Tugend, sondern allenfalls ein notwendiges Übel. Leider können sich die Produktionsverantwortlichen mit Warnungen vor Komplexitätskosten nur selten durchsetzen, weil sie kaum je in der Lage sind, diese Kosten zu belegen.

Bei deutschen Unternehmen des Maschinen- und Anlagenbaus ist es keine Seltenheit, daß bei einem Umsatzvolumen von weniger als 1 Milliarde DM pro Jahr über 500.000 Teilenummern geführt werden und daß sich diese Zahl Jahr für Jahr um mehr als 5 % erhöht. Diese Entwicklung muß zum Verlust der Wettbewerbsfähigkeit führen.

7.2 Konzentration auf ADL-Zentren

Wir wollen im folgenden zeigen, wie konkrete Strategien und Maßnahmen für den Ausbau von ADL-Zentren entwickelt werden können (siehe Abbildung 7-6).

Voraussetzung ist das Vorliegen einer Unternehmensstrategie, durch die folgende Aspekte geklärt und vorgegeben sind:

- die Entwicklung der Markt- und Wettbewerbsanforderungen,
- Kundenbedürfnisse,
- die angestrebte Entwicklung der Produktlinien und Absatzmengen nach geographischen Märkten,

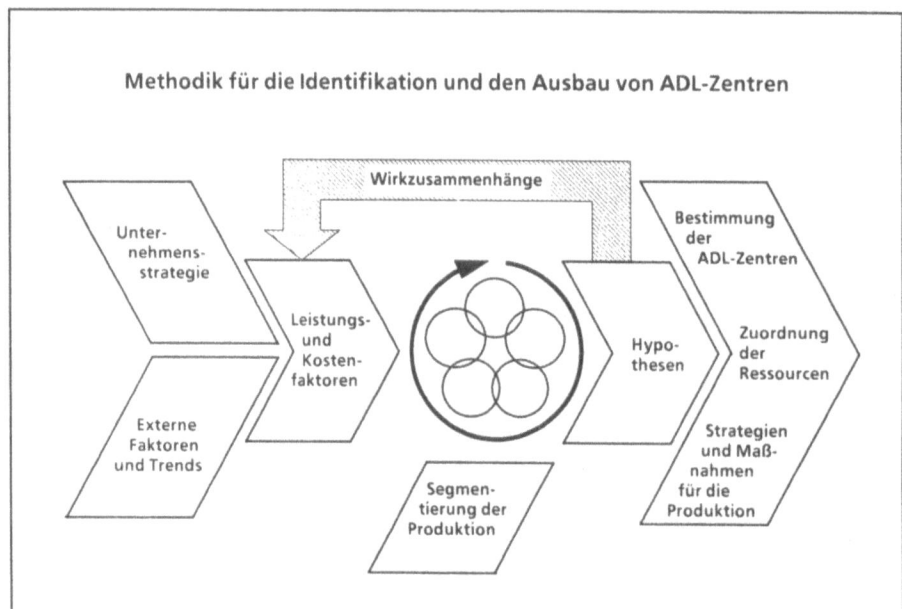

Abb. 7-6

158

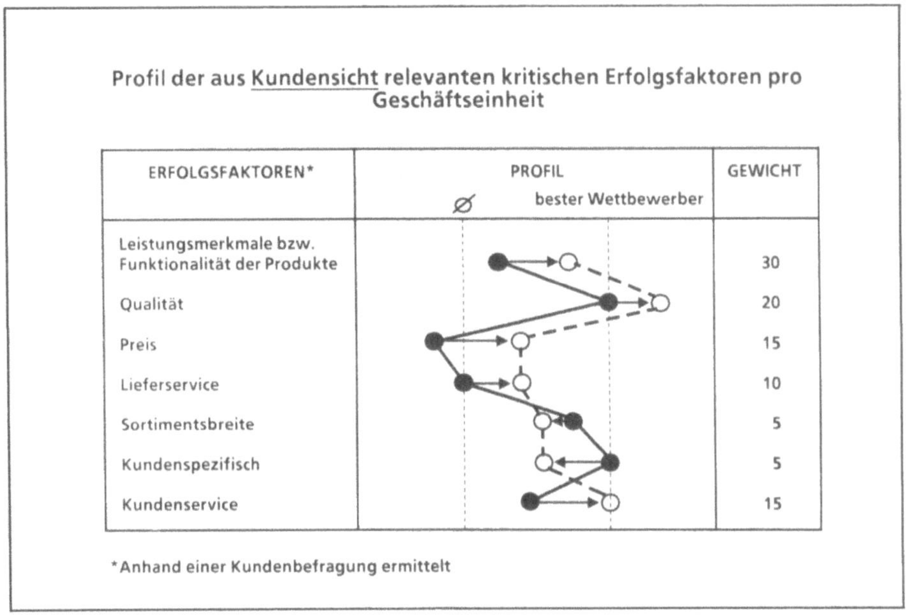

Abb. 7-7

- Umsatz-, Rendite- und Cash-flow-Ziele,
- Sollprofil der Erfüllung der kritischen Erfolgsfaktoren (siehe Abbildung 7-7).

Externe Faktoren und Trends müssen nach folgenden Kategorien erfaßt werden:

- zu erwartende Technologieentwicklungen,
- Verfügbarkeit und Kosten von qualifiziertem
  Personal,
- Verfügbarkeit und Kosten von Rohmaterialien,
  Energie, Komponenten und Vorleistungen,
- Währungsparitäten,
- Restriktionen des internationalen Waren- und
  Kapitalverkehrs,
- sozialpolitische und rechtliche Rahmenbedin-
  gungen, Umweltschutz und andere behördliche
  Auflagen.

Mit der Bestimmung der Leistungs- und Kostenfaktoren beginnt die Operationalisierung der Unternehmensstrategie. So müssen beispielsweise die
Produktkosten in die einzelnen variablen und fixen
Kostenelemente aufgeschlüsselt werden. Gleiches
gilt für die verschiedenen Faktoren, die die Produktqualität ausmachen, und für den Lieferservice, der

in einzelne Komponenten wie Lieferzeit, Liefertreue
und Antwortzeiten aufgegliedert werden muß.

Die Identifikation der ADL-Zentren baut auf dieser Analyse auf: Die Leistungsbereiche, die eine
kausale Beziehung zu den einzelnen Erfolgsfaktoren aufweisen und dabei von anderen Leistungsbereichen weitgehend unabhängig sind, stellen ein
ADL-Zentrum dar.

ADL-Zentren sind durch zwei Merkmale charakterisiert:

- Sie üben eine starke Hebelwirkung auf die kritischen Leistungs- und Kostenfaktoren und damit
  auf die kritischen Erfolgsfaktoren aus; diese Hebelwirkung kann durch einen relativ hohen
  Wertschöpfungsanteil oder durch einen starken
  Einfluß auf die Produktqualität oder Durch-
  laufgeschwindigkeit gekennzeichnet sein.
- Sie enthalten Schlüssel- oder Schrittmachertechnologien, die eine hohe Differenzierung gegenüber dem Wettbewerb zulassen.

Die Kriterien, die zur Identifizierung der ADL-
Zentren angewandt werden können, sind folgende
(siehe Abbildung 7-8):

159

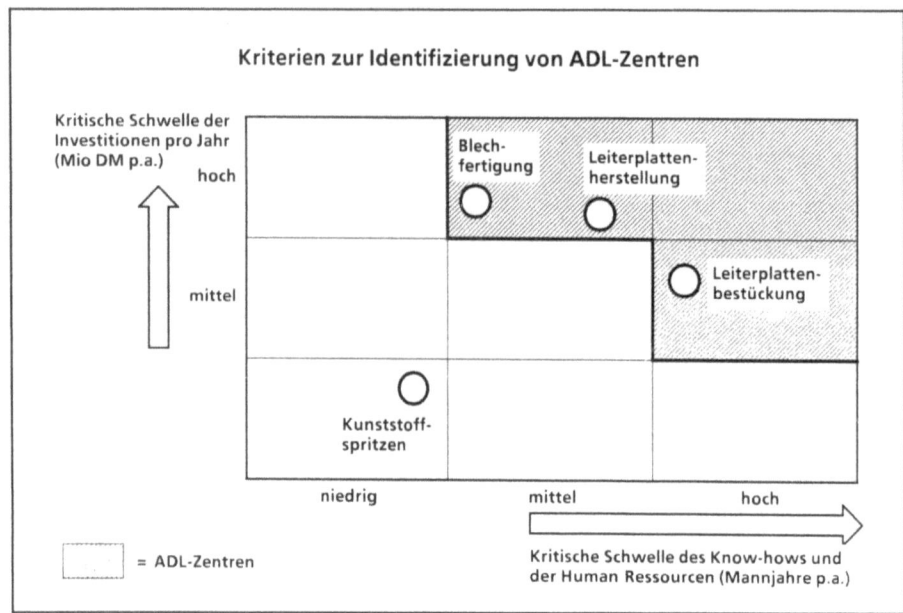

Abb. 7-8

- ADL-Zentren sind durch eine kritische Schwelle von Investitionen charakterisiert, die mindestens aufgebracht werden müssen, um das ADL-Zentrum auf dem neuesten technischen Stand zu halten und damit eine überdurchschnittliche Wettbewerbsfähigkeit zu gewährleisten.
- In gleicher Weise sind ADL-Zentren durch eine kritische Schwelle des Know-hows und der Human-Ressourcen charakterisiert, die erforderlich sind, um ein wettbewerbsfähiges Leistungsniveau aufrecht zu erhalten.
- ADL-Zentren in der Produktion können nach Produkten oder Prozessen segmentiert werden.

Wenn Kostendegression eine große Rolle spielt, dann ist eine Segmentierung nach Prozessen zweckmäßig. Sie führt zur Bildung von ADL-Zentren auf der Grundlage fertigungstechnologischer Überlegungen. Wenn dagegen Flexibilität und Schnelligkeit im Vordergrund stehen, dann ist eine Segmentierung nach Produkten angebrachter, so daß weitgehend autonome ADL-Zentren pro Produktbereich entstehen.

Abbildung 7-9 zeigt ein Beispiel einer Produktionssegmentierung nach Prozeßtechnologien. Bei der Wahl des Segmentierungskriteriums muß be-

rücksichtigt werden, wie die Wettbewerber ihre Produktion gegliedert haben, um einen möglichst direkten Wettbewerbsvergleich durchführen zu können.

Auf dieser Basis wird festgestellt, in welchem Umfang die einzelnen Geschäftseinheiten die ADL-Zentren beanspruchen.

Pro ADL-Zentrum wird hierbei die Wertschöpfung den Geschäftseinheiten zugeordnet. Dabei ist unter Wertschöpfung die Summe der Produktionskosten zu verstehen, einschließlich innerbetrieblicher Leistungsverrechnungen und zuordenbarer Gemeinkosten.

Die angestrebten Leistungsverbesserungen bei den kritischen Erfolgsfaktoren setzen Veränderungen der internen Leistungs- und Kostenstrukturen voraus. Mit welchen Mitteln diese erforderlichen Veränderungen erreicht werden können, muß durch Analyse der fünf Aktionsfelder (siehe Abbildung 7-2) ermittelt werden.

Anhand dieser Analyse können Hypothesen geprüft und in konkrete Verbesserungsvorschläge umgewandelt werden. Das so erstellte Portfolio von Verbesserungsvorschläge muß einer Kosten-Nutzenbetrachtung unterzogen werden, durch die

160

Segmentierung der Produktion nach Prozeßtechnologien

ADL-Zentrum \ Geschäftseinheit	Wertschöpfung (Mio DM p.a.)		Summe
	Geschäfts-einheit 1	Geschäfts-einheit 2	
Mechanische Teilefertigung Großserie	-	9,3	24,8
Mechanische Teilefertigung Kleinserie	2,4	-	8,3
Oberflächenbeschichtung	1,2	3,5	5,4
Leiterplatten-Bestückung	3,1	5,2	8,1

Abb. 7-9

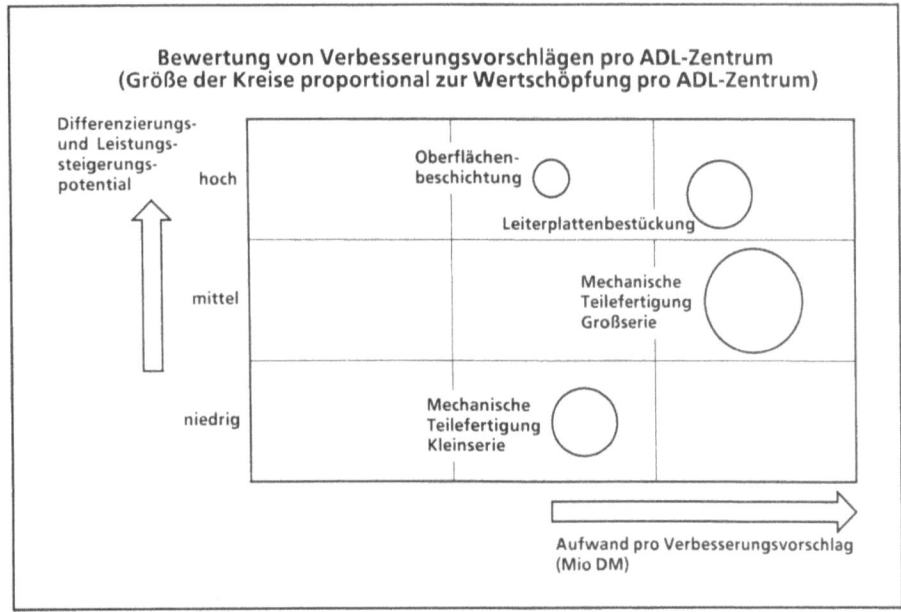

Bewertung von Verbesserungsvorschlägen pro ADL-Zentrum
(Größe der Kreise proportional zur Wertschöpfung pro ADL-Zentrum)

Abb. 7-10

– die ADL-Zentren mit dem größten Differenzie-
rungs- und Leistungssteigerungspotential und
– der erforderliche Aufwand der Verbesserungsvorschläge

miteinander in Bezug gesetzt werden können (siehe
Abbildung 7-10).

Aus diesem Vergleich lassen sich Prioritäten ableiten: In ADL-Zentren, in denen mit geringem bis
mittlerem Aufwand ein hohes Differenzierungs-
und Leistungspotential ausgeschöpft werden kann,
sollten die Verbesserungsvorschläge umgehend umgesetzt werden, in ADL-Zentren, in denen ein hoher
Aufwand erforderlich wäre, um ein niedriges bis

mittleres Differenzierungs- und Leistungspotential zu erschließen, muß dagegen an eine Auslagerung gedacht werden.

Um in den ADL-Zentren überdurchschnittliche Ergebnisse zu erzielen, ist es mit moderner Fertigungstechnik, modernsten Verfahren und der Qualifikation der Mitarbeiter nicht getan. Auch die Motivation der Führungskräfte und Mitarbeiter und die Identifizierung mit dem ADL-Zentrum müssen überdurchschnittlich hoch sein. Dabei wurden in einigen Unternehmen gute Erfahrungen mit teilautonomen Einheiten mit hoher Eigenverantwortung gemacht (siehe Abbildung 7-11). Die erforderliche Motivation und Identifikation können erreicht werden, indem zwischen operativen Aufgaben und übergreifenden, koordinierenden Aufgaben unterschieden wird. Erstere sollten in überschaubare, teilautonome Einheiten mit hoher Eigenverantwortung dezentralisiert werden. Übergeordnete Aufgaben der Planung und Steuerung müssen dagegen als Klammer der verschiedenen ADL-Zentren zentral wahrgenommen werden.

7.3 Ein Fallbeispiel: OMS Maschinenbau AG

Der Vorstand der OMS Maschinenbau AG war sich uneinig. Trotz erfolgreicher Einführung des strategischen Managements und trotz umfangreicher Kostensenkungen hatte es das Unternehmen am Markt immer schwerer. Die Strategie – Ausnutzung von Mengendegressions- und Erfahrungsvorteilen, wo immer möglich, und Spezialisierung auf Geschäfte mit hoher Wertschöpfung – wurde auch von einigen Wettbewerbern verfolgt. Man hatte es mit allseits immer besser durchtrainierten Gegnern zu tun, ohne einen spürbaren Erfolg herausholen zu können.

Die konsequenten Kostensenkungsmaßnahmen hatten zwar zu eindrucksvollen Rationalisierungen verholfen. Aber auch die Wettbewerber hatten ähnlich rationalisiert, und man traf sich nun auf niedrigerem Kosten- und Preisniveau wieder, ohne eine Ertragsverbesserung zu verspüren. Im Gegenteil,

die hohen Investitionen in die Fertigungsautomation hatten zu einem niedrigeren Return on Investment (ROI) geführt.

Wo waren also die Ansätze, um eine Stärkung der Wettbewerbsposition und eine Verbesserung der Ertragslage zu erreichen? Wie konnte sichergestellt werden, daß die OMS Maschinenbau AG etwas Markt- oder Produktivitätswirksames tat, das der Wettbewerb nicht ohne weiteres nachahmen konnte?

Einige Vorstandsmitglieder votierten für eine Innovationsoffensive. Aber im Grunde hatte die OMS Maschinenbau AG auch mit ihren innovativen Projekten Probleme: Der schnelle Übergang zu Mikroelektronik- und Software-Einsatz hatten zu technischer Komplexität geführt, die die Kunden nur allmählich akzeptierten und die das Unternehmen selbst nur ungenügend beherrschte. Häufige Störungen und aufwendige Nachbesserungen waren die Folge. Inzwischen machten weniger innovative Wettbewerber mit kundengerechteren Maschinen weiterhin gute Umsätze.

Während der Vorstand Technik für die stärkere Nutzung der Computersteuerung und damit den Ausbau des Systemgeschäfts plädierte, drängte der Vorstand Marketing/Vertrieb auf weitere Kostensenkungen.

In dieser Situation wurde Arthur D. Little International ins Haus geholt, nicht zuletzt, weil die OMS Maschinenbau AG zu 60 % in ausländischen Märkten tätig war und Arthur D. Little mit eigener Präsenz in 17 Ländern die Erfolgsfaktoren in weltweiten Geschäften gut beurteilen kann.

Es wurde von vornherein ein gemeinsames Projektteam gebildet, in dem Entwickler und Konstrukteure der OMS Maschinenbau AG ebenso mitarbeiteten wie Vertreter der Produktion, der Organisation, des Produktmanagements und des Vertriebs. Die Berater organisierten einen Prozeß der Ideensammlung und -bewertung, durch den alle nennenswerten Alternativen zusammengetragen wurden, mit denen die OMS Maschinenbau AG ihren Markterfolg steigern konnte – Ideen der OMS-Mitarbeiter und Ideen der Industriespezialisten der Unternehmensberatung.

Eins wurde sofort klar: Das Unternehmen konnte unmöglich alle Alternativen weiterverfolgen – da-

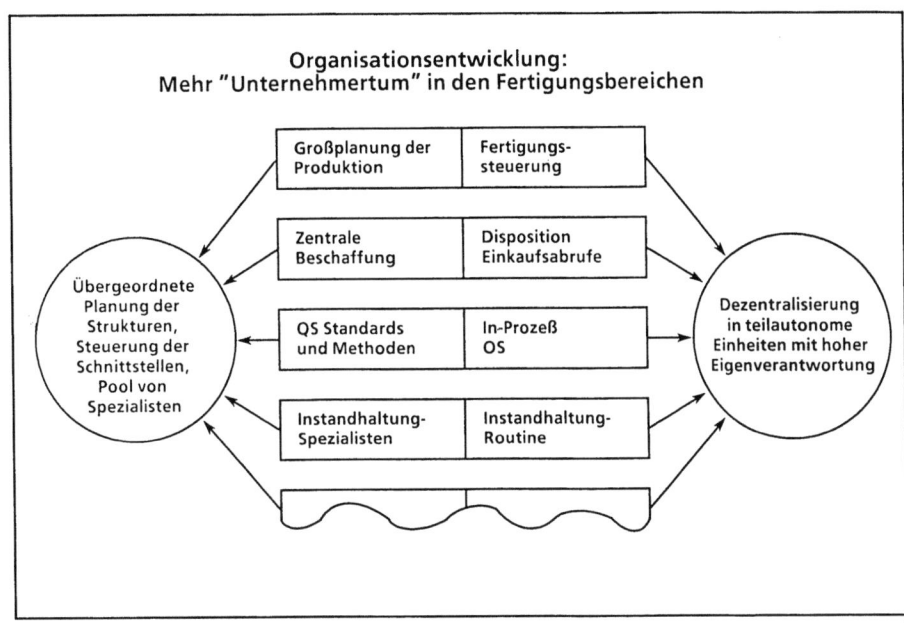

Abb. 7-11

zu reichten die Ressourcen nicht aus, dazu paßten die vorgeschlagenen Ansatzpunkte auch zu schlecht zusammen.

Arthur D. Little International hat genau für solche Situationen die Vorgehensweise der ADL-Zentren entwickelt und im praktischen Einsatz erprobt, die es erlaubt, sehr schnell die Schwerpunktbereiche zu erkennen, bei denen Verbesserungsmaßnahmen die größte Wirkung zeigen.

Diese Vorgehensweise schaffte bei der OMS Maschinenbau AG in kurzer Zeit Klarheit. Die Leistungsbereiche des Unternehmens, die weitgehend autonom voneinander zum Gesamterfolg beitrugen, wiesen sehr unterschiedliche Differenzierungspotentiale gegenüber dem Wettbewerb auf. Die Kernfrage war aber: Wo kann die OMS Maschinenbau AG bei gegebenen Ressourcen die größte und haltbarste Differenzierung im Markt herausholen? Dabei folgen die Abgrenzungen der autonomen, differenzierungsfähigen Leistungszentren (ADL-Zentren) typischerweise nicht den organisatorischen Abgrenzungen und Zuständigkeitsbereichen. Das nicht erkannt zu haben, war genau das Problem der OMS Maschinenbau AG in der Vergangenheit gewesen.

Das gemeinsame Projektteam wandte strikte Kriterien an, um die ADL-Zentren zu bestimmen. Welche Maßnahmenbereiche gehören zusammen, weil sie einen gemeinsamen Effekt im Markt zum Ziel haben? Welche Maßnahmenbereiche können getrennt verfolgt (oder nicht verfolgt) werden, weil sie in der Durchführung und im Markt unabhängig voneinander sind?

Ebenso wichtig war aber, welche Bedeutung die so als autonome Leistungsbereiche erkannten Gruppierungen von Organisationseinheiten für die Wettbewerbsdifferenzierung gegenüber den Kunden hatten. Hier zeigte sich schnell, daß bei manchen der autonomen Leistungszentren auch bei noch so vielen Anstrengungen keine wettbewerbsrelevante Differenzierung mehr möglich war, während andere ein hohes Differenzierungspotential aufwiesen. Solche Leistungszentren, weitgehend autonom in der Leistungserbringung und stark differenzierungsfähig im Wettbewerb, wurden als spezifische Zentren in die weiteren Untersuchungen einbezogen.

Im Fall der OMS Maschinenbau AG war beispielsweise die Beschaffung zum ADL-Zentrum mit dem höchsten Differenzierungspotential geworden, weil das Unternehmen in immer stärkerem Maß mit

163

wichtigen Komponentenlieferanten und Software-häusern zusammenarbeitete. An zweiter Stelle in puncto Differenzierungspotential folgte bereits die Fertigungssteuerung, die immer größere Auswirkungen auf Lieferbereitschaft und Umlaufvermögen hatte. Weitere ADL-Zentren noch vor Entwicklung und Konstruktion waren Marketing/Preisbildung und Distribution.

Diese Reihenfolge der strategischen Bedeutung der ADL-Zentren stellte eine große Überraschung für den Vorstand dar. So hatte er die Ansatzpunkte bisher nicht gesehen. Aber die Begründungen waren stichhaltig und machten deutlich: Der Vorstand hatte sich bisher mit den falschen Alternativen herumgeschlagen. Nun waren die wichtigsten Hebel für die Wettbewerbsdifferenzierung wenigstens bekannt.

Die logische nächste Frage war aber: Wie stehen wir bei den eingekreisten ADL-Zentren im Vergleich zum Wettbewerb? Wie hoch sind die Möglichkeiten einer Leistungssteigerung einzuschätzen?

Das Projektteam untersuchte nun für jedes Zentrum, wie die optimale Leistung aussehen müßte, welche Wettbewerber dieser „Performance" auf welche Weise nahekamen und, vor allem, welches

Potential der Leistungssteigerung die OMS Maschinenbau AG hatte.

Es stellte sich heraus, daß einzelne ADL-Zentren zwar eine hohe Differenzierungswirkung aufwiesen, daß die OMS Maschinenbau AG hier aber schon nahe am Leistungsoptimum war. Gerade hier hatte das Unternehmen in der Vergangenheit mit großen Anstrengungen versucht, noch besser zu werden. Ein hoffnungsloser Perfektionismus, der Ressourcen von anderen, notleidenden ADL-Zentren fernhielt.

Das Projektteam führte dem Vorstand ein Bild vor Augen, auf dem die Zentren sowohl nach Differenzierungspotential als auch nach Leistungssteigerungspotential eingeordnet waren (siehe Abbildung 7-12).

Hieraus leitete sich unmittelbar ab, was die spezifische Strategie des Unternehmens sein mußte: Die ADL-Zentren in Zone 1, d. h. mit hohem Differenzierungs- und Leistungssteigerungspotential (C, D und F), wurden zu strategischen Schwerpunkten — hier mußte das Unternehmen mit eigenen Ressourcen gezielt und intensiv ansetzen, um einen Wettbewerbsvorsprung herauszuholen. Denn hier war dau-

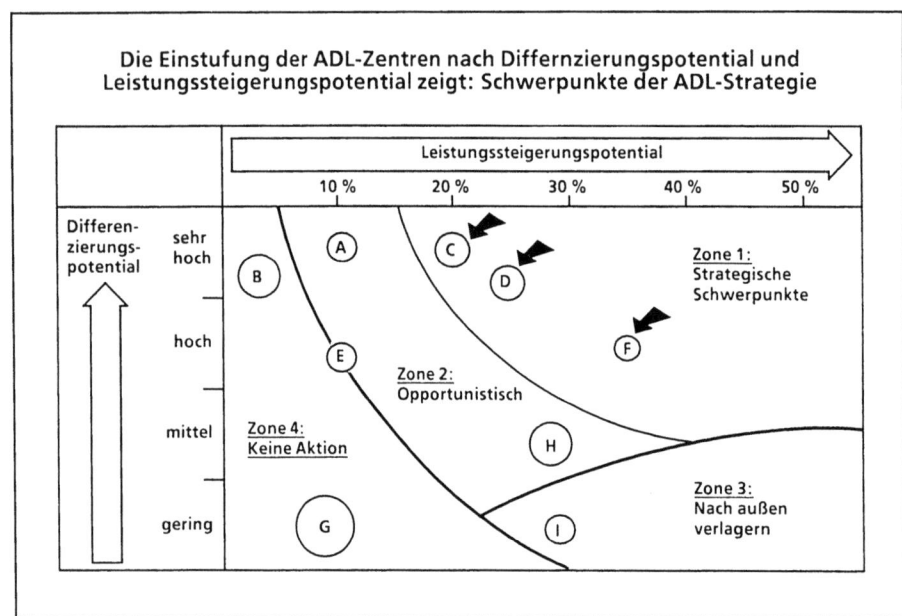

Abb. 7-12

erhafte Differenzierung möglich, und hier war noch viel zu tun.

Ganz anders lagen die Dinge in Zone 3: Hohes Leitungssteigerungs-, aber geringes Differenzierungspotential (I). Im Klartext: Hier war etwas zu holen, aber das konnte jeder. Konsequenz: Die Leistung wurde in Zukunft von einem Spezialisten von außen bezogen.

Zone 4 war diejenige, in der das Unternehmen bisher seine Anstrengungen konzentriert hatte: Gemeinkostenbereich (G), was die Kosten anbetraf, und Strategieentwicklung (B), was die Differenzierung anbetraf. Aber in beiden Bereichen war keine umwerfende Leistungssteigerung mehr möglich. Hier konnte nun gelassen wie bisher weitergemacht werden. Verbleibende Ressourcen (Finanzmittel, Personal) wurden opportunistisch den ADL-Zentren in Zone 2 zugeordnet (A, E, H). Hier bestand die Wahl zwischen mehr kostenwirksamen oder mehr differenzierungswirksamen Maßnahmen.

Die OMS Maschinenbau AG entschied sich für die Differenzierung, weil bei den Kosten mit einem unmittelbaren Nachziehen der Wettbewerber zu rechnen war. Zum ersten Mal hatte die OMS Maschinenbau AG damit eine spezifische Strategie, die strategisches Denken in operative konkrete Maß-

nahmen umsetzte und einen dauerhaften Wettbewerbsvorsprung versprach. Denn Strategie ist ja nur dann wirkungsvoll, wenn die Wettbewerber sie nicht nachahmen können, selbst nachdem sie die Strategie erkannt haben.

Was blieb, war die Ressourcenplanung für die herauskristallisierten Maßnahmen. Hier ging es um die Auswahl der wirkungsvollsten Investitionen und Personalmaßnahmen für die ADL-Zentren mit Schwerpunktcharakter (d. h. C, D, F).

Hier lieferte ein besonderer Ansatz dem gemeinsamen Projektteam schnell eine Antwort. Die möglichen, zum Teil alternativen Maßnahmenpakete wurden nach ihrem Personal- und Investitionsaufwand sowie nach ihrer strategischen Wirkung eingeordnet (siehe Abbildung 7-13). Die strategische Wirkung ergibt sich direkt aus der vorangegangenen Analyse: Sie setzt sich aus der Differenzierungswirkung und der Leistungssteigerung zusammen. Je nach Stärke der strategischen Wirkung und Höhe des Aufwands konnten die Maßnahmenpakete als „attraktiv" oder „unattraktiv" eingestuft werden.

Auch hier erlebte der Vorstand Überraschungen. Maßnahmen, die bisher vorrangig im Vorstand diskutiert worden waren, erwiesen sich als strategisch wenig wirksam und personalkostenintensiv. Da

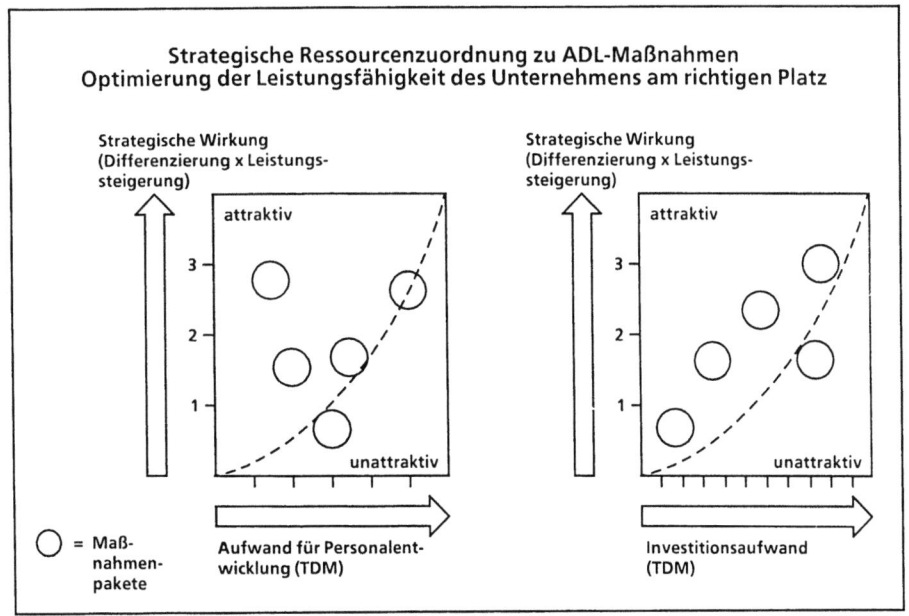

Abb. 7-13

165

aber Personalkapazität stillschweigend als gegeben angesehen worden war („das kostet uns nichts") und man höhere Investitionen meiden wollte, hatte man sich auf diese Maßnahmen kapriziert. Eine wesentlich höhere strategische Wirkung war dagegen durch Investitionen in eine Bereinigung der Fertigungsstruktur zu erzielen, auch wenn hierzu beträchtliche Investitionen erforderlich waren.

Ergebnis dieses Vorgehens war Konsensus in der OMS Maschinenbau AG, wo die Wettbewerbsstärken des Unternehmens lagen oder ausgebaut werden konnten. Dieser Konsensus betraf nicht nur den Vorstand, sondern schloß die gesamte Führungsmannschaft ein. Vorbei war die Zeit der Prinzipienreiterei – jetzt konnten alle an einem Strang ziehen. Die konkreten Erfolge stellten sich bald ein. Denn auch in puncto Marktkommunikation verhalf die ADL-Strategie zu größerer Klarheit und vor allem zu Aussagen, die den Kunden etwas bedeuteten.

Achtes Kapitel

Information strategisch nutzen

Wolfram Brandes und Dr. Wolfgang Zillessen

Die Steuerungs- und Abwicklungsaufgaben im Unternehmen erfordern gleichermaßen Informationsverarbeitung und Kommunikation.

Aus technischen und ökonomischen Gründen entwickelten sich diese beiden Bestandteile der Aufgabenerfüllung aber bisher weitgehend getrennt voneinander und in verschiedene Richtungen – nicht immer zum Vorteil der unternehmerischen Schlagkraft.

Informationsverarbeitung wurde weitgehend zur Domäne der Zentralen Datenverarbeitung im Unternehmen, bei der der einzelne Sachbearbeiter oder Manager seine Daten abliefern konnte, um sie dann nach einem vorgegebenen Schema verarbeitet zurückzuerhalten. Grund für die Zentralisierung waren die hohen Kosten, die spezialisierten Bedienungsanforderungen und die beträchtliche Größe der EDV-Systeme.

Kommunikation wurde dagegen zur Domäne des Fernsprechens. Es erlaubte dank kostengünstiger Endgeräte am Arbeitsplatz die unmittelbare, unformalisierte Kommunikation aller mit allen und dank immer weitverzweigter öffentlicher Netze auch mit beliebigen Kommunikationspartnern außerhalb des eigenen Unternehmens.

Während das Fernsprechen sich daher unmittelbar in die Steuerungs- und Abwicklungsvorgänge integrierte und ein hohes Maß von Anpassungsfähigkeit an Sondersituationen aufweist, erforderte die Datenverarbeitung zunächst eine Zergliederung der Bearbeitungsvorgänge und zusätzliche Abwicklungsschritte.

Während die Datenverarbeitung zu einer systematischen Erfassung und Rationalisierung der Bearbeitungsvorgänge und benötigten Informationen zwang, blieben die Informationsinhalte und die Verwendung der kommunizierten Informationen beim Fernsprechen weitgehend dem Einzelnen überlassen.

Es ist eine interessante Frage, ob für das marktgerechte Funktionieren unserer modernen Unternehmen die EDV oder das Telefon die größere Bedeutung hat.

Zwischen diesen beiden Polen, Datenverarbeitung und Fernsprechen, blieb ein beträchtlicher Teil der Steuerungs- und Abwicklungsarbeiten bisher manuell: Korrespondenz, Dokumenterstellung,

eine Fülle von Klein- und Einzelinformationen, für die sich der EDV-Einsatz nicht lohnte. Hier finden wir die Domäne der Schreibmaschine, des Kopiergeräts, der Ablagen, der Hausboten.

Seit einigen Jahren läuft angesichts dieser prinzipiell unnatürlichen Polarisierung die Diskussion, wie die von den Aufgaben her ja zusammenhängenden Aktivitäten im Büro auch in der Durchführung wieder integriert werden können.

Da es technische und ökonomische Gründe waren, die zu der Polarisierung führten, sollten technische und ökonomische Entwicklungen auch die Integration wieder möglich machen.

Zunächst beobachteten wir einzelne Schritte der technischen Systembereiche aufeinander zu:

– Für die Datenverarbeitung wurden, zumindest unternehmensintern und für spezifische Anwendungen, Endgeräte an den Arbeitsplätzen und Kommunikationsverbindungen zur Zentralen EDV installiert, so daß der Sachbearbeiter oder Manager seine Bearbeitungsanforderungen direkt und innerhalb des eigenen Arbeitsablaufs befriedigen kann; zum Teil können die technischen Verarbeitungs- und Speicherkapazitäten in Form von „intelligenten Terminals" und Personal Computers auch am Arbeitsplatz selber zur Verfügung gestellt werden,

– das Fernsprechen wurde durch Zusatzfunktionen stärker für Organisationsabläufe einsetzbar gemacht; beispielsweise kann über alphanumerische Tastatur und Wiedergabe am Endgerät zusätzlich zur sprachlichen Kommunikation heute auch Nachrichten-Kommunikation und Zugang zur EDV eingerichtet werden; vor allen Dingen wurde aber das Telefonieren durch Nummernspeicherung, Wahlwiederholung und viele andere Hilfsfunktionen wesentlich komfortabler gemacht,

– die Bürogeräte wurden „elektronifiziert" und mit angepaßten Datenverarbeitungs- und Kommunikationsfähigkeiten ausgerüstet: anstelle von Schreibmaschinen finden wir heute überall Textverarbeitungsmaschinen, neuerdings auch mit Anschluß an das Teletex- und Telexnetz, die Kopiergeräte werden intelligenter, und einige von ihnen können schon digitalisierte Nachrichten empfangen und in einstellbaren Formaten ausdrucken.

Diese Schritte aufeinander zu wurden in der Tat durch die fortschreitende Miniaturisierung und Leistungssteigerung der elektronischen Komponenten und durch ihren rapiden Preisverfall ermöglicht, führten aber auch zur Gefahr der Duplizierung:

– Neben den unternehmensinternen und öffentlichen Fernsprechnetzen, die infolge ihrer Digitalisierung immer geeigneter werden, auch die anderen Kommunikationsarten aufzunehmen, entstehen umfangreiche Datennetze mit unterschiedlichen Benutzungsanforderungen und Anschlüssen,
– neben den Textverarbeitungssystemen bieten heute viele EDV-Systeme Textverarbeitungsfähigkeiten und umgekehrt,
– Textkommunikation kann heute ebenso gut von teletex-fähigen Textverarbeitungssysteme wie von kommunikationsfähigen Personal Computers aus durchgeführt werden,
– neue Zusatzfunktionen an den erweiterten Fernsprechgeräten konkurrieren zunehmend mit Datenkommunikations-Terminals.

Angesichts der so entstandenen Fülle von Lösungsmöglichkeiten und der schnellen Folge neuer Produktangebote entstand bei den Nutzern Unsicherheit über den richtigen Weg zur Büroautomatisierung, zumal die wirtschaftliche Rechtfertigung in den meisten Fällen schwer nachzuweisen ist.

Wesentlich ist aber für viele Unternehmen die Erkenntnis, daß eine weitere Steigerung der Reaktionsfähigkeit im Markt und der Effizienz der internen Koordination und Kooperation zwar rapide an Bedeutung gewinnt, jedoch nicht mehr durch Investitionen in die EDV allein bewerkstelligt werden kann.

Diese Unternehmen gehen zunehmend dazu über, den Ausbau ihrer Systeme der Informationsverarbeitung und Kommunikation nicht in erster Linie als Rationalisierungsmaßnahme zu betrachten, sondern als Investition in ihre strategische Leistungsfähigkeit. Ausgangspunkt dieser Betrachtung sind die kritischen Erfolgsfaktoren im Markt, d. h. die Leistungen, durch die das Unternehmen den Kundenanforderungen gerechter werden und

sich von seinen Wettbewerbern marktrelevant differenzieren kann.

Die entscheidende Frage ist: Welche Bereiche unserer Informations- und Kommunikationssysteme können dazu beitragen, daß wir die kritischen Erfolgsfaktoren überdurchschnittlich erfüllen? Dabei erweist sich immer wieder, daß die Leistungsfähigkeit, bezogen auf jeden einzelnen Erfolgsfaktor, von *mehreren* Systembereichen abhängt. Abbildung 8-1 zeigt das Beispiel eines Unternehmens, bei dem die kritischen Erfolgsfaktoren in erster Linie

– kurzfristige Lieferfähigkeit,
– marktgerechte Produkte,
– kurze Entscheidungswege und
– schnelle Reaktion auf Marktentwicklungen

sind. Die Analyse der operativen Zusammenhänge in diesem Unternehmen deckt sehr schnell auf, daß jeweils mehrere Informations- und Kommunikationsvorgänge zusammenwirken müssen, um die strategisch erforderliche Leistung pro Erfolgsfaktor sicherzustellen. Beispielsweise wird die Lieferfähigkeit von der zuverlässigen unternehmensweiten Lagerbestandsführung und Lagersteuerung bestimmt, für die ein zentrales DV-System sorgt, gleichzeitig ist aber auch eine schnelle Datenkommunikation vom einzelnen Vertriebsmitarbeiter zu den zentralen Bestandsdateien erforderlich, um die Lieferfähigkeit unmittelbar dem Kunden beweisen zu können, und schließlich ist ein wirkungsvolles Management der telefonischen Kommunikation wichtig, da ein großer Teil des Kundenkontakts telefonisch abgewickelt wird. Hier müssen bei der systemtechnischen Unterstützung der Vertriebsmitarbeiter nicht Rationalisierungsgesichtspunkte im Vordergrund stehen, sondern die strategischen Auswirkungen einer im Markt spürbaren Überlegenheit bei der Lieferfähigkeit.

Marktgerechtheit der Produkte erfordert in diesem Beispiel das intensive und vielfältige Zusammenwirken von Mitarbeitern der Entwicklung, der Konstruktion, der Marketingabteilung und des Vertriebs. Jeder Bereich verfügt über eigene aktuelle Informationen, die am effizientesten in abteilungsspezifischen Systemen verwaltet und verarbeitet werden können; wesentlich sind aber die schnelle Kommunikation von textlicher und graphischer In-

Erfolgsfaktoren und Teilsysteme der IV

Steuerung des Leistungserstellungsapparates / Wettbewerbskritische Erfolgsfaktoren	Zentrale Dateien und Verarbeitungssysteme (Daten, Text)	Abteilungs- bzw. funktionsspezifische Dateien und Systeme (Daten, Text)	Datenkommunikation	Textkommunikation	Bildkommunikation	Sprachkommunikation	Besprechungen
Kurzfristige Lieferfähigkeit/ Dienstleistungsfähigkeit	●	•	●	•		●	•
Markt- und positionsgerechte Produkte/ Dienstleistungsfähigkeit		●	•	●	•	●	●
Kurze Entscheidungswege bei Preis- und Wettbewerbstaktik	•	●	●			●	•
Schnelle Reaktion auf Markt- und Faktorkostenentwicklung	●	●	●	●		●	●
Steigerung der Mitarbeitereffizienz und -motivation	•	●	•	●	•	●	•
Senkung der Umwandlungskosten	●	•	●			•	
Koordination der leistungserstellenden Funktionen	•	●	●	●	•	●	

IV = Informationsverarbeitung

Abb. 8-1

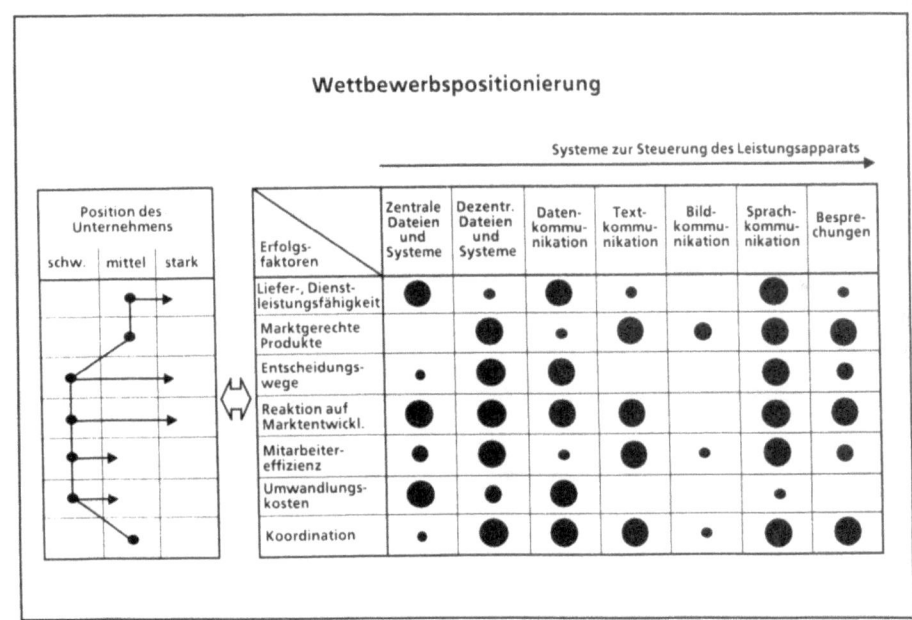

Abb. 8-2

formation und der häufige, vielseitige Austausch von Ideen, Konzepten, Meinungen per Telefon und in Besprechungen. Hierbei muß Überzeugungsarbeit geleistet und Motivation geschaffen werden, dazu ist eine hohe Vielfalt von Informations- und Kommunikationsvorgängen notwendig.

Die nur mittlere Wettbewerbsfähigkeit des hier betrachteten Unternehmens in puncto Lieferfähigkeit und Marktgerechtheit der Produkte, wie sie in Abbildung 8-2 deutlich wird, läßt sich unter anderem zurückführen auf Schwächen in einer Reihe der strategisch relevanten Systembereiche, nämlich bei dezentralen Dateien und Systemen (zu hohe Systemzentralisierung), bei der Datenkommunikation von

171

und zu den Arbeitsplätzen, bei der Textkommunikation, bei der Sprachkommunikation und bei der Effizienz von Besprechungen (siehe Abbildung 8-3). Insbesondere hapert es aber bei der integrativen Nutzung der verschiedenen Systembereiche.

Die Erkenntnis dieser Zusammenhänge läßt Unternehmen immer aktiver nach mehrfunktionalen Gesamtlösungen für die Arbeitsplätze ihrer Manager und Sachbearbeiter suchen. Dabei stellt sich die Frage nach dem der jeweiligen Aufgabenstellung angemessensten Arbeitsplatz-Terminal, nach den unternehmensinternen Kommunikationsnetzen und nach den geeigneten öffentlichen Netzen und Fernmeldediensten.

Hier sind die Entwicklungslinien für einen zügigen Ausbau der Bürokommunikation vorgezeichnet. Besonders groß ist bereits die Auswahl verschiedenster, zunehmend mehrfunktionaler Terminalgeräte: vom Komforttelefon über Bildschirmtextgeräte, Textstationen, Schreibsysteme, Datenstationen bis zu Arbeitsplatz-Computern und Arbeitsplatzsystemen. Das äußerst schnelle Vordringen der Personal Computer wird den Trend zu modularen multifunktionalen Arbeitsplätzen verstärken, bei denen je nach Anforderungsprofil die geeignetste Tastatur, der passende Bildschirm, die benötigten Kommunikationsfunktionen (Sprache, Daten, Text, Bil-

der) und eine angemessene Ausgabefähigkeit zusammengestellt („konfiguriert") und im weiteren Verlauf den sich ändernden Anforderungen angepaßt werden können.

Aus ökonomischen, systemtechnischen und organisatorischen Gründen geht mit der Ausbreitung multifunktionaler Arbeitsplatz-Terminals die Integration der unternehmensinternen Kommunikationsnetze einher. Es ist ökonomisch nicht mehr einsichtig, warum bei der rapiden Annäherung der Technologien weiterhin mehrere unterschiedliche Netze im Unternehmen betrieben werden sollen: das telefonische Nebenstellennetz, Datennetze und vielleicht noch Textnetze. Systemtechnisch ist die Integration nicht nur kein Problem mehr, sondern auch wünschenswert. In immer stärkerem Maß treten Ähnlichkeiten zwischen den verschiedenen Kommunikationsformen auf, z. B. werden Daten nicht mehr ausschließlich zwischen einem Kranz von Terminals und einem zentralen EDV-System ausgetauscht, vielmehr wählen die Nutzer je nach Bedarf unterschiedliche unternehmensinterne und externe Dateien an und betreiben über ihre Arbeitsplatzsysteme auch Nachrichtenaustausch mit unterschiedlichen Kommunikationspartnern. Systemtechnisch werden ferner der Übergang von Daten- zu Textsystemen und umgekehrt sowie die Kombination meh-

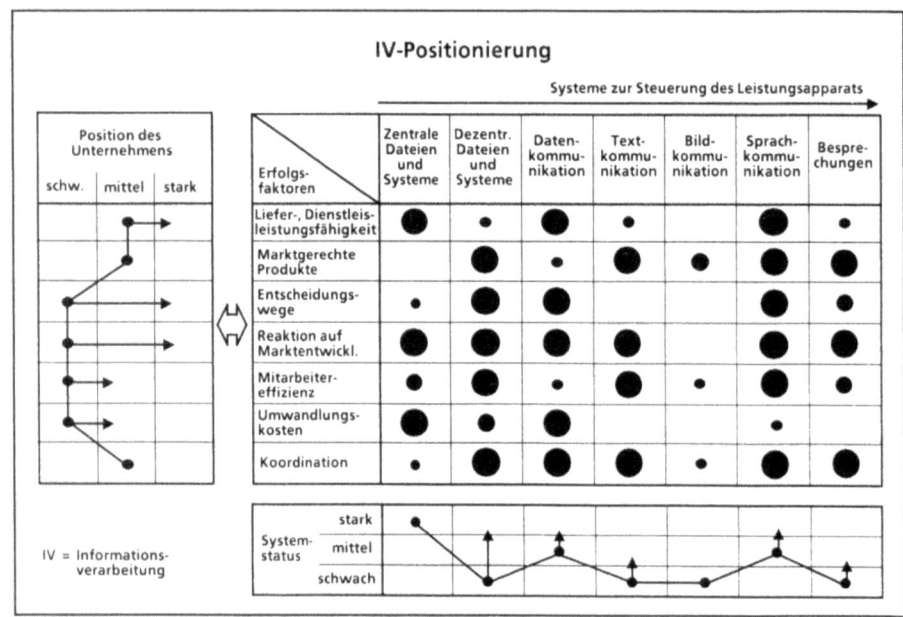

Abb. 8-3

172

rerer Kommunikationsformen während einer Verbindung immer wichtiger. Diese Anforderungen plädieren für eine Integration auf der Netzebene. Schließlich sprechen organisatorische Gründe für die Integration der unternehmensinternen Netze: Arbeitsplätze müssen flexibel den veränderten Anforderungen angepaßt werden können, die Weiterentwicklung strategisch wirkungsvoller organisatorischer Lösungen im Unternehmen sollte durch technische Komplikationen so wenig wie möglich beeinträchtigt werden. Daher sollte ein Kommunikationsanschluß im Unternehmen möglichst für alle Kommunikationsformen und für alle Kombinationen davon verwendbar sein.

Die modernen Nebenstellenanlagen bieten diese multifunktionalen Fähigkeiten für die unternehmensinterne Kommunikation. Solange die öffentlichen Telekommunikationsnetze nicht die verschiedenen Telekommunikationsdienste in integrierter Form zur Verfügung stellen, übernehmen es die Nebenstellenanlagen auch, ihren Benutzern in technisch-betrieblich optimaler Weise die Umsetzungsfunktion nach außen anzubieten. Am Ausgang solcher Nebenstellenanlagen finden wir zunächst noch Telefonleitungen, Datenwählleitungen, Telex-/Teletexleitungen und eventuell Mietleitungen. Damit wird die Nebenstellenanlage zum Angelpunkt der Realisierung von Bürokommunikationssystemen. Für die Effizienz der unternehmensexternen Kommunikation spielen aber die zur Verfügung stehenden öffentlichen Fernmeldedienste und die Erreichbarkeit einer möglichst großen Zahl von Kommunikationspartnern unter einheitlichen Standards eine wesentliche Rolle. Bleibt daher die Frage nach den geeigneten öffentlichen Netzen.

Es ist klar, daß die Betreiber der öffentlichen Netze und Fernmeldedienste in der Phase zunehmender strategischer Nutzung der Bürokommunikation eine hohe volkswirtschaftliche Verantwortung tragen. Die Unternehmen setzen Systeme der Bürokommunikation nämlich immer stärker ein, um ihre Wettbewerbsposition im zumeist internationalen Wettbewerb zu verteidigen oder zu verbessern. Die deutschen Unternehmen benötigen dazu vergleichbare Kommunikationsmöglichkeiten wie ihre amerikanischen und japanischen Wettbewerber. Die Deutsche Bundespost ist erfreulicherweise

auf dem besten Weg, den deutschen Unternehmen ein leistungsfähiges, zukunftsorientiertes öffentliches Telekommunikationsnetz zu bieten: das dienstintegrierte digitale Netz ISDN. Dieses ISDN wird ab 1989 im Zuge der Digitalisierung des öffentlichen Fernsprechnetzes eingeführt werden und noch vor Ende des Jahrtausends *überall* im Bundesgebiet verfügbar sein.

Es ist kaum abschätzbar, welche weitreichende wirtschaftliche Auswirkung die Realisierung dieses Vorhabens der Deutschen Bundespost haben wird. Bis zum Jahr 2000 wird im Umfeld dieses ISDN eine wahre Innovationswelle durch die deutsche Wirtschaft wogen können. Bis zu 10 Millionen unserer mit Informationsverarbeitung und Kommunikation beschäftigten Arbeitskräfte werden bis dahin mit multifunktionalen Arbeitsplatzkonfigurationen ausgerüstet sein können, die Funktionsweisen innerhalb der Unternehmen werden sich in Richtung stärkerer interdisziplinärer Zusammenarbeit und höherer Effizienz der Führungs- und Abstimmungsvorgänge weiterentwickeln, nach außen werden die Unternehmen neue servicefreundliche Kommunikations- und Leistungsformen gegenüber ihren Kunden anbieten.

Betrachten wir einmal zwei Unternehmen der gleichen Branche mit etwa der gleichen Mitarbeiterzahl, der gleichen maschinellen Ausrüstung in der Fertigung, dem gleichen Produktprogramm. Wie wir alle wissen, ist es durchaus möglich, daß das eine davon erfolgreich ist, seine Produkte zu attraktiven Preisen absetzt und gute Gewinne erwirtschaftet, während das andere Absatzschwierigkeiten hat, hohe Lagerbestände mit sich herumschleppt und Verlust erfährt.

Worin liegt der Unterschied?

Nach klassischen Vorstellungen ist bei beiden Unternehmen die Wertschöpfung sehr ähnlich, d.h. beide haben etwa die gleichen Lohnkosten, ähnlich hohe Abschreibungen, ähnliche Aufwendungen für Logistik, Marketing und Vertrieb, Forschung, Entwicklung usw.

De facto findet aber bei dem weniger erfolgreichen Unternehmen gar keine Wertschöpfung statt – im Gegenteil, es werden Werte vernichtet, indem sie in unverkäufliche oder zumindest verlustbringende Produkte umgewandelt werden.

Wir müssen also das Konzept der Wertschöpfung neu durchdenken. Wo findet denn der Prozeß statt, der die Marktgerechtheit des erfolgreichen Unternehmens ausmacht? Wodurch kommt es, daß die Kunden seine Produkte kaufen und dafür einen guten Preis bezahlen?

Das hat eindeutig mit dem Management zu tun, das es versteht, den „Leistungserstellungsapparat" des Unternehmens (d. h. die Produktion, die Logistik, die Vertriebsorganisation, die Auftragsabwicklung) so zu steuern, daß die „wettbewerbskritischen Erfolgsfaktoren" im Markt erfüllt werden.

Abbildung 8-4 zeigt die Umsetzungsfunktion, durch die das Management den Erfolg herbeiführt, die „strategische Wertschöpfung" sichert. Und siehe da, es ist eine Aufgabe der Informationsnutzung und Kommunikation.

Schauen wir uns diese Umsetzungsfunktion einmal genauer an. Auf Abbildung 8-5 haben wir die klassische Wertschöpfung und die strategische Wertschöpfung einander gegenübergestellt. Wir sehen, daß die Bereiche im Unternehmen, die die strategische Wertschöpfung vollbringen, das mittlere und gehobene Management, die dazugehörigen Sachbearbeiter, Sekretärinnen und Schreibkräfte sind. Und deren Tätigkeit ist zu 100 % Informa-

tionsverarbeitung, Informationserzeugung, Dokumentation von Information, Telekommunikation, Besprechungen usw.

Wenn dem so ist, sollten sich die Unternehmen eigentlich die ganz entscheidende Frage stellen, wir sie in erster Linie die strategische Wertschöpfung erhöhen, nicht wie sie die Kosten des Leistungserstellungsapparats senken können. Strategische Wertschöpfung hat offensichtlich mit der Produktivität in der Informationsnutzung und Kommunikation zu tun, die man als die „Management-Produktivität" bezeichnen kann. Sie drückt aus, welchen Aufwand das Management treibt, um die strategische Wertschöpfung zu sichern und zu steigern, d. h. alles was das Unternehmen über die Material-, Lohn- und anderen Betriebskosten (wie Energie, Abschreibungen usw.) hinaus am Markt realisiert (siehe Abbildung 8-6).

Nun haben die meisten Unternehmen ja in den letzten Jahrzehnten gewaltig in den Ausbau der Datenverarbeitung investiert und hier immer leistungsfähigere Systeme installiert, immer neue Generationen von Technik.

Genau genommen – so Abbildung 8-7 – haben sie damit aber bisher nur eine erste Anwendungsgeneration realisiert, die sie immer weiter verfeinert

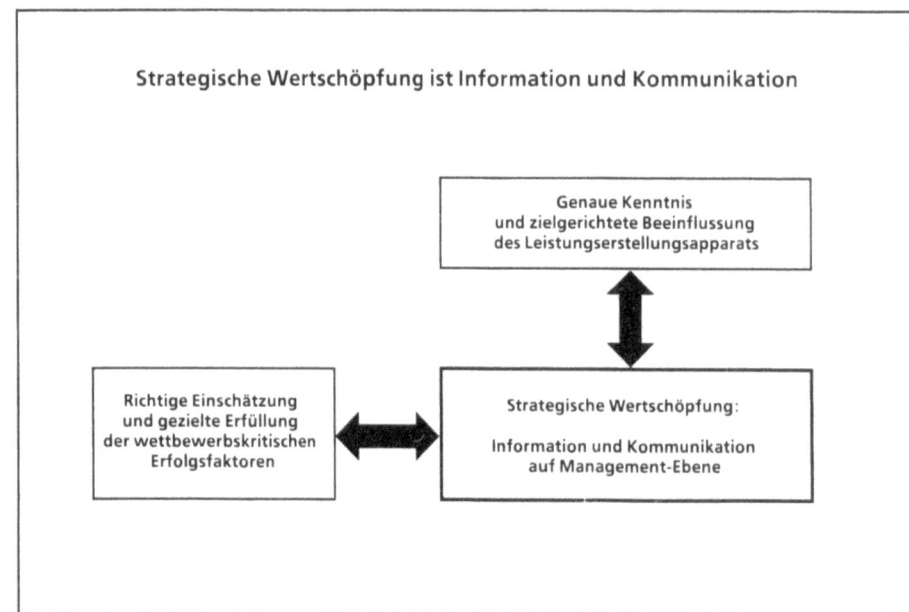

Abb. 8-4

174

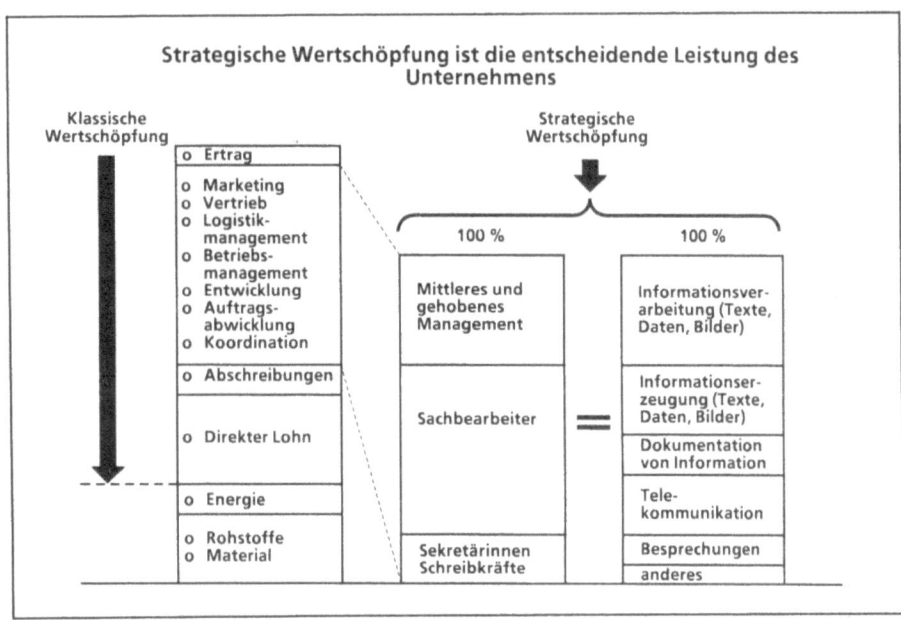

Abb. 8-5

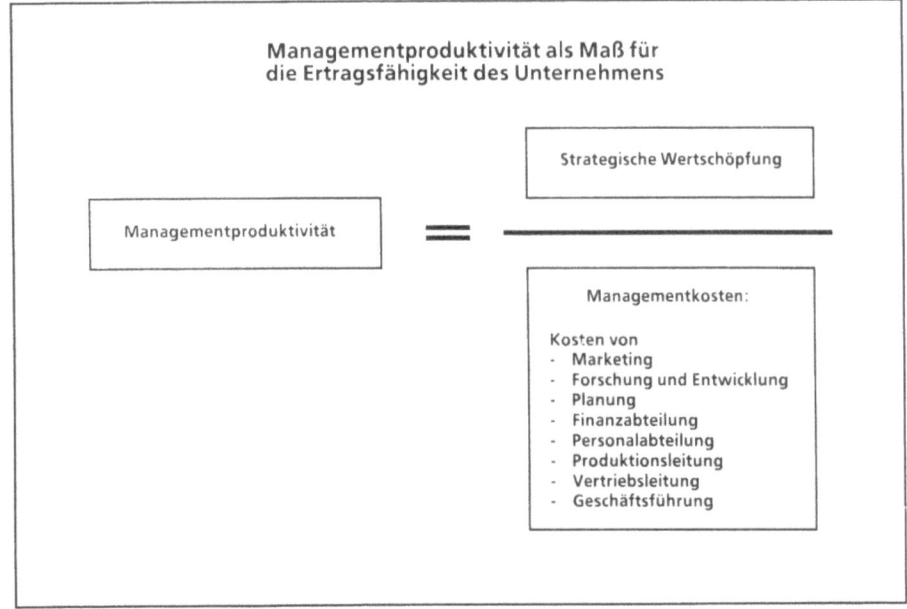

Abb. 8-6

haben: die Automatisierung stark formalisierbarer Aufgaben in der Datenverwaltung, in der Abwicklung und in der Steuerung und Kontrolle. Damit haben sie die Aufgaben rationalisiert, die noch am wenigsten mit der strategischen Wertschöpfung, dagegen viel mit der Effizienz der Abwicklung zu tun haben: die mit Datenmanagement verbundenen Aufgaben der Sachbearbeiter und Schreibkräfte.

Versuche, auch das Management bei der eigentlichen strategischen Leistung zu unterstützen, wie sie vor Jahren mit dem Konzept der „Management Information Systems" (MIS) unternommen wurden,

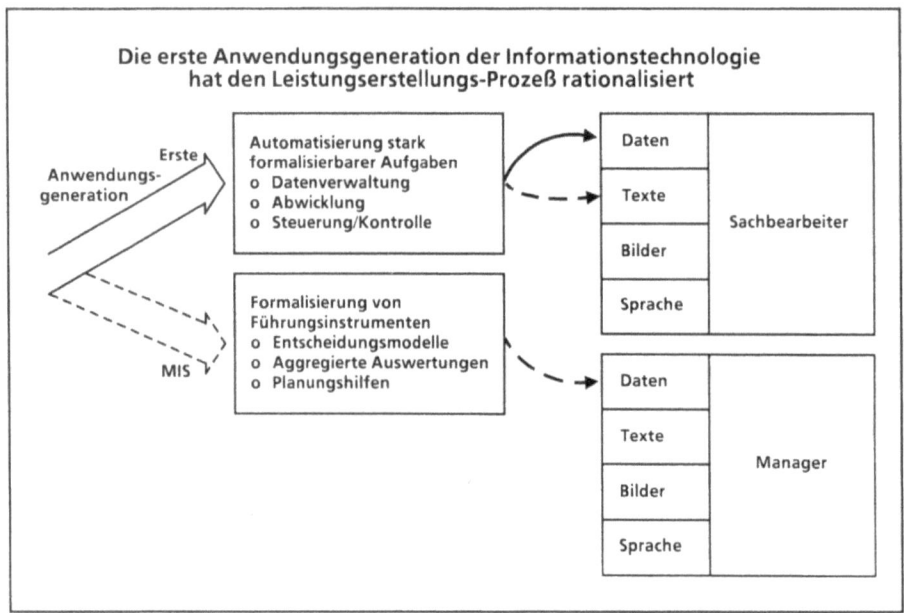

Die erste Anwendungsgeneration der Informationstechnologie hat den Leistungserstellungs-Prozeß rationalisiert

Abb. 8-7

mußten scheitern, weil die angestrebte Formalisierung von Führungsinstrumenten nur einen kleinen und allein so nicht sinnvollen Teil des Aufgabenspektrums der Manager abdeckte: Entscheidungsunterstützung durch formale Modelle (z. B. Cashflow-Projektionen, ROI-Modell), aggregierte Auswertungen und Verdichtungen zu Kennzahlen, Planungshilfen wie Simulation und Kosten-Nutzen-Berechnungen. Manager arbeiten aber nur in begrenztem Umfang mit Daten, Strategien lassen sich nur unzureichend in Daten ausdrücken, Daten sind nur eine Grundlage, nicht aber das Wesentliche der Managementtätigkeit. Vielmehr gehört zum Management ein ganzes Spektrum von verbaler, bildlicher und persönlichkeitsgeprägter Information und Kommunikation.

Die neuen Informationstechniken und die entstehenden neuen Informationsinfrastrukturen im Unternehmen gestatten es nun, eine zweite Anwendungsgeneration zu realisieren, nämlich die umfassende Unterstützung beim Managementprozeß.

Ohne dieses Verständnis einer neuen Anwendungsgeneration sind weitere Investitionen in Informationssysteme kaum durchzusetzen, denn sie lassen sich immer schwieriger nach der alten Formel rechtfertigen, nach der die Automatisierung von x Vorgängen y Einsparungen und damit die Wirt-

schaftlichkeit der Investition erbringen mußte.

Denn die zweite Anwendungsgeneration wendet sich an die Informations- und Kommunikationsprozesse, die sich nicht formalisieren lassen, an Kombinationen von Daten, Texten, Bildern und Sprache, wie sie typischerweise bei Managementprozessen der Kreativitätssteuerung, der Durchsetzung von Plänen und Entscheidungen, bei der Koordination einzelner Leistungsbereiche und Mitarbeiter, bei deren Motivation und bei der wettbewerbsgerechten Differenzierung des Unternehmens eine Rolle spielen (siehe Abbildung 8-8).

Wie wesentlich diese neue Anwendungsgeneration ist, hängt von der unternehmerisch-strategischen Aufgabe ab, die Information und Kommunikation in einer gegebenen Branche erfüllen, und das bei

– der Bereitstellung neuer Produkte und Leistungen,
– der Verbesserung des Managements,
– der Verbesserung der Abwicklungseffizienz,
– der Verbesserung der operativen Effizienz und
– dem Einsatz neuer technischer Systeme (wie z. B. CIM).

Manager, deren Tätigkeit heute in der Regel durch hohe Ineffizienz charakterisiert ist, können nun im gesamten Anforderungsspektrum ihrer Arbeit un-

176

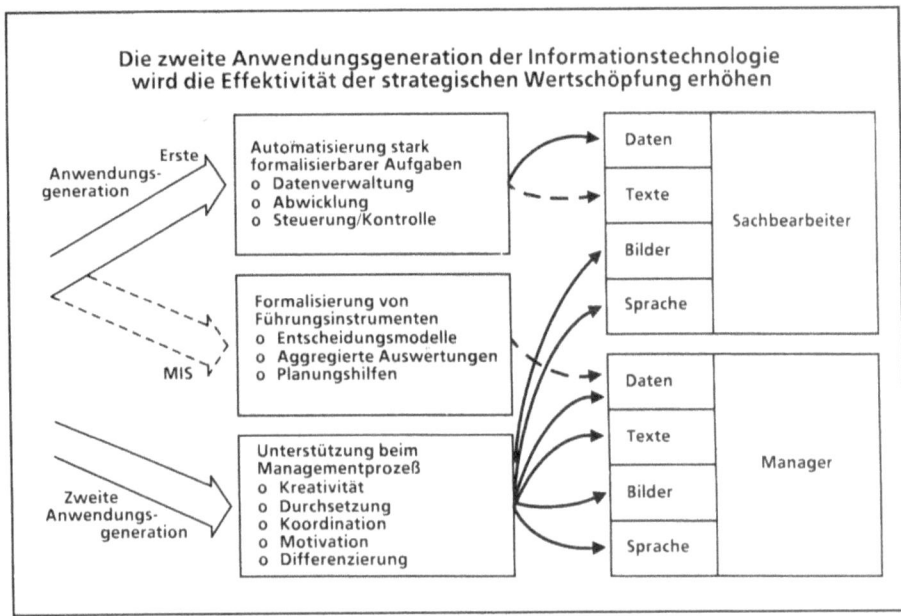

Abb. 8-8

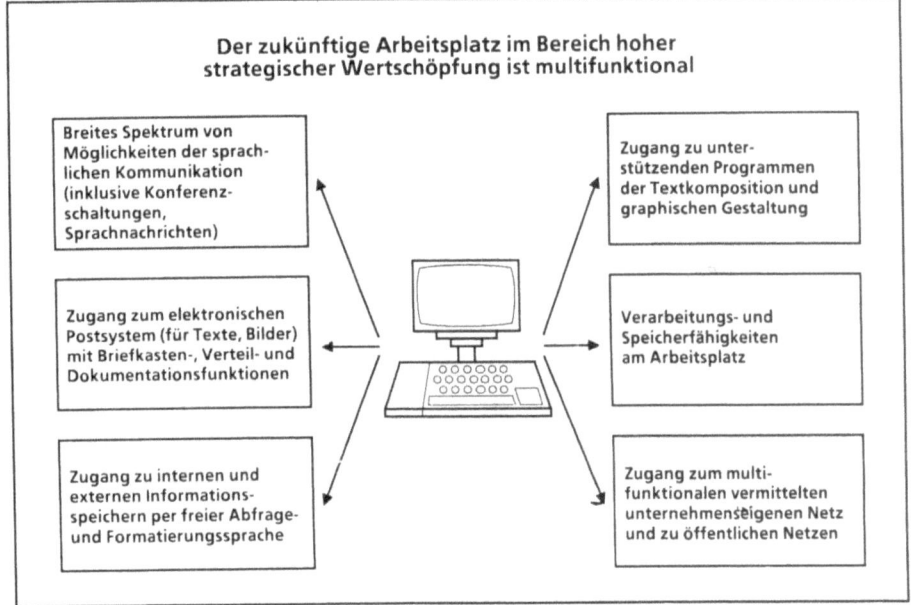

Abb. 8-9

terstützt werden. Die Erleichterung eines störungs-
freien, optimierten Arbeitsablaufs ohne Wartezei-
ten zwischen Informationsanforderung und Infor-
mationsbereitstellung ist vielleicht der wichtigste
Effekt der entstehenden neuen Informationsstruk-
tur, die den Manager-Arbeitsplatz mit einbezieht.

Wie sieht das Arbeitsplatzsystem aus, das bereitgestellt werden muß, und wie ist es mit der unternehmensweit aufzubauenden Informationsinfrastruk-
tur verbunden?

Abbildung 8-9 zeigt schematisch die Komponenten, die über Bildschirm, Tastatur sowie Sprachein-
und -ausgabe realisiert werden können, schon heute,
wenn auch noch mit relativ hohen Kosten.

Neuntes Kapitel

Die Rolle der Führung

Dr. Holger Karsten

Eine der Fragen, die in der Diskussion über die Rolle der Führung im Unternehmen immer wieder gestellt wird, ist: „Brauchen wir den starken Mann an der Spitze, der uns den Weg weist à la Lee Iacocca bei Chrysler, oder brauchen wir eher ein Führungsteam, das gemeinsam die Weichen für die Zukunft stellt?"

Wir glauben, daß wir in diesem Buch zeigen: Die Unternehmen brauchen beides. Sie brauchen die charismatische Führungspersönlichkeit, die Visionen entwickelt und die Menschen im Unternehmen motiviert, diese Vision umzusetzen. Aber ebenso stark brauchen sie eine Gruppenmentalität, die auf einer partizipativen Entscheidungsfindung aufbaut, ohne daß hier der Utopie einer völligen „Demokratisierung" der Abläufe und Entscheidungen das Wort geredet werden soll.

„Führung" hat eine schillernde Vergangenheit und unterliegt mannigfacher Interpretation, je nachdem mit welchem Ansatz sie diskutiert wird: mit einem historischen, betriebswirtschaftlichen, psychologischen, soziologischen oder juristischen. Von den Cäsaren und Triumviraten der römischen Antike bis zur national-sozialistischen Vergangenheit Deutschlands hat Führung an Glanz verloren. Es ist nicht umsonst, daß wir heute den Begriff Management vorziehen. Die Führung, die mit Management gemeint ist, hat drei Schwerpunkte:

– Veränderungsprozesse konzipieren und durchsetzen,
– Abläufe gestalten, steuern und
– Menschen qualifizieren und motivieren.

So gesehen führen viele Menschen im Unternehmen. Der Unternehmer führt die Verantwortungsträger für Teilbereiche, der Gruppenleiter in der Montage eines Fertigungsbetriebes führt seine Mitarbeiter, der Geschäftsführer eines mittelständischen Kfz-Zulieferers nimmt Führungsaufgaben genauso wahr wie der Abteilungsleiter eines großen Automobilherstellers. Führung ist nicht an Größe und Besitzverhältnisse gebunden. Führungskräfte haben gemein, daß sie für die Verfolgung von Zielen verantwortlich sind, die sie nur mit Hilfe anderer Menschen erreichen können, so daß die Führung von Menschen die „wahre Kunst" aller Führungskräfte ist, nicht die Kompetenz in einem Fachgebiet oder in bestimmten Techniken.

Die Rolle der Führung hat sich seit Beginn des Jahrhunderts dreimal drastisch verändert. Die erste große Veränderung war die Trannung von „Ownership" und Management. Als prminentes Beispiel kann der Siemens-Konzern angesehen werden, in dem die Erben des Gründers Werner von Siemens die Führung des wachsenden Unternehmens nicht mehr allein wahrnehmen konnten und sie in „professionelle" Hände von angestellten Managern übergaben.

Die zweite Veränderung wurde in den zwanziger Jahren durch Persönlichkeiten wie Pierre duPont und Alfred Sloan geprägt, die das gesamte Instrumentarium von Befehl und Kontrolle, zentralisierten Divisionen und zentralen Stäben und Hierarchieebenen strategisch-politischer und operativer Aufgaben entwickelten.

Heute erleben wir den Übergang von der autoritären zur partizipativen Führung. Nur wenige Unternehmen haben jedoch bisher den Wandel zur kommunikationsbasierten partizipativen Führung vollzogen, in der Spezialisten ihr jeweiliges Fachwissen einsetzen, um gemeinsam Entscheidungen in immer komplexeren Zusammenhängen von Technologien, Märkten, Umwelt und Wettbewerbern vorzubereiten und zu fällen. Sie müssen auf eine derartig große Anzahl von Faktoren reagieren und dabei derartig viele Informationen berücksichtigen, daß der einzelne Manager immer häufiger überfordert ist und an der Interpretation der Informationsflut scheitert.

Wie wir gesehen haben, vollziehen sich die Entwicklungen auf vielen Gebieten so rasch, daß selbst Fachleute Mühe haben, mit ihnen Schritt zu halten.

Nehmen wir das Beispiel der Automobilindustrie. Während der Entwicklung eines neuen Automobils, die grobgerechnet eine Milliarde DM kostet und etwa 4 bis 5 Jahre dauert, müssen die vielfältigsten Fragen bearbeitet, bewertet und entschieden werden, wie etwa:

– Welche Technologien sollen eingesetzt werden (z. B. computerisierte Systeme versus Mechanik)?

- Welche Märkte sollen beliefert werden (z. B. globaler Wettbewerb oder nationale Nischen)?
- Welche Fertigungstiefe ist ökonomisch (z. B. verstärkte Beschaffung von Zulieferern versus hohem eigenen Beschäftigungsgrad)?

Solche und viele andere Fragen müssen oft zur gleichen Zeit und mit hoher wechselseitiger Abhängigkeit beantwortet werden, und es ist offensichtlich, daß die einzelne Führungskraft überfordert ist. Nur Gruppen von Verantwortungsträgern, die den Überblick über Teilbereiche und über den Gesamtzusammenhang haben, können hier kompetent führen.

Nicht nur auf der „Sachebene" nehmen die Anforderungen an die Führungskräfte zu, auch der Wertewandel in der Gesellschaft führt zu neuen Aufgaben für die Manager. Waren früher Unterordnung und angepaßtes Verhalten gang und gäbe, so haben sich die Werte der heute nachwachsenden Generationen deutlich geändert: Es werden immer mehr Mitspracherecht, Selbstentfaltung und offene Kommunikationen gefordert und die bedingungslose Akzeptanz autoritärer Anweisungen verweigert.

Auch die Einstellung der Gesellschaft gegenüber Wachstum hat sich gewandelt. Umfragen zeigen, daß in Westeuropa heute eine viel größere Skepsis gegenüber Wachstum besteht als noch vor zehn Jahren. In der Umweltdiskussion und in verschiedenen Genehmigungsverfahren, z. B. für neue Industrieanlagen, kommt dieser Wandel deutlich zum Tragen.

Der Wertewandel bringt eine neue Anforderung an die Führungskräfte mit sich: Wäre früher das Genehmigungsverfahren für eine neue Teststrecke von Daimler-Benz eher eine Formalie gewesen, so muß sich heute das Management mit Andersdenkenden aller Art auseinandersetzen, in diesem Fall mit einer buntgemischten Gruppe von Bauern, Grünen, Pastoren und Politikern.

Die dialektische Auseinandersetzung mit Gruppen, die den Bedürfnissen der Industrieunternehmen skeptisch gegenüberstehen, gehört genauso zum veränderten Anforderungsprofil wie die Darstellung von Produkten, die in der öffentlichen Meinung nicht unumstritten sind: Das Management der Zigarettenindustrie sieht sich einer Gesundheitsdebatte ausgesetzt und steht im Argumentationswettstreit mit Ärzten, Politikern und anderen Interessenvertretern.

Über die Qualifikationsanforderungen an Führungskräfte ist viel geschrieben worden. Drei Kompetenzen haben sich dabei immer wieder als die Grundanforderungen der Zukunft herauskristallisiert:

- technisches Wissen,
- strategisch-konzeptionelles Denkvermögen und
- interpersonelle Fähigkeiten.

Zum *technischen Wissen* gehört die Kenntnis von Technologien, Märkten und Produkten, aber auch von Abläufen, Systemen und Instrumentarien. Unser Ausbildungssystem ist auf die Vermittlung dieses Wissens ausgerichtet.

Aber fast schon als Dilemma zu bezeichnen ist, daß der Wert von „Sachwissen" drastisch abnimmt, je höher eine Führungskraft in der Hierarchie aufsteigt. Werden Gruppen- und Abteilungsleiter oft noch nach ihrem sachlichen „betriebsbezogenen" Wissensstand ausgewählt, so nimmt die Anforderung an „Führungswissen" und konzeptionelles Denkvermögen in unternehmerischen Zusammenhängen bei Bereichsleitern, Geschäftsführern und Vorständen dramatisch zu (siehe Abbildung 9-1).

Für „Fachspezialisten" ist es immer wieder schwierig, sich von ihren „liebgewonnenen" Details zu trennen, keine „Schräubchenkunde" mehr zu betreiben und sich hauptsächlich der Motivation ihrer Mitarbeiter und der generellen Weiterentwicklung ihres Bereichs, ihrer Sparte oder ihres Unternehmens zu widmen.

Das strategisch-konzeptionelle Denkvermögen setzt voraus, das Unternehmen als Ganzes zu begreifen. Es geht nicht mehr um singuläre, sachlich abgrenzbare Entscheidungen, sondern um die Gestaltung von Veränderungen, die oft Jahre dauern und nicht immer von Anfang an genau zu definieren sind.

Eine wesentliche Anforderung hierbei ist, mit ambivalenten Situationen leben zu können, in denen die Entwicklung von Markt und Wettbewerbern und die notwendigen eigenen Schritte nicht von vornherein klar erkennbar sind.

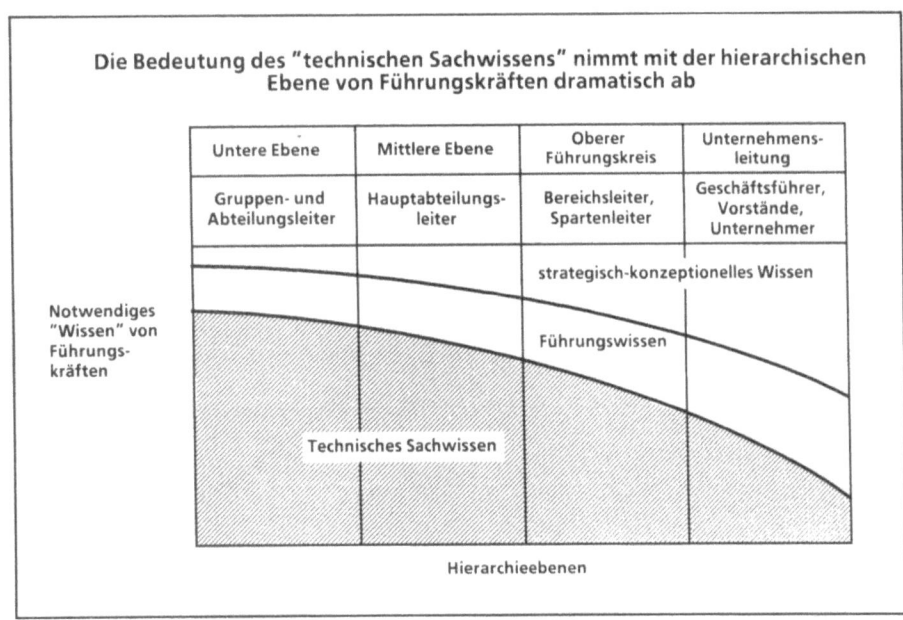

Abb. 9-1

Dieses Phänomen der Ambivalenz ist immer häufiger Anlaß, externe Berater in das Unternehmen zu rufen, damit aus neutraler Sicht zumindest Teile des ambivalenten Umfeldes analysiert und entscheidungsreif gemacht werden.

Ein weiteres Kriterium für erfolgreiche Führungskräfte ist die Fähigkeit, auf Signale aus den verschiedensten Richtungen zu reagieren, auch wenn diese nur in schwacher Ausprägung auftreten.

Die Summe dieser Signale ist oft ein wichtiges Zeichen dafür, welchen Handlungsspielraum ein Unternehmen noch hat und welche Entwicklungen zu erwarten sind (siehe Abbildung 9-2). Ein derartiges „Frühwarnsystem" kann nicht von einer einzelnen Führungskraft aufgebaut werden, sondern hierzu sind Teams mit verschiedenen Kompetenzschwerpunkten erforderlich, die die Konsequenzen aus ihren Erkenntnissen dann aber ganzheitlich für das Unternehmen ziehen können müssen.

Besonders gefordert ist das strategisch-konzeptionelle Denken beim Auftauchen neuer Technologien und neuer Wettbewerber. Beispiele dafür sind

die Ablösung elektromechanischer durch elektronische Produkte und das Vordringen japanischer Wettbewerber, z. B. in der Schiffsbau-, Automobil- und Elektronikindustrie. Hier ist nicht mehr das reine Sachwissen gefragt, sondern die Fähigkeit, diese Entwicklung richtig einzustufen, Handlungsoptionen zu durchdenken und die Strategien für das eigene Unternehmen neu zu definieren.

Die interpersonellen Fähigkeiten lassen sich in zwei große sich überlappende Bereiche gliedern:

- in den Bereich Motivation und
- in die Kategorie der gruppenbezogenen Fähigkeiten.

Eine der Grundfragen der Führung ist: „Wie motiviere ich einen Menschen, etwas zu tun, was nicht von vornherein sein Wunsch ist?"

Hierzu gibt es eine Vielzahl von Ansätzen[1]. Entscheidend für dauerhafte Motivation ist, daß Führungskräfte ihr Bild der Mitarbeiter überprüfen, um von der gefährlichen Pseudo-Erkenntnis abzurücken, daß sie unfähig, unwillig und wie kleine Kinder sind (Theorie X), und statt dessen davon auszugehen, daß sie bei richtiger Anleitung wertvolle Arbeit verrichten und sich je nach Vorbildung weiterentwickeln können (Theorie Y).

---

1 Einen guten Überblick bieten die Beiträge zum Thema „Führung und Organisation" in: Management Wissen, 2/1985 und 3/1985

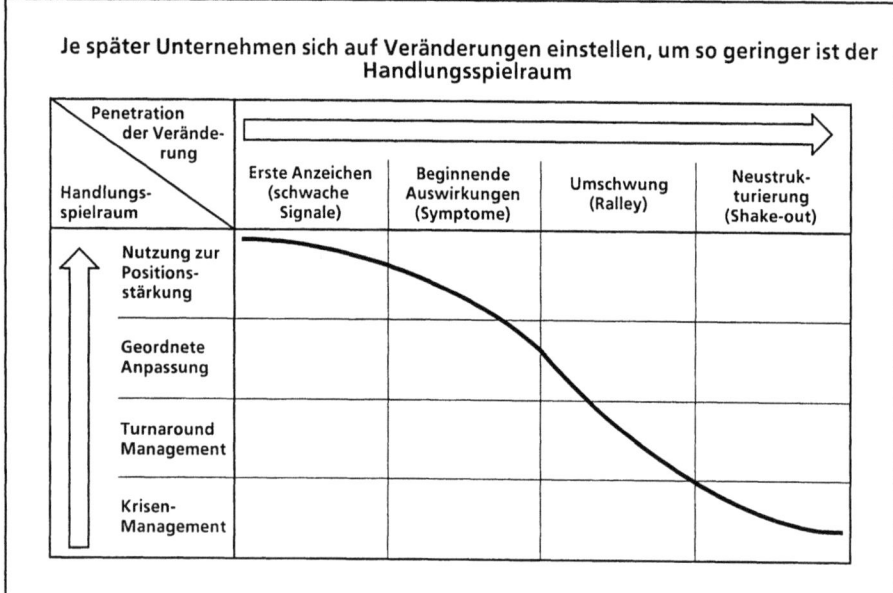

Abb. 9-2

Es gibt viele Formen von Pseudo-Motivation, die Frederick Herzberg in seinem klassischen Artikel „One more time: How do you motivate employees" als KITA-Ansatz („Kick-in-the-ass"-Ansatz) bezeichnet[2]:

– Reduzierung der Arbeitszeit,
– häufige Lohnerhöhungen,
– „Human-Relations"-Programme,
– außerbetriebliche Einrichtungen wie betriebliche Sportvereine und
– Kommunikation durch Firmenzeitschriften.

Die damit erkaufte Motivation ist kurzlebig.

Eine nachhaltige Motivation kann dagegen nur durch die Gestaltung der Arbeit selbst und durch die Bereitstellung von individuellen Entwicklungsmöglichkeiten erreicht werden, die es dem Einzelnen ermöglichen, Einfluß auf das Geschehen im von ihm überschaubaren Arbeitsbereich zu nehmen und in seiner Arbeit einen sinnvollen Beitrag zu erkennen.

Ansätze für die Aufgabengestaltung im Hinblick auf diese Motivationsbedürfnisse sind

– die Bildung von „vollständigen" Aufgabenbereichen,
– die Anpassung der Arbeit an das Können der Mitarbeiter und
– die Vergrößerung des Handlungsspielraumes.

Das Ziel muß sein, die Mitarbeiter auf allen Ebenen des Unternehmens für überdurchschnittliches Engagement zu gewinnen, indem ihnen die Gewißheit gegeben wird, daß sie einen festen Platz mit einer wichtigen Aufgabe im Unternehmen haben und daß sie aufgrund dessen, was sie tun und wie sie es tun, anerkannt werden.

Dazu ist Voraussetzung, daß jeder Mitarbeiter
– einen vollständigen Handlungsspielraum erhält,
– in seinem Bereich autonome Verfügungsfreiheit hat,
– deutlich erkennbare Verantwortung trägt und
– unmittelbares Feedback über seine Leistung und die daraus resultierenden Ergebnisse erhält.

Bei einem partizipativen Führungsverständnis sind aber auch gruppenbezogene Fähigkeiten von großer Bedeutung. Darunter verstehen wir

2 Vgl. F. HERZBERG: One More Time: How do you Motivate Employees?; in: Harvard Business Review, 46/1968, No. 1

- das Führen von Gruppen, die sich aus Spezialisten unterschiedlichster Fachrichtungen zusammensetzen,
- das Ausgleichen von Differenzen im Sinne eines bewußten Konfliktmanagements,
- das Steuern von Gruppendynamik,
- das Aufbauen von interpersonellen Beziehungen auch über „Fachgrenzen" hinaus, z. B. zwischen Forschern, Entwicklern und Verkäufern,
- den Abbau von Widerstand gegenüber Veränderungen in der Gruppe (z. B. gegenüber der Veränderung von Zuständigkeiten) und in der Aufgabenstellung (z. B. gegenüber neuen Zielen infolge Veränderung der Wettbewerbslandschaft).

Wer ohne diese gruppenbezogenen Fähigkeiten ein Management des geordneten Wandels einführen will, wird schnell Schiffbruch erleiden. Vertrauen in andere und offene Kommunikation in beiden Richtungen gehören dazu, wenn Entscheidungen über komplexe Sachverhalte nicht mehr von überforderten „Master minds", sondern von kompetenten Teams vorbereitet und getroffen werden sollten.

Der Umgang mit verschiedenen Führungsstilen und -systemen hat gezeigt, daß es kein „richtiges" Führungssystem gibt. Die Anforderungen an Führung wechseln mit der Lebenszyklusphase von Geschäften[3], der Dringlichkeit von Aktionen und der Zusammensetzung der beteiligten Gruppen. So meint William Hoglund, Vorstandsmitglied der General Motors Corporation: „Eine der wichtigsten und auch schwierigsten Fähigkeiten für das erfolgreiche partizipative Führen ist das Einschätzen von Situationen, in denen man es nicht anwenden kann"[4].

Ist „Führung" erlernbar, und wie kann sie trainiert werden?

Die Voraussetzungen des Führens,

- *technisches Wissen* über die relevanten Methoden, Systeme und Abläufe,
- *persönlichen Fähigkeiten* der Kommunikation, Ausstrahlung, persönlichen Stabilität und Geduld und
- *die Bereitschaft zur Führungsverantwortung,*

lassen sich unterschiedlich stark trainieren. Das technische Wissen wird in begrenztem Maß auf den Hochschulen und ausgeprägter an den Business Schools wie INSEAD, IMEDE, Harvard und Stanford vermittelt, die persönlichen Fähigkeiten dagegen können nur durch „ganzheitliche" Erfahrungen in Gruppen, sei es im Sport, in Projekten oder im schrittweisen Ausweiten von Personalverantwortung entwickelt werden. Nur wenige Institutionen vermitteln Fähigkeiten in dialektischen und gruppendynamischen Prozessen. Deren Bedeutung wird in unseren Bildungssystemen und im Bewußtsein der meisten Führungskräfte vollkommen unterschätzt und durch „Macht" ersetzt. Amateurhaftes Verhalten in Führungssituation ist daher die Regel, aber es fällt nicht auf, weil den meisten Geführten und Führenden die Kriterien und der Vergleich fehlen.

Am wenigsten läßt sich die Bereitschaft zur Führungsverantwortung erlernen, die aus der individuellen Motivation kommen muß und sehr unterschiedliche Ausprägungen aufweisen kann.

Entscheidend für den Erfolg von Führung in Zeiten hoher Dynamik ist, daß die mit Führungsverantwortung Ausgestatteten

- *„integrierte Persönlichkeiten"* sind, die die Merkmale von Persönlichkeit wie Intellektualität, Emotionalität, Interessen, Sexualität, Humor und Ich-Wahrnehmung integrieren können und nicht verdrängend ausklammern,
- ein *klares Verständnis* ihrer Aufgabe und der Ziele haben und dieses Verständnis im Sinne von *richtungweisenden Visionen* kommunizieren können,
- die *Anforderungen verschiedener Situationen* an ihr Verhalten unterscheiden können, so daß

---

3 Für einen Überblick über das Verhältnis von Führungssystem und Lebenszyklusphase von Branchen nach der Definition von Arthur D. Little siehe Hax/Majluf (MIT), S. 221 ff., 1988
4 Vgl. MRK FROHMAN: A Profile of Participative Managers: What They Really Do; in: Industry Week, Aug. 1988

sie nicht „blind" ein und dasselbe Verhalten für alle Situationen anwenden, und daß sie
- ausgehend von ihrem reflektierten *Selbstbild* auf die *Motivationsbedürfnisse* ihrer Mitarbeiter eingehen und je nach Leistungsvermögen Spielraum für abwechslungsreiche Arbeit, persönliche Entfaltung und Verantwortung geben.

Führungsressourcen mit diesen Kompetenzen werden zum entscheidenden Erfolgsfaktor, denn das Management des geordneten Wandels und die dafür erforderliche Unternehmenskultur des „Alle für eine gemeinsame Sache" müssen sich durchsetzen gegen den Apparat bestehender Organisationen, gegen die Mischung aus anerzogener Unterwürfigkeit und formaler Starrheit, die wir in vielen Unternehmen vorfinden und die sich zu Fatalismus angesichts des Elans von Wettbewerbern aus anderen Kulturkreisen auszuwachsen drohen.

Zehntes Kapitel

Veränderung der Unternehmenskultur

Dr. Tom Sommerlatte

Organisations- und Verantwortungsstrukturen sind in großen Unternehmen eine Voraussetzung für das effiziente arbeitsteilige Funktionieren: Jeder muß klar wissen, welcher Beitrag zum Erfolg des Ganzen von ihm erwartet wird.

Aber Strukturen können ein gewaltiges Hindernis gegen Erfolg und Wandel sein – und sind es in den meisten Unternehmen bei genauerem Hinsehen auch, gleichgültig, welches Strukturierungsprinzip angewandt wurde!

Denn:

– Funktional orientierte Strukturen führen immer wieder dazu, daß „die Forschung und Entwicklung" sich mit einer wissenschaftlich-technokratischen Attitüde für die längerfristige Profilierung zuständig fühlt, daß „die Produktion" die laufende Auslastung und die praktische Machbarkeit verficht, daß „der Vertrieb" das Wissen um Wettbewerber und Kunden gepachtet hat, daß „das Finanzwesen" allen auf die Finger sieht – und daß die Besonderheiten der einzelnen Verantwortungsbereiche mehr Gewicht erhalten als das, was „unter dem Strich" insgesamt dabei herauskommt.

– Profit-Center-Strukturen nach Produktgebieten haben dazu verholfen, die unternehmerische Leistungsfähigkeit und die Ertragsentwicklung auf überschaubare Einheiten zu fokussieren und dadurch auch die einzelnen Funktionsbereiche direkter in eine Gesamtverantwortung für ihr Profit Center einzubinden, aber sie haben in vielen Fällen bewirkt, daß zwischen den Profit Centers Egoismen und Abgrenzungssucht aufkommen, die Querverbindungen auch da verhindern, wo die Nutzung von Gemeinsamkeiten für mehrere Profit Centers und das Unternehmen insgesamt von Vorteil wäre.

– Geographisch orientierte Strukturen wie Tochtergesellschaften in einzelnen Ländern erwiesen sich als wirkungsvoll, wenn es darum ging, eine den lokalen Erfordernissen angepaßte Schlagkraft zu entwickeln, aber sie bedingten in vielen Unternehmen, daß überregionale Strategien immer weniger durchzusetzen waren.

Die meisten großen Unternehmen müssen sich mit allen drei Strukturen auseinandersetzen: Sie sind in mehreren Produktgebieten oder strategischen Geschäftsfeldern tätig, die sie meistens nach Sparten abgegrenzt haben; sie sind in einer größeren Zahl von Ländern tätig, in denen sie Tochtergesellschaften mit Vertriebs- und häufig auch Produktionsfunktion etabliert haben – und innerhalb dieser ertragsverantwortlichen Einheiten haben die Funktionsbereiche ihr Eigenleben entwickelt, oft eifersüchtig darauf achtend, daß ihre Abgrenzungen untereinander voll eingehalten werden und zur Geltung kommen.

Diese Fragmentierung, die an sich schon immer wieder über das eigentliche unternehmerische Ziel hinausgeht, ja dieses manchmal vollkommen konterkariert, erweist sich besonders dann als fatal, wenn die Anpassung an den Wandel des Markt- und Wettbewerbsumfelds eine Änderung der Strukturen oder auch nur eine Abschwächung der Zentrifugalkräfte sinnvoll erscheinen läßt.

Wir haben immer wieder beobachtet, daß Unternehmen strategische Chancen nicht oder viel zu spät nutzen, weil sie interne Strukturen nicht schnell genug ändern können.

Wie können sie diese internen Blockaden überwinden? In den meisten Fällen ist die Rigidität Bestandteil der Unternehmenskultur geworden. Absicherung gegen Schuldzuweisung, Verteidigung und Ausbau von Machtpositionen und Beweis der eigenen Kompetenz durch Hervorkehren der Zuständigkeiten sind Triebkräfte, die ein Eigenleben entfalten und häufig von den obersten bis zu den untersten Hierarchieebenen zur inoffiziellen Maxime geworden sind.

Ihnen entgegenzuwirken ist eine der wichtigsten Aufgaben des Managements des geordneten Wandels – denn Wandlungsfähigkeit und -bereitschaft müssen zunächst einmal erhöht werden, ehe Strategien des Wandels gemeinsam konzipiert und konstruktiv verfolgt werden können.

Es geht um die Schaffung einer geänderten Unternehmenskultur, in der das Zusammenwirken der Organisationseinheiten – seien es funktionale Verantwortungsbereiche, produktbezogene Profit Centers oder regional definierte Unternehmensteile – mindestens ebenso wichtig ist wie die kurzfristige Profilierung der einzelnen Organisationseinheiten.

In der Tat sollte die Bereitschaft, die Abgrenzungen zwischen den Organisationseinheiten an den strategischen Chancen auszurichten, so groß sein, daß das Unternehmen diese Chancen durch höhere Flexibilität als seine Wettbewerber auch eher nutzen kann.

Läßt sich eine solche Unternehmenskultur definieren und dann durch konkrete Maßnahmen allmählich herbeiführen? Wir haben die Erfahrung gemacht, daß das möglich ist und daß ein explizite Erkenntnis des angestrebten Kulturwandels, wenn dazu Konsensus erreicht werden kann, bereits ein entscheidender Schritt in die richtige Richtung ist.

Wir müssen uns zunächst auf die Faktoren einigen, die bestimmte Formen unternehmerischen Verhaltens erfordern. Wir können daraufhin Typen von Unternehmenskulturen ableiten, die diese Formen unternehmerischen Verhaltens favorisieren. Entscheidend ist dann aber, Verhaltenskategorien zu benennen, in denen sich die Unternehmenskulturen signifikant unterscheiden, und dafür Indikatoren zuzuordnen, nach denen im Tagesgeschäft ermittelt werden kann, welche Unternehmenskultur vorherrscht und wo steuernd eingegriffen werden kann, um eine Veränderung der Unternehmenskultur in der gewünschten Richtung herbeizuführen.

10.1 Faktoren, die unternehmerisches Verhalten bedingen

Deal und Kennedy schlugen zwei Dimensionen vor, nach denen das Entscheidungsverhalten von Unternehmen ausgerichtet werden sollte[1]:

– Das unternehmerische Risiko, das mit Entscheidungen über die Entwicklung und Markteinführung neuer Produkte oder Leistungen verbunden ist, und

– die Zeit, die zwischen der Entscheidung und der Feststellbarkeit des Erfolgs oder Mißerfolgs vergeht (und in der das Unternehmen dem Risiko ausgesetzt ist).

Wie Abbildung 10-1 darstellt, können wir vier Grundtypen von Risikosituationen unterscheiden:

– Geschäftsfelder, in denen die Entscheidung über die Entwicklung und Einführung neuer Produkte/Leistungen ein geringes Risiko für das Unternehmen darstellt und der Erfolg oder Mißerfolg sich schnell einstellt,

– Geschäftsfelder mit geringem Entscheidungsrisiko, aber langem Zeitbedarf, bis das Ergebnis der Entscheidungen sichtbar wird,

– Geschäftsfelder, in denen die Entscheidung über die Entwicklung und Einführung neuer Produkte/Leistungen ein großes Risiko für ein Unternehmen beinhalten, der Erfolg oder Mißerfolg aber schnell erkennbar wird, und schließlich

– Geschäftsfelder mit hohem Entscheidungsrisiko und hohem Zeitbedarf, bis das Ergebnis der Entscheidungen deutlich wird.

Industrien oder Branchen können einer der vier Risikosituationen zugeordnet werden, allerdings findet allgemein eine Bewegung zu höherem Entwicklungsaufwand und daher -risiko und zu höheren Entwicklungszeiten statt.

In der pharmazeutischen Industrie beispielsweise muß ein Unternehmen mit einem Entwicklungsaufwand von rund 250 Millionen DM pro neuem Wirkstoff und einer Entwicklungszeit von zehn oder mehr Jahren rechnen. Wenn mehr als ein Entwicklungsprojekt im Endeffekt fehlschlägt, weil ein Wettbewerber mit einem überlegenen Wirkstoff eher auf den Markt kommt oder weil sich das Marktvolumen als wesentlich geringer als gedacht erweist, kann das existentielle Probleme für das Unternehmen zur Folge haben. Auf der anderen Seite hängt das Schicksal eines größeren pharmazeutischen Unternehmens zu keinem Zeitpunkt weitgehend von einem einzigen Entwicklungsprojekt ab.

Auch kann immer wieder überprüft werden, ob sich die Annahmen, die zum Engagement in ein gegebenes Entwicklungsprojekt führten, bei fort-

1 Vgl. T. DEAL, A. KENNEDY: Unternehmenserfolg durch Unternehmenskultur, herausgegeben und eingeleitet durch A. Bruer; Bonn 1987

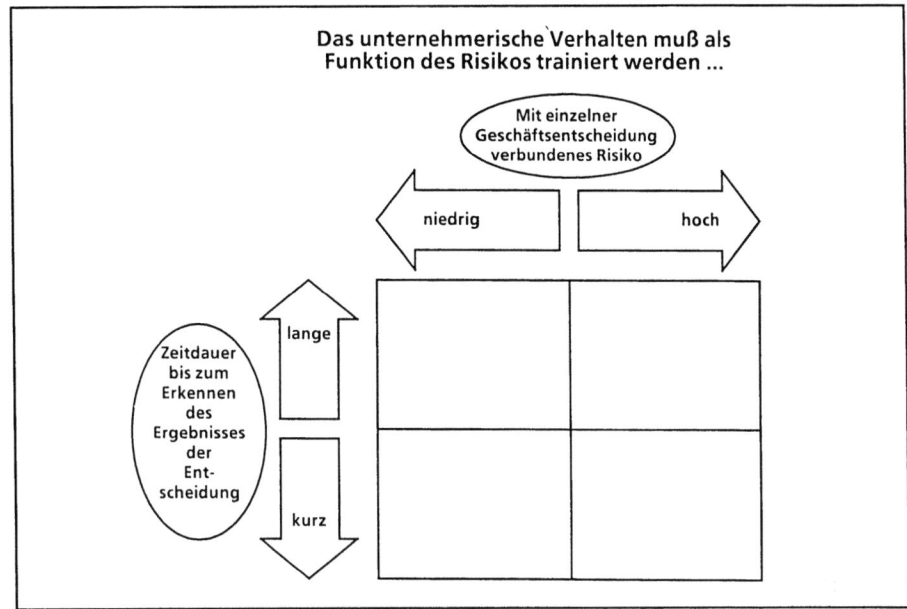

Abb. 10-1

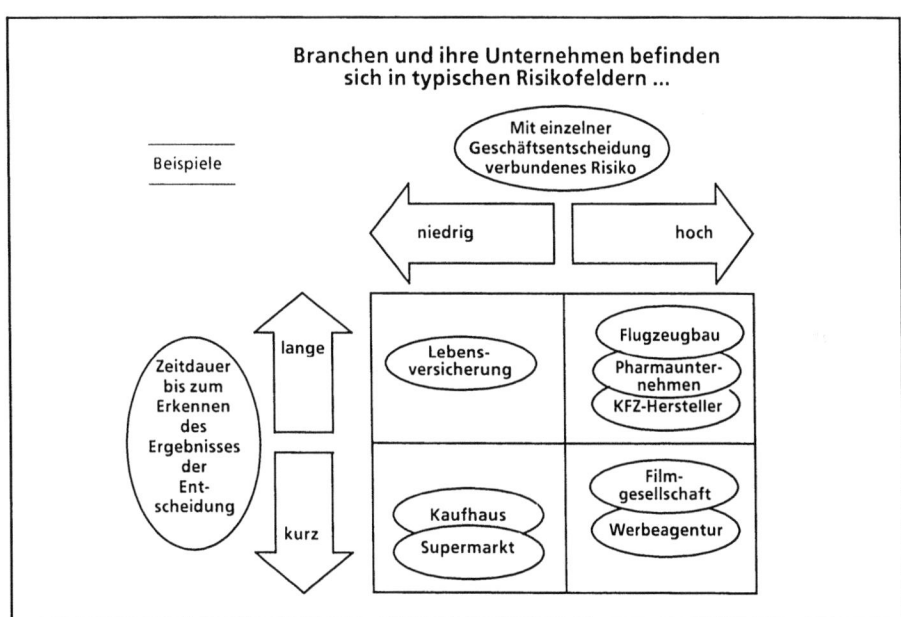

Abb. 10-2

schreitender Entwicklungsarbeit bestätigen. Das Projekt kann im Zweifelsfall abgebrochen werden, ohne daß alle Mittel verloren sind – im Gegenteil, sie können unter Umständen einem anderen Entwicklungsprojekt, das parallel läuft, zugute kommen.

Anders sieht es in der Luftfahrtindustrie aus. Hier können selbst die größten Unternehmen nur jeweils in ein Entwicklungsvorhaben investieren, dessen Laufzeit auch in der Größenordnung eines Jahrzehnts liegt. Ähnlich sieht es heute in der Automobilindustrie aus.

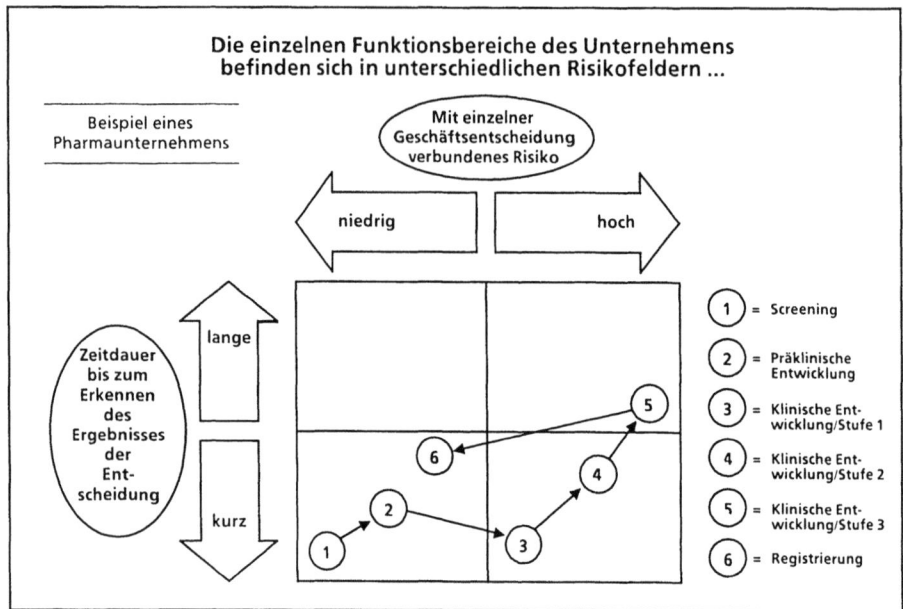

Abb. 10-3

Diese Industrien befinden sich eindeutig in Geschäftsfeldern mit hohem Entscheidungsrisiko und hohem Zeitbedarf, bis das Ergebnis der Entscheidung deutlich wird.

Sie sind daher in Abbildung 10-2 im oberen rechten Feld positioniert.

Während die Dauer bis zur Feststellung des Ergebnisses eines einzelnen Versicherungsvertrags in der Lebensversicherungsbranche ebenfalls jenseits von zehn Jahren liegt, ist das Geschäftsprinzip so angelegt, daß ein einzelner Mißerfolg (d. h. ein Fall, bei dem deutlich mehr Prämie ausgezahlt werden muß, als Beiträge eingenommen wurden) keine nennenswerte Auswirkung auf das Wohl eines Lebensversicherungsunternehmens hat.

Ein hohes Entscheidungsrisiko, aber schnelles Feedback ist typisch für das Geschäft der Werbeagenturen: eine fehlgeschlagene Kampagne kann eine Agentur ruinieren. Ähnlich ist es bei Filmgesellschaften bei der Entscheidung für eine aufwendige Filmproduktion.

Geringes Risiko und schnelles Feedback sind charakteristisch für die Entscheidung von Kaufhaus- und Supermarktketten, ein neues Produkt oder ein neues Produktprogramm aufzunehmen.

Es ist klar, daß das unternehmerische Verhalten in den unterschiedlichen Risikofeldern prinzipiell unterschiedlich sein muß.

Bei genauerem Hinsehen erweist sich auch, daß die einzelnen involvierten Funktionsbereiche eines Unternehmens unterschiedlich stark zur Risikohöhe und zur Dauer bis zur Erkennung des Erfolgs oder Mißerfolgs beitragen.

Abbildung 10-3 zeigt das Beispiel eines pharmazeutischen Unternehmens. Hier durchläuft ein Entwicklungsvorhaben die Phasen Forschung, präklinische Tests, klinische Forschung und Entwicklung und Registrierung, ehe es zur Markteinführung kommt.

Die absolute Risikohöhe nimmt zunächst von Phase zu Phase zu, desgleichen der Zeitbedarf, um Feedback über den Erfolg jeder einzelnen Phase zu erhalten. Erst die letzte Phase, die Registrierung, ist durch einen relativ geringen Aufwand und Zeitbedarf gekennzeichnet. Hierbei wird allerdings unterstellt, daß die Registrierung in den einzelnen nationalen Märkten koordiniert und etwa zur gleichen Zeit vorgenommen wird.

Die Funktionsbereiche, die das höchste Risikopotential und die längsten Feedback-Zeiten verursa-

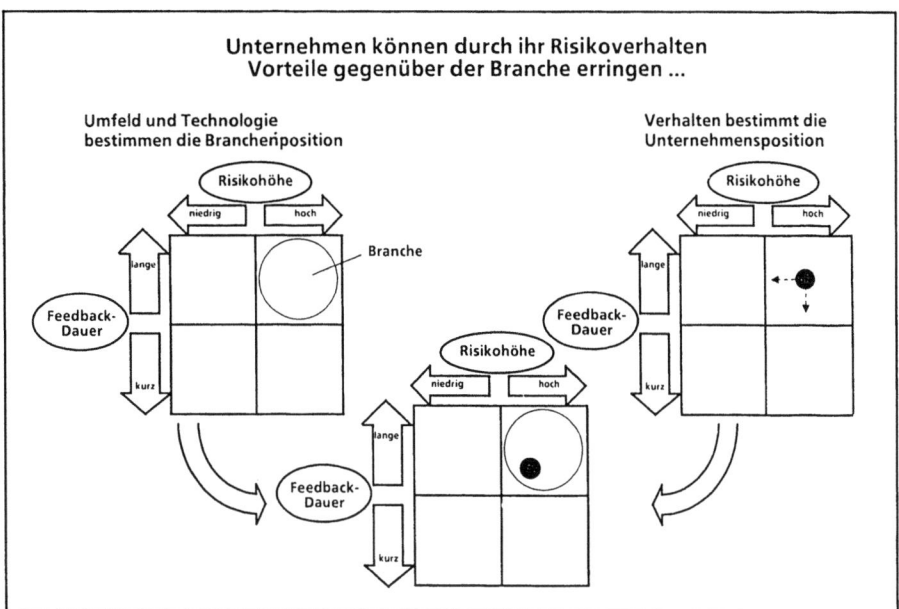

Unternehmen können durch ihr Risikoverhalten
Vorteile gegenüber der Branche erringen ...

Umfeld und Technologie
bestimmen die Branchenposition

Verhalten bestimmt die
Unternehmensposition

Risikohöhe
niedrig   hoch

Branche

Feedback-
Dauer

lange

kurz

Risikohöhe
niedrig   hoch

Feedback-
Dauer

lange

kurz

Risikohöhe
niedrig   hoch

Feedback-
Dauer

lange

kurz

Abb. 10-4

chen, sind für das Unternehmen verhaltensbestimmend, im Fall des Pharma-Unternehmens die klinische Forschung.

Auf der Basis dieser Erkenntnisse kann die Führungsmannschaft eines Unternehmens untersuchen, in welchen Bereichen die Risikohöhe gesenkt und die Geschwindigkeit des Feedbacks erhöht werden kann. Denn obwohl das Unternehmen nicht aus den Randbedingungen seiner Branche ausbrechen kann, so kann es sich im Verhältnis zum Wettbewerb doch günstig plazieren.

Abbildung 10-4 zeigt beispielhaft das Risikofeld der pharmazeutischen Industrie insgesamt und die Ausgangsposition des Unternehmens X. Durch risikosenkende Maßnahmen und Beschleunigung des Projektdurchlaufs kann das Unternehmen X im Risikofeld der pharmazeutischen Industrie eine favorisierte Position so weit wie möglich „unten links" anstreben.

Die Frage ist: Wie? Unsere Erfahrung zeigt, daß die günstige Positionierung innerhalb des Risikofeldes der eigenen Industrie entscheidend mit der Unternehmenskultur zu tun hat. Die Frage lautet daher: Welche Typen von Unternehmenskultur sind den jeweiligen Risikofeldern am angemessensten?

10.2 Typen von Unternehmenskulturen

Es gibt eine ganze Reihe von Typologien für Unternehmenskulturen, die alle ihre Berechtigung haben. Keine dieser Typologien ist prinzipiell besser als die andere, denn es handelt sich immer wieder um andere gruppentheoretische Unterteilungen derselben Gesamtheit. Entscheidend für die Benutzung der einen oder anderen Typologie ist, welchen didaktischen Zweck man damit verfolgt.

Wenn wir von den im vorangegangenen Abschnitt definierten Risikofeldern ausgehen, so können wir vier Verhaltensweisen einer großen arbeitsteiligen Organisation unterscheiden, die der jeweiligen Risikosituation angemessen sind (siehe Abbildung 10-5)

– In Geschäftsfeldern hohen Risikopotentials und langer Feedback-Zeiten ist die Unternehmenskultur „Alle für eine gemeinsame Sache" die erfolgversprechendste,
– in Geschäftsfeldern niedrigen Risikopotentials und langer Feedback-Zeiten „funktioniert" die Unternehmenskultur „Master mind",

193

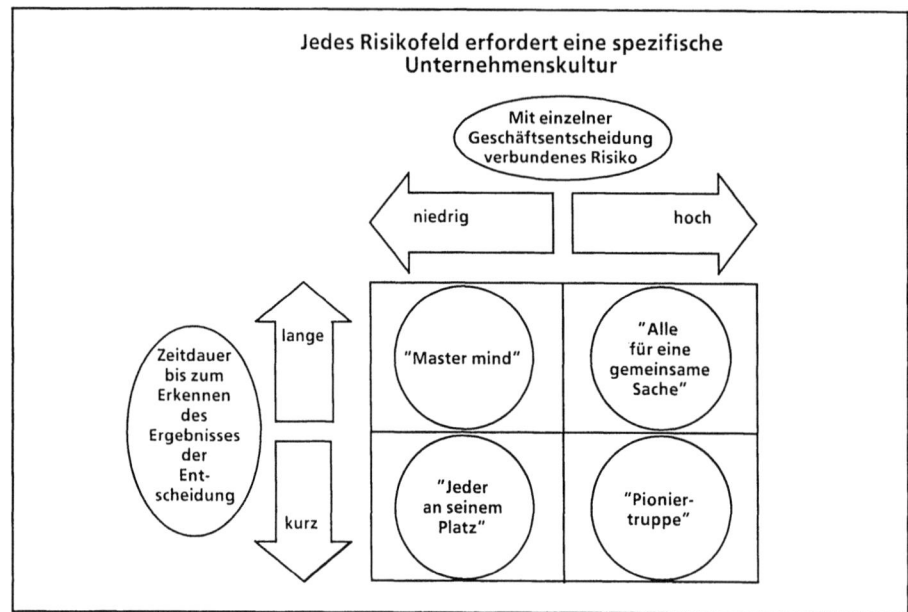

Abb. 10-5

– in Geschäftsfeldern hohen Risikopotentials, aber kurzer Feedback-Zeiten ist die Unternehmenskultur „Pioniertruppe" erforderlich und
– in Geschäftsfeldern niedrigen Risikopotentials bei kurzen Feedback-Zeiten ist die Unternehmenskultur „Jeder an seinem Platz" die angemessenste.

Wodurch sind diese Unternehmenskulturen charakterisiert, und wie unterscheiden sie sich?

Wir haben herausgefunden, daß es vier prinzipielle verhaltensorientierte Indikatoren sind, die das Wesentliche dieser Unternehmenskulturen charakterisieren:

– Das Vorhandensein, die Verinnerlichung und die Bedeutung eines gemeinsamen Zieles oder Zwecks für alle Mitglieder der Organisation,
– die Selektivität in der Verfolgung von Geschäftsmöglichkeiten und in der Ressourcenzuordnung,
– das Vorhandensein und die Striktheit von Koordinationsmechanismen,
– das Vorhandensein und die Ausprägung von Planungs- und Steuerungsmechanismen.

In Unternehmen, die eine Kultur des „Jeder an seinem Platz" besitzen, ist eine mittel ausgeprägte gemeinsame Planung und Steuerung das wichtigste zusammenhaltende Element: es wird geplant, in welchem Tätigkeitsfeld das Unternehmen sich bewegen soll und welche Identität es aufrechterhalten will, und die Einhaltung dieser Planung wird überprüft und unterstützt. Darüber hinaus werden finanzielle Kenngrößen geplant und ihre Erreichung gesteuert.

Die Selektivität und Koordination in der Ausübung der Aktivitäten und in der Entwicklung des Geschäfts ist minimal. Es gibt eine global definierte gemeinsame unternehmerische Zielsetzung, aber „Jeder an seinem Platz" heißt, daß es weitgehend der Initiative der einzelnen Verantwortungsträger überlassen bleibt, den Weg und die Mittel der Zielerreichung zu bestimmen. Diese Kultur ist typisch für Konglomerate und viele Holding-Gruppen. Sie ist angemessen für Kettenunternehmen im Kaufhaus- und Supermarktbereich, obwohl hier aus ökonomischen Gründen ein zentral erstellter und ausgehandelter Katalog von Bezugsquellen vorgegeben wird, von dem die einzelnen Standorte nur in Sonderfällen abweichen können.

194

Wesentlich ist, daß keines der Profit Center durch eine auf sich selbst bezogene Geschäftsentscheidung das Gesamtunternehmen gefährden oder die Leistungsfähigkeit der anderen Profit Center schmälern kann, daß aber die möglichst wenig eingeschränkte Bewegungsfreiheit des einzelnen Profit Center vor Ort die höchste Gewähr für einen erfolgreichen Verbund bietet.

Wenn bei gleicher Risikosituation das Feedback über Erfolg oder Mißerfolg langsamer ist, dann reicht eine mittel ausgeprägte gemeinsame Planung und Steuerung nicht mehr aus, dann müssen Planung und Steuerung wesentlich gründlicher und detaillierter angelegt sein, und die Teilaktivitäten müssen besser koordiniert werden. Das einzelne Profit Center braucht nicht stärker auf ein gemeinsames Ziel und auf Selektivität eingeschworen zu werden, aber das Handlungsfeld muß eingegrenzt, die Handlungsrichtlinien müssen vorgegeben werden, wenn die Kumulation von begrenzten Einzelrisiken zu einem gefährlichen Gesamtrisiko für den Unternehmensverbund vermieden werden soll.

Um diese Art der Führung zu realisieren, benötigt der Unternehmensverbund eine starke zentrale Kompetenz, die die Handlungsfelder und -richtlinien vergibt und ihre Einhaltung überwacht. Dazu benötigt sie einen ständigen genauen Überblick über alle Risikosituationen − nicht im einzelnen (dazu wären es in der Regel zu viele mit jeweils zu geringer unternehmerischer Relevanz), sondern statistisch zusammengefaßt zu einem Gesamtbild. Die Unternehmenskultur, bei der ein solcher Unternehmensverbund funktioniert, nennen wir „Master mind" − sie ist beispielsweise bei Versicherungsgesellschaften und Banken angemessen. Die Niederlassungen und Filialen gehen zwar mit viel Eigeninitiative den für ihren Zuständigkeitsbereich erfolgversprechendsten Geschäftsmöglichkeiten nach, aber sie halten eine vorgegebene Palette von Leistungen und Bedingungen ein und berichten im Detail an die Zentrale, die ein leistungsbezogenes Gesamtimage sicherstellt, oft geprägt durch ein äußerst einheitliches Erscheinungsbild.

Soweit die Unternehmenskulturen, die bei geringer Risikohöhe der einzelnen Geschäfts- oder Entwicklungsentscheidung die erfolgversprechendsten sind: „Jeder an seinem Platz" und „Master mind".

Bei hohem Risikogehalt der einzelnen unternehmerischen Entscheidung gewinnt die Einstimmung auf ein gemeinsames Ziel, nämlich den Erfolg der unternehmerischen Entscheidung, zu dem alle beitragen müssen, an Bedeutung, verbunden mit einem sorgfältigen Selektionsverfahren, an dem alle Verantwortungsträger beteiligt sein müssen, um ihr dauerhaftes Engagement zu sichern.

Bei Geschäften mit schnellem Feedback über die Richtigkeit der unternehmerischen Entscheidung sind das gemeinsame Zielverständnis und die kritische Auswahl der Vorhaben weit wichtiger als Planung, Steuerung und Koordination. Denn das Vorhaben läuft in diesen Geschäften meistens so schnell ab und führt in so viel Neuland mit unerwarteten Problemstellungen und Opportunitäten, daß eine eingehende Planung unnötige Verzögerungen oder Rigidität bedingen würde. Die angemessenste Unternehmenskultur für solche Geschäftsfelder ist die der „Pioniertruppe", die mit einem klaren Ziel und Auftrag in unbekanntes Gelände vorstößt, im Bewußtsein, daß das Vorhaben von entscheidender Bedeutung ist, daß alle Beteiligten zusammenhalten müssen, aber daß im Verlauf des Vorhabens Umsetzungsentscheidungen vor Ort getroffen werden müssen, die nicht im voraus geplant werden konnten und die nur in Bezug auf ihre Übereinstimmung mit dem Ziel koordinierbar sind. Das Ziel muß bewirken, daß die Einzelaktionen zusammenpassen.

Große Werbeagenturen und Filmgesellschaften bewegen sich in dieser Art von Geschäftsfeld, ebenso wie Explorationsgesellschaften verschiedenster Art. Sie haben etwas lebensgefährlich Abenteuerliches an sich.

Wenn zusätzlich zum hohen Risikogehalt der einzelnen Vorhaben eine lange Dauer bis zum Deutlichwerden des Erfolgs oder Mißerfolgs zu erwarten ist, dann muß zur kritischen Auswahl der Vorhaben und zum klaren gemeinsamen Zielverständnis eine eingehende Planung und Steuerung und eine enge Koordination aller laufenden Vorhaben kommen. Denn dann muß der Unternehmensverbund in der Lage sein, einzelne Vorhaben auf der Basis von Zwischenergebnissen, Umfeldveränderungen oder Zielkorrekturen zu stoppen oder zu reorientieren − zugunsten von anderen Vorhaben oder um das Risiko insgesamt zu reduzieren. Jedes einzelne Vorhaben,

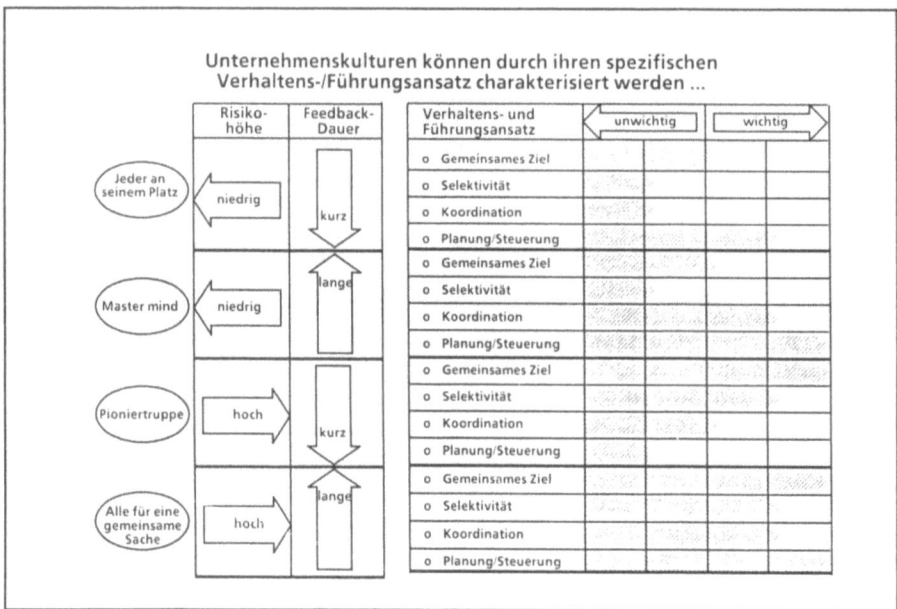

Abb. 10-6

beispielsweise die Entwicklung und Markteinführung eines neuen Wirkstoffes in einem Pharma-Unternehmen oder die Entwicklung eines neuen Modells in der Automobilindustrie oder bei einem Flugzeughersteller, muß von allen Verantwortungsträgern des Unternehmensverbundes, seien es die einzelnen Funktionsbereichsleiter, die Verantwortlichen der Profit Center oder der Tochtergesellschaften, voll getragen und vertreten werden – und die Organisation des Vorhabens muß sicherstellen, daß alle Gesichtspunkte eingebracht und alle Anforderungen berücksichtigt werden. Daher bedarf es der Unternehmenskultur „Alle für eine gemeinsame Sache", die die am höchsten entwickelte (aber auch aufwendigste) Form des Verhaltens in einem Unternehmensverbund darstellt.

In Geschäftsfeldern dieser Art kann die Unternehmenskultur des „Master mind" nicht erfolgreich sein, denn die zentrale Führung kann weder ausreichend wissen, welche Bedingungen für einen umfassenden Erfolg erfüllt werden müssen, noch kann sie die Kompetenz besitzen, um die verschiedenen funktionalen Beiträge einzubringen oder auch nur zu bewerten, noch kann sie – und das ist der Kern – die unternehmensweite Motivation schaffen, um

eine uneingeschränkte Einsatzbereitschaft für den Erfolg des Vorhabens zu stimulieren. Es geht nur durch die Einbeziehung aller Verantwortungsträger in den Zielbestimmungs- und Selektionsprozeß, in das Management der Vorhaben und in den Entscheidungsprozeß während der gesamten Laufzeit des bzw. der Vorhaben. Projektmanagement in dem in Kapitel 3 beschriebenen Sinn („Die Basis unternehmerischer Initiative: Systematisch neue Produkte und Leistungen entwickeln") ist die Organisationsform von Vorhaben, die mit der Unternehmenskultur des „Alle für eine gemeinsame Sache" Hand in Hand gehen muß.

Abbildung 10-6 zeigt die vier Typen von Unternehmenskulturen im Überblick. Die unterschiedliche Ausprägung der vier Grundindikatoren Zielbewußtsein, Selektivität, Koordination und Planung/Steuerungsmechanismen in Abhängigkeit von Risikohöhe und Geschwindigkeit des Feedback verdeutlicht, welchen Anforderungen die jeweilige Unternehmenskultur gerecht werden muß.

Daß Unternehmenskultur nicht lediglich eine Determinante für ein erfolgreiches oder gescheitertes Implementieren von Unternehmensstrategien ist, sondern ihrerseits die Perzeptionen und Präferen-

196

zen von Entscheidungsträgern bei der Wahl zu verfolgender Strategien und Vorhaben bestimmt, hat Professor K. Bleicher verdeutlicht[2].

Ulrich und andere haben aufgezeigt, wie soziale Faktoren sich in der Unternehmensgeschichte entwickeln und sich nur bedingt willentlich durch Managemententscheidungen lenken und gestalten lassen[3]. Unter Unternehmenskultur wird allgemein das System von Wertvorstellungen, Verhaltensnormen und Denk- und Handlungsweisen verstanden, welches in einem Kollektiv von Menschen erlernt und akzeptiert worden ist und welche bewirkt, daß sich diese soziale Gruppe deutlich von anderen Gruppen unterscheidet[4, 5, 6, 7, 8].

Erfahrungen, die ein Unternehmen in der Vergangenheit mit gelungenen und mißlungenen Problemlösungen gesammelt hat, werden nach K. Bleicher in vorgeschriebene Gesetze in die Gegenwart übertragen und ergeben zusammen mit den Werten und Einstellungen der Mitarbeiter die Unternehmenskultur – ein Muster von nicht mehr hinterfragten, selbstverständlichen Voraussetzungen des Verhaltens und Handelns.

Dabei entsteht im Laufe der Zeit eine Mischung von funktionalen und dysfunktionalen Elementen

---

2 Vgl. K. BLEICHER: Unternehmenskultur als Schlüsselfaktor, Wiesbadener Unternehmergespräch; Arthur D. Little International, 16./17.10.1986

3 Vgl. H. ULRICH, F. MALIK, G. J. B. PROBST, M. SEMMEL, TH. DYLLIK, P. DACHLER, WALTER E. BUSCH: Grundlegung einer allgemeinen Theorie der Gestaltung, Lenkung und Entwicklung zweckorientierter sozialer Systeme; in: Diskussionsbeiträge des Instituts für Betriebswirtschaft an der Hochschule St. Gallen; St. Gallen 1984

4 Vgl. P. BATE: The Impact of Organizational Culture on Approaches to Organizational Problem Solving; in: Organization Studies, 5/1984

5 Vgl. V. SATHE: Implications of Corporate Culture: A Manager's Guide to Action; in: Organizational Dynamics, 1983

6 Vgl. H. SCHWARTZ, S. M. DAVIS: Matching Corporate Dynamics and Business Strategy; in: Organizational Dynamics, 1981

7 Vgl. N. M. TICHY: Managing Change Strategically: The Technical, Political and Cultural Keys; in: Organizational Dynamics, 1982

8 Vgl. R. STAERKLE: Wechselwirkung zwischen Organisationskultur und Organisationsstruktur; in: G. J. B. Probst, H. Siegwart (Hrsg.): Integriertes Management; Bern 1985

der Unternehmenskultur, d. h. die Unternehmenskultur schreibt auch Verhaltensweisen fest, die unter den gegebenen Umfeldbedingungen nicht mehr zum Erfolg beitragen, sondern ihn eher gefährden.

Unternehmenskulturen stehen daher Wandel meistens feindlich gegenüber. Und die Unternehmensführung, die geordneten Wandel im Interesse des längerfristigen Erfolgs des Unternehmens sicherstellen will, muß die spezifischen dysfunktionalen Verhaltenselemente erkennen und bewußt machen. Erst wenn die Angemessenheit des Werte- und Einstellungsmusters hinterfragt und als dysfunktional entlarvt wird, besteht eine Chance, die Unternehmenskultur zu ändern und ein wandelorientiertes Verhalten durchzusetzen. Es ist daher wesentlich, die im Tagesgeschehen beobachtbaren und bewertbaren Verhaltensindikatoren zu identifizieren, deren Funktionalität überprüft und angepaßt werden muß.

10.3 Verhaltensindikatoren für den Wandel der Unternehmenskultur

Wir haben als die vier Verhaltenskategorien, die die Unternehmenskultur charakterisieren, den bewußten Einsatz für ein gemeinsames Ziel, die Selektivität bei der Auswahl zukunftsweisender unternehmerischer Vorhaben, die Koordinationsintensität und die Nutzung von Planungs- und Steuerungsmechanismen erkannt. Dabei haben wir Unternehmenskultur als Verhalten gegenüber Risikohöhe und Feedback-Geschwindigkeit bei Vorhaben verstanden, die das Unternehmen bezüglich seiner zukünftigen Entwicklung binden.

Wenn sich Risikohöhe und/oder Feedback-Geschwindigkeit ändern, so kann eine bestehende Unternehmenskultur dysfunktional werden. Dieses Phänomen beobachten wir heute in vielen Branchen und bei vielen Unternehmen, besonders in der Bundesrepublik Deutschland.

Unternehmen mit dysfunktional gewordener Unternehmenskultur, die sich dessen und damit der Ursache ihrer Probleme nicht bewußt werden, nehmen häufig eine defensive oder sogar arrogante

Haltung an, d. h. sie betrachten Wandel als unfair oder irrig.

So spielten die Hersteller von Großrechnern lange – für viele zu lange – die Bedeutung der Personal Computer herunter und taten sie als Spielzeug ab, so unterstellen amerikanische und europäische Hersteller der verschiedensten Branchen immer wieder, daß ihre japanischen Wettbewerber mit Dumpingpreisen oder ungerechten Kostenvorteilen agieren.

Da wir uns in einem Umfeld zunehmenden Innovationswettbewerbs mit steigendem Aufwand für Innovationsvorhaben bewegen – und das gilt für nahezu alle Branchen – nimmt generell die Risikohöhe von Entwicklungsvorhaben zu. Wenn gleichzeitig auch die Entwicklungszeiten eher länger werden, so verschieben sich die Anforderungen an die Unternehmen in einer Weise, daß die Unternehmenskultur „Alle für eine gemeinsame Sache" immer mehr an Bedeutung gewinnt.

Wie können Unternehmen den Wandel in Richtung dieses Typs von Unternehmenskultur vollziehen?

Betrachten wir die einzelnen Verhaltenskategorien.

10.3.1 Einsatz für ein gemeinsames Ziel

Wir stellen immer wieder fest, daß in den Unternehmen ein gemeinsames Verständnis der Herausforderungen der Chancen und der Gefahren fehlt. Was an Verständnis vorhanden ist, ist auf unterschiedliche Funktionsbereiche verteilt, die zu wenig miteinander kommunizieren, so daß kein Gesamtbild entsteht, so daß auch Verzerrungen und Vorurteile nicht ausdiskutiert werden, sondern unterschwellig Teilentscheidungen und Verhaltensweisen beeinflussen.

Als Verhaltensindikatoren für die Fähigkeit eines Unternehmens, seine Verantwortungsträger für den Einsatz für ein gemeinsames Ziel zu gewinnen, haben sich folgende bewährt:

– Die Existenz eines gemeinsamen, abgestimmten Verständnisses der Herausforderungen, Chancen und Gefahren für das Unternehmen,

– die Qualität des Prozesses der Erarbeitung und Kommunikation von Zielen,
– die Akzeptanz der Delegation von Teilverantwortungen und des Teilhabens an der Verantwortung für die Zielerreichung und
– die Klarheit der Rollen bei der Verfolgung des gemeinsamen Zieles.

Abbildung 10-7 zeigt ein Bewertungsformat, mit dem der Status quo eines Unternehmens bezogen auf den Einsatz aller für ein gemeinsames Ziel ermittelt und mit dem Profil der angestrebten Unternehmenskultur verglichen werden kann.

Anhand der festgestellten Diskrepanzen können Maßnahmen definiert werden, um bei dieser Verhaltenskategorie Veränderungen in der gewünschten Richtung herbeizuführen.

Beispielsweise kann ein gemeinsames, abgestimmtes Zielverständnis durch regelmäßige Führungskräftegespräche geschaffen werden, können die Ziele durch spezifische Analysen und Zusammenführen zu einer Gesamtbeurteilung erarbeitet und durch Mitarbeitergespräche und unternehmensinterne Mitteilungen regelmäßig kommuniziert werden.

Durch Einrichtung eines erweiterten Führungskreises, in dem die Verantwortungsträger der bestehenden Profit Center und Tochtergesellschaften vertreten sind, können die Gesamtziele und die Gesamtverantwortung in Teilziele und Teilverantwortungen heruntergebrochen werden, für die sich die Verantwortungsträger aus eigener Initiative engagieren und über deren Erfüllung sie in der Folge den anderen Mitgliedern des Führungskreises Rechenschaft ablegen.

Dadurch entsteht in den Augen aller Verantwortungsträger auch Klarheit über die Rollenverteilung bei der Verfolgung der gemeinsamen Ziele.

Es ist immer wieder erstaunlich festzustellen, daß diese einfach klingenden Maßnahmen bei kaum einem Unternehmen ergriffen werden. In der ersten Sitzung des erweiterten Führungskreises, von uns initiiert, hören wir des öfteren, daß einige der Teilnehmer seit Jahren nicht mehr miteinander gesprochen haben. So kommt es denn immer wieder vor, daß bei den gemeinsamen Sitzungen zunächst einmal eine Fülle von Vorurteilen und Fehleinschät-

		Ausprägung			
Verhaltens-/ Führungs- bereich	**Indikator**	schwach		stark	
Gemeinsames Ziel	o Existenz eines gemeinsamen Verständnisses der Chancen/ Gefahren für das Unternehmen				
	o Qualität des Prozesses der Erarbeitung/Kommunikation von Zielen				
	o Akzeptanz der Delegation von Teilverantwortung und des Teilhabens an der Gesamt- verantwortung				
	o Klarheit der Rollen bei der Verfolgung des gemein- samen Zieles				

Es gibt Indikatoren dafür, wo verändertes Verhalten trainiert werden muß ...

Abb. 10-7

zungen, von alten Vorwürfen und Ressentiments aufgedeckt und überwunden werden müssen. Nicht in die Entscheidungsprozesse involviert gewesen zu sein, sich von zentralen Stäben bevormundet und gegängelt gefühlt zu haben, ist — wie sich herausstellt — häufig die Ursache für Widerstände gegen Unternehmensziele.

Ungenauigkeiten im Rollenverständnis führen zu Zuständigkeitskonflikten, so daß die Versteifung auf funktionale Interessen und Starrheit im Vertreten dieser Interessen oft ein Surrogat für echtes unternehmerisches Engagement geworden sind. Erstaunlicherweise wird Intoleranz in dieser Haltung häufig glorifiziert als Professionalität oder kaufmännische Konsequenz — und schließlich verhalten sich alle so, es gilt „Auge um Auge, Zahn um Zahn", wobei jeder das nicht genau definierte Unternehmensinteresse und seinen Beitrag dazu als Rechtfertigung benutzt.

Das gemeinsame Ziel gemeinsam zu erarbeiten und sich auf Teilverantwortungen und Rollen zu einigen, heißt nicht, wie Ludwig Poullain unterstellt, in die Verantwortungslosigkeit des Kollektivs zu flüchten. Es heißt vielmehr, die Kompetenz und Einsatzbereitschaft einer Führungsgruppe mit unterschiedlichen Kenntnissen zu nutzen, eine Grup-

penmentalität zu entwickeln und die Komplexität von Entscheidungssituationen in den Griff zu bekommen. Es ist der Stil von Heinz Nixdorf gegen den von Max Grundig.

10.3.2 Selektivität

Das Ziel ist eine Sache — die Wahl der Wege und Mittel ist eine andere. Die Frustration, die hochtrabende Zielbestimmungen und -formulierungen in manchen Unternehmen hervorgerufen haben, besonders wenn die hehren Ziele dann auch noch in einer anspruchsvollen unternehmensinternen Broschüre festgehalten wurden, resultierten daraus, daß die Umsetzung in erfolgreiche Vorhaben nicht klappte. Und daß dieser Umsetzungsprozeß dann doch wieder das Ergebnis einsamer Entscheidungen zu sein schien.

Die Unternehmenskultur „Alle für eine gemeinsame Sache" setzt die Erfüllung von vier Verhaltensindikatoren voraus:

— Die Anerkennung der Wichtigkeit von Selektivität und strikten Prioritäten,

Es gibt Indikatoren dafür, wo verändertes Verhalten trainiert werden muß ...			

| Verhaltens-/ Führungs- bereich | Indikator | Ausprägung | |
		schwach	stark
Selektivität	o Anerkennung der Wichtigkeit von Selektivität und Prioritäten		
	o Übereinstimmung bezüglich der Selektionskriterien		
	o Teilnahme aller Verant- wortungsträger am Selektionsprozeß		
	o Akzeptanz der selektierten Vorhaben oder Gebiete		

Abb. 10-8

— Übereinstimmung bezüglich der angewandten Selektionskriterien,
— Teilnahme aller Verantwortungsträger am Selektionsprozeß und
— Akzeptanz der selektierten Vorhaben oder Gebiete.

Die meisten Unternehmen leben, was ihr Forschungs- und Entwicklungsprogramm anbetrifft, aber auch bezüglich der von ihnen verfolgten Geschäfte, über ihre Verhältnisse. Um heute im zunehmend internationalen Innovationswettbewerb zu bestehen, um dem Wandel im Unternehmensumfeld gewachsen zu sein, ist Selektivität erforderlich, müssen strikte Prioritäten gesetzt und eingehalten werden. Das ganze Unternehmen muß darauf eingeschworen werden, denn sonst findet auch in Zukunft eine Verzettelung der Ressourcen statt, die bedingt, daß das Unternehmen da nicht schlagkräftig und schnell genug ist, wo es die Chance hat, zu den Gewinnern zu zählen.

Abbildung 10-8 zeigt das Bewertungsformat, mit dem wir den Status quo eines Unternehmens bezogen auf seine unternehmerische Selektivität ermitteln und mit dem Profil der angestrebten Unternehmenskultur vergleichen.

Wie bei den Zielen lassen sich aus der festgestellten Diskrepanz Maßnahmen ableiten und begründen, um eine der angestrebten Unternehmenskultur entsprechende Selektivität aufzubauen.

Die Notwendigkeit von Selektivität und Prioritäten leuchtet meistens nach einer gut strukturierten strategischen Analyse ein — es wird deutlich, wo die kritischen Erfolgsfaktoren im Markt liegen, welches die entscheidenden Schlüssel- und Schrittmachertechnologien sind, in welchen Wertschöpfungsstufen die kritischen Kostenpositionen zu finden sind, und es erweist sich typischerweise im Wettbewerbsvergleich, daß das Unternehmen nicht alle Vorhaben und Geschäfte mit dem erforderlichen Ressourceneinsatz verfolgen kann[9].

Entscheidend ist, *wie* die Auswahl getroffen und immer wieder überprüft wird. Solange nicht der Versuch gemacht wird, zunächst Einigkeit über die Selektionskriterien zu erzielen, besteht zum einen nicht die Sicherheit, daß die für die Auswahlentscheidungen erforderlichen Informationen einge-

9 Vgl. ARTHUR D. LITTLE INTERNATIONAL (Hrsg.): Management im Zeitalter der strategischen Führung; Wiesbaden 1985

bracht und berücksichtigt werden, und zum anderen die Gefahr, daß subjektive Präferenzen oder Zufallsinformationen die Auswahl bestimmen. In solchen Situationen bleibt der Nachgeschmack von Manipulation oder Bevormundung.

Es ist daher wichtig für die Unternehmenskultur „Alle für eine gemeinsame Sache", daß alle Verantwortungsträger des Unternehmens an der Festlegung der Selektionskriterien teilnehmen, d. h.

- der Faktoren, nach denen Entwicklungsvorhaben als für das Unternehmen geeignet und erfolgversprechend eingestuft werden können, oder
- der Bedingungen, unter denen das Unternehmen sein Engagement in einem bestehenden Geschäft aufrechterhalten und ausbauen oder unter denen es sich in neuen Geschäften engagieren sollte.

Erst wenn die Selektionskriterien stehen und den Beteiligten sinnvoll erscheinen, sollten sie systematisch und in gemeinsamen Bewertungssitzungen auf die zur Wahl stehenden Entwicklungsvorhaben, aber auch immer wieder auf die laufenden Entwicklungsvorhaben angewandt werden.

Denn wir beobachten immer wieder, daß die Kriterien in Entscheidungssituationen manipuliert werden, oft unbewußt und implizit, da in der Regel die klare Trennung in Selektionskriterien und Bewertung von Alternativen gar nicht eingehalten wird.

Wenn vom „Kommando des Vorstandsvorsitzenden" gesprochen wird, dem die anderen „gehorchen" müssen, wenn Unternehmer ihre einsamen Entscheidungen fällen, wenn „der Vorstand die Richtung vorgibt", wenn „an Strategien festgehalten und einmal getroffene Entscheidungen nicht mehr infrage gestellt werden", häufig auch, wenn Prioritäten „als Ausdruck unternehmerischen Willens" gesetzt werden, dann entpuppt sich das Verhalten als Indikator einer „Master-mind" -Kultur – aber in einem Risikofeld, in dem diese Unternehmenskultur an sich schon etwas Harakiriartiges an sich hat. Denn in komplexen Entscheidungssituationen und in Geschäften, die schnellem Wandel ausgesetzt sind, kann es keinen „Master mind" geben, der alles

durchschaut – aber selbst wenn es ihn gäbe, er würde sich unnötigerweise von den restlichen Führungskräften seines Unternehmens abkoppeln und damit enorme Energien und wertvolles Wissen verschwenden.

Was in Wirklichkeit passiert, ist im Gegenteil oft Ausdruck von Unfähigkeit oder Schlampigkeit: Die Mühe, Selektions- und Entscheidungskriterien explizit zu benennen und mit ihrer Hilfe einen Konsens zu erreichen, wird durch Nutzung der Autorität abgekürzt – bei Max Grundig in autodidaktischem Machtbewußtsein, bei Bodo Liebe nach gelegentlichen Geheimratssitzungen.

Die Unternehmenskultur „Alle für eine gemeinsame Sache" baut dagegen auf der ständigen Mühe und Übung auf, explizite Selektionskriterien im Führungskreis zu bestimmen und anzuwenden und damit einen nachvollziehbaren Konsens über die zu verfolgenden Entwicklungsvorhaben und Geschäfte aufrechtzuerhalten.

10.3.3 Koordination

Wir glauben, daß der moderne Unternehmer sich in erster Linie durch seine Koordinations- und Motivationsqualitäten auszeichnet. Denn Komplexität und Wandel können nur durch wirksame Abstimmung der arbeitsteiligen Organisationseinheiten des Unternehmens bewältigt werden, es wird immer weniger feste Regeln geben (die der „Verdrahtung" in einem Computer entsprechen); statt dessen werden Gruppenmentalität und Steuerungsfähigkeit in den Vordergrund rücken müssen (entsprechend der „Software" im Computer). Das Koordinationsverhalten im Unternehmen läßt sich anhand des auf Abbildung 10-9 dargestellten Bewertungsformats bestimmen und mit dem Profil der angestrebten Unternehmenskultur vergleichen.

Die Verhaltensindikatoren

- Anerkennung der Notwendigkeit von Koordination,
- Vorhandensein und Nutzung von Koordinationsmechanismen,

Es gibt Indikatoren dafür, wo verändertes Verhalten trainiert werden muß ...						
Verhaltens-/ Führungs- bereich	Indikator	Ausprägung				
		schwach		stark		
Koordination	o Anerkennung der Notwendigkeit von Koordination					
	o Vorhandensein und Nutzung von Koordinationsmechanismen					
	o Einbeziehung der koordinierten Organisationseinheiten in die Koordinationsvorgänge					
	o Abstimmung der Koordinationsvorgänge mit gemeinsamem Ziel					

Abb. 10-9

– Einbeziehung der koordinierten Organisationseinheiten in die Koordinationsvorgänge und
– Abstimmung von Koordinationsvorgängen mit dem gemeinsamen Ziel

haben sich als wirkungsvolle Ansatzpunkte erwiesen, um durch konkrete Maßnahmen eine Veränderung der Unternehmenskultur herbeizuführen.

Die Notwendigkeit, Aktivitäten und Verhaltensweisen zu koordinieren, muß zunächst einmal von allen Verantwortungsträgern als eine ebenso wichtige Verantwortung anerkannt werden wie die der Führung des eigenen Verantwortungsbereichs. Das gilt für die unterschiedlichen Funktionsbereiche Forschung und Entwicklung, Marketing und Vertrieb, Produktion, Finanzwesen usw. ebenso wie für die Profit Centers und die Tochtergesellschaften.

Diese Koordinationsbereitschaft kann nur durch Etablierung von Koordinationsmechanismen geweckt werden, die eindeutig geregelt und unbürokratisch sind, die die unternehmerische Initiative nicht einengen und die Verantwortungsträger der betroffenen Organisationseinheiten voll einbeziehen.

In zahlreichen Unternehmen finden wir ständige Spannungen zwischen der Zentrale und den Sparten und Tochtergesellschaften vor, die darauf beruhen, daß die Zentrale Anweisungen gibt oder Regeln aufstellt, die der Koordination dienen, deren Zustandekommen und Berechtigung von den Sparten und Tochtergesellschaften aber nicht nachvollzogen werden können. Die Anweisungen und Regeln werden als Einmischung in die Ergebnisverantwortung, als Anmaßung oder als „Wasserkopfsucht" angesehen – und sind es häufig auch –, die zu umgehen oder zu unterlaufen dem praktischen Geschäftsinteresse entspricht.

Warum dieser Konflikt?

Weil die Begriffe „zentral" und „dezentral" falsch belegt sind. Zentrale Koordination, wie sie in der Unternehmenskultur „Alle für eine gemeinsame Sache" bestehen sollte, ist nicht die Rolle einer „Zentrale", sondern ist gemeinsame Aufgabe der zu koordinierenden Organisationseinheiten, die zu diesem Zweck zusammenkommen und in diesem Sinn „zentral" beschließen und steuern müssen.

Es ist immer wieder beeindruckend, wie bei dieser Interpretation von Koordination sowohl die Koordinationsbereitschaft als auch die Koordinationsqualität steigen.

Als Maßstab für die Aktivitäten und Verhaltensweisen, die koordiniert werden müssen, sollten das gemeinsame Ziel und die gemeinsam beschlossenen Entwicklungsvorhaben bzw. Geschäftsabsichten gelten – Koordination darf nicht zum Selbstzweck oder Perfektionismus werden, sondern muß strikt dem Ziel dienen.

So selbstverständlich es klingt, dieser Zusammenhang ist vielen Unternehmen verloren gegangen. Es sind häufig die Unternehmen mit den unklarsten Zielen, die die pingeligsten Koordinations- und Kontrollmechanismen aufweisen und die hier einen auf die Dauer lähmenden Aufwand treiben. Sie besitzen eine „Master-mind"-Kultur mit einem bürokratischen „Master mind". Ihre Überlebenschancen wären oft größer, wenn sie eine Unternehmenskultur des „Jeder an seinem Platz" oder der „Pioniertruppe" zuließen, wobei allerdings ein Auseinanderdriften der Unternehmenseinheiten zu erwarten wäre, die sich ihrerseits mit einer Unternehmenskultur „Alle für eine gemeinsame Sache" behaupten würden.

So ist die Verhaltenskategorie Koordination eng verknüpft mit den Verhaltenskategorien Zielbestimmung und Selektion. Das gleiche gilt auch für das Verhältnis zu Planung und Steuerung.

10.3.4 Planung und Steuerung

Das Planungs- und Steuerungsverhalten von Unternehmen läßt sich, bezogen auf die Unternehmenskultur, durch die Verhaltensindikatoren

– Anerkennung des Nutzens gemeinsamer, systematisch geplanter Strategien,
– Bestehen von strategisch orientierten Ergebnisvorgaben und Leistungskriterien,
– Bestehen eines Informationsaustausches über Leistungen und Ergebnisse der einzelnen Organisationseinheiten und
– Art der Anreize für überplanmäßige Leistung

bestimmen. Auch hier benutzen wir ein einfaches Bewertungsformat, wie in Abbildung 10-10 dargestellt, um den Status quo eines Unternehmens mit dem Profil der angestrebten Unternehmenskultur zu vergleichen.

Aus den Diskrepanzen ergeben sich in der Regel handfeste Hinweise für Verbesserungsmaßnahmen. Wir stehen immer wieder überrascht vor der Tatsa-

Es gibt Indikatoren dafür, wo verändertes Verhalten trainiert werden muß ...						
Verhaltens-/ Führungs- bereich	Indikator	Ausprägung				
		schwach		stark		
Planung/ Steuerung	o Anerkennung des Nutzens gemeinsamer Strategien					
	o Bestehen von strategisch orientierten Ergebnisvorgaben und Leistungskriterien					
	o Bestehen eines Informationsaustauschs über Leistungen/ Ergebnisse der Organisationseinheiten					
	o Anreize für überplanmäßige Leistung					

Abb. 10-10

che, daß der Nutzen strategischer Planung bei deutschen Unternehmen noch immer nicht sehr hoch eingestuft wird, auch in Unternehmen, die seit Jahren Strategieentwicklung betreiben oder von Beratern durchführen ließen. Die Ursache dafür ist aber in den meisten Fällen, daß Strategieentwicklung als höchst aufwendige Fleißübung an zentrale Stabsstellen oder an externe Berater vergeben wurde, deren „Opus" dann wenig praktische Relevanz bewies. Häufig wurden strategische Analysen auch vom Vorstand als Mittel der zentralen Kontrolle einer Sparte oder einer Geschäfteinheit angefordert, im Sinne einer Unternehmenskultur „Master mind".

Was Unternehmen heute brauchen, ist ein interaktives Vorgehen, bei dem die betroffenen Führungskräfte gemeinsam und im eigenen Interesse die strategischen Fragestellungen auf den Tisch legen und beantworten. Der Prozeß der Strategieentwicklung muß für sie ebenso wichtig sein wie das Ergebnis. Bisherige Ansätze der strategischen Analyse und Planung waren zu einseitig und statisch, um den Handlungsanforderungen in einem hochdynamischen Umfeld gerecht zu werden. Der in Kapitel 4 („Innovationswettbewerb: Der Hase und der Igel in den Märkten von morgen") vorgestellte Ansatz der Strategieformulierung und -verfolgung gehört daher eng zur Unternehmenskultur des „Alle für eine gemeinsame Sache", weil er zu einer Gruppenmentalität führt und eine strategische Steuerung auch im Tagesgeschäft zuläßt.

Nur wenn nämlich der Nutzen der Strategieverfolgung für alle Beteiligten sichtbar wird, können strategische Planung und Steuerung die Anerkennung bei den Führungskräften des Unternehmens finden, die in der Unternehmenskultur „Alle für eine gemeinsame Sache" vorausgesetzt wird.

Dazu gehören Ergebnisvorgaben und Leistungskriterien, die über Ertrags- und Wachstumszahlen hinausgehen, denn oft zielen Entwicklungsvorhaben, die heute beschlossen werden, auf Erfolge ab, die sich erst in einer Reihe von Jahren einstellen werden.

Daher müssen Zwischenergebnisse von Entwicklungsvorhaben und die Verhaltensweisen der Verantwortlichen ebenso in die strategische Steuerung einbezogen werden wie rein ökonomische Werte.

Grundlage von Planung und Steuerung kann daher nicht allein die Art von unternehmerischer Aufgabe sein, wie J. B. Say sie definierte: „Ökonomischer Ressourceneinsatz, um Wertschöpfung zu erzeugen und eine Rendite auf das eingesetzte Kapital zu erwirtschaften", sondern es müssen gleichgewichtig die „Motivation und Führung von Menschen, um eine marktgerechte Leistung hervorzubringen" nach P. F. Drucker und „die Risikobereitschaft, um neue unternehmerische Möglichkeiten zu erschließen" nach J. Schumpeter hinzukommen.

Ökonomie ist in erster Linie Verwaltung von Vorhandenem. Das Management des geordneten Wandels zielt dagegen darauf ab, die zukünftige Entwicklung der Produkte, das Erscheinungsbild zukünftiger Geschäfte und den zukünftigen Erfolgspfad des Unternehmens in den Griff zu bekommen. Dazu muß das unternehmerische Verhalten der Führungskräfte auf höhere Reaktionsfähigkeit und engere Zusammenarbeit hin verändert werden, muß die Bereitschaft gesteigert werden, neuartige Kombinationen von Fähigkeiten auszuprobieren, um neue Konzepte zu entwickeln und zu verfolgen. Diese Leistungen können durch entsprechende Leistungskriterien als wichtig artikuliert und durch Anreize gefördert werden.

Wesentlich für die Veränderung der Unternehmenskultur ist, daß die strategisch bedeutsamen Leistungen und Ergebnisse kommuniziert werden, daß Transparenz darüber hergestellt wird, wie sich das Unternehmen entwickelt, welche Beiträge die einzelnen Organisationseinheiten dazu leisten und welche Steuerungsmaßnahmen ergriffen wurden.

10.3.5 Überblick

Die Bewertungsformate für die einzelnen Verhaltenskategorien sind in Abbildung 10-11 im Überblick dargestellt.

Jedes Unternehmen sollte sich entsprechend der Risikohöhe und der Feedback-Geschwindigkeit seiner Entwicklungsvorhaben in dem resultierenden Risikofeld positionieren und daraus die Unternehmenskultur ableiten, die dem Risikofeld angemes-

| Es gibt Indikatoren dafür, wo verändertesVerhalten trainiert werden muß ... |||||
| Verhaltens-/ Führungs- bereich | Indikator | Ausprägung | | |
		← schwach		stark →
Gemein- sames Ziel	o Existenz eines gemeinsamen Verständnisses der Chancen/Gefahren für das Unternehmen			
	o Qualität des Prozesses der Erarbeitung/Kommunikation von Zielen			
	o Akzeptanz der Delegation von Teilverantwortung und des Teilhabens an der Gesamtverantwortung			
	o Klarheit der Rollen bei der Verfolgung des gemeinsamen Zieles			
Selektivität	o Anerkennung der Wichtigkeit von Selektivität und Prioritäten			
	o Übereinstimmung bezüglich der Selektionskriterien			
	o Teilnahme aller Verantwortungsträger am Selektionsprozeß			
	o Akzeptanz der selektierten Vorhaben oder Gebiete			
Koordi- nation	o Anerkennung der Notwendigkeit von Koordination			
	o Vorhandensein und Nutzung von Koordinationsmechanismen			
	o Einbeziehung der koordinierten Organisationseinheiten in die Koordinationsvorgänge			
	o Abstimmung der Koordinationsvorgänge mit gemeinsamem Ziel			
Planung/ Steuerung	o Anerkennung des Nutzens gemeinsamer Strategien			
	o Bestehen von strategisch orientierten Ergebnisvorgaben und Leistungs- kriterien			
	o Bestehen eines Informationsaustauschs über Leistungen/Ergebnisse der Organisationseinheiten			
	o Anreize für überplanmäßige Leistung			

Abb. 10-11

sen ist. Dabei sollte im Detail berücksichtigt wer- den, welche Funktionsbereiche oder Profit Center die Risikohöhe und Feedback-Geschwindigkeit be- stimmen. Sie bedürfen besonderer Aufmerksam- keit.

Aus dieser Betrachtung kann das Soll-Profil der anzustrebenden Verhaltensweisen in den einzelnen Verhaltenskategorien abgeleitet und mit dem Ist- Zustand verglichen werden.

Wie bestimmt man den Ist-Zustand? Es gibt un- serer Erfahrung nach keine bessere Methode, als die betroffenen Führungskräfte selbst beurteilen zu las- sen, wie sie die derzeitige Unternehmenskultur erle- ben.

Gerade wenn wir auf eine Unternehmenskultur „Alle für eine gemeinsame Sache" hinsteuern, hat die Führungskräftebefragung zum Thema Unter- nehmenskultur Signalwirkung.

Was ist das Ziel? Wenn das Unternehmen die sei- nem Risikofeld entsprechende Unternehmenskul- tur zu entwickeln in der Lage ist, so erhöht es nicht nur seine Erfolgschancen, sondern es reduziert in der Regel damit auch seine spezifische Risikositua- tion im Vergleich zum Wettbewerb. Es erhöht seine Chance, Wandel erfolgreich zu bewältigen.

Zweifellos ist die Veränderung der Unterneh- menskultur die schwierigste Aufgabe des Manage- ments von geordnetem Wandel. Organisations- strukturen lassen sich durch konsequente Reorgani- sationsmaßnahmen innerhalb von wenigen Mona- ten verändern, zumindest formal; Informationssy- steme und technische Systeme erfordern wegen der dazugehörigen Hardware- und Softwarebereitstel- lung in der Regel eher ein oder zwei Jahre, um auf neue Anforderungen ausgerichtet zu werden.

Auch ehe neue Führungs-, Entscheidungs- und Abwicklungsabläufe funktionieren, vergehen ein bis zwei Jahre. Bei Systemen und Abläufen sind der Veränderungsspielraum und die Einflußmöglich- keiten des Managements bereits begrenzt. Noch we- sentlich schmäler sind die Ansatzpunkte konkreter Veränderungsmaßnahmen bezogen auf die Unter- nehmenskultur und der Zeitbedarf, um Verände- rungen zu bewirken, ist bedeutend höher (siehe Ab- bildung 10-12). Es wäre vermessen anzunehmen, daß Verhaltensänderungen eine reine Frage von Er- kenntnis und Wollen sind, insbesondere da auch die Führungsspitze, die aufgerufen ist, den Verände- rungsprozeß zu steuern, ihr eigenes Verhalten einbe- ziehen muß.

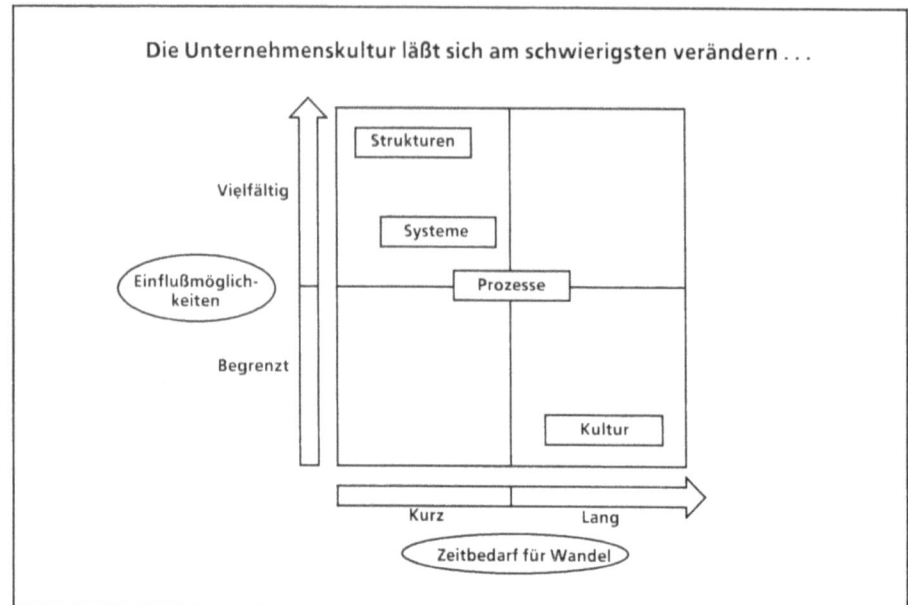

Die Unternehmenskultur läßt sich am schwierigsten verändern . . .

Abb. 10-12

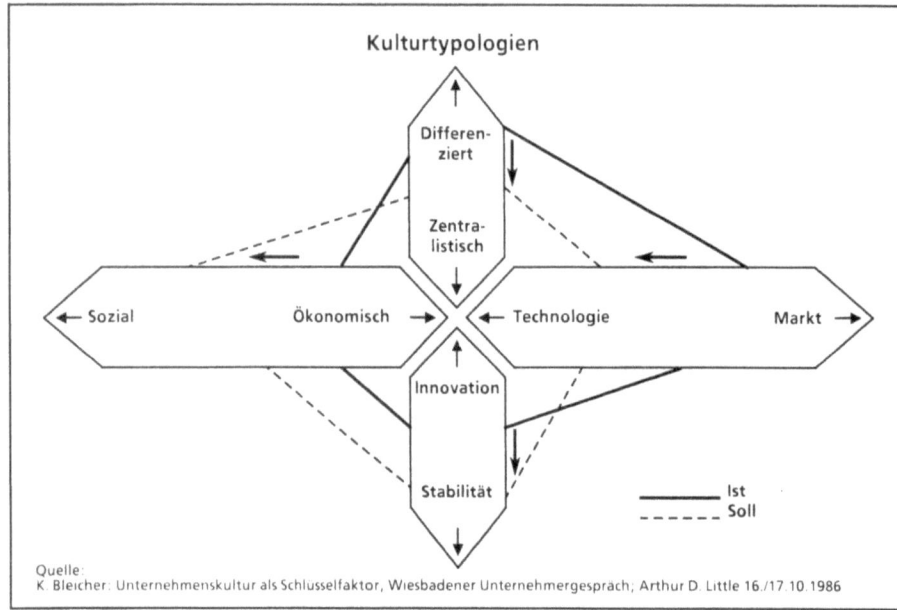

Kulturtypologien

Quelle:
K. Bleicher: Unternehmenskultur als Schlusselfaktor, Wiesbadener Unternehmergespräch; Arthur D. Little 16./17.10.1986

Abb. 10-13

Die risikoorientierten Verhaltenselemente, auf die wir in unserem Ansatz abzielen, sind nur ein Bereich einer umfassenden Unternehmenskultur. In der Tat gibt es andere Aspekte von Unternehmens-kultur, wie sie beispielsweise Prof. K. Bleicher beschrieben hat[10], die in erster Linie mit der Innovationsfähigkeit von Unternehmen zu tun haben.

Bleicher macht seine Typologie von Unternehmenskulturen an vier Dimensionen von Merkmalsausprägungen fest (siehe Abbildungen 10-13 und 10-14):

---

10 Vgl. Fußnote 2 in diesem Kapitel

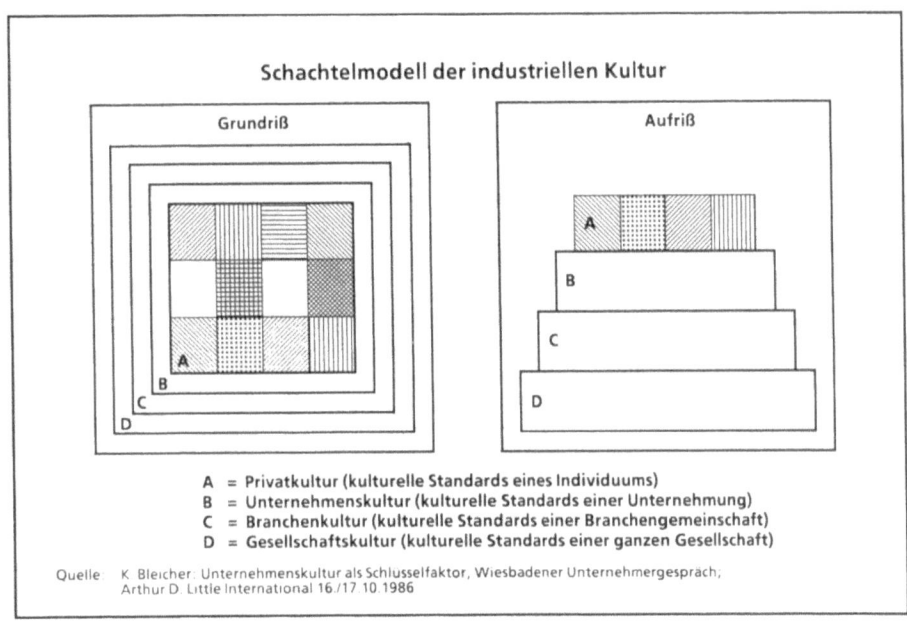

Abb. 10-14

Schachtelmodell der industriellen Kultur

Grundriß   Aufriß

A = Privatkultur (kulturelle Standards eines Individuums)
B = Unternehmenskultur (kulturelle Standards einer Unternehmung)
C = Branchenkultur (kulturelle Standards einer Branchengemeinschaft)
D = Gesellschaftskultur (kulturelle Standards einer ganzen Gesellschaft)

Quelle: K. Bleicher: Unternehmenskultur als Schlusselfaktor, Wiesbadener Unternehmergespräch;
Arthur D. Little International 16./17.10.1986

– Zentralisierungsgrad:
  Hier reicht die Ausprägung von einer zentralisti-
  schen Einheitskultur bis zur Zulassung differen-
  zierter Subkulturen.
– Materialismus:
  Mit den Extremen rein ökonomischer und stark
  sozialer Orientierung.
– Technologie-Markt-Verhältnis:
  Mit dem Ausprägungsspektrum von dominie-
  render Technologie- bis zu dominierender
  Marktorientierung.
– Innovationsdynamik:
  Hier reicht die Ausprägung von starker Stabili-
  täts- bis zu starker Innovationsorientierung.

Es ist klar, daß auch diese Typen von Unternehmenskulturen in Abhängigkeit von den Umfeldbedingungen und dem spezifischen Geschäftsfeld des
Unternehmens mehr oder weniger erfolgversprechend sein können, daß für eine praktische Anwendung also eine Korrelation zu Anforderungsdimen-
sionen entwickelt werden muß.

Bezogen auf die Innovationsdynamik hat Bleicher einen solchen Korrelationsrahmen und damit
die Basis für kulturverändernde Maßnahmen auch
geschaffen[11]. Dabei ist unserer Erfahrung nach
aber zu berücksichtigen, daß das einzelne Unternehmen die Innovationsdynamik seiner Branche
nur bedingt beeinflussen kann und daher sein eigenes Innovationsverhalten auch wieder unter Risiko-
gesichtspunkten steuern muß[12].

Bezogen auf die typischen Funktionsbereiche des
Unternehmens kann man ferner aufgabenspezifi-
sche Subkulturen unterscheiden, wie sie in Abbildung 10-15 charakterisiert sind. Diese Subkulturen
der Funktionsbereiche Forschung und Entwicklung, Produktion und Marketing und Vertrieb, die
angesichts der Rollen dieser Funktionsbereiche ihre
volle Berechtigung haben, dürfen allerdings nicht

11 Vgl. K. BLEICHER: Innovationsmanagement - Unter-
   nehmensstruktur und -kultur als Schlüsselfaktor, Institut
   für Betriebswirtschaft an der Hochschule St. Gallen;
   Rorschach, Mai 1988
12 Vgl. TOM SOMMERLATTE: Erfolg und Wachstum sichern durch innovative Produkte und Leistungen; Broschüre der Deutschen Bank AG (Hrsg.), 1987

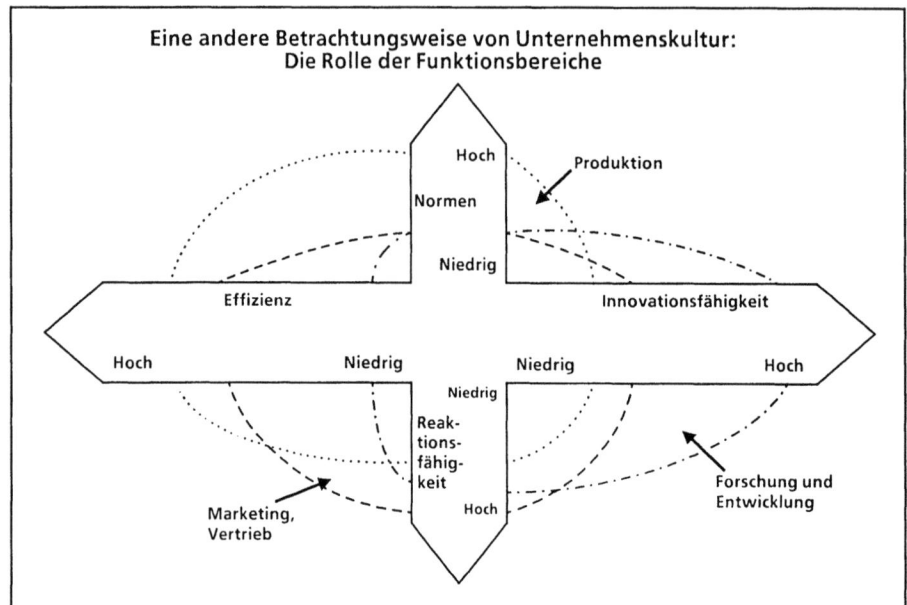

Eine andere Betrachtungsweise von Unternehmenskultur:
Die Rolle der Funktionsbereiche

Abb. 10-15

zu kontraproduktiven Verhaltensweisen im Zusammenspiel der Funktionsbereiche oder im Verhältnis zur angestrebten Unternehmenskultur insgesamt führen.

Durch eine bewußte Auseinandersetzung mit der Unternehmenskultur und den kulturbestimmenden Verhaltensweisen können diese Zusammenhänge erkannt, von den Betroffenen gemeinsam gestaltet und im Interesse des Unternehmens gesteuert werden.

Das Management des geordneten Wandels baut entscheidend auf dieser Kompetenz auf.

Elftes Kapitel

Der gesellschaftspolitische Rahmen:
Die Rolle des Staates

Gabriele Berger-Boyer und Dr. Manfred Kunze

Begründend für Joseph A. Schumpeters wissenschaftlichen Ruhm war, daß er endogene Faktoren als Triebkräfte der wirtschaftlichen Entwicklung im Kapitalismus erkannte und analysierte[1].

Im Gegensatz zur vorherrschenden neoklassischen Wirtschaftstheorie seiner Zeit, die wirtschaftliche Entwicklung als Reaktion des Wirtschaftssystems auf Veränderungen von exogenen, also außerhalb des Wirtschaftssystems liegenden Parametern erklärt, beschrieb er den Prozeß der wirtschaftlichen Entwicklung als einen endogenen, also „innersystemischen" Vorgang.

Drei Faktoren sind dabei nach Schumpeter ausschlaggebend:

1. Entwicklung manifestiert sich in der Durchsetzung neuer Kombinationen von Dingen und Kräften:
   - Der Herstellung eines neuen Gutes oder der neuen Qualität eines Gutes (Produktinnovation),
   - der Einführung einer neuen, dem betreffenden Industriezweig noch nicht bekannten Produktionsmethode (Prozeßinnovation),
   - der Erschließung eines neuen Absatzmarktes, d. h. eines Marktes, in dem der betreffende Industriezweig noch nicht aktiv war.
   - der Nutzung einer neuen Bezugsquelle von Rohstoffen oder Halbfabrikaten unabhängig davon, ob diese Bezugsquelle vorher schon bestanden hat oder ob sie erst geschaffen wurde, und
   - der Durchführung von organisatorischen Neuerungen.

   Dabei unterscheidet Schumpeter die Durchsetzung von Neuerungen (Innovation) von deren Erfindung (Invention): Wandel besteht nach seinem Ansatz nicht in der Erfindung, sondern in der Durchsetzung neuer Kombinationen.
2. Träger der Entwicklung ist der Unternehmer (Innovator), der die Neuerungen durchsetzt. Triebkräfte seiner innovatorischen Aktivitäten sind seine Charaktereigenschaften wie Siegeswille, Kämpfertum, Freude am Gestalten und Streben nach Gewinn.

3. Die Durchsetzung neuer Kombinationen macht es erforderlich, den bestehenden Kombinationen Produktionsmittel zu entziehen. Wesentliche Voraussetzung für die Durchsetzung neuer Kombinationen ist daher die Verfügungsgewalt über Produktionsmittel. Gewährleistet wird dies durch Banken, die Kredite zur Verfügung stellen.

Innovationen treten nach Schumpeter auf, wenn längere Zeit ein stationäres Klima besteht, in dem keine innovatorischen Umwälzungen stattfinden. Der Unternehmer schätzt die Gewinnmöglichkeiten von Neuerungen ab und beginnt, neue Kombinationen durchzusetzen. In der Folge treten dann viele „Imitatoren" auf, deren Nachfrage nach Arbeitskräften und Produktionsfaktoren zu Preissteigerungen führt, die einen wirtschaftlichen Boom auslösen. Schließlich entsteht Überproduktion, die einen fortschreitenden Verfall der Gewinne bewirkt – die Wirtschaft tritt in eine Depression ein, aus der dann wieder eine stationäre Phase hervorgeht, auf deren Basis sich der Zyklus wiederholt. Abbildung 11-1 gibt dieses Entwicklungsschema wieder.

Schumpeter erklärt die Konjunkturschwankungen der kapitalistischen Wirtschaft somit auf der Basis des zyklischen Auftretens von Innovationen.

Für das Verständnis der Schumpeterschen Theorie ist es hilfreich, sich die gesellschaftspolitischen und wirtschaftlichen Rahmenbedingungen in den letzten beiden Jahrzehnten der Österreichisch-Ungarischen Monarchie vor Augen zu führen.

Die Hocharistokratie verlor zunehmend an politischer und wirtschaftlicher Macht, während die gesellschaftliche Bedeutung der „unteren Oberschicht", in der primär Offiziere, hohe Beamte und Bankiers vertreten waren, rapide stieg. Schumpeter gehörte im Gegensatz zu den wichtigsten Vertretern der Österreichischen Schule der Nationalökonomie wie Menger, Böhm-Bawerk und Wieser nicht von Geburt zu dieser Gesellschaftsschicht, sondern war durch seine Erziehung an Wiens Eliteschule, dem Theresianum, sowie seine frühzeitige Berufung an die Universitäten Czernowitz und Graz „aufgestiegen".

Unternehmer genossen in dieser Zeit keine besondere gesellschaftliche Wertschätzung, hingegen brachte Österreich bedeutende Erfinder hervor, de-

1 Vgl. JOSEPH A. SCHUMPETER: Theorie der wirtschaftlichen Entwicklung, (1912); Berlin 1934

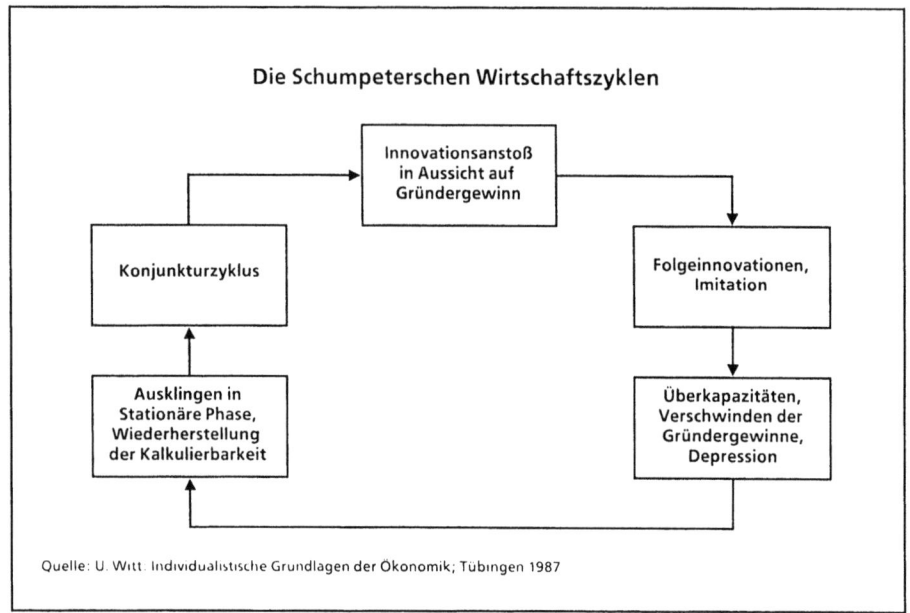

Die Schumpeterschen Wirtschaftszyklen

Innovationsanstoß
in Aussicht auf
Gründergewinn

Konjunkturzyklus

Folgeinnovationen,
Imitation

Ausklingen in
Stationäre Phase,
Wiederherstellung
der Kalkulierbarkeit

Überkapazitäten,
Verschwinden der
Gründergewinne,
Depression

Quelle: U. Witt: Individualistische Grundlagen der Ökonomik; Tübingen 1987

Abb. 11-1

nen außerordentliche gesellschaftliche Anerkennung zuteil wurde. Zu nennen sind Karl Ritter von Gegha, der Erbauer der Semmeringbahn, und Karl Freiherr von Auer Welsbach, der Erfinder der Gas-Glühlampe. Andere österreichische Erfinder waren jedoch nicht in der Lage, ihre Ideen durchzusetzen. so z. B. Josef Ressel, der Erfinder der Schiffsschraube, und Josef Madersperger, der Konstrukteur der ersten Nähmaschine, die beide aus ihren Erfindungen keine wirtschaftlichen Erfolge ziehen konnten.

Schumpeters Konzept des kreativen und initiativen Unternehmers, der Neuerungen durchsetzt, entsprang daher keinem Vorbild im realen wirtschaftlichen Geschehen, sondern stand vielmehr in deutlichem Kontrast zur damaligen Wirklichkeit.

Die Erkenntnis vom hohen Stellenwert des Unternehmers für die wirtschaftliche Entwicklung war auch nicht das alleinige Verdienst Schumpeters, sondern geht auf seinen Lehrer Wieser zurück, der damit seinerseits der Schule von Menger folgte. Bedeutung erlangte Schumpeter aber dadurch, daß er als erster den Konjunkturzyklus endogen durch unternehmerische Schöpfung, d. h. die Durchsetzung

neuer Kombinationen und die Zerstörung des Bestehenden, erklärte.

In seinem Spätwerk „Kapitalismus, Sozialismus und Demokratie"[2] untersuchte er, ob der auf diesen Konjunkturzyklen aufbauende Kapitalismus eine Überlebenschance habe. Die wesentlichen Gründe für sein klares Nein auf diese Frage waren:

– Die zunehmend ablehnende Haltung der Menschen gegenüber der Ungleichheit der Verteilung von Vermögen und Arbeit,
– die Entstehung großer Unternehmen und Monopole zur Verteidigung von Gewinnen und der damit verbundene Funktionsverlust des Unternehmers,
– die Verdrängung kleiner Eigentümer und Bauern an den Rand der Gesellschaft,
– die kritische Rationalität gegenüber gesellschaftlichen Ungleichheiten im Kapitalismus, ohne die dieser seiner Einschätzung nach jedoch nicht existieren kann.

Interessanterweise verfaßte Schumpeter diese Analyse zu einem Zeitpunkt (1942), als sich die längste Wachstumsphase des Kapitalismus erst noch abzeichnete. Grundlage für diese Wachstumsphase waren der Neuaufbau des Kapitals in Westeuropa

2 Vgl. JOSEPH A. SCHUMPETER: Kapitalismus, Sozialismus und Demokratie, (1942); München 1972

212

nach dem zweiten Weltkrieg, die störungsfreie Entwicklung des Welthandels bei festen Wechselkursen sowie die ausreichende Energieversorgung, nicht zuletzt jedoch auch die erfolgreiche Wirtschaftspolitik Keynesianischer Provenienz, die Paul A. Samuelson, ein Schüler Schumpeters, als die eigentliche Ursache des „Wirtschaftswunders" der Nachkriegszeit bezeichnete.

Die Schwäche der Theorie Schumpeters liegt genau hier: in der Unterschätzung der Möglichkeiten einer aktiven Steuerung und Stabilisierung des kapitalistischen Systems durch den Staat, die Keynes erkannte. So ist die Schaffung von günstigen volkswirtschaftlichen, sozialen und institutionellen Rahmenbedingungen sowie eine wirkungsvoll eingesetzte Forschungs- und Technologiepolitik eine wichtige Grundlage für die wirtschaftliche Entwicklung. Die Erfolge amerikanischer, japanischer und deutscher Technologiepolitik zeigen denn auch die Bedeutung des Staates als Promotor von Innovationen auf.

Wichtige weiterführende Beiträge zur Erklärung wirtschaftlicher Entwicklungsvorgänge verfolgten zwei unterschiedliche Richtungen:

1. Ansätze zur Erklärung von Kunjunktur auf der Basis von Innovationszyklen,
2. Ansätze, deren Inhalt nicht konjunkturelle Phänomene, sondern die Entwicklung von Branchen, die Lebenszyklen von Produkten und die Veränderungen von Verhaltensweisen sind.

Wesentliche Beiträge zur ersten Gruppe von Ansätzen stammen von G. Mensch[3] und C. Freeman[4].

Mensch entwickelte in enger Anlehnung an Schumpeter ein Phasenmodell, nach dem der Übergang von einer Phase der wirtschaftlichen Entwicklung zur nächsten durch ein technologisches Patt entsteht, das aus einer Veränderung der Präferenz-

strukturen der Nachfrager hervorgeht. Stagnation induziert immer wieder die Durchsetzung von Produkt- und Prozeßinnovationen durch nachlassende Nachfrage nach bestehenden Produkten und die dadurch attraktiver erscheinende Chance des Neuen.

Freeman betont dagegen die Wichtigkeit der Rolle des Staates und internationaler Organisationen bei der Durchsetzung technologischer Innovation innerhalb eines umfassenden wirtschaftlichen Konzepts, das auch die Modifizierung bestehender und die Schaffung neuer Institutionen beinhaltet. Jedem Konjunkturzyklus liegt nach Freeman ein „neues technologisches System" zugrunde. Entscheidend für die Aufschwungphase ist der Diffusionsprozeß von Innovationen. Diese wird durch Imitation, steigende Löhne und sinkende Profite beendet. Wirtschafts- und technologiepolitische Maßnahmen zielen auf eine Senkung der durch Lohnerhöhungen hervorgerufenen Inflation ab. Sind sie nicht erfolgreich, so tritt eine Depression ein und in deren Folge Arbeitslosigkeit und sinkende Löhne. Diese lassen die Unternehmer wieder höhere Profite erwarten, wodurch der Beginn der nächsten Aufschwungphase eingeleitet wird. Die Dauer dieser Phasen hängt nach Freeman jedoch vom speziellen Charakter des jeweiligen „technologischen Systems" und von den volkswirtschaftlichen Rahmenbedingungen wie der Arbeitsmarktpolitik, der Technologiepolitik und der Schaffung eines positiven Investitionsklimas durch wirtschaftspolitische Maßnahmen ab.

Beiträge zur zweiten Kategorie von Ansätzen leisteten E. Heuss[5] sowie R. R. Nelson und S. G. Winter[6].

Heuss versucht zu klären, welche Bedingungen für die Entwicklung von Einzelmärkten und Branchen relevant sind. Grundlage seines Ansatzes bildet die Annahme, daß Produkte und Branchen einem Lebenszyklus unterliegen und daß je nach der Lebenszyklusphase von Produkten und Branchen unterschiedliche Unternehmertypen erforderlich sind. Innovative Unternehmer setzen neue Produkte nach einer Experimentierphase in der Expansionsphase durch. In den folgenden Phasen des Lebenszyklus – Ausreifung und Stagnation – gewinnen konservative Unternehmer die Oberhand, wäh-

3 Vgl. GERHARD MENSCH: Das technologische Patt – Innovationen überwinden Depressionen; Frankfurt/Main 1975
4 Vgl. C. FREEMAN, J. CLARK, L. SOETE: Unemployment and Technical Innovation; London 1982
5 Vgl. E. HEUSS: Allgemeine Markttheorie; Tübingen 1965
6 Vgl. R. R. NELSON, S. G. WINTER: An Evolutionary Theory of Economic Change; Harvard 1982

rend sich die innovativen Unternehmer neuen Produkten und Branchen zuwenden.

In den letzten Jahren wurden Ansätze entwickelt, die auf der Analogie zur natürlichen Auslese des biologischen Evolutionsmodells beruhen.

Wichtigste Vertreter dieser Richtung sind Nelson und Winter. Ihr Ansatz baut auf der Erklärung von Prozeßinnovationen auf und zeigt auf, daß in jedem Unternehmen operative Routinen vorherrschen (Gene), die ausschlaggebend für den Erfolg des Unternehmens sind. In Abhängigkeit von der Anpassung der aus diesen Routinen hervorgehenden Unternehmensentscheidungen an die Marktbedingungen variieren Gewinne und Expansionsmöglichkeiten des Unternehmens. Führen Entscheidungen zu sinkenden Gewinnen, setzt eine Suche nach verbesserten Routinen ein, die schließlich die bestehenden ersetzen. Findet diese Suche nicht statt oder scheitert sie, so geht das Unternehmen unter.

Freeman erkannte die wesentliche Schwäche der Schumpeterschen Theorie, die in der Konzentration auf dem Unternehmer als alleiniger Triebkraft bei der Durchsetzung von Innovationen besteht und die Bedeutung des öffentlichen Sektors bei der Förderung innovativer Entwicklungen verkennt. Freeman verbindet daher in seinem Ansatz Elemente der Schumpeterschen Theorie mit der Sichtweise Keynes von der Rolle des Staates.

Durch eine aktive Technologie- und Strukturpolitik kann der Staat nämlich eine wichtige Rolle als Träger und Förderer von Innovationen wahrnehmen.

Er kann diese Funktion in verschiedenen Bereichen ausüben:

– In seinen eigenen Aufgabenbereichen, z. B.
   – der Schaffung und Erhaltung der natürlichen Lebensgrundlagen (Umweltpolitik),
   – der Schaffung materieller Produktionsvoraussetzungen (Infrastrukturpolitik),
   – der Gewährleistung der inneren und äußeren Sicherheit (Sicherheits- und Verteidigungspolitik), und
   – der Gewährleistung der Gesundheitsversorgung (Gesundheitspolitik)
– bei der Entwicklung von Schlüsseltechnologien von hoher potentieller volkswirtschaftlicher Bedeutung.

Im Gegensatz zum Unternehmer, der unter „individualisierten Entscheidungsbedingungen" handelt, zielt der Staat auf die Sicherung seines Fortbestands und die Wohlfahrt seiner Bürger insgesamt ab. Dazu muß er Beiträge zur gesamtwirtschaftlichen Wertschöpfung unterstützen und für die Förderung der ausschlaggebenden gesellschaftlichen Gruppen sorgen.

Daraus ergeben sich eine Reihe von Optimierungsnotwendigkeiten im wirtschaftlich-gesellschaftlichen Prozeß.

11.1 Individualisierte Entscheidungsverhältnisse überwinden

Jede Entscheidungssituation von Individuen ist durch Ungewißheit über die Entscheidung aller anderen Individuen gekennzeichnet. Individualisierte Entscheidungsverhältnisse führen daher dazu, daß bei Gütern mit Kollektivgutcharakter die Bereitschaft der Individuen zur freiwilligen Zahlung eines kostendeckenden Preises gering ist, so daß unter reinen Marktmechanismen eine Unterversorgung entstehen würde. Beispiele hierfür sind die Verkehrsinfrastruktur, das Bildungswesen und der Umweltschutz.

Umweltschutz ist ein Beispiel dafür, wie individualisierte Entscheidungsverhältnisse bei Produktion und Konsum dazu führen, daß die Individuen ihre Entscheidungen ohne Rücksicht auf die Gesamtheit treffen, solange sie für die negativen Effekte, die sie bewirken, keine Kompensationszahlungen leisten müssen. Da die negativen Auswirkungen, die nicht kompensiert werden müssen, in der Regel die positiven Effekte übersteigen, entsteht ein gesamtgesellschaftlicher Wohlfahrtsverlust, der nur durch den Eingriff des Staates gemindert oder verhindert werden kann.

Die Notwendigkeit von staatlich geförderter Forschungs- und Entwicklungstätigkeit auf dem Gebiet des Umweltschutzes resultiert aus dem Auftreten neuer ökologischer Problemstellungen, für deren Lösung etablierte Technologien nicht ausreichen und Innovationen erforderlich sind (z. B. Abwasser- und Meeresverschmutzung, Luftverschmutzung und Waldsterben).

Zu den materiellen Produktionsvoraussetzungen gehören sämtliche Einrichtungen der technischen Infrastruktur wie Energieversorgung, Verkehrsinfrastruktur, Wasserversorgung, Abwasserentsorgung und Abfallbeseitigung.

Die Förderung von Forschungs- und Entwicklungsaktivitäten durch den öffentlichen Sektor muß hier zu Innovationen beitragen, die die Basis für unternehmerische Innovationen bilden:

- Im Bereich der Energieversorgung bei abzusehender Rohstoffknappheit (Erdöl, Kohle) zur Entwicklung neuer Lösungen wie Kernenergie- und Sonnenenergienutzung,
- im Bereich der Verkehrsversorgung zur schnelleren und sicheren Beförderung von Personen und Gütern, beispielsweise durch Hochgeschwindigkeitseisenbahnen und neue Systeme der Luftfahrt.

Auch innere und äußere Sicherheit sind Kollektivgüter. Staatliche Forschungs- und Technologiepolitik muß hier dafür Sorge tragen, daß die Verteidigungssysteme zur Gewährleistung von Sicherheit auf dem neuesten Stand sind, solange Unsicherheit über das Machtstreben anderer Nationen durch Erlangung einer technologischen Vormachtstellung besteht.

11.2 Entscheidungsversagen bei subjektiver Unsicherheit kompensieren

Neben der Unsicherheit über das Verhalten anderer besteht für Individuen auch Ungewißheit über künftige Bedürfnisse im Falle elementarer Bedrohungen wie Krankheit, Unfall und Abhängigkeit im Alter. Da es nicht immer möglich ist, der Unsicherheit durch individuelle Vorsorge (Sparen, freiwillige Versicherung) zu begegnen, ist die Übernahme des Risikos durch den Staat zur Erhaltung der gesellschaftlichen Stabilität notwendig.

Innovationen in der Bereitstellung von Leistungen der Gesundheitsversorgung müssen daher durch Förderung der Forschungs- und Entwicklungsaktivitäten gewährleistet werden, die auf die Bekämpfung neuer Krankheitsbilder (z.B Aids) und die Eindämmung typischer Zivilisationserkrankungen (z. B. Herzinfarkt, Krebs) abzielen.

In den genannten Bereichen ist die Einflußnahme durch den öffentlichen Sektor notwendig, da sonst die Gefahr der Unterversorgung besteht. In seinen eigenen Aufgabenbereichen tritt der öffentliche Sektor dabei als „Besteller" und „Abnehmer" von Innovationen auf.

11.3 Unternehmerische Risikobereitschaft fördern

Darüber hinaus kann der Staat auch eine entscheidende Rolle bei der Entwicklung von Schlüsseltechnologien spielen. Diese Rolle ist immer dann gefragt, wenn über künftigen Bedarf und über die künftigen Gewinnmöglichkeiten für die Unternehmer extreme Ungewißheit besteht. Der öffentliche Sektor kann und muß daher, wenn Technologien einen wesentlichen Beitrag zur Wertschöpfung erwarten lassen, das unternehmerische Risiko durch Entlastung bei den Forschungs- und Entwicklungskosten senken.

Die westlichen Industrieländer weisen daher einen hohen staatlichen Anteil an den Forschungs- und Entwicklungsausgaben auf (siehe Abbildung 11-2).

Während jedoch in den USA und in Großbritannien mehr als 90 % der staatlichen Ausgaben auf Forschung und Entwicklung in typischen staatlichen Aufgabenbereichen, insbesondere auf die Weltraum- und Rüstungsforschung entfallen, wendet Japan den weitaus höchsten Anteil staatlicher Forschungs- und Entwicklungsausgaben, nämlich fast 40 %, für privatwirtschaftliche Forschungs- und Entwicklungsaufgaben auf (siehe Abbildung 11-3).

Die Höhe der Forschungs- und Entwicklungsausgaben allein ist jedoch nicht ausschlaggebend für die erfolgreiche Durchsetzung von Innovationen. Einen wesentlichen Teil tragen volkswirtschaftliche, soziale und institutionelle Rahmenbedingungen bei. Der Erfolg der japanischen Technologiepolitik unter Lenkung und Koordination durch das Ministerium für Internationalen Handel und Industrie,

Ausgaben des Staates für Forschung und Entwicklung (1980)

	USA	BRD	Japan	Frankreich	England
Gesamtausgaben (Mrd $)	63,8	16,7	22,3	10,0	9,1
Ausgaben des Staates (Mrd $)	31,8	7,1	6,6	5,6	4,4
Anteil der Staatsausgaben an den Gesamtausgaben (in %)	50,4	42,5	29,8	56,2	48,8

Quelle: Scholz L.: Technology Promotion in the Federal Republic of Germany in Hax H., W. Kraus und K. Tsuchiya: Structural Change: The Challenge to Industrial Societies; Berlin 1986

Abb. 11-2

Ausgaben des Staates für Forschung und Entwicklung nach Aufgabenbereichen (1980)

Bereiche	USA Mrd $	USA %	BRD Mrd $	BRD %	Japan Mrd $	Japan %	Frankreich Mrd $	Frankreich %	England Mrd $	England %
Privatwirtschaftliche Aufgabenbereiche:	1,0	3,0	1,1	15,3	2,5	37,6	0,7	12,2	0,4	8,3
Marktsektor										
o Industrielle und gewerbliche Produktion	0,1	0,3	0,9	12,4	0,8	12,2	0,5	7,9	0,2	3,8
o Landwirtschaft	0,9	2,7	0,2	2,9	1,7	25,4	0,2	4,3	0,2	4,5
Staatliche Aufgabenbereiche:	30,8	97,0	6,0	84,7	4,1	62,4	4,9	87,8	4,0	91,7
o Weltraum und Rüstung	19,6	61,8	1,5	21,9	1,1	16,9	2,6	46,9	2,7	61,7
o Energie und sonstige Ressourcen	4,1	13,0	1,8	25,2	1,9	29,1	0,6	11,6	0,4	8,3
o Verkehrsinfrastruktur	0,9	2,8	0,4	5,6	0,2	2,9	0,3	5,4	0,2	3,8
o Umweltschutz	0,3	0,8	0,2	3,1	0,2	3,4	0,1	1,2	<0,1	0,9
o Gesundheitswesen	3,8	12,1	0,7	9,3	0,4	6,1	0,3	4,9	0,1	1,8
o Grundlagen- und sonstige Forschung	2,1	6,5	1,4	19,6	0,3	4,0	1,0	17,8	0,6	15,2

Quelle: Scholz L.: Technology Promotion in the Federal Republic of Germany in Hax H., W. Kraus und K. Tsuchiya: Structural Change: The Challenge to Industrial Societies; Berlin 1986

Abb. 11-3

MITI, geht darauf zurück, daß umfassende Voraussetzungen für eine Technologie- und Wachstumsoffensive geschaffen wurden, durch die Japan zu einer der führenden Industrienationen aufstieg.

Solange in der Bundesrepublik Deutschland in wichtigen Technologiebereichen die subjektive Unsicherheit einzelner Unternehmen nicht durch eine klar erkenntliche und dauerhafte Industriepolitik kompensiert wird, haben die deutschen Unternehmen einen Wettbewerbsnachteil gegenüber den Japanern.

Dieser Nachteil geht nicht unbedingt auf eine

mangelnde Bereitschaft der Bundesregierung oder der Landesregierungen zurück, ihre industriepolitische Rolle zu spielen. Vielmehr besteht in der Bundesrepublik Deutschland ein hohes Maß an unternehmerischem Einzelgängertum und Mißtrauen gegen staatlichen Einfluß, bedingt durch die Erinnerung an ideologische Fehlentwicklungen, unter denen das Wirtschaftssystem noch heute leidet: interne Verteilungsideologie im „Mein-Dein-Streit"

zwischen Staat und Unternehmertum anstelle von Geschlossenheit im Aufbau von Stärken nach außen. Immer „wenn es uns zu gut geht", wächst die Gefahr dieser Verteilungsideologie wieder an. Es bleibt zu hoffen, daß die Unternehmer, wenn sie das Management des geordneten Wandels denn meistern, in Zukunft nicht dadurch bestraft werden, daß die Klassenkampf-Veteranen ihnen die Ressourcen für Innovationen wieder entziehen.

Zu den Autoren

Gabriele Berger-Boyer ist Beraterin der Repräsentanz Österreich von Arthur D. Little International. Ihr Tätigkeitsschwerpunkt umfaßt die Durchführung von Feasibility-Studien sowie die Strategieentwicklung für Transportunternehmen und die Maschinenbauindustrie. Sie erwarb den Grad eines Diplom-Ingenieurs an der Technischen Universität Wien.

Wolfram Brandes ist Geschäftsbereichsleiter für das Strategische Informationsmanagement bei Arthur D. Little International, Wiesbaden. Seine Beratungsschwerpunkte sind Strategiefindung und Rahmenplanung für die Informationsverarbeitung. Nach seinem Abschluß als Diplom-Mathematiker und Absolvent der London School of Economics war er in verschiedenen Positionen in einem Anwenderunternehmen und einem Softwarehaus tätig.

Michael Braun ist Projektleiter im Geschäftsbereich Chemie/Pharma bei Arthur D. Little International in Wiesbaden. Er hat sich auf die Strategieentwicklung und Technologie- und Innovationsberatung für Unternehmen der chemischen, pharmazeutischen und Energie-Industrie spezialisiert. Er half einer Reihe von Unternehmen bei der Sicherung ihres langfristigen Wachstumspotentials durch Diversifikation in innovative Bereiche. Er studierte Chemie in München und erwarb seinen MBA am Europäischen Institut für Unternehmensführung (INSEAD) in Fontainebleau.

Dr. Alexander Gerybadze ist als Seniorberater bei Arthur D. Little International, Wiesbaden, auf den Gebieten Technologiestrategien, Innovationsmanagement und Industriepolitik tätig. Er studierte Wirtschaftswissenschaften und Business Administration an den Universitäten Heidelberg und Stanford und promovierte zum Dr. rer. pol. Er ist Autor der Bücher „Innovation, Wettbewerb und Evolution", Tübingen 1982, „Microelectronics in Western Europe", Berlin 1984 und „Raumfahrt und Verteidigung als Industriepolitik", Frankfurt 1988.

Dr. Holger Karsten ist Associate Director für die Beratung der Automobil- und Zulieferindustrie der deutschen Niederlassung von Arthur D. Little International, Wiesbaden. Seine Beratungsschwerpunkte sind Entwicklung von Strategien für Internationalisierung, Produktivitätssteigerungen und Human-Ressourcen-Einsatz. Er promovierte über innovative Methoden der Arbeitsgestaltung und absolvierte ein Post-Graduate-Studium an der Business School Amherst, Mass. Vor seiner Tätigkeit bei Arthur D. Little International war er Vorstandsassistent Produktion bei einem führenden deutschen Automobilhersteller.

Dr.-Ing. Werner Knetsch ist Leiter des Geschäftsbereichs „Informationstechnische Industrie" von Arthur D. Little International, Wiesbaden. Seine Geschäftsbereichsverantwortung umfaßt die Entwicklung von Produkt- und Marketingkonzepten, Geschäftsfeldstrategien, die Durchführung von Technologie- und Marktanalysen für Herstellerunternehmen der Informations- und Kommunikationstechnik.

Dr. Manfred J. Kunze ist Repräsentant von Arthur D. Little International in Österreich. Er verfügt über langjährige Erfahrungen in der Beratung der österreichischen Industrie, wo er sich mit einer Reihe von Projekten in den Bereichen Strategische Planung und Operations-Management befaßt hat. Er erwarb den Grad eines Diplom-Kaufmanns und das Doktorat der Wirtschaftswissenschaften an der Wirtschaftsuniversität Wien.

Dr. Christoph Maier-Rothe, Vice President von Arthur D. Little International, Wiesbaden, betreut den Bereich Operations-Management. Er hat über 15 Jahre Erfahrung in der Beratung führender Unternehmen in Europa und Nordamerika. Er studierte Maschinenbau (Dipl.-Ing. TU München) und promovierte in Operations Research.

Dipl.-Ing. Norbert Meyer ist Consultant im Geschäftsbereich Informationstechnische Industrie der deutschen Niederlassung von Arthur D. Little International in Wiesbaden. Sein Beratungsschwerpunkt liegt auf den Gebieten des Technologie- und Innovationsmanagements, der Produktplanung sowie bei Marketing- und Vertriebsstrategien für Investitionsgüter. Er studierte Elektrotechnik an der Universität Karlsruhe und erwarb einen MBA-Abschluß am Europäischen Institut für Unternehmensführung (INSEAD).

Michael Mollenhauer ist Geschäftsbereichsleiter für das Beratungssegment Konsumgüter-Industrie und Marketing bei Arthur D. Little International in Wiesbaden. Seit 1984 arbeitet er in der Strategie- und Organisationsberatung für viele nationale und internationale Unternehmen. Ein besonderer Schwerpunkt liegt in dem Bereich Geschäftsentwicklung und Innovations-Management. Vor dem Eintritt in die Beratungsbranche war er Führungskraft in einem internationalen Nahrungsmittelunternehmen, dem er sieben Jahre angehörte. Er studierte Betriebswirtschaft.

Dr. Rudolf Pernicky ist Leiter des Geschäftsbereichs Strategie- und Innovations-Management bei Arthur D. Little International in Wiesbaden. Er studierte Wirtschaftswissenschaften an der Universität Hamburg, wo er auch promovierte. Vor seiner Tätigkeit bei Arthur D. Little war Herr Dr. Pernicky in einer großen deutschen Unternehmensberatung tätig. Bei Arthur D. Little hat er sich auf die Strategieberatung multinationaler Unternehmen zur Steigerung der Ertragskraft und der Innovationstätigkeit konzentriert.

Dr. Klaus-Ulrich Remmerbach ist Consulant für das Beratungssegment Konsumgüter-Industrie und Marketing bei Arthur D. Little International in Wiesbaden. Seine Beratungsschwerpunkte sind Strategie- und Marketing-Beratung. Dr. Remmerbach war langjähriger Mitarbeiter am Institut für Marketing der Universität Münster und promovierte über das Thema Markteintrittsentscheidungen.

Dr.-Ing. Tom Sommerlatte ist Vice President und Geschäftsführer der deutschen Niederlassung von Arthur D. Little International in Wiesbaden. Er hat 17 Jahre Erfahrung in der strategischen und Technologieberatung führender deutscher Unternehmen. Er promovierte in Ingenieurwissenschaften und erwarb seinen MBA am Europäischen Institut für Unternehmensführung (INSEAD).

Martin Swoboda ist als Projektleiter in der deutschen Niederlassung von Arthur D. Little International, Wiesbaden, verantwortlich für den Branchenbereich „Maschinenbau, Anlagenbau und elektrotechnische Industrie". Seine Beratungsschwerpunkte liegen in der Rationalisierung, im strategischen Management in kritischen Unternehmensphasen und in der Logistik. Er studierte Wirtschaftsingenieurwesen an der Technischen Hochschule Darmstadt.

Dr. Claus Tiby ist als Geschäftsbereichsleiter in der deutschen Niederlassung von Arthur D. Little International in Wiesbaden für den Beratungsbereich Chemie/Pharma verantwortlich. Er beschäftigt sich hauptsächlich mit Fragen der Unternehmensstrategie und des Technologie- und Innovations-Managements. Er studierte Physik und Chemie an der Universität Mainz, erwarb seinen MBA am Europäischen Institut für Unternehmensführung (INSEAD) und war als Projektleiter am Battelle-Institut in Frankfurt tätig.

Dr.rer.pol. Eberhard E. Wedekind ist Berater im Geschäftsbereich Informationstechnische Industrie bei Arthur D. Little International in Wiesbaden. Seine Beratungsschwerpunkte sind Strategie- und Marketing-Beratung sowie die Organisationsplanung. Dr. Wedekind hat Betriebswirtschaft und Informatik studiert und promovierte an der Universität Bonn über das Thema „Informationsmanagement in der Organisationsplanung".

Dr. Wolfgang Zillessen ist als Projektleiter der deutschen Niederlassung von Arthur D. Little International im Bereich Strategisches Informationsmanagement tätig. Er hat sich auf die strategische Positionierung der Informationsverarbeitung in unterschiedlichen Industrien spezialisiert und unterstützte verschiedene Unternehmen bei der Entwicklung zielorientierter Informationsstrategien. Dr. Zillessen hat in Wirtschaftswissenschaften promoviert und mehrere Jahre in leitender Position im Bereich Informationsverarbeitung eines großen Elektronikkonzerns gearbeitet.

If you have any concerns about our products,
you can contact us on
ProductSafety@springernature.com

In case Publisher is established outside the EU,
the EU authorized representative is:
Springer Nature Customer Service Center GmbH
Europaplatz 3, 69115 Heidelberg, Germany

Printed by Libri Plureos GmbH
in Hamburg, Germany